Ute Gerdom/Katrin Juschka/Vassili Konstantinidis (Hg.)

Praxishandbuch Freiwilligendienst

W0075750

BEITRÄGE ZUR MISSIONARISCHEN JUGENDARBEIT (BMJ-REIHE) 5

UTE GERDOM/KATRIN JUSCHKA/VASSILI KONSTANTINIDIS (HG.)

PRAXISHANDBUCH FREIWILLIGENDIENST

EINSATZ UND BEGLEITUNG VON FREIWILLIGEN IN CHRISTLICHEN EINRICHTUNGEN

Gefördert durch Mittel der EKD und der Matthias-Kaufmann-Stiftung

Evangelische Kirche
in Deutschland

Die Beiträge zur missionarischen Jugendarbeit (BMJ) werden herausgegeben vom
Institut für missionarische Jugendarbeit der CVJM-Hochschule in Kassel.

www.cvjm-hochschule.de

Bibliografische Information der Deutschen Nationalbibliothek:
Die Deutsche Nationalbibliothek verzeichnet diese Publikation in der
Deutschen Nationalbibliografie; detaillierte bibliografische Daten sind im
Internet über http://dnb.d-nb.de abrufbar.

Umschlaggestaltung: Grafikbüro Sonnhüter, www.grafikbuero-sonnhueter.de,
unter Verwendung eines Fotos von Prostock-studio (shutterstock.com)
DTP: Breklumer Print-Service, www.breklumer-print-service.com
Verwendete Schrift: Frutiger, Sabon
Gesamtherstellung: GGP Media GmbH, Pößneck
Printed in Germany
ISBN 978-3-7615-6778-4

www.neukirchener-verlage.de

GELEITWORTE

Freiwillige stärken und bereichern mit ihren Gaben und Kräften die Arbeit in unseren christlichen Werken und Einrichtungen. Zugleich sammeln sie Erfahrungen, die unschätzbar wertvoll sind für ihre eigene Persönlichkeitsentwicklung und ihre berufliche Zukunft. Das vorliegende Praxishandbuch fragt dezidiert und facettenreich nach dem christlichen Proprium unseres Freiwilligendienstes und leistet damit einen inspirierenden Beitrag zu seinem (Selbst-) Verständnis. Dafür bin ich dankbar. Denn der Dienst am Mitmenschen ist das Gesicht unserer christlichen Identität.
Annette Kurschus, Präses der Ev. Kirche von Westfalen und stellvertretende EKD-Ratsvorsitzende

Pädagogische Anleitung und Begleitung bleiben – trotz neuer pandemischer und methodischer Herausforderungen durch fortschreitende Digitalisierung – das Kerngeschäft der Freiwilligendienste. Außerdem sind Begegnungen des sozialen wie emotionalen Lernens unter veränderten Bedingungen zu organisieren: Menschen aus gänzlich unterschiedlichen Milieus und Kulturen kommen zusammen – wie sonst selten im Leben. Das ist eine qualitativ gewinnbringende Bildungs- und Orientierungszeit für Freiwillige, auf die nicht verzichtet werden kann. Was hilft da mehr als ein Praxishandbuch! In diesem Sinne wünsche ich diesem Buch viele Leserinnen, Leser und viel Erfolg!
Maria Loheide, Vorstand Sozialpolitik, Diakonie Deutschland

Verantwortung übernehmen können – persönliche Orientierung finden – in einem Angebot an Möglichkeiten des Engagements in kirchlichen Einrichtungen von großer Breite und dabei kompetent begleitet werden – ich finde, das ist eine tolle und wertvolle Mischung. Diese Veröffentlichung ist ein Fundus für einen möglichen Rahmen gelingender gemeinsamer Praxis in den Freiwilligendiensten.
Michael Peters, Generalsekretär der aej in Deutschland

Freiwilligendienste sind ein einzigartiges Wirkungsgefüge und Win-Win-Programme zum Wohle der Freiwilligen, der Menschen in den Einsatzstellen und der Gesellschaft als Ganzes. Freiwilligendienste als Lern- und Orientierungsdienste sind auch ein wichtiges Feld für die Arbeit der Kirche. Freiwillige bereichern die kirchliche Arbeit und die kirchlichen Angebote. Sie bringen immer wieder frischen Wind in die Einsatzstellen und bringen die Chance auf Weiterentwicklung und Veränderung mit sich – auch für die Einsatzstellen. Die Freiwilligen erhalten zudem vielfältige Einblicke und Impulse für ihr Leben sowie einen Raum, sich mit Fragen des eigenen Glaubens auseinanderzusetzen. Ich wünsche deshalb diesem Handbuch eine weite Verbreitung – auch über den kirchlichen Kontext hinaus.

Martin Schulze, Geschäftsführer Evangelische Freiwilligendienste gGmbH

Mein FSJ war für mich persönlich eine intensive und lehrreiche Zeit, in der ich einen neuen Blick auf unsere Gesellschaft erhalten habe. Die Begleitung in einer spannenden Lebensphase, der Austausch mit anderen Freiwilligen und der realistische Einblick in den Berufsalltag haben mir geholfen, berufliche Perspektiven zu entwickeln. Das vorliegende Buch soll dabei helfen, dass zukünftige Generationen von Freiwilligen noch besser angeleitet und begleitet werden – die theoretischen Methoden und praxisnahen Impulse und Artikel bieten eine ideale Grundlage dafür.

Prof. Dr. Germo Zimmermann, Prorektor der CVJM-Hochschule

INHALT

III Begleitung vor Ort 77

VI Ausblick   363

VII Verzeichnis der Autorinnen und Autoren   373

I EINLEITUNG

FREIWILLIGENDIENST ALS „ENGAGIERTER GLAUBE" UND „GLAUBENDES ENGAGEMENT": RELEVANZ, HINTERGRUND UND HERAUSFORDERUNG

Ute Gerdom/Katrin Juschka/Vassili Konstantinidis

> „Obwohl man denkt, dass ich alleine auf diesem Pfad gehe, hab' ich immer jemanden hinter mir stehen und im Freiwilligendienst viele Leute kennengelernt, die mich auf dem Weg begleiten."
> *Zitat eines Freiwilligen zur Halbzeit seines Freiwilligendienstes 2020*

Dieses Praxishandbuch richtet sich an alle, die sich für Freiwillige engagieren, insbesondere diejenigen, die mit der persönlichen oder fachlichen Begleitung von Freiwilligen betraut sind oder bei einem Träger die Bildungsarbeit leisten. Es möchte verstärken, wie bedeutsam ihre Arbeit ist, und sie mit grundlegendem Überblickswissen, anschaulichen Praxisimpulsen und Handreichungen durch erprobte Konzepte und Methoden versorgen. Es ist die Begleitung von Freiwilligen, die uns am Herzen liegt: dass Freiwillige in ihrem und durch ihren Dienst begleitet werden, wodurch ihnen ermöglicht wird, sich weiterzuentwickeln, um die nächsten Schritte ihres Lebens zu gehen.

Die Beiträge dieses Buchs blicken in die verschiedenartigen Facetten der Arbeit mit Freiwilligen hinein und thematisieren aus unterschiedlichen disziplinären Fragestellungen und Perspektiven, wie die Arbeit mit Freiwilligen zielführend und für alle Seiten gelingend gestaltet werden kann. Dies betrifft einerseits die Organisationsformen von Trägern und Einsatzstellen (damit sind Einrichtungen, Entsende- oder Aufnahmeorganisationen gemeint, die Freiwilligendienste ausrichten), andererseits die Anleitenden (das sind die Mitarbeitenden vor Ort in ihrem persönlichen täglichen Kontakt mit den Freiwilligen), Führungskräfte, die den Freiwilligendienst einführen oder qualitativ ausbauen wollen, sowie die pädagogischen Fachkräfte bei den Trägern. Was alle diese Menschen vereint, sind die Zielgruppe „Freiwillige" – für sie bevorzugen wir die inklusive Bezeichnung und verzichten auf die Nennung der einzelnen Dienstformate als FSJ, BFD, IJFD etc. Sie wirken als Zukunftspotenzial in die Gesellschaft hinein und werden nach einem Freiwilligendienst die erlernten Perspektiven in ihre Umwelt tragen. Nicht selten kehren sie auch zu einem späteren Zeitpunkt als feste Mitarbeitende zurück in die Organisationen, die sie während ihres Freiwilligendiensts schätzen gelernt haben, oder engagieren sich auch weiterhin anderweitig ehrenamtlich für die Gesellschaft.

Die Relevanz der Freiwilligendienste

Global gesehen ist die soziale, kirchliche, entwicklungspolitische und ökologische Arbeit ohne die Tätigkeit von Ehrenamtlichen und Freiwilligen undenkbar. In zahllosen Initiativen, Ortsgruppen und Organisationen engagieren sich Menschen weltweit für das Gemeinwohl, zumeist unentgeltlich und in ihrer Freizeit. Für Angelegenheiten, die sie als wichtig erkannt haben, sind sie bereit, bürokratische Hürden zu überwinden, Vereine zu gründen und Organisationsstrukturen zu entwickeln, um randständigen Themen oder benachteiligten Gruppen eine wahrnehmbare Stimme und öffentliches Gewicht zu geben.

Die Freiwilligendienstprogramme, die in diesem Buch speziell im Fokus sind, bilden einen zeitlichen, gesetzlichen und von Begleitung und Förderung gestützten Rahmen, um das Engagement in organisierter und staatlich anerkannter Form zu ermöglichen. Hierbei ist der Freiwilligendienst in Deutschland als eine spezifische und ganz eigene Form des freiwilligen Einsatzes hervorzuheben, weil er als Bildungsprozess in einem ganz besonderen Setting Menschen über den Verlauf von zumeist einem Jahr intensiv begleitet, was sich von anderen Formen in der Engagementkultur, z.B. der Jugendverbandsarbeit oder der Vereins- und Kirchenarbeit, signifikant unterscheidet (vgl. Bonus/Vogt 2018: 23). Die Bezeichnung als „Bildungs- und Orientierungsjahr" führen die Träger der evangelischen Trägergruppe, u.a. organisiert in der KeF (Konferenz für evangelische Freiwilligendienste), schon seit Jahrzehnten als Selbstverständnis dafür prominent an.

Unter den Rahmenbedingungen der nonformalen Bildung außerschulischer Erwachsenenbildung werden Themen und Prozesse auf zwei unterschiedlichen Ebenen angestoßen: Einerseits als Gruppenerlebnisse durch die Seminarangebote des Trägers, andererseits als pädagogische und fachliche Begleitung sowie individuelle Beratung vor Ort. Die Relevanz dieser doppelten Aufgabe darf nicht unterschätzt werden, ist ein Freiwilligendienst doch gerade für die meisten jungen Freiwilligen ein erster Einstieg in die Arbeitswelt und den beruflichen Arbeitsalltag. Es ist zusätzlich und altersunabhängig für viele Freiwillige oft ein erster Kontakt mit Möglichkeiten für gemeinnütziges Engagement und Ehrenamtstätigkeiten, deren rekursive Relevanz für die Gesellschaft meist erst im Lauf des Freiwilligendienstes entdeckt wird. Für nicht wenige Freiwillige ist dieser Erkenntnisgewinn für die weitere Lebensgestaltung nach dem abgeschlossenen Freiwilligendienst eine Einsicht, die sich in selbstbestimmtes und selbstbewusstes Handeln in Form von engagierter Tätigkeit entwickelt: Viele haben durch ihren Einsatz die Notwendigkeit des Engagements für Frieden, soziale Gerechtigkeit und unentbehrliche Angebote für benachteiligte Menschen erkannt und engagieren sich folglich auch weiterhin in Bereichen, für die sie nun sensibilisiert sind. Dieser transformatorische Bildungsprozess zeigt auf, wie viel ein Freiwilligendienst auf subjektorientierter und gesellschaftlicher Ebene leisten kann: Die Freiwilligen gehen verändert aus ihrem Dienst heraus, wobei dieser Veränderungsvorgang nicht nur ihr Denken betrifft, sondern ihr gesamtes Verhalten zur Welt, zu anderen, zu sich selbst und der Einschätzung ihrer eigenen Selbstwirksamkeit anhand ihrer Kompetenzen (vgl. Koller 2012: 9).

Aktuelle Situation und Brisanz um die Wertschätzung der Freiwilligendienste

Das Jahr 2001 wurde von der UNO-Generalversammlung zum „Internationalen Jahr der Freiwilligen" ernannt: eine der Initiativen, die diejenigen in den Blick rücken, die für die Gesellschaft auf freiwilliger Basis tätig sind. Jedes Jahr flammen erhitzte und bislang recht erfolglose Diskussionen um die Wertschätzung und Akzeptanz ihrer Dienste auf, z.b. unter dem Hashtag #freiefahrtfuerfreiwillige, wenn die Sozialverbände öffentlich darauf aufmerksam machen, dass Freiwillige im Gegensatz zur Bundeswehr oder zum seit 2011 ausgesetzten Zivildienst keine kostenlosen Fahrten und auch kaum Vergünstigungen im öffentlichen (Nah-)Verkehr erhalten, trotz ihrer finanziellen Lage auf geringfügiger Taschengeldbasis.

Regelmäßig gibt es Debatten um ein „Pflichtjahr", motiviert aus den verschiedensten pädagogischen Argumentationen, sozialpolitischen Motiven und als Alternative zum militärischen Wehrdienst. Erst im Sommer 2020 wurde der neue „Freiwillige Wehrdienst für Heimatschutz – Dein Jahr für Deutschland" von der Verteidigungsministerin vorgestellt. Sozialverbände und auch die Ev. Freiwilligendienste hinterfragen dieses Format kritisch, da es sich um keinen zivilgesellschaftlichen Freiwilligendienst im eigentlichen Sinne handelt. Hinzukommt, dass es bereits seit 2011 einen freiwilligen Wehrdienst gibt, der im Juni 2020 von 8.618 jungen Frauen und Männern geleistet worden ist.[1] Im Vergleich dazu absolvieren jährlich etwa 95.000 Personen[2] einen Freiwilligendienst im Inland, wofür sie eine kleine Summe

---

[1] Aktuelle Zahlen können auf der Internetseite der Bundeswehr nachgelesen werden: Personalzahlen der Bundeswehr. Online unter: www.bundeswehr.de/de/ueber-die-bundeswehr/zahlen-daten-fakten/personalzahlen-bundeswehr (Abruf 10.08.2020).

[2] Im FSJ: 54.897 Personen, siehe Bundesministerium für Familie, Senioren, Frauen und Jugend: Datensatz zum Freiwilligen Sozialen Jahr 2018/2019. Stand 04.07.2019. Online unter: www.daten.bmfsfj.de/daten/daten/freiwilliges-soziales-jahr-/137090 (Abruf 10.08.2020). Im FÖJ: ca. 3.000 Freiwillige, siehe Bundesministerium für Familie, Senioren, Frauen und Jugend: 25 Jahre Freiwilliges Ökologisches Jahr. Online unter: www.bmfsfj.de/bmfsfj/aktuelles/presse/pressemitteilungen/25-jahre-freiwilliges-oekologisches-jahr/123834 (Abruf 10.08.2020). Im BFD sind es 36.131 Freiwillige, siehe: Bundesamt für Familie und zivilgesellschaftliche Auf-

Taschengeld bekommen, die in keinem Verhältnis zu dem steht, was den freiwilligen Wehrdienstleistenden finanziell zu Verfügung steht.

Die verbandlichen Zentralstellen setzen sich seit Jahren dafür ein, dass Freiwilligendienste eine stärkere Wertschätzung, (politische) Anerkennung und Weiterentwicklung erfahren. Im Zuge der Bundestagswahl 2017 wurden beispielsweise Positionen formuliert (Verbandliche Zentralstellen 2017), in denen es um Teilhabe durch Teilzeit geht, die Überführung von Sondermitteln in die Regelprogramme und dass die Anerkennungskultur gestärkt wird. Die Subsidiarität vollgültig zu garantieren, ist eine weitere Forderung, denn Freiwillige im BFD sind verpflichtet, für 5 Tage an einem politischen Seminar der Bildungszentren des Bundes teilzunehmen. Die Träger können somit nicht die ganzheitliche Gestaltung aller Seminare wahrnehmen und müssen zentrale Begleitungsaufgaben und den Anspruch ihrer kontinuierlichen, pädagogischen, gruppenbezogenen und persönlichen Begleitung abtreten. Als einen Schritt auf diese verschiedenen Bestrebungen der Verhandlung mit der Politik hin, kann das Teilzeitgesetz genannt werden, das im Jahr 2019 verabschiedet worden ist.

Trotz der bislang noch geringen politischen und finanziellen Anerkennung und Wertschätzungskultur für Freiwilligendienstleistende ist das Interesse an einem Freiwilligendienst nicht so stark gesunken, wie es zu erwarten sein könnte. Die Gründe dafür liegen bei den Freiwilligen selbst, für die Studien eine hohe Eigenmotivation belegen, vor allem in Bezug auf die zwei Hauptaspekte berufliche Orientierung und Persönlichkeitsentwicklung, daneben aber auch sozial-karitative Motive. Auf dem Hintergrund der Freiwilligensurveys ist außerdem „der Spaßfaktor der wichtigste Grund für die Dienstbereitschaft", bei den Auslandsdiensten zudem ein starkes interkulturelles Interesse (Herbertz 2006: 11; ähnlich auch im aktuellen Freiwilligensurvey vgl. Sinnemann 2017: 21). Diese wichtigste Ressource, die eigene und freiwillige Motivation für den Dienst, gilt es auch für die nächsten Jahrzehnte zu erhalten und zu fördern. Nur dann, sprich: durch *die zentrale Aufgabe der individuellen Begleitung und Unterstützung der Freiwilligen während ihres Einsatzes*, werden Freiwillige mit hoher Zufriedenheit ihren Dienst verrichten können, in Seminaren und in der Einsatzstelle vor Ort die erwünschte Orientierung für Beruf und Persönlichkeit erhalten und durch ihre Tätigkeit in gemeinnützigen Organisationen die Gesellschaft nachhaltig bereichern.

---

gaben: BFD im Dienst Juli 2020. Stand: 01.08.2020. Online unter:
www.bundesfreiwilligendienst.de/servicemenue/presse/statistiken.html (Abruf 14.08.2020).

Die Freiwilligendienste und kirchliche Handlungsfelder: „engagierter Glaube" und „glaubendes Engagement"

Vom Beginn des Christentums an waren soziale und diakonische Tätigkeiten als eine umfassende Zuwendung den Nächsten gegenüber ein markantes Erkennungszeichen, was für Verwunderung und Erstaunen in der nicht-christlichen Umwelt des Römischen Reichs sorgte, sodass „Dienen als Erfolgsmodell" des Christentums gelten kann (Schnelle 2019: 486). Jesu Aussagen wie Mt 25,40: „Alles, was ihr für eines dieser meiner geringsten Geschwister getan habt, habt ihr für mich getan", führten zu einer Kultur des Dienstes im Frühchristentum, die als Imperativ und Tugend gesehen wurde. Dienst, der sich als Gehorsam dem Evangelium gegenüber auch in Ehelosigkeit als Verzicht ausdrücken konnte, wurde vom frühen Mönchtum zur Lebensform als ora et labora unter Gelübde etabliert. Während diese spezielle klösterliche Lebensform in den letzten Jahrzehnten zahlenmäßig stark rückgängig ist, verzeichnet der „Dienst auf Zeit", der sich mit den (Jugend-)Freiwilligendiensten auftat, nach wie vor große Beliebtheit. Als Gründungsgedanke gilt folgender Aufruf von 1954:

> „Ihr jungen, gesunden Menschen von 18 Jahren ab, gebt ein Jahr Eures Lebens zum Dienst für sie [Kranke und Pflegebedürftige]! [...] wer es kann und wer gerufen ist, der löse sich ein Jahr heraus und gebe dieses Jahr für solchen Dienst! [...] Ihr werdet in diesem Diakonischen Jahr nicht so viel verdienen wie heute in der Fabrik oder sonst wo im Wirtschaftsleben. Aber man lebt nicht bloß vom Verdienen. Ihr werdet Euer Auskommen haben und ein Taschengeld, von dem man gut leben kann. Auch warten Menschen auf Euch, die Euch in eine Gemeinschaft des Lebens aus dem Wort, des Dankes und Lobes aufnehmen möchten."
> *Hermann Dietzfelbinger (zitiert nach Franke 2011:13)*

Mit diesen Worten richtet sich Hermann Dietzfelbinger, damaliger Leiter der Diakonissenanstalt Neuendettelsau und späterer bayrischer Landesbischof, am 9. Mai 1954 anlässlich der Hundertjahrfeier der Diakonie Neuendettelsau an junge Frauen. Damit ist der Ursprungsgedanke als „Diakonisches Jahr" festgehalten, der aufgrund der Notstände im Nachkriegsdeutschland im evangelischen und katholischen Raum sowie von nichtkirchlichen Wohlfahrtsverbänden schnell aufgegriffen wird und Vorläufer für die institutionelle Form der Jugendfreiwilligendienste als „Freiwilliges Soziales Jahr" ist, das in Westdeutschland bereits 1964, zehn Jahre später, gesetzlich verankert wird. Schon in diesen kurzen Sätzen aus Dietzfelbingers Ansprache deutet sich der *Wert* von diakonischer Arbeit an: Als *Dienst* entzieht sich die diakonische Tätigkeit der Verwertung auf dem karriere- und profitorientierten

Arbeitsmarkt und ist auch mit einer vergüteten Beschäftigung nicht vergleichbar. Die Wertschätzung erfolgt in der Gemeinschaft und in der eigenen Erkenntnis der Sinnhaftigkeit dieses Engagements an der Gesellschaft, die Dietzfelbinger auf der individuellen Ebene als „Ruf" beschreibt – die also aus einem persönlichen Berufungsempfinden als Entscheidung für den Dienst aus dem Glauben heraus begründet wird.

Zeitlich parallel zu Dietzfelbingers Bemühungen etablierten sich zudem Vorhaben für internationale Dienste: In Deutschland waren die Friedens- und Versöhnungsdienste wie z.B. „Aktion Sühnezeichen" die Wegbereiter für Freiwilligendienste im Ausland (vgl. Schulze 2013: 350). Ebenfalls hier zeigt sich im Gründungsvorhaben und im Vokabular der Namensgebung ein christlicher Ansatz: die kirchliche Lehre der Versöhnung, Vergebung und Sühne, die nicht nur ein theologischer Gedanke bleiben soll, sondern sich in der handelnden Tätigkeit als *engagierter Glaube* bzw. *glaubendes Engagement* ausdrückt, das zuversichtlich und zukunftsgewandt die Gesellschaft gestaltet.

Seit dem Gründungsaufruf Dietzfelbingers hat sich viel getan: Die Zielgruppe junger Frauen hat sich erweitert auf Menschen jedes Geschlechts, jeder Altersgruppe (BFD über 27 Jahre) und jeder Nationalität (sogenannte Incoming-Freiwillige, die aus dem Ausland für einen Freiwilligendienst einreisen). Mit den Möglichkeiten, Freiwilligendienst nicht nur in Deutschland (internationale Dienste) und nicht lediglich als Vollzeittätigkeit, sondern ebenfalls in Teilzeit abzuleisten, ist die Diversität der Zielgruppe stark erweitert worden.

Freiwilligendienste und Mission heute: (k)ein Widerspruch?

Dieses Buch ist Teil der Reihe „Beiträge zur missionarischen Jugendarbeit". „Mission" ist ein Wort, das begriffsgeschichtlich hoch aufgeladen, mit Schuld beschmutzt ist und somit katholischerseits wie evangelischerseits ein „Image-Problem" hat (Vellguth 1998; Höring 2017). Zu oft wurde es missbraucht, um Kolonisierung voranzutreiben, territoriale Grenzen zu ziehen und die Unterschiede zwischen Menschen zu betonen, anstatt die Gemeinsamkeiten. Nicht selten haben Missionspapiere rassistische und antisemitische Vorurteile bekräftigt und trotzdem versucht, die „Anderen" vom eigenen Glauben zu überzeugen, auch unter Gewalt. Von einem solchen Missionsverständnis und dem dahinterstehenden Menschenbild musste und muss immer wieder notwendigerweise Abstand genommen werden. Nicht zuletzt ist es um den missionarischen Begriff daher in wissenschaftlichen und kirchlichen Kreisen für einige Jahrzehnte des 20. Jahrhunderts stiller gewesen – das Wort „Mission" wurde vermieden und es wurde eher von „Kommunikation des Evangeliums" gesprochen. Dennoch erkennen insbesondere die Großkirchen die Relevanz von Mission und gebrauchen den Begriff in den letzten Jahren wieder mit mehr Selbstverständlichkeit, nicht zuletzt, weil durch die zahlreichen Kirchenaustritte in Deutschland deutlich geworden ist, dass milieu- und lebensweltübergreifende Ausrichtung des Evangeliums als „gute Botschaft" für alle Menschen gilt (Mt 28). Es gehört auch zu den Aufgaben der Kirche, sich um diejenigen zu kümmern, die nicht (mehr) Mitglieder sind, sonst dreht sich Kirche mit ihrer zunehmend zurückgehenden Zielgruppe nur noch um sich selbst (Milieuverengung) und schafft sich ein Paralleluniversum, das sich für den Rest der Welt als völlig irrelevant oder unattraktiv darstellt.

„Mission", deutsch „Sendung, Auftrag", hat das Ziel, „als Kirche die eigenen Grenzen zu überschreiten und Beziehungen zu Menschen aufzubauen" (Vellguth 2018: 97). Wird dies als Definition vom Begriff Mission gesetzt, sind christliche Freiwilligendienste ein relevanter missionarischer Arbeitsbereich, weil außerhalb der herkömmlichen kirchlichen Formate Beziehungen zu Menschen aufgebaut werden, die sich für einen Freiwilligendienst bei einem der kirchlichen bzw. christlichen Träger entschieden haben. Wie diese Art von Beziehung sich gestalten kann, wird beispielhaft deutlich anhand des Dokuments „MissionRespekt: Christliches Zeugnis in einer multireligiösen Welt", das 2011 als eine Handreichung von Abgesandten der katholischen Kirche, des Ökumenischen Rats der Kirchen sowie der Weltweiten Evangelischen Allianz verabschiedet wurde.[3] Die Richtlinie formuliert ethische Eckpunkte als Verhaltens- und Handlungsempfehlungen, wie missionarische Arbeit im Umgang speziell mit Menschen anderer Religionszugehörigkeit im 21. Jahrhundert aussehen soll. Dazu gehört, dass der Dialog mit Andersglaubenden in erster Linie respektvoll erfolgen muss, mit Offenheit und Akzeptanz – was z.B. konkret bedeutet, sich gegenseitig zuzuhören und miteinander Dialog auf Augenhöhe zu führen. Ähnlich heißt es im EKD-Grundlagentext „Religiöse Bildung angesichts von Konfessionslosigkeit – Aufgaben und Chancen" von 2020 im Bezug auf die Ausrichtung von Bildungsprogrammen mit Menschen, die keiner Konfession (mehr) angehören, sich z.B. als nicht-religiös beschreiben – eine Gruppe, die auch in den Freiwilligendiensten der evangelischen Trägergruppe präsent ist: Für religiöse Bildung gelten die Voraussetzungen „Respekt und Akzeptanz des Gegenübers, Wahrnehmung der Anliegen des Gegenübers, Bemühen um eine für das Gegenüber verständliche Darstellung der eigenen Position, [...] Ergebnisoffenheit (die Veränderungsmöglichkeiten auf beiden Seiten einschließt)" (EKD 2020: 84f.). Unter diesen Vorzeichen steht auch die (missionarische) Arbeit mit jungen Menschen, wie sie im ersten BMJ-Band ent-

---

[3] Eine deutschsprachige Übersetzung des Papiers unter www.missionrespekt.de (Abruf 13.08.2020).

faltet wurde: „Das Ziel missionarischer Jugendarbeit besteht insofern nicht allein darin, junge Menschen mit dem Evangelium zu erreichen, sondern sie in ihrer Persönlichkeitsentwicklung zu unterstützen und ihnen zu helfen, in allen Lebensbereichen (eben auch in Fragen der Religion) selbstständige und mündige Personen zu werden" (Karcher/Zimmermann 2016: 23).

Die Freiwilligendienste sind durch ihre Eigenständigkeit kein Arbeitsbereich und keine Rekrutierungsmaßnahme der Kirchen. Dennoch ist der speziell beziehungsorientierte Ansatz von Freiwilligendiensten, der mit den Begriffen Bildungs- und Orientierungsjahr festgehalten wird, eine große Chance, mit engagierten Menschen auch über den Glauben ins Gespräch zu kommen – jedoch außerhalb der Bedingungen und Kontexte, in denen das sonst üblich ist, z.B. ohne den Notendruck des schulischen Religionsunterrichts oder ohne die kirchliche Einbettung. Die Beziehungsorientierung z.B. bei Seminaren als Gruppenerlebnis oder in der individuellen Begleitung im Rahmen des Freiwilligendienstes bringt eine besondere und markante Niedrigschwelligkeit mit sich.

Freiwilligendienste sind auch auf einer zweiten Ebene als missionarisch zu verstehen: weil Freiwillige selbst missionarische Rollen der Gesellschaft gegenüber einnehmen, wenn sie in einem explizit missionarischen Arbeitsfeld eingesetzt sind, z.B. der Kinder- und Jugendhilfe, der Kirchengemeindearbeit oder in einem Missionswerk. Hier stellen sie als Schlüsselpersonen eine signifikante Brückenfunktion dar, in der sie zwischen der Lebenswelt der Zielgruppe und den Hauptamtlichen vermitteln helfen können, weil sie selbst vom Alters-, Biografie- oder Sozialisationshintergrund, ihrem Sprach- und Denkvermögen etc. der Zielgruppe ggf. näherstehen und bessere Zugänge verschaffen können.

Eine dritte Ebene zeigt eine weitere Dimension von Mission in den Freiwilligendiensten auf. Diese kann durch ein Sprichwort veranschaulicht werden, das auf den mittelalterlichen Franziskanermönch Franziskus von Assisi zurückgehen soll: „Predige das Evangelium zu jeder Zeit, wenn nötig, benutze Worte."[4] Diese sozial-diakonische franziskanische Interpretation des Missionsbegriffs verdeutlicht, dass das Evangelium eine Lebenshaltung ist, die sich im Verhalten und in konkreten Handlungen ausdrückt und lediglich als untergeordnete Instanz das Reden über den Glauben beinhaltet: Maßgeblich wird das Evangelium durch Tun gepredigt. Freiwillige sind primär in praktischen Hilfstätigkeiten in gemeinwohlorientierten Einrichtungen eingesetzt und tragen somit durch ihren täglichen Einsatz in

---

[4] Der Satz findet sich in dieser Form in keiner der frühen Überlieferungen. Vermutlich ist dieser vielfach zitierte Aphorismus eine freie Interpretation aus den Ordensregeln von 1221, wo es im 17. Kapitel der *Regula non bullata* heißt: „Alle Brüder sollen jedoch durch die Werke predigen" (NbReg 17,3, zitiert nach Wyss 2000: 104).

nicht geringem Maß dazu bei, dass diese Dimension von Mission im diakonischen Handeln Wirkung entfaltet: für mehr soziale Gerechtigkeit, direkte
Hilfe und Unterstützung Notleidender als gesellschaftsrelevanter Dienst.

Zum Aufbau und Inhalt des Buchs

Die Gliederung dieses Buchs entspricht den anderen Werken dieser Reihe. Zunächst erfolgt mit Teil II eine Orientierung mit einer kurzen Übersicht über die gegenwärtige Situation an gesetzlichen, pädagogischen und
organisatorischen Grundlagen für Freiwilligendienste sowohl im Inland als
auch für die weltweiten Freiwilligendienste. Ebenfalls das Marketing und
eine theologische Perspektive auf Freiwilligendienste werden hier berücksichtigt, sie zählen zu den zentralen Grundlagen für den Dienst und befassen sich mit aktuellen Herausforderungen, vor denen sich die Freiwilligendienste momentan gestellt sehen.

Mit Teil III wird das große Herzensanliegen des Buchs, *Begleitung von
Freiwilligen,* praxisorientiert für die Arbeit vor Ort entfaltet. Die einzelnen Beiträge antworten auf sehr unterschiedliche Weise auf die Fragen:
Wie kann der Freiwilligendienst vor Ort im Alltag des täglichen Dienstes
in den Einsatzstellen gelingen? Wie kann der Einsatz so gestaltet werden,
dass Freiwillige sich als Individuen ernst genommen fühlen, gut fachlich
eingearbeitet und in Lernprozessen angeleitet werden? Wie können sie darin unterstützt werden, dass sie in ihrer individuellen Selbstreflexion und
Entwicklung auf den verschiedensten Ebenen ihrer Persönlichkeit und ihres
Werdegangs gestärkt werden? Auf welche besonderen Herausforderungen
ist Rücksicht zu nehmen und wie können sich Anleitende in Einsatzstellen
und Freiwillige darauf gezielt im Vorhinein vorbereiten? Hierzu werden
Methoden, pädagogische Konzepte und Praxistipps inklusive der theoretischen Grundannahmen und fachlichen Hintergründe zu wesentlichen Themen der Begleitungs- und Bildungsaufgaben aufbereitet und für die Arbeit
vor Ort konkret handhabbar gemacht.

Teil IV gibt einen Einblick in eine andere Form der Begleitung: die Seminararbeit. Das Arbeiten mit Gruppen ist sowohl in Einsatzstellen relevant,
die mehrere Freiwillige als Team gleichzeitig begleiten, als auch für die Bildungsseminare der Träger. Es werden speziell solche Perspektiven auf die
Arbeit mit Gruppen aufgezeigt und erörtert, zu denen es kaum oder wenig Literatur gibt, weil die nonformale Bildungsarbeit in den Freiwilligendiensten eine eigene Form der Jugend- und Erwachsenenbildung darstellt,
die sich sowohl von anderen außerschulischen Bildungsangeboten, wie z.B.
die Kinder- und Jugendarbeit in kirchlichen Zusammenhängen, als auch
von der schulischen Religionspädagogik signifikant unterscheidet. Diesen

spezifischen Rahmenbedingungen widmen sich vier Kapitel zu den Bildungsdimensionen anhand der religiösen Bildung und den Angeboten für Spiritualität, der Persönlichkeitsentwicklung, der Bildung für nachhaltige Entwicklung und dem Partizipationsprinzip, das für den Bildungsprozess in den Freiwilligendiensten maßgeblich ist.

Mit Teil V wird der *Einsatz von Freiwilligen* in den Blick genommen: Praxisorientierte Konzepte und konkrete Einsatzmöglichkeiten zur Arbeit mit Freiwilligen werden der Öffentlichkeit vorgestellt. Diese erprobten Konzepte können anderen Einsatzstellen, die Freiwilligendienste einrichten oder ausbauen möchten, Inspiration und hilfreiche Tipps für erste Schritte oder Ideen für Neuausrichtung geben. Ein besonderer Fokus liegt, dem Titel der Buchreihe jugendmissionarischer Anliegen folgend, auf spezifisch christlichen, missionarischen und jugendorientierten Einsatzbereichen.

Im Ausblick wird die impulsgebende Frage gewagt, was christliche Ehrenamts- und Vereinskultur von den institutionellen Freiwilligendiensten lernen können. Der Horizont dieses Buches wird somit auf andere Kontexte erweitert und eröffnet den Diskurs mit Ehrenamts- und Engagementkultur kirchlicher oder zivilgesellschaftlicher Bereiche über gelingende Aspekte im ehrenamtlichen Arbeiten, die den Mehrwert und die Zufriedenheit im freiwilligen Engagement erhöhen können.

In allen Teilen dieses Buchs wurde weder auf eine einheitliche Sicht noch einen voll umfassenden Anspruch Wert gelegt. Es soll nicht im Sinne eines herkömmlichen Handbuchs alles Wichtige und Umfängliche über (christliche) Freiwilligendienste allgemein gesammelt werden. Als Praxishandbuch legt dieses Buch, neben einem kompakt gehaltenen Überblick über die Grundlagen und Rahmenbedingungen von Freiwilligendiensten, den Fokus auf praxisorientierte Arbeitskonzepte und Anregungen für die Begleitung der Freiwilligen aus den unterschiedlichen Perspektiven und der reichen Vielfalt der mitwirkenden Personen von Trägern und Einrichtungen.

Querverbindungen zwischen den einzelnen Beiträgen und Wiederholungen einzelner Elemente werden aufmerksamen Lesenden auffallen. Wir gehen jedoch nicht davon aus, dass alle dieses Buch der Reihenfolge nach von vorn nach hinten durchlesen, sondern eher nach Interesse, Bedarf oder Priorität auf einzelne Kapitel in unterschiedlicher Abfolge zugreifen werden. Daher sind Doppelungen gezielte Hinweise auf Relevanz und sorgen in den einzelnen Abschnitten für Verständnis, ohne alle anderen Beiträge des Buches lesen zu müssen, bzw. machen hoffentlich Lust, den Querverweisen auf die tiefer gehende Auseinandersetzung in den anderen Kapiteln dieses Buches nachzugehen.

Dank

An diesem Buch war eine herausragende Anzahl an Personen beteiligt, denen unser herzlicher Dank gebührt. Primär sei den BMJ-Reihenherausgebern Florian Karcher und Germo Zimmermann gedankt, die ihr Interesse an einem Werk über Freiwilligendienst bekundet haben und für die Umsetzung auf uns zugekommen sind, sowie dem Neukirchener Verlag, der ermöglicht hat, dass dieses Buch nun faktisch in vielen Händen gehalten werden kann.

Ohne die vielen fleißigen, teilweise ehrenamtlichen Schreibenden für die einzelnen Beiträge dieses Bandes wäre dieses Buch jedoch nie zustande gekommen, für ihr Mitdenken und ihr zeitliches Engagement können wir unsere Dankbarkeit gar nicht gebührlich ausdrücken. Allen, die uns mit konstruktivem Feedback und wertvollen Gesprächen über die Inhalte und Schwerpunkte dieses Buchs begleitet haben, danken wir ebenfalls von Herzen, z.b. unseren Familienangehörigen sowie Kolleginnen und Kollegen – gerade weil sich ihre Namen nun nicht in diesem Werk abbilden, gebührt ihnen für ihre investierte Zeit und ihr Mittragen dieses Werks ein besonders wertschätzendes „Danke!".

Für die redaktionelle und koordinierende Arbeit würdigen wir Lena Fraszczak, Fabian Schröder und Sarah Prescher, die für die Herausgabe dieses Werks eine immense Unterstützung waren.

Literaturverzeichnis

Bonus, Stefanie/Vogt, Stefanie (2018): Nonformale Bildung in Freiwilligendiensten. Ergebnisse aus Praxisentwicklung und Praxisforschung in kritisch-emanzipatorischer Perspektive (Interdisziplinäre Studien zu Freiwilligendiensten Bd. 10). Baden-Baden: Nomos.

Franke, Annemarie (2011): Anfänge der Freiwilligendienste in Europa – eine schlesisch-deutsch-polnische Spur. In: epd-Dokumentation (4). S. 7–15.

EKD = Evangelische Kirche in Deutschland (2020): Religiöse Bildung angesichts von Konfessionslosigkeit – Aufgaben und Chancen. Ein Grundlagentext der Kammer der EKD für Bildung und Erziehung, Kinder und Jugend. Leipzig: Ev. Verlagsanstalt.

Herbertz, Oliver (2006): Freiwilliges Engagement von Jugendlichen im Rahmen von Organisation. Einbindung in institutionelle Zusammenhänge, Beweggründe und Erwartungen von Organisationen, Probleme der Zusammenarbeit, Motive der Freiwilligen. Dortmund. Online unter: www.oliver-herbertz.de/publikationen/Freiwilliges_Engagement_von_Jugendlichen_im_Rahmen_von_Organisation.pdf (Abruf 26.07.2020).

Höring, Patrik C. (2017) (Hg.): Jugendarbeit zwischen Mission und Diakonie. Freiburg: Herder.

Karcher, Florian/Zimmermann, Germo (2016): Was ist missionarische Jugendarbeit? Ziele, Leitlinien und Dimensionen. In: Karcher, Florian/Zimmermann, Germo (Hg.): Handbuch missionarische Jugendarbeit (BMJ 1). Neukirchen-Vluyn: Neukirchener Verlag. S. 17–49.

Koller, Hans-Christoph (2012): Bildung anders denken. Einführung in die Theorie transformatorischer Bildungsprozesse. Stuttgart: W. Kohlhammer.

Schnelle, Udo (2019): Die ersten 100 Jahre des Christentums. 30–130 n. Chr. Die Entstehungsgeschichte einer Weltreligion. 3. Auflage. Göttingen: Vandenhoeck & Ruprecht.

Schulze, Martin (2013): Freiwilligendienste. In: Kaiser, Yvonne/Spenn, Matthias/Freitag, Michael/Rauschenbach, Thomas/Corsa, Mike (Hg.): Handbuch Jugend. Evangelische Perspektiven. Opladen: Verlag Barbara Budrich. S. 350–354.

Sinnemann, Maria/Sozialwissenschaftliches Institut der EKD (Hg.) (2017): Engagement mit Potenzial. Sonderauswertung des vierten Freiwilligensurveys für die evangelische Kirche. Hannover: creo-media.

Verbandliche Zentralstellen (2017): Freiwilligendienste voranbringen: Bewährtes stärken – Neues wagen. Positionen der verbandlichen Zentralstellen im Inland. In: Voluntaris Jg. 5 (1). S. 138–141.

Vellguth, Klaus (1998): Das Image-Problem der Mission. In: Katechetische Blätter. Jg. 123 (5). S. 299–302.

Vellguth, Klaus (2018): MissionRespekt und christliche Jugendarbeit – Missionarische und diakonische Ansätze pastoralen Handelns aus katholischer Perspektive. In: Dümling, Bianca/Löchelt, Kerstin/Zimmermann, Germo (Hg.): Christliche Jugendarbeit in der Migrationsgesellschaft. Begegnungen mit kultureller und religiöser Vielfalt gestalten (BMJ 3). Neukirchen-Vluyn: Neukirchener Verlag. S. 95–108.

Wyss, Stefan (2000): Der heilige Franziskus von Assisi. Vom Durchschauen der Dinge. Luzern: Exodus.

II GRUNDLAGEN

DIE RECHTLICHEN GRUNDLAGEN VON FREIWILLIGENDIENSTEN

Ute Gerdom

Am Anfang stand ein Wagnis: „Ich rufe heute auf zu einem Wagnis der Dia-konie. [...] Wagt ein Jahr eures Lebens für die Diakonie!" (Dietzfelbinger zitiert nach: AfJ 2008: 8). Der damalige Leiter der Evangelischen-Lutheri-schen Diakonissenanstalt Neuendettelsau, Hermann Dietzfelbinger, rief am 9. Mai 1954 im Zuge des Mitarbeitendenmangels im Nachkriegsdeutsch-land zu einem Diakonischen Jahr auf, einem Dienst an und mit anderen Menschen. Es folgten weitere evangelische Landeskirchen in Deutschland diesem Aufruf und etablierten das Diakonische Jahr in ihren Strukturen. Andere Verbände der Freien Wohlfahrtspflege wurden ebenfalls aktiv und boten einen Freiwilligendienst im nicht-kirchlichen Bereich an (vgl. Engels/ Huth 2016: 9f.). Im Jahr 1964 entstand das erste Gesetz für Freiwilligen-dienste, das im Laufe der Jahre unterschiedliche Überarbeitungen erfuhr, weil neue Programmformate hinzukamen.

In diesem Beitrag werden die rechtlichen Rahmenbedingungen der unter-schiedlichen Programmformate von Freiwilligendiensten aufgezeigt. Dies geschieht anhand eines Überblicks über die Freiwilligendienstprogramme, die in Deutschland zur Anwendung kommen. Es wird im Anschluss unter-schieden zwischen den rechtlichen Rahmenbedingungen von Jugendfrei-willigendiensten und dem Bundesfreiwilligendienst.[5] In einem weiteren Teil werden die zugrundeliegenden Konzeptionen und Qualitätskriterien auf-gezeigt, die gelten, wenn sich eine Organisation dem Verbund der Evange-lischen Trägergruppe[6] angeschlossen hat.

---

[5] Die internationalen Dienste werden in Praß/Gerdom in diesem Band dargestellt.

[6] Das Selbstverständnis der Ev. Trägergruppe: „Die evangelische Trägergruppe ist der Zusam-menschluss evangelischer Träger, die Freiwilligendienste im In- und Ausland anbieten. [... Sie] steht für rund 60 Organisationen aus Jugendarbeit, Diakonie, Landes- und Freikirchen, die regio-nal, bundesweit und international Freiwilligendienste anbieten." Siehe Evangelische Freiwilligen-dienste gGmbH: Über die evangelische Trägergruppe. Online unter: www.ev-freiwilligendienste.de/hauptnavigation/traegergruppe/ (Abruf 30.07.2020).

Übersicht der Freiwilligendienstformate

Die „Landschaft" der Freiwilligendienste hat sich seit der Entstehung im Jahr 1954 sehr vielfältig ausdifferenziert. Gab es in Deutschland am Anfang das Diakonische Jahr mit dem Ziel, praktische Hilfstätigkeiten in evangelischen Einrichtungen zu leisten, sind es mittlerweile unterschiedliche Formate geworden, die weltweit Freiwillige einsetzen und in ihren Zielrichtungen und -gruppen differieren. Alle Freiwilligendienste zeichnen sich dadurch aus, dass sie eine „institutionalisierte Form zivilgesellschaftlichen Handelns" (Simonson/Vogel 2017: 180) sind. Es gibt Jugendfreiwilligendienste (Freiwilliges Soziales Jahr und Freiwilliges Ökologisches Jahr), den Bundesfreiwilligendienst und internationale Freiwilligendienste (z.B. Diakonisches Jahr im Ausland, weltwärts oder den Internationalen Jugendfreiwilligendienst). Freiwilligendienste finden außerhalb eines formalen Bildungssystems statt und sind zeitlich befristet.

Trägerorganisationen sind verantwortlich für die Durchführung des Freiwilligendienstes, die pädagogische Begleitung sowie die Einhaltung der den Freiwilligendiensten zugrunde liegenden Gesetze und (Förder- oder Programm-)Richtlinien. Es ist erforderlich, dass Trägerorganisationen entweder vom Gesetz her oder vom Bundesland anerkannt sind, dass sie sich einer Zentralstelle zuordnen oder dass sie als Entsendeorganisation für einen internationalen Freiwilligendienst anerkannt sind.

Die Freiwilligen erhalten für ihr Engagement ein Taschengeld und Leistungen für die Verpflegung, Unterkunft und Arbeitskleidung. Der Freiwilligendienst wird pädagogisch begleitet, zum einen durch die Organisation, die Freiwillige aufnimmt oder entsendet, und zum anderen durch die Einrichtungen, in denen der Dienst geleistet wird. Die pädagogische Begleitung des Trägers findet u.a. anhand der Durchführung von begleitenden Bildungstagen statt. Die Anzahl dieser Tage unterscheidet sich hinsichtlich der Dauer des Freiwilligendienstes und ob es sich um einen Jugendfreiwilligendienst, einen Bundesfreiwilligendienst für unter oder über 27-Jährige oder um einen internationalen Freiwilligendienst handelt. Die Freiwilligen erhalten Bescheinigungen über die Durchführung bzw. Ableistung des Freiwilligendienstes und am Ende wird bei bestimmten Formaten ein schriftliches Zeugnis erstellt.[7]

---

[7] Beim Bundesfreiwilligendienst ist die Zeugniserstellung gesetzlich vorgeschrieben (§11 BGFD), bei den Jugendfreiwilligendiensten spricht das JFDG (§11) von einer „Kann-Regelung", wohingegen die Qualitätskriterien der Ev. Freiwilligendienste eine Zeugniserstellung beim FSJ als verbindlichen Standard benennen (vgl. Ev. FWD 2019: 10). Bei den internationalen Freiwilligendiensten liegt es im Ermessen der (Partner-)Organisation, ob eine Zeugniserstellung vorgenommen wird.

Jugendfreiwilligendienste

Jugendfreiwilligendienste sind Nachfolgeformate des ursprünglichen Diakonischen Jahres. Diverse Gesetzesänderungen seit der Einführung am
17.08.1964 mündeten schließlich am 16.05.2008 zum „Gesetz zur Förderung von Jugendfreiwilligendiensten", dem Jugendfreiwilligendienstegesetz
(JFDG). Dies umschließt die beiden Formate „Freiwilliges Soziales Jahr"
(FSJ) und „Freiwilliges Ökologisches Jahr" (FÖJ). Teilnahmevoraussetzung
ist die Erfüllung der Vollzeitschulpflicht und dass das 27. Lebensjahr noch
nicht vollendet ist. Der Dienst wird in Vollzeit oder Teilzeit[8] geleistet und
die Dauer liegt zwischen sechs und 18 Monaten, in der Regel handelt es
sich um 12 Monate. Mit einem besonderen Konzept sind maximal 24 Monate möglich (vgl. §§1–5 JFDG). Das FSJ wird in gemeinwohlorientierten
Einrichtungen geleistet, insbesondere in Einrichtungen der Wohlfahrtspflege, Kinder-/Jugendhilfe, außerschulischer Jugendbildung/-arbeit, Gesundheitspflege, Kultur und Denkmalpflege oder in Einrichtungen des Sports
(vgl. §§1–5 JFDG). Im Unterschied zum FSJ erfolgt der Einsatz beim FÖJ in
Einrichtungen, „die im Bereich des Natur- und Umweltschutzes einschließlich der Bildung zur Nachhaltigkeit tätig sind" (§4 JFDG).

Eine zwischen den drei Akteuren Trägerorganisation, Einsatzstelle und
dem bzw. der Freiwilligen geschlossene Vereinbarung regelt neben den Einsatzmodalitäten (u.a. Dauer, Urlaub, Sozialversicherungspflicht) auch die
Ziele des Freiwilligendienstes und die Rechte und Pflichten aller Beteiligten. Die Formate FSJ und FÖJ können sowohl im In- als auch im Ausland
durchgeführt werden.

Den Jugendfreiwilligendiensten liegt eine pädagogische Begleitung zugrunde, deren Ziel in der Vermittlung von sozialen, kulturellen und interkulturellen Kompetenzen liegt und dass damit das Verantwortungsbewusstsein für das Gemeinwohl eine Stärkung erfährt (§3 JFDG). Insbesondere
beim FÖJ soll „der nachhaltige Umgang mit Natur und Umwelt gestärkt
und Umweltbewusstsein entwickelt werden, um ein kompetentes Handeln
für Natur und Umwelt zu fördern" (§4 JFDG). Die pädagogische Begleitung wird durch Mittel des Bundes gefördert – aktuell sind es gemäß der
Förderrichtlinien bis zu 200 Euro pro Teilnehmendenmonat (vgl. BMFSFJ
2012: 5f.). In einigen Bundesländern erhalten die Träger zusätzlich eine
Landesförderung, z.B. in Bayern, Hessen und Sachsen.

---

[8] Freiwillige können seit 2019 die Teilzeitmöglichkeit wählen, wenn sie ein berechtigtes Interesse haben, z.B. wenn ein Kind oder Angehörige zu versorgen sind, wenn gesundheitliche
Beeinträchtigungen einen Volldienst verhindern, wenn die Teilnahme an Integrationskursen
erforderlich ist und diese mit einem Volldienst kollidieren oder aus sonstigen schwerwiegenden Gründen (BMFSFJ 2019b).

Bei der Durchführung von Jugendfreiwilligendiensten finden weitere arbeitsrechtliche und arbeitsschutzrechtliche Bestimmungen wie z.b. das Jugendarbeitsschutzgesetz oder das Bundesurlaubsgesetz sowie Rechtsnormen wie z.b. das Bundeskindergeldgesetz Anwendung (vgl. §§9, 13 JFDG).

Bundesfreiwilligendienst

Der Bundesfreiwilligendienst (BFD) wurde 2011 infolge der Aussetzung der Wehrpflicht und der damit verbundenen Aussetzung der Wehrersatzpflicht (Zivildienst) eingeführt. Dies führte insbesondere zu der Kritik, dass der Staat zu sehr in die Zivilgesellschaft eingreifen würde: „Mit dem Bundesfreiwilligendienst wird ein staatlich geregelter und organisierter Freiwilligendienst geschaffen, mit dem der Staat direkt auf die Zivilgesellschaft zugreift und versucht, sie in seinem Sinn zu steuern" (Jakob 2013: 2) zitiert nach Simonson/Vogel 2014: 181).

Viele Regelungen ähneln denen vom JFDG, auch wenn mit dem „Gesetz über den Bundesfreiwilligendienst" bzw. Bundesfreiwilligendienstgesetz (BFDG) ein eigener rechtlicher Rahmen geschaffen worden ist. Daher werden an dieser Stelle die Unterschiede zwischen den Formaten Jugendfreiwilligendienst und BFD aufgeführt: Der BFD kann von Personen ab der Erfüllung der Vollzeitschulpflicht absolviert werden, ohne dass es darüber hinaus eine Altersbegrenzung gibt. Ab dem vollendeten 27. Lebensjahr kann der Dienst voraussetzungslos in Teilzeit durchgeführt werden. Darüber hinaus wird die Vereinbarung, anders als beim FSJ oder FÖJ, nicht nur zwischen Freiwilligen, der Einsatzstelle und der sogenannten *selbstständigen Organisationseinheit* (entspricht der Trägerorganisation) geschlossen, sondern sie bedarf der Zustimmung des Bundesamtes für Familie und zivilgesellschaftliche Aufgaben (BAFzA). Im Gegensatz zum JFDG sieht das BFDG das Trägerprinzip nicht vor, von daher erklärt sich auch die unterschiedliche Begrifflichkeit, mit der die Träger als *selbstständige Organisationseinheiten* bezeichnet werden.

Ein weiterer Unterschied findet sich bei den Bildungstagen: Es handelt sich ebenfalls wie beim FSJ/FÖJ um mindestens 25 Tage bei 12-monatigem Dienst. Allerdings werden fünf Tage davon in einem Bildungszentrum des Bundes zum Thema politische Bildung durchgeführt. Für diese fünf Tage geben die Trägerorganisationen ihre Verantwortung für die pädagogische Begleitung an die jeweiligen Bildungszentren ab. Bei einer Verlängerung des BFD fällt ebenfalls wie beim FSJ/FÖJ ein zusätzlicher Bildungstag pro Verlängerungsmonat an, bei Verkürzungen reduziert sich die Anzahl an Bildungstagen wie beim Jugendfreiwilligendienst um zwei Tage pro Monat (vgl. §4 BFDG; BMFSFJ 2013). Freiwillige, die älter als 27 Jahre sind, erhalten eine angemessene Zahl an Bildungstagen. Hier ist keine genaue Zahl vom Gesetzgeber definiert, es haben sich mittlerweile 12 bis 15 Tage etabliert (auf einen 12-monatigen Dienst gerechnet).

Der Einsatz erfolgt ebenfalls in gemeinwohlorientierten Einrichtungen, in denen auch ein FSJ oder FÖJ durchgeführt werden kann, und die Einsatzfelder der Wohlfahrtspflege werden mit den Begriffen „Gesundheits- und Altenpflege, der Behindertenhilfe" (§3 BFDG) genauer definiert. Darüber hinaus können Freiwillige in Einrichtungen der Integration, des Zivil- und Katastrophenschutzes eingesetzt werden. Alle Einsatzstellen sind im Vorfeld vom BAFzA anzuerkennen (vgl. §§3, 6 BFDG).

Explizit im BFDG ist angegeben, dass der BFD arbeitsmarktneutral auszugestalten ist, dass also die Freiwilligen in den Einsatzstellen nicht in den Personalschlüssel einzurechnen sind. Der arbeitsmarktneutrale Einsatz ist im §3f. JFDG in der Form erwähnt, dass es sich um eine überwiegende praktische Hilfstätigkeit handelt und somit kein Beschäftigungsverhältnis begründet werden kann (vgl. BMFSFJ 2011: 63).

Zur Durchführung des BFD können Träger und Einsatzstellen Zentralstellen bilden, die für die ordnungsgemäße Durchführung des BFD bei diesen entsprechend Sorge tragen. Hierfür wird im Binnenverhältnis ein „Vertrag zur Übertragung von Aufgaben" geschlossen, in dem u.a. die Organisation der pädagogischen Begleitung geregelt wird (vgl. §§7,16 BFDG).

Die pädagogische Begleitung im Bundesfreiwilligendienst wird aktuell mit bis zu 133 Euro (zuzüglich 100 Euro für Freiwillige mit besonderem Förderbedarf) und die Leistungen für Taschengeld und Sozialversicherungsbeiträge mit bis zu 250 Euro gefördert, jeweils gerechnet pro Teilnehmendenmonat. Für die Altersgruppe der über 25-Jährigen steigt die Förderung der Taschengeld- und Sozialversicherungsleistungen auf bis zu 350 Euro/Teilnehmendenmonat. Darüber hinaus werden die Fahrtkosten zur Teilnahme an den Seminaren zur politischen Bildung übernommen (vgl. BMFSFJ 2019a: 2).

Konzeptionen und Qualitätskriterien im Freiwilligendienst

Die Durchführung der Freiwilligendienstprogramme geschieht nicht nur anhand der rechtlichen Rahmenbedingungen, sondern auch anhand von Konzeptionen und Qualitätskriterien. Vorhandene Konzeptionen sind ein Merkmal von Qualität und Transparenz, in denen die Zentralstellen ihre Richtlinien und die Durchführung der Programme beschreiben sowie Mindestqualitätsanforderungen festlegen. Darüber hinaus gibt es Qualitätskriterien, die die Konkretisierung und die praktische Umsetzung benennen.

Beides führt zu einer Professionalisierung und Qualifizierung der Freiwilligendienste.

Im Folgenden wird auf die Konzeptionen der Ev. Freiwilligendienste und ihrer angeschlossenen Träger verwiesen und die Qualitätskriterien werden in den Blick genommen.

Konzeptionen

Die Freiwilligendienst-Konzeptionen regeln und beschreiben die Durchführung der Programme sowohl bei den Zentralstellen als auch bei den Trägerorganisationen. Die Träger, die sich der Trägergruppe der Ev. Freiwilligendienste angeschlossen haben, unterliegen zusätzlich zu den obigen rechtlichen Rahmenbedingungen der Bundeskonzeption der Ev. Freiwilligendienste. Diese benennt den verbindlichen, gemeinsamen Rahmen der unterschiedlichen Freiwilligendienstformate der zusammengeschlossenen Träger. So gibt es dort z.B. Aussagen zur pädagogischen Begleitung und Bildungsarbeit und darüber hinaus werden Bildungsdimensionen benannt, um das Merkmal des Freiwilligendienstes als Bildungs- und Orientierungsjahr darzustellen (vgl. Ev. FWD 2018: 5). Jeder Träger ist verpflichtet, eine eigene Konzeption über seine Freiwilligendienstprogramme zu erstellen. Die Grundlage hierfür bildet die Bundeskonzeption und es werden trägerspezifische Merkmale und Schwerpunkte benannt. Die Träger sind angehalten, ihre eigenen Konzeptionen regelmäßig zu überarbeiten und der Qualitätsentwicklungs-Kommission der Ev. Freiwilligendienste einzureichen.

Qualitätsmerkmale

Qualitätsmerkmale und Mindeststandards sichern den Freiwilligendienstprogrammen eine hohe, durchgängige Qualität. Diese Kriterien sind vorgeschrieben, wie z.B. in der „Rahmenrichtlinie für die pädagogische Begleitung im Bundesfreiwilligendienst" (BMFSFJ 2013). Darüber hinaus verständigen sich zum Teil die Zentralstellen und ihre Träger auch auf weitergehende Kriterien, um den Freiwilligen eine hohe Qualität für ihren Freiwilligendienst bieten und garantieren zu können.

Die Ev. Freiwilligendienste verfügen seit 1999 über ein eigenes Qualitätshandbuch zur Durchführung des FSJs, dieses wurde von einer Qualitätsentwicklungskommission erarbeitet und unter Beteiligung der angeschlossenen Träger verabschiedet. Mit der zuletzt grundlegenden Überarbeitung des Handbuches und der Verabschiedung im Jahr 2019 wurden Ziele, Prozessstandards und Formen der Dokumentation für die Programmformate FSJ und BFD u27[9] benannt. Alle Mitglieder der Ev. Freiwilligendienste führen auf Grundlage dieser Qualitätskriterien ihre Freiwilligendienstprogramme FSJ und BFD für Freiwillige unter 27 Jahren durch. Die Kriterien werden durch festgelegte Verfahren zur Selbst- und Fremdevaluation überprüft (vgl. Ev. FWD 2019).

Darüber hinaus können sich Träger für die Inlands-Programme von der Organisation „Quifd – Qualität in Freiwilligendiensten" zertifizieren lassen und erhalten bei erfolgreicher Zertifizierung ein Qualitätssiegel, das regelmäßig überprüft wird.[10]

Die Qualitätsverbünde für Organisationen der Konferenz evangelischer Freiwilligendienste (KeF)[11] sind: „Qualitätsverbund weltwärts der Aktionsgemeinschaft Dienst für den Frieden" (AGDF) und „Evangelischer Qualitätsverbund weltwärts von Evangelischen Freiwilligendiensten und Brot für die Welt" (EQEB).

Fazit

In den ersten Jahren seit der Gründung des Diakonischen Jahres 1954 wurden von den durchführenden Trägerorganisationen verschiedene Modelle, Konzepte und Qualitätskriterien ausprobiert und festgelegt. Spätestens mit dem ersten Gesetz, dem „Gesetz zur Förderung eines freiwilligen sozialen Jahres" im Jahr 1964 fand der Freiwilligendienst seine Berechtigung und zugleich eine Absicherung. Die gesetzlichen Rahmenbedingungen und die Konzepte zum Einsatz der Freiwilligen und der pädagogischen Begleitung konnten bis heute stetig weiterentwickelt werden. Von der Bundesregierung und den Ländern werden Freiwilligendienste als eine besondere Form des bürgerschaftlichen Engagements wertgeschätzt und alle Programme sind in unterschiedlicher Höhe förderberechtigt. Die finanzielle Förderung reicht allerdings bei Weitem nicht aus, um die Aufwendungen der Trägerorganisationen zu decken. Als Zeichen der Wertschätzung und Anerkennung

---

[9] Hiermit ist der BFD für Freiwillige unter 27 Jahren gemeint.

[10] „Quifd versteht sich als Kompetenzzentrum für Freiwilligendienste und entwickelt in einem partizipativen Verfahren zusammen mit den Anbietern von Freiwilligendiensten, Wissenschaft und Politik die Qualität in diesen Bereichen weiter." Zitat aus: Quifd – Agentur für Qualität in Freiwilligendiensten: Leitbild und Aufgaben der Agentur. Online unter: www.quifd.de/232_Leitbild_und_Aufgaben.htm (Abruf 21.07.2020).

[11] In der KeF „haben sich Träger von Freiwilligendiensten im In- und Ausland mit dem Ziel zusammengeschlossen, Verantwortliche in Kirche, Politik und Gesellschaft über diese Form des Engagements zu informieren und dadurch die Aufmerksamkeit stärker auf diese wichtige soziale Friedens- und Bildungsaufgabe zu lenken". Zitat aus: Konferenz evangelischer Freiwilligendienste: Willkommen. Online unter: https://kef-online.org/ (Abruf 30.07.2020).

könnten darüber hinaus die Freiwilligen z.B. ein höheres Taschengeld und eine kostenfreie Nutzung des öffentlichen Nahverkehrs erhalten. Die zivilgesellschaftlichen Akteure setzen sich für eine Diversität bei der Zielgruppe ein und können leider diese Anforderungen und das Programm an sich nicht kostendeckend durchführen.

Insofern ist es durchaus zu begrüßen, in einem rechtlichen Rahmen für Freiwilligendienste agieren zu können. Die zivilgesellschaftlichen Träger setzen sich aktiv für eine Weiterentwicklung der Programme im Sinne des Subsidiaritätsprinzips, der Anerkennung der Freiwilligen, Diversität der Teilnehmenden und bessere Förderungen ein.

Rechtliche Rahmenbedingungen, Konzepte und Qualitätskriterien sichern den Freiwilligen und auch den Trägerorganisationen Verlässlichkeit, hohe Qualität und Transparenz bei der Durchführung der Programme zu. Sie ermöglichen, dass Freiwillige prägende Erfahrungen für ihr Leben durch diese Form des bürgerschaftlichen Engagements tätigen.

Literaturverzeichnis

AfJ = Amt für Jugendarbeit der Evangelischen Kirche von Westfalen (2008): 50 Jahre Diakonisches Jahr Westfalen. Das Freiwillige Soziale Jahr der Evangelischen Kirche von Westfalen im Kontext gesellschaftlicher Entwicklungen. Schwerte.

BFDG = Gesetz über den Bundesfreiwilligendienst (Bundesfreiwilligendienstgesetz). Ausfertigungsdatum: 28.04.2011.

BMFSFJ = Bundesministerium für Familie, Senioren, Frauen und Jugend (2011): Zeit, das Richtige zu tun. Freiwillig engagiert in Deutschland – Bundesfreiwilligendienst. Freiwilliges Soziales Jahr. Freiwilliges Ökologisches Jahr. Berlin.

BMFSFJ = Bundesministerium für Familie, Senioren, Frauen und Jugend (2012): Richtlinien zur Förderung der Jugendfreiwilligendienste nach dem Jugendfreiwilligendienstegesetz sowie des Internationalen Jugendfreiwilligendienstes nach der Richtlinie des BMFSFJ vom 20. Dezember 2010 (GMBl 2010, S. 1778 ff.) durch den Bund (Förderrichtlinien Jugendfreiwilligendienste – RL-JFD). In: Gemeinsames Ministerialblatt (GMBl). Jg. 63 (11). S. 174–178.

BMFSFJ = Bundesministerium für Familie, Senioren, Frauen und Jugend (2013): Rahmenrichtlinie für die pädagogische Begleitung im Bundesfreiwilligendienst (BFD) unter besonderer Berücksichtigung der Seminararbeit und des dabei eingesetzten pädagogischen Personals. Berlin.

BMFSFJ = Bundesministerium für Familie, Senioren, Frauen und Jugend (2019a): Richtlinien des BMFSFJ zu § 17 des Bundesfreiwilligendienstgesetzes (BFDG) vom 13.05.2019. Berlin.

BMFSFJ = Bundesministerium für Familie, Senioren, Frauen und Jugend (2019b): Erläuterungsschreiben zum Freiwilligendiensteteilzeitgesetz. Berlin.

Engels, Dietrich/Huth, Susanne (2016): Ergebnisse der gemeinsamen Evaluation des Bundesfreiwilligendienstes (BFDG) und der Jugendfreiwilligendienste (JFDG). In: Voluntaris. Zeitschrift für Freiwilligendienste. Jg. 4 (1). S. 8–45.

Ev. FWD = Evangelische Freiwilligendienste gGmbH (2018): Bundeskonzeption für Freiwilligendienste der Evangelischen Trägergruppe. Hannover.

Ev. FWD = Evangelische Freiwilligendienste gGmbH (2019): Handbuch Qualitätsentwicklung für FSJ und BFD u27 der Ev. Freiwilligendienste. Hannover.

Gesetz zur Förderung eines freiwilligen sozialen Jahres. Ausfertigungsdatum: 17.08.1964.

JFDG = Gesetz zur Förderung von Jugendfreiwilligendiensten (Jugendfreiwilligendienstegesetz). Ausfertigungsdatum: 16.05.2008.

Simonson, Julia/Vogel, Claudia (2017) in: Simonson, Julia/Vogel, Claudia/Tesch-Römer, Clemens (Hg.) (2017): Freiwilliges Engagement in Deutschland – Der Deutsche Freiwilligensurvey 2014. Wiesbaden: Springer VS, S. 179–197.

BILDUNGSAUFTRAG UND RAHMENBEDINGUNGEN FÜR PÄDAGOGISCHE FACHKRÄFTE BEI TRÄGERN

Mathias Schmitten

Das starke Wachstum der Freiwilligenzahlen in den Jahren nach Einführung des Bundesfreiwilligendienstes ab 2011 und die Ablösung alter Zivildienststrukturen haben bei den Trägern von Freiwilligendiensten zu einer insgesamt stärkeren Strukturierung auf institutioneller Ebene geführt. Insbesondere größere und stark wachsende Träger mussten in einem erheblichen Umfang pädagogisches Personal aufstocken, nicht zuletzt durch die Durchsetzung verbindlicher Betreuungsschlüssel für das pädagogische Personal in den verschiedenen Freiwilligendienstformaten, besonders aber im Freiwilligen Sozialen Jahr (FSJ) und Bundesfreiwilligendienst (BFD). Außerdem wurden höhere Standards für die Personalauswahl umgesetzt (u.a. ein Studienabschluss als Voraussetzung, einschlägige pädagogische Vorerfahrungen etc.). Die Freiwilligendienste haben nach dieser Wachstumsphase in den letzten Jahren einen enormen Professionalisierungsschub erfahren, gleichzeitig sind der Anspruch in der pädagogischen Begleitung und der Seminararbeit sowie die strukturellen und organisatorischen Anforderungen im Freiwilligendienst deutlich gestiegen. Vor diesem Hintergrund ist es sinnvoll, sich mit den aktuellen Rahmenbedingungen und Grundlagen für pädagogische Fachkräfte in den Freiwilligendiensten näher zu befassen.

In pädagogischer Hinsicht hat der Träger des Freiwilligendienstes die Aufgabe, die individuelle pädagogische Begleitung der Freiwilligen sicherzustellen, als Moderator zwischen Einsatzstelle und Freiwilligen aufzutreten, insbesondere in Krisen und Konfliktsituationen, und das begleitende Bildungsprogramm mit den erforderlichen Bildungstagen und Seminaren zu organisieren und durchzuführen.

Dieses Kapitel beschäftigt sich aus Sicht der Trägerorganisationen mit dem Bildungssetting und -auftrag im Freiwilligendienst und dem pädagogischen Personal, das der Träger des Freiwilligendienstes zu diesen Zwecken angestellt hat. Dabei soll zunächst eine Erörterung des komplexen pädagogischen Bildungsauftrags in den Freiwilligendiensten erfolgen, worin speziell die besondere Stellung des Freiwilligendienstes im Bereich nonformaler und informeller Bildung, die Bildungsdimensionen und die didaktischen Prinzipien der Freiwilligenbildung reflektiert werden. In einem zweiten Teil wird auf formale Rahmenbedingungen des pädagogischen Schlüssels und der förderfähigen Tätigkeiten eingegangen. Anschließend werden Qualifikation und Eingruppierung der pädagogischen Fachkräfte im Freiwilligendienst thematisiert und überblicksmäßig ein repräsentatives Aufgabenprofil der pädagogischen Mitarbeitenden vorgestellt, bevor auf die Wichtigkeit einer konsequenten und fundierten Personalentwicklung und der adäquaten Ausstattung der pädagogischen Fachkräfte eingegangen wird.

Pädagogischer Auftrag im Freiwilligendienst

Ein komplexer Bildungsauftrag

Eine Besonderheit im Freiwilligendienst ist die Vielschichtigkeit und Komplexität des Bildungsauftrags. Dieser Bildungsauftrag ist bereits in den konstitutiven Gesetzestexten verankert. Freiwilligendienste als besondere Form des bürgerschaftlichen Engagements sollen die Bildungsfähigkeit der Freiwilligen födern (vgl. JFDG §1,1) bzw. zeitgemäß formuliert im Bundesfreiwilligendienstgesetz: „Der Bundesfreiwilligendienst fördert das lebenslange Lernen" (BFDG §1). Neben diesem allgemeinen Auftrag heißt es dort spezifischer: „Der Bundesfreiwilligendienst wird pädagogisch begleitet mit dem Ziel, soziale, ökologische, kulturelle und interkulturelle Kompetenzen zu vermitteln und das Verantwortungsbewusstsein für das Gemeinwohl zu stärken" (BFDG §4,1). Im Jugendfreiwilligendienstgesetz findet sich nur die weniger konkrete Formulierung: „Das freiwillige soziale Jahr wird als überwiegend praktische Hilfstätigkeit, die an Lernzielen orientiert ist, in gemeinwohlorientierten Einrichtungen geleistet" (JFDG §3,1).

Der Freiwilligendienst ist also ein an Kompetenzen[12] orientierter Bildungsdienst, der als oberstes die Fähigkeit, Fertigkeit und Bereitschaft der Freiwilligen födern soll, auch künftig Lern- und Bildungschancen zu ergreifen und erfolgreich zu meistern. Zudem wird die Eigenverantwortung und Selbstbestimmung gefördert. Ziel des Freiwilligendienstes ist somit auch immer, einen aktiven Beitrag zur Mündigkeitsentwicklung der Freiwilligen zu leisten. Hervorgehoben wird zudem immer die Orientierungsfunktion des Freiwilligendienstes im Sinne einer „Hilfe zur Lebensbewältigung" (vgl. Bonus et al. 2019: 18).

Neben diesem allgemeinen Ziel beschäftigt sich die Freiwilligenarbeit mit der beruflichen Wirklichkeit in Einrichtungen der Pflege und der sozialen Arbeit, mit den Lebenswelten der Freiwilligen und der Klientinnen

---

[12] Hier gemäß der im Bildungsbereich weithin gängigen weinertschen Definition, die Kompetenzen auffasst als „die bei Individuen verfügbaren oder durch sie erlernbaren kognitiven Fähigkeiten und Fertigkeiten, um bestimmte Probleme zu lösen, sowie die damit verbundenen motivationalen, volitionalen und sozialen Bereitschaften und Fähigkeiten, um die Problemlösungen in variablen Situationen erfolgreich und verantwortungsvoll nutzen zu können" (Weinert 2001: 27f.).

und Klienten, mit politisch und gesellschaftlich relevanten Themen. Die Bundeskonzeption der evangelischen Trägergruppe listet aktuell folgende *Bildungsdimensionen* (vgl. Ev. Freiwilligendienste 2018: 11ff.):

Bildungsdimensionen im Freiwilligendienst

- Persönlichkeitsbezogene Bildung
- Soziale Bildung
- Arbeitsweltbezogene Bildung
- Politische Bildung
- Religiöse Bildung
- Diversitätsbewusste Bildung
- Bildung für nachhaltige Entwicklung

Freiwilligendienste zwischen nonformaler und informeller Bildung

Bei den Freiwilligendiensten handelt es sich um ein strukturiertes Lehr-/Lernsetting mit einem festen juristischen und institutionellen Rahmen. Bildungsprozesse werden auf Basis offener Curricula geplant, die trotz unterschiedlicher Ausrichtung der einzelnen Träger weithin vergleichbar sind und anhand von Lernzielen umgesetzt werden. Somit handelt es sich bei den Freiwilligendiensten um einen Ort nonformaler Bildung (vgl. Nugel et al. 2014: 14). Nonformale Lern- und Bildungsprozesse finden in den Freiwilligendiensten in der Regel in den Einsatzstellen im Rahmen strukturierter Einarbeitung und Begleitung durch Praxisanleitende sowie in den durch den Träger des Freiwilligendienstes ausgerichteten Seminaren statt.

Daneben spielt informelles Lernen als „Alltagslernen durch Verantwortungsübernahme" (Nugel et al. 2014: 16) bzw. als „training on the job" (Nugel et al. 2014: 17) in den Einsatzstellen eine große Rolle. Gleiches gilt für den nichtstrukturierten Bereich der Bildungsseminare. Insbesondere die mehrtägigen Start-, Zwischen- und Abschlussseminare mit Übernachtung im Seminarhaus bieten hier große Chancen für informelle Lern- und Bildungsprozesse.

Schnittmengen zur formalen Bildung bzw. zur Einbindung in den Deutschen Qualifikationsrahmen (DQR) gibt es insbesondere im Bereich des gelenkten Praktikums als praktischem Teil der Fachhochschulreife bzw. in Projekten, in denen im Rahmen des Freiwilligendienstes z.B. ein Realschulabschluss bzw. ein qualifizierter Hauptschulabschluss nachgeholt werden kann. Daneben gibt es vereinzelt Projekte, die eine berufliche Qualifikation im Freiwilligendienst ermöglichen.

Didaktische Prinzipien der Bildung im Freiwilligendienst

Die Bildungsarbeit im Freiwilligendienst folgt verschiedenen didaktischen Prinzipien. Die wichtigsten sollen an dieser Stelle kurz benannt werden.

Subjekt- bzw. Teilnehmendenorientierung gilt weithin als das oberste didaktische Prinzip in der Freiwilligenbildung (vgl. Bonus et al. 2019: 17f.). Sie fußt auf dem Anspruch, die Freiwilligen in der pädagogischen Begleitung und in der Seminartätigkeit bestmöglich ihrer individuellen Dispositionen gemäß zu fördern und in ihrer persönlichen Entwicklung zu unterstützen. Dieses Prinzip stellt angesichts der dem Freiwilligendienst eigenen Heterogenität der Lerngruppen (Altersspanne, Bildungshintergrund, Einsatzstelle etc.) die pädagogischen Fachkräfte vor besondere Herausforderungen.

Partizipation markiert ein wichtiges Prinzip der Bildungsarbeit im Freiwilligendienst (vgl. Bonus et al. 2019: 18). Sie stellt einen wichtigen Aspekt der Teilnehmendenorientierung dar. Die Mitwirkung der Freiwilligen wird in beiden maßgeblichen Gesetzen formuliert: „Die Freiwilligen wirken an der inhaltlichen Gestaltung und der Durchführung der Seminare mit" (JFDG §5,2; gleichlautend BFDG §4,3). Die pädagogischen Fachkräfte im Freiwilligendienst beteiligen die Freiwilligen aktiv bei der Planung und Gestaltung von Seminaren, insbesondere durch die Einbeziehung individueller Interessen und Bedarfe bei der Themenwahl, aber auch in der Gestaltung von Seminareinheiten und in der selbstständigen Organisation des Rahmenprogramms der Bildungsseminare (vgl. Pohlmann/Schmitt in diesem Band).

Lebenswelt- und Sozialraumorientierung stellen den praktischen Bezug der Bildungsinhalte zum Erfahrungshorizont der Freiwilligen her (vgl. Ev. Freiwilligendienste 2017: 5). Bildungsarbeit im Freiwilligendienst soll in relevanter Art und Weise Freiwillige bei der Bewältigung des beruflichen Alltags, in der sozialen Interaktion und gesellschaftlicher Partizipation unterstützen. Durch diesen direkten Bezug werden Lerninhalte besser verinnerlicht und gewinnen einen hohen Motivationsgehalt.

Handlungsorientierung als didaktisches Prinzip bezieht sich auf die methodische Ausgestaltung der Praxis in den Einsatzstellen und der Seminararbeit, in deren Mittelpunkt idealtypisch die selbst organisierte, projektorientierte Tätigkeit steht. Durch die erfolgreiche Umsetzung handlungsorientierter Methoden kann die Eigenständigkeit und Selbstwirksamkeit der Freiwilligen gestärkt werden (vgl. Ev. Freiwilligendienste 2017: 5; vgl. BMFSFJ 2013: 4).

Bildungsarbeit in den Freiwilligendiensten verfolgt einen *multiperspektivischen Ansatz* (vgl. Ev. Freiwilligendienste 2017: 5, vgl. BMFSFJ 2013: 5): Sachverhalte werden aus unterschiedlichen Blickwinkeln betrachtet. Kontroverse Themen werden kontrovers, respektvoll und offen diskutiert. Durch diesen Ansatz wird das Reflexionsvermögen der Freiwilligen gefördert und ein Beitrag zur Mündigkeitsentwicklung geleistet (vgl. Juschka in diesem Band).

Pädagogisches Personal im Freiwilligendienst

Diese Vielschichtigkeit: Die spezifischen Anforderungen des Freiwilligendienstes als Bildungsort zwischen nonformaler und informeller Bildung, ein komplexer Bildungsauftrag, ein weites Spektrum an Bildungsdimensionen und eine anspruchsvolle Didaktik stellen einen hohen Anspruch an das pädagogische Personal. Pädagogische Fachkräfte in den Freiwilligendiensten müssen in der Lage sein, in den verschiedensten Kompetenzbereichen und Themenfeldern Seminareinheiten zu konzipieren und sich immer wieder neu auf heterogene Freiwilligengruppen mit unterschiedlicher Vorerfahrung und Interessenlage einzustellen. Um diese Arbeit bestmöglich umzusetzen, empfiehlt sich ein Blick auf die nötigen Rahmenbedingungen für eine gute Personalauswahl, -führung und -entwicklung im Freiwilligendienst.

Pädagogischer Schlüssel und förderfähige Tätigkeiten

Für die förderfähigen Aufgaben wird ein pädagogischer Schlüssels von 40 Freiwilligen im FSJ – es handelt sich um Vollzeitäquivalente und nicht um Personenzahlen – und, durch Exklusion des Seminars der politischen Bildung von 42 Freiwilligen im BFD auf 1,0 Stellen des pädagogischen Personals beim Träger des Freiwilligendienstes angesetzt. Für Projekte im besonderen Förderbedarf bzw. für Freiwillige im oder aus dem Ausland gelten zum Teil andere pädagogische Schlüssel, in der Regel in Höhe von 1:20. Für die Auslandsfreiwilligendienste wird in der Regel ein Schlüssel in Höhe von 1:15 angesetzt (vgl. Evangelische Freiwilligendienste 2014: 91).

Nicht alle pädagogischen Tätigkeiten sind förderfähig. Zusammenfassend kann gesagt werden, dass die Förderung alle durch den Träger zu veranlassenden pädagogischen Tätigkeiten *vom Dienstantritt bis zum Dienstaustritt* von Freiwilligen abdeckt inkl. konzeptioneller Tätigkeiten.

So listen die aktuellen Förderrichtlinien im FSJ und BFD neben Leitungs- und Verwaltungsaufgaben auch die Öffentlichkeitsarbeit und die Akquise von Freiwilligen und Einsatzstellen inkl. des Bewerbungsverfahrens als nichtförderfähige Tätigkeiten, obwohl das pädagogische Personal in diesen Bereichen häufig stark involviert ist (vgl. BMFSFJ 2012: 5; BMFSFJ 2014: 3ff.). Insbesondere im Bewerbungsverfahren ist jedoch zum Teil in hohem Maße pädagogische Beratung und Kompetenz gefragt. Seitens der Träger im Freiwilligendienst wird diese Förderpraxis daher seit Langem kritisiert. Hinsichtlich der Förderfähigkeit der Kosten z.B. für die Freiwilligenakquise sind die Auslandsfreiwilligendienste in der Regel bessergestellt. Hier ergeben sich jedoch teils andere Problematiken aus den zu leistenden verbindlichen Eigenanteilen von bis zu 25 % (weltwärts), die zum Teil seitens der Träger und der Freiwilligen über Spenden refinanziert werden müssen.

Für die Verwaltung im Freiwilligendienst gibt es zwar keinen Personal-schlüssel, die Notwendigkeit einer gut ausgestatteten und effizienten Ver-waltung, die möglichst gut mit der Pädagogik verzahnt ist, ergibt sich aber aus der Nichtförderfähigkeit aller Verwaltungsleistungen. Die zum Teil komplexe Beantragung und Abrechnung von Fördermitteln, die Vertrags-erstellung, das Fehltagemanagement, die Seminarorganisation, die Buch-haltung und alle übrigen Verwaltungsaufgaben lassen sich so professionell und in der Regel ökonomischer realisieren.

Aufgaben- und Anforderungsprofil des pädagogischen Personals

Für die Tätigkeit im Freiwilligendienst ist in der Regel ein Hochschulab-schluss in einer pädagogischen bzw. sozialwissenschaftlichen Disziplin oder ein fachfremder Hochschulabschluss mit einschlägiger pädagogischer Zu-satzqualifikation unabdingbar. Der Qualifikationsrahmen schlägt sich auch in den aktuell gültigen Förderrichtlinien im FSJ (vgl. BMFSFJ 2012: 4) nieder, die eine Eingruppierung der pädagogischen Fachkräfte in den nach Qualifikationsstufe TVöD E9/E10 oder vergleichbar für die Förderfähigkeit des pädagogischen Personals voraussetzen.

Durch die ungewöhnliche Verquickung von beratender Tätigkeit, lern-zielorientierter Seminargestaltung mit zum Teil starkem Fachbezug und Moderation sowie Gestaltung informeller Begegnungsräume ergibt sich ein den Freiwilligendiensten spezifisches Anforderungsprofil für das pädagogi-sche Personal. Üblicherweise stellt sich ein Aufgabenprofil im Freiwilligen-dienst in etwa so dar (eng angelehnt an BMFSFJ 2012: 4):

- Konzeption, Vorbereitung, Durchführung und Nachbereitung von Seminaren und Bildungstagen
- Individuelle Begleitung, Beratung und Betreuung von Freiwilligen
- Begleitung, Beratung, Betreuung und Fortbildung der Einsatzstellen
- Krisenintervention bei Freiwilligen
- Zeugniserarbeitung und -erstellung
- Qualitätsentwicklung sowie Mitwirkung an der Erstellung und Weiterentwicklung der pädagogischen Konzeption
- Netzwerkarbeit (Träger, Einsatzstellen, externe Kooperationspartner etc.)
- Gremienarbeit.

Dazu kommen häufig weitere Tätigkeiten, die für die Träger der Freiwilli-gendienste unerlässlich sind:
- Marketing und Öffentlichkeitsarbeit (Informationsveranstaltungen, Messeauftritte, Online-Marketing und Betreuung der Social-Media-Kanäle usw.)

- Begleitung des Bewerbungsverfahrens und Vermittlung von Freiwilligen
- insbesondere bei kleineren Trägern werden pädagogische Fachkräfte nach wie vor auch zu diversen Nebenleistungen wie Verwaltungsaufgaben, Erstellung von Abrechnungen, IT-Support und Datenbankverwaltung etc. herangezogen.

Personalführung und Personalentwicklung im Freiwilligendienst

Für eine qualitativ hochwertige Bildungsarbeit im Freiwilligendienst ist eine fundierte Anleitung der pädagogischen Fachkräfte und kontinuierliche Personalentwicklung unabdingbar. Diese beinhaltet die sorgfältige Auswahl, Einarbeitung und die Fort- und Weiterbildung der Mitarbeitenden genauso wie die Einbindung in ein gut strukturiertes leistungsfähiges und multiprofessionelles Team, regelmäßige Mitarbeitendengespräche und adäquate Anleitung durch die Führungskraft, kollegiale Beratung und Supervision (vgl. BFSFJ 2013: 6).

Nachdem bereits die Vielschichtigkeit und Komplexität des Bildungsauftrags erörtert wurden und im vorherigen Abschnitt die zahlreichen Aufgaben und Betätigungsfelder der pädagogischen Fachkräfte im Freiwilligendienst näher erläutert wurden, erscheint es sinnvoll, bei der *Auswahl und Zusammenstellung der Mitarbeitenden* verschiedene Berufsgruppen (pädagogische Fachkräfte, Lehrerinnen und Lehrer, Fachkräfte mit dem Studium der Sozialen Arbeit, Quereinsteigerinnen und Quereinsteiger etc.) zu berücksichtigen und auch einen Wert auf eine gute Bandbreite an Nebenqualifikationen zu legen, z.B. in einzelnen Feldern der sozialen Arbeit oder der Pflege, im Bereich Marketing und Öffentlichkeitsarbeit etc.

Ein multiprofessionelles, effizientes und kommunikationsstarkes Team ist die beste Voraussetzung für gelingende Begleitung im Freiwilligendienst. Regelmäßige Teamsitzungen und Klausuren, gemeinsame Fortbildungen und kontinuierlicher Austausch bilden die Basis für die gemeinsame konzeptionelle Arbeit und sind Voraussetzung für eine vertrauensvolle Zusammenarbeit.

Eine strukturierte Einarbeitung ist wesentlicher Bestandteil für eine qualitativ hochwertige Begleitung und Bildungsarbeit. Neben strukturellen und juristischen Kenntnissen zum Einsatz der Freiwilligen sind je nach Vorerfahrung Kompetenzen in der Beratung, didaktische Fähigkeiten und das methodische Repertoire Gegenstand der Einarbeitung. Daneben ist eine grundlegende Kenntnis der einzelnen Tätigkeitsfelder im Freiwilligendienst für die Beratung und Begleitung der Freiwilligen von großer Wichtigkeit. Die inhaltliche Auseinandersetzung mit Bildungsdimensionen ist eine Voraussetzung für gelingende Seminararbeit. Schließlich gibt es trägerspezifische Aspekte, die vermittelt werden müssen, sowohl in institutioneller Hinsicht als auch in Bezug auf die genutzten physischen und digitalen Arbeitsmittel.

Eine Kombination aus passgenauen Einheiten zur Einarbeitung mit gut strukturierten Unterlagen und einem kontinuierlichen Mentoring durch eine erfahrene pädagogische Fachkraft hat sich bewährt. Es ist zu beachten, dass aufgrund von Vorerfahrung und Ausbildung sehr unterschiedliche Anforderungen an eine strukturierte Einarbeitung bestehen.

Kontinuierliche Fort- und Weiterbildung sind ein wichtiger Faktor für eine gleichbleibende Qualität der pädagogischen Arbeit. Diese ist durch die Heterogenität der Bildungsgruppen und Programme extrem vielfältig und durch das Prinzip der Partizipation gleichzeitig einer hohen Dynamik in der inhaltlichen und thematischen Entwicklung unterworfen. Dazu wirken veränderliche Rahmenbedingungen auf die Gestaltung der Bildungsangebote ein und machen eine ständige Weiterentwicklung nötig. So haben sich die Träger im Freiwilligendienst durch die Einschränkungen für die Bildungsarbeit in der Corona-Pandemie in 2020 verstärkt mit digitalen Bildungskonzepten und den technischen Voraussetzungen digitaler Bildungsarbeit beschäftigt. Ohne intensive Bestrebungen zur Qualifikation und ohne die Eigeninitiativen der pädagogischen Fachkräfte wäre eine erfolgreiche Umsetzung kaum möglich gewesen.

Kollegiale Beratung und interne oder externe Supervision helfen den Mitarbeitenden bei der Reflexion von Konfliktsituationen und Problemen in der pädagogischen Arbeit. Die Arbeit im Freiwilligendienst bietet ein hohes Belastungspotenzial sowohl auf der psychischen Ebene (z.B. Krisen und Vorfälle in der Seminararbeit, die Auseinandersetzung mit den biografischen und aktuellen Problemen der Freiwilligen) als auch auf der physischen Ebene (z.B. wenig Schlaf auf dem Seminar, lange Arbeitstage, Verdichtung der Arbeitsprozesse und nicht zuletzt der hohen Verantwortung, die Fachkräfte oft eigenverantwortlich, z.B. als Seminarleitung, zu tragen haben). Hier sind Möglichkeiten der Reflexion und Beratung wichtig, um Lösungsstrategien zu entwickeln und die Gesundheit der Mitarbeitenden langfristig zu erhalten.

Ausstattung des pädagogischen Personals

An dieser Stelle soll nicht unterschlagen werden, dass eine adäquate und zeitgemäße Ausstattung der pädagogischen Fachkräfte absolut unerlässlich ist. Diese beinhaltet angemessen ausgestattete Büroräume mit der Möglichkeit, vertrauliche Gespräche sowohl persönlich als auch telefonisch zu führen. Gleiches gilt in besonderem Maße für die Räumlichkeiten im Seminarbetrieb.

Mitarbeitende benötigen für die Seminartätigkeit Zugang zu adäquaten Arbeitsmitteln und die Möglichkeit zum Materialtransport (z.b. durch Liefermöglichkeiten, Dienstwagen etc.) auch größerer Materialmengen für eine vielfältige, ansprechende und handlungsorientierte Seminargestaltung.

Dienstlaptop, Smartphone und dienstliche Mailadresse sind unerlässlich für die mobile Arbeit bei Regel- und Krisenbesuchen und für eine moderne, teilnehmendenorientierte Seminararbeit. Private Telefonnummern und Mailadressen im Kontakt mit Freiwilligen zu verwenden, ist weder im Hinblick auf den Datenschutz noch in Bezug auf die professionelle Distanz angemessen. Hier müssen sowohl der Schutz der Mitarbeitenden als auch der Schutz der Freiwilligen in den Blick genommen werden.

Nicht zuletzt müssen die verwendeten Arbeitsmittel ausreichend geschützt bzw. gesichert sein. Die pädagogischen Fachkräfte arbeiten täglich mit personenbezogenen und zum Teil äußerst sensiblen Daten der Freiwilligen. Diese Daten, z.B. die Dokumentation über die pädagogische Begleitung, müssen vor einem Zugriff Dritter jederzeit angemessen geschützt sein, egal ob physisch oder digital.

Wenn möglich, sollten Aspekte von Nachhaltigkeit und Ökologie bei Ausstattung und Materialien, bei der Zusammenarbeit mit den Seminarhäusern und bei der Reisetätigkeit der Mitarbeitenden Berücksichtigung finden (vgl. Sommerfeld in diesem Band).

Fazit

Die Freiwilligendienste bieten pädagogischen Fachkräften ein verantwortungsvolles und vielschichtiges Tätigkeitsfeld mit viel Freiheit für die inhaltliche Auseinandersetzung mit aktuellen gesellschaftspolitischen Themen und der Praxis sozialer Arbeit in Einrichtungen des Sozial- und Gesundheitswesens. Dabei beraten und begleiten die pädagogischen Fachkräfte nicht nur Freiwillige und Einsatzstellen, sie wirken in vielen Fällen auch aktiv mit im Bereich Akquise, Marketing und Öffentlichkeitsarbeit. Besonders attraktiv ist für viele Mitarbeitende in den Freiwilligendiensten die Seminar- und Bildungsarbeit.

Im vorherigen Abschnitt wurden die Herausforderungen eines komplexen Bildungsauftrags in den Freiwilligendiensten thematisiert. Um diesen Bildungsauftrag adäquat umsetzen zu können, müssen die Träger der Freiwilligendienste in angemessenem Umfang (pädagogischer Schlüssel) qualifiziertes pädagogisches Personal vorhalten. Die Vielschichtigkeit der Aufgabenprofile im Freiwilligendienst legen den Aufbau multiprofessioneller Teams nahe, die durch eine effiziente Verwaltung in der Umsetzung des Freiwilligendienstes unterstützt werden. Die Mitarbeitenden erhalten eine professionelle Anleitung durch die jeweilige Führungskraft, die ihren Führungsauftrag auf Basis einer fundierten und kontinuierlichen Personalentwicklung umsetzt. Eine strukturierte Einarbeitung, regelmäßige Fort- und Weiterbildung, Mitarbeitendengespräche und die Möglichkeit kollegialer Beratung und Supervision sind neben einer adäquaten und zeitgemäßen Ausstattung Qualitätsmerkmale guter Personalführung im Freiwilligendienst. Vor diesem Hintergrund ist es auch naheliegend, dass eine qualitativ hochwertige Arbeit im Freiwilligendienst nur erfolgen kann, wenn die Träger in allen Tätigkeitsfeldern auch hauptamtliche pädagogische Fachkräfte einsetzen, um die Kontinuität und Qualität von pädagogischer Begleitung und Bildungsarbeit sicherzustellen.

Literaturverzeichnis

BMFSFJ = Bundesministerium für Familie, Senioren, Frauen und Jugend (2012): Rundschreiben gemäß Nr. II.4.a.(1) und II.4.e. der Förderrichtlinien Jugendfreiwilligendienste vom 11. April 2012. Katalog der zuwendungsfähigen Positionen im FSJ/FÖJ gem. Nr. II.4.a.(1) RL-JFD. Berlin.

BMFSFJ = Bundesministerium für Familie, Senioren, Frauen und Jugend (2013): Rahmenrichtlinie für die pädagogische Begleitung im Bundesfreiwilligendienst (BFD) unter besonderer Berücksichtigung der Seminararbeit und des dabei eingesetzten pädagogischen Personals. Berlin.

BMFSFJ = Bundesministerium für Familie, Senioren, Frauen und Jugend (2014): Richtlinien des BMFSFJ zu § 17 des Bundesfreiwilligendienstgesetzes (BFDG) vom 30.04.2014. Berlin.

BFDG = Gesetz über den Bundesfreiwilligendienst (Bundesfreiwilligendienstgesetz). Ausfertigungsdatum: 28.04.2011.

Bonus, Stefanie/Schäfer, Stefan/Vogt, Stefanie (2019): Non-formale Bildung in nationalen Freiwilligendiensten – Zwischen beruflicher Orientierung und kritisch-emanzipatorischem Anspruch. In: Voluntaris. Zeitschrift für Freiwilligendienste. Jg. 7 (1). S. 8–21.

Evangelische Freiwilligendienste gGmbH (2014): Handbuch Qualitätsentwicklung und Qualitätsmanagement für Freiwilligendienste im Ausland. Hannover.

Evangelische Freiwilligendienste gGmbH (2017): Politische Bildung in Freiwilligendiensten. Rahmenkonzeption und Praxisbeispiele der Evangelischen Trägergruppe. Hannover.

Evangelische Freiwilligendienste gGmbH (2018): Bundeskonzeption für Freiwilligendienste der Ev. Trägergruppe. Hannover.

Evangelische Freiwilligendienste gGmbH (2019): Handbuch Qualitätsentwicklung für FSJ und BFD u27 der Ev. Freiwilligendienste. Hannover.

JFDG = Gesetz zur Förderung von Jugendfreiwilligendiensten (Jugendfreiwilligendienstegesetz). Ausfertigungsdatum: 16.05.2008.

Nugel, Martin/März, Peter/Meissner, Fabian/Schmidt, Uwe (2014): Der Bildungsauftrag im Jugendfreiwilligendienst. Theoretisch-konzeptionelle Überlegungen zur Projektmethode als intentionale Förderung des Nicht-Intentionalen. In: Voluntaris. Zeitschrift für Freiwilligendienste. Jg. 2 (1). S. 8–29.

Weinert, Franz E. (2001) (Hg.): Leistungsmessungen in Schulen. Weinheim und Basel: Beltz.

INTERNATIONALE FREIWILLIGENDIENSTE

Lisa Praß/Ute Gerdom

> „Mein Freiwilligendienst im Ausland war das beste Jahr meines Lebens. Ich habe so viel über mich und diese Welt gelernt: Das würde ich jeder Person empfehlen. Insbesondere momentan, wo Nationalismus, Grenzen und Mauern zwischen Ländern wieder aktuell sind, würde ich den Menschen am liebsten sagen: Geht in andere Länder, lernt die Menschen dort kennen, dann würdet ihr erkennen, dass wir eine globale Gemeinschaft sind, in der alles zusammenhängt und die weltweiten Probleme sich nicht in Alleingängen lösen lassen!"

Dieses Zitat einer Freiwilligen, die in Indien war, zeigt den Grundsatz internationaler Freiwilligendienste auf: den Freiwilligendienst als Lerndienst zu betrachten, bei dem alle beteiligten Individuen und Organisationen, vor allem die Freiwilligen, durch und aus dem Erlebten lernen und sich weiterentwickeln. Dieser Beitrag stellt die zentralen Aspekte, den Mehrwert und die Ziele internationaler Freiwilligendienste als Incoming- und Outgoing-Dienste dar sowie die Rahmenbedingungen der wichtigsten Freiwilligendienstformate, die sich für die weltweiten Dienste etabliert haben.

Zentrale Aspekte internationaler Freiwilligendienste

Zu einem internationalen Freiwilligendienst gehören Seminare bzw. Bildungstage zur Vorbereitung, welche die Freiwilligen sowohl inhaltlich als auch persönlich auf ihren Dienst im Ausland vorbereiten sollen und den Charakter des Freiwilligendienstes als Lerndienst ausweisen. Auch während des Auslandsaufenthaltes werden die Freiwilligen pädagogisch begleitet, um ihre Lernerfahrungen zu reflektieren und das Erlebte einordnen zu können. Zum Abschluss eines internationalen Freiwilligendienstes werden nach der Rückkehr weitere Seminare/Bildungstage durchgeführt, die den Freiwilligen zur Einordnung, Reflexion und Auswertung des Erlebten sowie der daraus resultierenden persönlichen Zielsetzung dienen sollen.

Eine Besonderheit der internationalen Freiwilligendienste ist das interkulturelle Lernen, welches unmittelbar und en passent in und durch die Begegnungen, Erlebnisse und Erfahrungen geschieht und durch die Auseinandersetzung und Reflexion manifestiert wird. Die Kommunikation in einer anderen Sprache als der eigenen Muttersprache fördert darüber hinaus die Auseinandersetzung mit der eigenen sowie der Kultur des Aufnahmelandes. Die Rahmenbedingungen eines internationalen Freiwilligendienstes richten sich nach dem jeweiligen Förderprogramm (s.u.). Der Einsatz der Freiwilligen findet in Einrichtungen statt, die einen sozialen, ökologischen und/ oder gesellschaftspolitischen Mehrwert für die Menschen im Aufnahmeland bieten. Ein internationaler Freiwilligendienst ist sowohl für Menschen aus dem Ausland in Deutschland oder aus Deutschland im Ausland möglich.

Häufig wird mit Partnerorganisationen (im Aufnahmeland) kooperiert, welche etwa die Koordination der Einsatzstellen, die pädagogische Begleitung vor Ort und die Stellung von Ansprechpersonen übernehmen. Es kann aber auch direkt mit einzelnen Einsatzstellen zusammengearbeitet werden, wenn es z.B. keine Kooperationspartnerschaft mit einer anderen Organisation gibt oder die Einsatzstelle nicht zu einem solchen Netzwerk gehört. Ein von den deutschen Ministerien geförderter internationaler Freiwilligendienst ist dort möglich, wo keine Reisewarnung durch das Auswärtige Amt vorliegt, da die Sicherheit der Freiwilligen immer oberste Priorität bei der Auswahl der Einsatzstellen hat.

Freiwillige werden als zusätzliche Kräfte in den Projekten eingesetzt und unterstützen die Mitarbeitenden z.B. in der pädagogischen Begleitung von Kindern und Jugendlichen, mit älteren, pflegebedürftigen oder geflüchteten Menschen und bei der Erledigung der anfallenden Alltagsaufgaben. Sie werden insbesondere in der ersten Zeit fachlich angeleitet und pädagogisch begleitet (vgl. Krebs in diesem Band).

Der Mehrwert internationaler Freiwilligendienste

Freiwillige, die einen internationalen Freiwilligendienst leisten, tragen zur Stärkung internationaler Beziehungen bei. Durch den Einsatz internationaler Freiwilliger und den damit verbundenen Austausch werden die Partnerschaften der jeweiligen Entsende- und Aufnahmeorganisation bzw. Einsatzstelle gestärkt und gefestigt.

Durch ihr Engagement unterstützen Freiwillige Projekte, die einen Beitrag zur sozialen, gesellschaftspolitischen und/oder ökologischen Stabilisierung und Weiterentwicklung des Aufnahmelandes leisten, und bekommen im Prozess einen Einblick in die Strukturen, Traditionen, kulturellen Besonderheiten und Probleme des jeweiligen gesellschaftlichen Bereiches. Dadurch werden die Freiwilligen für gesellschaftliche Schwierigkeiten des Aufnahmelandes und darüber hinaus ihres Heimatlandes sensibilisiert und lernen, diese in globale Zusammenhänge einzuordnen. Oft engagieren sich ehemalige Freiwillige über ihren Dienst hinaus ehrenamtlich im Zusammenhang mit der Aufnahme- oder Entsendeorganisation, dem Freiwilligendienst im Allgemeinen oder anderen inhaltlichen Themen im Kontext ihrer Erfahrungen.

Der Perspektivwechsel, der durch den Wechsel des Lebensortes und die damit verbundene Distanz zur eigenen Heimat herbeigeführt wird, regt die Freiwilligen zur Reflexion der eigenen Werte, Traditionen, Vorstellungen, Erfahrungen und kulturellen Prägung an und hilft ihnen, diese im globalen Kontext einzuordnen. Darüber hinaus beschäftigen sich die Freiwilligen je nach Erfahrungen und Einsatz kritisch mit Themenbereichen aus den SDGs (Sustainable Developement Goals, Ziele zur nachhaltigen Entwicklung) wie z.B. Umweltschutz, (politischer) Teilhabe, sozialer Gerechtigkeit, nachhaltigem Konsum, Geschlechtergerechtigkeit, Bildung, Menschenrechte und Frieden. Wenn die Freiwilligen diese Themen weiterverfolgen und davon nach ihrer Rückkehr berichten, nehmen sie eine wichtige Multiplikationsfunktion in der Gesellschaft ein (vgl. DEval 2017: VIII).

Durch das Engagement in den Einsatzstellen sowie das Leben in einem anderen Land erwerben oder verstärken internationale Freiwillige Sozialkompetenzen wie z.B. Toleranz, Empathie, Kommunikations- und Konfliktfähigkeit. Zudem erlangen die Freiwilligen interkulturelle Kompetenzen und erweitern das Spektrum ihrer persönlichen Fähigkeiten durch die Erfahrungen, überwundene Konflikte und herausfordernde Erlebnisse während ihres internationalen Freiwilligendienstes (vgl. Feise 2015: 200; Fischer 2012: 6ff.).

Durch den Einsatz der Freiwilligen gewinnen zudem auch alle anderen strukturell Involvierten eine andere Perspektive und setzen sich im Kontakt mit den Freiwilligen und deren Fragen mit eigenen Werten, Traditionen, Vorstellungen und kulturellen Prägungen für internationale Zusammenarbeit auseinander. Ein internationaler Freiwilligendienst hat entsprechend bei allen Beteiligten einen Lerneffekt, welcher dem Grundsatz des internationalen Freiwilligendienstes als Lerndienst mehrdimensional entspricht (vgl. Pörsch in diesem Band).

Rahmenbedingungen von internationalen Freiwilligendiensten

Die internationalen Freiwilligendienste weisen sehr vielfältige Formate, unterschiedliche Strukturen und Richtlinien auf. Auch gibt es unterschiedliche Bundesministerien, die hierfür zuständig sind. Es gibt z.B. folgende Programme:
- Anderer Dienst im Ausland (ADiA)
- FSJ oder FÖJ im Ausland
- weltwärts – entwicklungspolitischer Freiwilligendienst

- Kulturweit
- Internationaler Jugendfreiwilligendienst (IJFD)
- Europäischer Solidaritätskorps (ESK)
- Privatrechtlich geregelte Formate.

In allen Formaten werden die Freiwilligen im Vorfeld ausgewählt und es gibt in der Regel Bildungsseminare zur Vor- und Nachbereitung oder während des Freiwilligendienstes. Die Entsendeorganisationen schließen mit den Freiwilligen einen Vertrag bzw. eine Vereinbarung, worin alle wichtigen Regularien zur Durchführung des Dienstes enthalten sind.

Im Nachfolgenden werden die beiden Formate „weltwärts – entwicklungspolitischer Freiwilligendienst" und „Internationaler Freiwilligendienst (IJFD)" intensiver vorgestellt, da über diese Programme viele Freiwillige ins Ausland entsandt werden.[13] Ein Überblick über das Incoming-Programm, mit dem für einen Freiwilligendienst nach Deutschland eingereist werden kann, schließt sich an.

Gemeinsame Rahmenbedingungen weltwärts und IJFD

Die Organisationen, die im Rahmen dieser beiden Programme Freiwillige ins Ausland entsenden wollen, durchlaufen zuvor ein Anerkennungsverfahren, bei dem u.a. das zugrunde liegende Konzept und ein Finanzierungsplan einzureichen sind. Darüber hinaus sind die Einsatzstellen im Aufnahmeland anzuerkennen bzw. zu registrieren (vgl. BMZ 2016: 7f.; BMFSFJ 2012: 394). Beim entwicklungspolitischen Freiwilligendienst weltwärts ist hierfür die Koordinierungsstelle *weltwärts*[14] im Auftrag des Bundesministeriums für wirtschaftliche Zusammenarbeit und Entwicklung (BMZ) zuständig – beim IJFD wird dies durch das Bundesamt für Familie und zivilgesellschaftliche Aufgaben (BAFzA) im Auftrag des Bundesministeriums für Familie, Senioren, Frauen und Jugend (BMFSFJ) vollzogen.

Die Entsendeorganisationen schließen mit den Partnerorganisationen (Aufnahmeorganisationen oder Einsatzstellen im Ausland) einen Kooperationsvertrag, der die Ziele der Zusammenarbeit und Regularien zur Durchführung des Programms (z.B. pädagogische Begleitung, Taschengeld, Unterkunft, Mentoring) beinhaltet (vgl. BMZ 2016: 3).

---

[13] Seit Bestehen des Programms „weltwärts" haben in der Zeit von 2008 bis 2018 mehr als 37.500 Freiwillige einen entwicklungspolitischen Freiwilligendienst absolviert, vgl. weltwärts: Presseinformationen. Online unter: www.weltwaerts.de/de/presse.html (Abruf 21.07.2020).

[14] „weltwärts wird als Gemeinschaftswerk vom BMZ und den im weltwärts-Programm anerkannten zivilgesellschaftlichen EO verantwortet. Die Gestaltung und Weiterentwicklung des Freiwilligendienstes wird über den Programmsteuerungsausschuss gemeinsam vom BMZ, den zivilgesellschaftlichen Verbünden der EO sowie den Vertreterinnen und Vertretern der zurückgekehrten Freiwilligen getragen" (BMZ 2016: 3).

Die pädagogische Begleitung wird durch die Entsende- und Aufnahme-organisation und durch Mentorinnen und Mentoren im Aufnahmeland geleistet. Die Freiwilligen erhalten auf eine 12-monatige Entsendung gerechnet mindestens 25 Bildungstage, die auf den Dienst vorbereiten, eine Zwischenreflexion bieten sowie am Ende den Dienst auswerten und abschließen. Mentoring unterstützt die Freiwilligen bei Fragen, Konflikten und Problemen sowie im Krankheitsfall (vgl. BMZ 2016: 6ff.). Die Freiwilligen erhalten am Ende eine Bescheinigung und auf Wunsch ein Zeugnis.

„weltwärts" – entwicklungspolitischer Freiwilligendienst

Der entwicklungspolitische Freiwilligendienst „weltwärts" wird seit 2008 durchgeführt und legt den Schwerpunkt auf die „partnerschaftliche Zusammenarbeit mit den beteiligten Partnerorganisationen (PO) im Globalen Süden" (BMZ 2016: 3).[15] Der Einsatz erfolgt bei den PO (auch Aufnahmeorganisationen genannt) in Ländern, die auf der OECD/DAC-Liste als Entwicklungsländer und -gebiete aufgeführt sind.[16]

Zielgruppe sind junge Erwachsene im Alter von 18 bis 28 Jahren, die über einen Abschluss der (Fach-)Hochschulreife verfügen oder die bereits eine Ausbildung absolviert haben. Sie leisten zwischen 6 und 24 Monaten einen Vollzeit-Dienst in den Bereichen Bildung, Menschenrechte, Umwelt, Landwirtschaft, Gesundheit oder Kultur, wobei es Ziel ist, den Freiwilligen Facetten des globalen Lernens aufzuzeigen und „sie für ein späteres entwicklungspolitisches Engagement [zu] gewinnen […]. Vor diesem Hintergrund ist ein eindeutiger entwicklungspolitischer Bezug in den Zielen und Aktivitäten der Entsende- und Aufnahmeorganisationen erforderlich."[17]

Für das Engagement erhalten die Freiwilligen ein Taschengeld, eine ortsübliche Unterkunft und Verpflegung und einen dem Land angemessenen Urlaub, mindestens jedoch 20 Tage. Die Reisekosten werden erstattet, ebenso notwendige Impfkosten, sofern die Krankenkasse diese Kosten nicht übernimmt. Die Freiwilligen sind auslandskranken-, unfall- und haftpflichtversichert, wobei in der Regel in der Auslandskrankenversicherung eine Versicherung zum Rücktransport enthalten ist. Die Sozialversicherungspflicht

---

[15] Hier handelt es sich um die sogenannte „Nord-Süd-Komponente": Junge Menschen aus dem Globalen Norden absolvieren einen Freiwilligendienst im Globalen Süden. Seit 2013 gibt es auch die „Süd-Nord-Komponente", die umgekehrt funktioniert. Ziel ist es, u.a. den oben genannten Partnerschaftsgedanken zwischen den Ländern des globalen Nordens und Südens zu vertiefen.

[16] Diese Liste wird auch als „DAC-Liste" (Develoment Assistance Committee) bezeichnet. OECD bedeutet „Organisation für wirtschaftliche Zusammenarbeit und Entwicklung" (vgl. BMZ 2016: 3).

[17] weltwärts: weltwärts-Trägerorganisation werden. Online unter: www.weltwaerts.de/de/weltwaerts-organisation-werden.html (Abruf 21.07.2020).

in Deutschland ruht in dieser Zeit, die Freiwilligen sind für eine Aufrechterhaltung des Versicherungsschutzes im Inland selbst verantwortlich (vgl.
BMZ 2016: 4ff.).

Der entwicklungspolitische Freiwilligendienst weltwärts wird durch das
BMZ mit maximal 75 Prozent der förderfähigen Kosten, maximal jedoch
mit 620 Euro pro Teilnehmendenmonat unterstützt, zzgl. Kosten für die
Gesundheitsfürsorge. Mindestens 25 Prozent der Kosten bestreitet die Entsendeorganisation aus eigenen Mitteln. Um diesen Eigenanteil decken zu
können, werden die Freiwilligen durch die Organisation gebeten, Unter-
stützerkreise zu bilden, mit deren Hilfe Spenden generiert werden sollen.
Diese Spenden sind keine Voraussetzung, um als Freiwillige am weltwärts-
Programm teilnehmen zu können.[18] Grundlagen des weltwärts-Dienstes
sind die Förderleitlinie weltwärts (BMZ 2016), der Leitfaden zur Mittelverwendung (Engagement Global 2016) und der Qualitätsanforderungskatalog im weltwärts-Programm (BMZ 2014).

Für die Durchführung des entwicklungspolitischen Freiwilligendienstes
weltwärts ist die Zertifizierung Voraussetzung, um Freiwillige entsenden
zu können. Diese Zertifizierung nimmt Quifd im Auftrag der Evangelischen Freiwilligendienste für entsprechende Trägerorganisationen nach
dem Handbuch „Qualitätsentwicklung und Qualitätsmanagement für
Freiwilligendienste im Ausland" vor (Ev. FWD 2014). Seit 2013 sind alle
weltwärts-Organisationen verpflichtet, sich einem Qualitätsverbund anzu-
schließen. „Die Qualitätsverbünde sichern die Qualitätsanforderungen des
Programms und beziehen dazu externe Prüfinstanzen [Anm.: Quifd] ein.
Sie unterstützen die weltwärts-Organisationen bei der Qualitätsentwicklung."[19]

Internationaler Jugendfreiwilligendienst (IJFD)

Der IJFD kann von jungen Erwachsenen bis zur Vollendung des 27. Le-
bensjahres absolviert werden und der Einsatz erfolgt weltweit. Das Ziel ist,
jungen Menschen „interkulturelle, gesellschaftspolitische und persönliche
Erfahrungen in einer anderen Kultur" zu ermöglichen, und ist somit ein
„Lern- und Bildungsdienst" (BMFSFJ 2010: 393). Der Einsatz ist in Vollzeit zwischen 6 und 18 Monaten in sozialen, kulturellen und/oder ökologischen Bereichen möglich, in der Denkmalpflege, im Sport oder Bildungs-

---

[18] Vgl. BMZ 2016: 11ff.: Mit der finanziellen und administrativen Abwicklung des Programms hat das BMZ die Koordinierungsstelle weltwärts beauftragt, die bei Engagement Global gGmbH angesiedelt ist.

[19] weltwärts: Qualitätsverbünde.
Online unter: www.weltwaerts.de/de/die-qualitaetsverbuende.html (Abruf 21.07.2020).

wesen, in der Versöhnungs- und Friedensarbeit oder Demokratieförderung. Es handelt sich um eine überwiegend praktische Hilfstätigkeit, die arbeitsmarktneutral zu gestalten ist. Die Freiwilligen erhalten hierfür eine unentgeltliche Unterkunft, Verpflegung und Arbeitskleidung, ein ortsübliches Taschengeld und sie sind in dieser Zeit versichert (Auslandskranken-, Unfall-, Haftpflicht-, Rücktransportversicherung) (vgl. BMFSFJ 2010: 394ff.).

Die Träger des IJFD „schließen sich einer bundesweit tätigen zentralen Stelle mit der Aufgabe des Qualitätsmanagements an" (vgl. BMFSFJ 2010: 394). Die Förderung des IJFDs erfolgt durch eine Festbetragsfinanzierung, die ebenfalls wie beim weltwärts-Programm die tatsächlich anfallenden Kosten nicht abdeckt. Aus diesem Grunde bitten die Entsendeorganisationen die Freiwilligen, Spenden zu generieren, die jedoch keine Voraussetzung zur Teilnahme an dem Programm sind. Grundlagen für die Förderung finden sich im „Katalog der zuwendungsfähigen Ausgaben" und in den Förderrichtlinien für die Jugendfreiwilligendienste bzw. dem Internationalen Jugendfreiwilligendienst (BMFSFJ 2012). Darüber hinaus regelt grundsätzlich die „Richtlinie zur Umsetzung des Internationalen Jugendfreiwilligendienstes" (BMFSFJ 2010) dieses Format.

Incoming

Incoming bezeichnet die Möglichkeit, dass Freiwillige aus dem Ausland nach Deutschland einreisen, um einen Freiwilligendienst zu absolvieren. Dies ist in verschiedenen Formaten möglich, die die Träger anbieten: z.B. im Rahmen eines BFD, eines FSJ, worauf der Schwerpunkt der folgenden Darstellung liegt, oder im Rahmen von weltwärts Süd-Nord. Die Voraussetzungen sind ein gültiger Aufenthaltstitel und in der Regel ein Mindestalter von 18 Jahren. Inwieweit Kenntnisse der deutschen Sprache vonnöten sind, hängt von der Einsatzstelle und den jeweiligen Regelungen der Träger ab. Die Incoming-Freiwilligen sind bei den Trägern, die diese Zielgruppe aufnehmen, reguläre Teilnehmende in den entsprechenden Freiwilligendienstprogrammen, die auf Grundlage der jeweiligen rechtlichen Rahmenbedingungen (vgl. Gerdom in diesem Band) und der pädagogischen Konzepte der Träger durchgeführt werden. Incoming-Freiwillige werden in die Inlands-Seminargruppen integriert und bereichern die Regelgruppen durch ihre interkulturellen Perspektiven und/oder es werden trägerspezifisch auch exklusive zielgruppensensible Seminare und Maßnahmen der Begleitung geschaffen. Freiwillige, die in einen neuen kulturellen Kontext einreisen, sind mit mehr und anderen Herausforderungen konfrontiert als Inlandsfreiwillige: Um die besonderen Bedingungen zu thematisieren oder abzufangen, die viele der Freiwilligen beschäftigen, werden zusätzliche oder spezielle Incoming-Angebote der Begleitung gemacht, die z.B. die Schwierigkeiten beim Spracherwerb thematisieren, das Lernen über und von einer neuen Kultur oder die Konfrontation mit Rassismus in Deutschland (vgl. Krebs in diesem Band).

Von politischer Seite wird das Incoming-Programm begrüßt, um die interkulturellen und inklusiven Aspekte in den Freiwilligendiensten zu stärken (BMFSFJ 2016). Die Träger haben die Möglichkeit, über besondere Förderbedarfe eine zusätzliche Förderung von max. 100 Euro pro Teilnehmendenmonat zu beantragen (BMFSFJ 2012), diese werden beispielsweise für zusätzliche Bildungstage, Deutschkurse oder weitere Maßnahmen investiert, die Integration und Orientierung vermitteln.

Herausforderungen stellen vor allem der erheblichere Mehraufwand in den Verwaltungs- und Begleitungsaufgaben dar, vom langen und komplexen Bewerbungsprozess angefangen bis hin zu Visumsproblemen, hoher Abrechnungsaufwand der zusätzlichen Fördergelder etc. Das Incoming-Programm konnte dennoch bereits vielen internationalen Freiwilligen in Deutschland ein Jahr der Orientierung bieten, in dem sie sich kulturell und sprachlich orientieren konnten, ohne den Lern- und Leistungsdruck, den andere Einreisemöglichkeiten für Internationale mit sich bringen.

Ausblick: Freiwilligendienste in christlichen Organisationen

Das jüdisch-christliche Menschenbild, welches u.a. auf dem Gebot der Nächstenliebe beruht, die Mitmenschen zu lieben, wie sich selbst (vgl. Lev 19,18) und den Menschen, unabhängig von Herkunft, Geschlecht, Hautfarbe oder sozialem Status als Geschöpf und Ebenbild Gottes definiert, bildet die Grundlage allen sozialdiakonischen Handelns und so auch eines internationalen Freiwilligendienstes in christlichen Organisationen.

Auf dieser Grundlage und in Solidarität mit anderen Christinnen und Christen auf der ganzen Welt sind viele Partnerschaften entstanden, mit dem Ziel, sich gegenseitig zu unterstützen, voneinander zu lernen und den Raum für Begegnungen zu schaffen. Der internationale Freiwilligendienst ist ein Ausdruck dieser Ziele und fordert auf, über den Tellerrand hinaus zu blicken. „Durch die gesammelten Erfahrungen und die gemeinsamen Reflexionsmöglichkeiten erhalten sie Einblicke und Anregungen dafür, welche Modelle des Zusammenlebens in der Einen Welt förderlich sind und welche weiteren Schritte hin zu einem zunehmend friedlichen und gerechten Zusammenleben der Menschen, insbesondere zwischen dem Globalen Süden und Norden, beitragen können" (Gerdom/Potz/Praß 2016: 5).

Für alle Beteiligten an internationalen Freiwilligendiensten ergeben sich – auch durch die verschiedenen Formate und Fördermöglichkeiten –

viele wertvolle Perspektiven. Zwar bedeutet die Komplexität der Programme und ihre Strukturen einen erheblichen Aufwand an Organisation, Abwicklung, Verwaltung und zusätzlichen Begleitungsaufgaben für die Träger und Einsatzstellen, dennoch macht der Einsatz internationaler Freiwilliger einen vielschichtigen Mehrwert aus.

Insbesondere für die Freiwilligen eignet sich das zeitlich begrenzte Format eines internationalen Dienstes, um wichtige Einblicke in globale Zusammenhänge in einer komplexer werdenden Welt zu erlangen und den eigenen Platz in der Welt zu finden. Sie können die Wichtigkeit von Solidarität (er-)leben, diese selbst aktiv mitgestalten und Nächstenliebe ganz konkret erfahren und ausüben. Alle Beteiligten an internationalen Freiwilligendiensten können durch die praktischen, manchmal emotionalen Erlebnisse und Erfahrungen interkulturelle Kompetenzen erlangen und erweitern, die für ein friedliches und solidarisches Leben als globale Gemeinschaft unerlässlich sind.

Im Kontext der aktuellen gesellschaftlichen Probleme wie Vorurteile, Diskriminierung oder Rassismus leisten internationale Freiwilligendienste einen kleinen, aber wichtigen Beitrag der Verständigung, Einblicke in globale Zusammenhänge zu erlangen und sich für das gemeinsame Lösen von Problemen in der *einen* Welt einzusetzen.

Literaturverzeichnis

BMFSFJ = Bundesministerium für Familie, Senioren, Frauen und Jugend (2010): Richtlinie zur Umsetzung des „Internationalen Jugendfreiwilligendienstes" vom 20. Dezember 2010, geändert am 17. April 2014 sowie 25. Mai 2018, zuletzt geändert am 29. Mai 2020. In: Gemeinsames Ministerialblatt (GMBl). (20). S. 393–396.

BMFSFJ = Bundesministerium für Familie, Senioren, Frauen und Jugend (2012): Richtlinien zur Förderung der Jugendfreiwilligendienste nach dem Jugendfreiwilligendienstegesetz sowie des Internationalen Jugendfreiwilligendienstes nach der Richtlinie des BMFSFJ vom 20. Dezember 2010 (GMBl 2010, S. 1778 ff.) durch den Bund (Förderrichtlinien Jugendfreiwilligendienste – RL-JFD). In: Gemeinsames Ministerialblatt (GMBl). (11). S. 174.

BMFSFJ = Bundesministerium für Familie, Senioren, Frauen und Jugend (2016): Informationen zum Freiwilligen Sozialen und Freiwilligen Ökologischen Jahr. Teilnahme von Incoming Freiwilligen (Freiwilligen aus dem Ausland). Berlin.

BMZ = Bundesministerium für wirtschaftliche Entwicklung und Zusammenarbeit (2014): Qualitätsanforderungskatalog im weltwärts-Programm. Bonn.

BMZ = Bundesministerium für wirtschaftliche Entwicklung und Zusammenarbeit (2016): Förderleitlinie zur Umsetzung des entwicklungspolitischen Freiwilligendienstes weltwärts. Bonn.

DEval = Deutsches Evaluierungsinstitut der Entwicklungszusammenarbeit (2017): Weltwärts-Freiwillige und ihr Engagement in Deutschland. Bonn.

Engagement Global gGmbH (2016): Leitfaden zur Mittelverwendung und Mittelabrechnung für das weltwärts-Programm. Bonn.

Ev. FWD = Evangelische Freiwilligendienste gGmbH (2014): Handbuch Qualitätsentwicklung und Qualitätsmanagement für Freiwilligendienste im Ausland. Hannover.

Feise, Josef (2015): Internationale Freiwilligendienste als Lernorte gewaltfreien Friedensengagements. In: Frieters-Reermann, Norbert/Lang-Wojtasik, Gregor (Hg.): Friedenspädagogik und Gewaltfreiheit. Denkanstöße für eine differenzsensible Kommunikations- und Konfliktkultur. Opladen: Verlag Barbara Budrich. S. 193–208.

Fischer, Jörn (2012): Freiwilligendienste und ihre Wirkung – Vom Nutzen des Engagements. In: eNewsletter Wegweiser Bürgergesellschaft 4 (2012) vom 02.03.2012. Online unter: www.buergergesellschaft.de/fileadmin/pdf/gastbeitrag_fischer_120302.pdf (Abruf 11.09.2020).

Gerdom, Ute/Potz, Kirsten/Praß, Lisa (2016): Konzeption für das Diakonische Jahr International. Amt für Jugendarbeit der EkvW. Schwerte.

ORGANISATORISCHE STRUKTUR IN EINSATZSTELLEN

Holger Kalippke

Die meiste Zeit im Freiwilligendienst verbringen die Freiwilligen in ihrer Einsatzstelle. Gerade am Anfang des Freiwilligendienstes erscheint ihnen die Struktur in ihrer Einsatzstelle oft sehr komplex und manchmal sogar unüberschaubar. Dies betrifft vor allem Einsatzstellen, in denen die Freiwilligen mit vielen Personen in ihrem Dienstalltag zu tun haben – sowohl im Kreis der Mitarbeitenden als auch in Bezug auf die Zielgruppe der Menschen, die betreut oder unterstützt werden. Daher ist für die meist jugendlichen Freiwilligen das Zurechtfinden in der Einsatzstelle eine der ersten größeren Herausforderungen. Es empfiehlt sich, den Freiwilligen in der Anfangsphase einen umfassenden organisatorischen Einblick in die Struktur der Einsatzstelle zu verschaffen. Antworten auf Fragen wie „Wen darf ich für was ansprechen?" oder „Wer ist hier für was zuständig?" bzw. „Wie ist meine Einsatzstelle organisiert?" sind sehr wichtig für ein sicheres Bewegen der Freiwilligen innerhalb der Einsatzstelle und gibt Orientierung. Der vorliegende Beitrag zeigt dazu unterschiedliche Aspekte in Bezug auf die organisatorische Struktur einer Einsatzstelle auf und bietet damit einen Überblick über relevante Aspekte zum Errichten von Strukturen.

Größe der Einsatzstellen

Meist sind es Einsatzstellen mit einer Zielgruppe wie z.B. ein Kindergarten mit unterschiedlichen Gruppen oder Bereichen oder Pflegeeinrichtungen mit einer oder mehreren Stationen, in denen Freiwillige eingesetzt werden. Es gibt jedoch auch Einsatzstellen mit einer komplexeren Struktur mit unterschiedlichen Zielgruppen und sich unterscheidenden Aufgabenbereichen. Oft begegnen Freiwillige in ihren Einsatzstellen anderen Freiwilligen, die dort auch einen Freiwilligendienst in einem anderen oder ähnlichen Bereich leisten. Für Freiwillige ist es wichtig, ihren Platz in der Einsatzstelle zu finden und einzunehmen – egal, wie groß und komplex die Einsatzstelle ist. Daher ist in erster Linie beim Anerkennungsverfahren (vgl. Ev. Freiwilligendienste 2019: 2) zusammen mit dem Träger abzuklären, wie sich die Einsatzmöglichkeiten in den Einsatzstellen in der Organisationsstruktur der Einsatzstellen darstellen. Hier bekommt die individuelle Aufgabenbeschreibung für die Freiwilligen eine besondere Bedeutung, weil sie sehr konkret die Einsatzmöglichkeiten beschreibt und den dort eingesetzten Freiwilligen von Anfang an Überblick und Sicherheit über den individuellen Platz vermitteln kann. Diese Zugehörigkeit zur Organisation und die spezifische Aufgabenbeschreibung tragen Freiwillige durch die gesamte Zeit ihres Einsatzes. Solch eine Aufgabenbeschreibung sollten alle Mitarbeitenden in den Einsatzstellen kennen, die direkt mit den Freiwilligen zusammenarbeiten.

Rollenstruktur in den Einsatzstellen

Innerhalb einer Einsatzstelle treffen die Freiwilligen auf Personen, die unterschiedliche Rollen und die damit verbundenen Funktionen einnehmen. Folgende Rollen sind in den meisten Einsatzstellen zu finden:

- *Einsatzstellenleitung*
  Die Einsatzstellenleitung ist aufgrund der rechtlichen Position für die Einstellung der Freiwilligen verantwortlich und für die Abwicklung aller weiteren personalrechtlichen Fragen in Bezug auf die Freiwilligen. Ebenso ist sie meist die Ansprechperson für den Träger, der für die Einsatzstelle zuständig ist.

- *Pädagogische Anleitung*
  Alle Freiwilligen haben in den Einsatzstellen eine pädagogische Anleitung als feste Ansprechperson, die verantwortlich für die individuelle Begleitung der Freiwilligen in den Einsatzstellen ist und eng mit der pädagogischen Fachkraft des zuständigen Freiwilligendienstträgers zusammenarbeitet (vgl. Ev. Freiwilligendienste 2019: 12).

- *Fachliche Anleitung*
  Die fachliche Anleitung überblickt vor allem die Erfüllung der verschiedenen Aufgaben der Freiwilligen und informiert das Fachteam über die Gestaltung des Freiwilligendienstes. Sie ist zusammen mit der pädagogischen Anleitung verantwortlich für die fachliche Einarbeitung, Unterstützung und Begleitung der Freiwilligen. In vielen Einsatzstellen werden die pädagogische Anleitung und die fachliche Anleitung von einer Person ausgeführt (vgl. Ev. Freiwilligendienste 2019: 12).

- *Fachteam*
  Alle Freiwilligen arbeiten zusammen mit anderen Fachkolleginnen und Fachkollegen in einem Team in ihren jeweiligen Arbeitsbereichen. Die Einbindung in ein Team und die Teilnahme an dem institutionellen Teamaustausch ist wichtig für das Zugehörigkeitsgefühl der Freiwilligen in den Einsatzstellen.

- *Praktikantinnen und Praktikanten, Freiwillige, Schülerinnen und Schüler*
  In vielen Einsatzstellen gibt es unterschiedliche Personen, die nur eine vorab bestimmte Zeit in der Einsatzstelle mitarbeiten und keine Entlohnung gemäß den gesetzlichen bzw. tarifrechtlichen Vorgaben bekommen. Wichtig ist, dass der Status für die Freiwilligen und auch die Mitar-

beiterinnen und Mitarbeiter klar abgegrenzt ist von anderen möglichen Rollen, da sich die Voraussetzungen stark unterscheiden.

Freiwillige sind überwiegend ungeübt im Umgang mit den Rollen und Funktionen der verschiedenen Personen in ihrem Arbeitskontext, speziell wenn der Freiwilligendienst für sie einen Einstieg ins Berufs- und Arbeitsleben darstellt. Daher ist es für die Freiwilligen wichtig, die jeweiligen Personen mit ihren Aufgaben und deren Rolle in den Einsatzstellen zu kennen. Die einzelnen Rollen können auch in Personalunion ausgeübt werden. Hier ist es dann gegenüber den Freiwilligen wichtig, deutlich zu machen, welchen „Rollenhut" die Person in der jeweiligen Situation trägt.

Eine genaue Einführung in das Organigramm einer Einsatzstelle ist für die Freiwilligen ein weiterer Schritt für ihren sicheren Umgang in der Einsatzstelle, ggf. sollte ein solches Organigramm für die jeweilige Struktur der Ansprechpersonen in der Einsatzstelle erstellt und den Freiwilligen zum Überblick gegeben werden. Beispielsweise würde das Organigramm der Struktur einer Kirchengemeinde den Kirchenvorstand, die Pfarrstelle(n), das Sekretariat/Pfarramt, ggf. weitere Angestellte und die ehrenamtliche Struktur der Kirchengemeinde darstellen. Die Leitfrage zum Verständnis der Struktur lautet: Wie ist eine Kirchengemeinde aufgebaut?

Fragen zur Orientierung der Freiwilligen in der Rollenstruktur der Einsatzstelle

- Wer ist für was zuständig? Wer hat welche Funktion? (Rollenstruktur)
- Wer darf mir was anweisen? (Aufgabenstruktur, Rollenstruktur)
- Wann muss ich was tun? (Zeitstruktur)
- Welche festen, regelmäßigen Termine muss ich berücksichtigen? (Zeitstruktur)
- Wie sind meine Arbeitszeiten? (Zeitstruktur)

Aufgabenstruktur

Die Freiwilligen haben in den Einsatzstellen mehrere Aufgaben in unterschiedlichen Bereichen zu erfüllen. Dafür ist es förderlich, ihnen einen umfassenden Einblick in alle Tätigkeiten und eine genaue Beschreibung mit der Auflistung der Aufgaben zu geben. Je nach Einsatzstellen gibt es meist eine Mischung folgender Aufgabenschwerpunkte:
- Pädagogische Aufgaben
- Hauswirtschaftliche Aufgaben
- Haustechnische Aufgaben

- Pflegerische Aufgaben
- Unterstützungsaufgaben zur Bewältigung des Alltags.

Freiwillige haben selten eine genaue Kenntnis darüber, wie vielfältig die Aufgaben in den Einsatzstellen sind. Daher ist es am Anfang sehr wichtig, die Aufgabenfelder für den Einsatz genau und umfassend zu beschreiben und die Freiwilligen Schritt für Schritt in die Erledigung der Aufgaben einzuführen (vgl. Wilhelm in diesem Band).

Ebenso wichtig ist, dass bei allen Freiwilligen auch die eigenen mitgebrachten Fähigkeiten, Kompetenzen, Interessen oder Vorerfahrungen berücksichtigt werden. Ein ressourcenorientierter Einsatz gibt den Freiwilligen mehr Sicherheit und für die Einsatzstelle die Möglichkeit, an den Kompetenzen der Freiwilligen teilzuhaben, diese wertzuschätzen und damit auch den Freiwilligen eine persönliche Anerkennung und Wertschätzung entgegenzubringen (vgl. Juschka/Schirmer in diesem Band).

Ideal ist eine gelungene Verknüpfung der vorgegebenen Aufgaben mit den Ressourcen und Kompetenzen der Freiwilligen, die auch sehr motivationsfördernd für den Einsatz sein können. Dabei hat sich eine Darstellung der zeitlichen Reihenfolge für die Erfüllung der Aufgaben als hilfreich erwiesen. Für Freiwillige ist es wichtig, zu erkennen, dass viele Aufgabenschritte aufeinander aufbauen und die zeitliche Abfolge für einen reibungslosen Ablauf eines Einsatztages wichtig ist.

Zeitliche Struktur

Jede Einsatzstelle hat unterschiedliche Zeitstrukturen. Daher sollte den Freiwilligen transparent gemacht werden, wie sich die Arbeitszeit gestaltet und was das für den konkreten Einsatz der Freiwilligen bedeutet.

 Fragen zur Orientierung der Freiwilligen in der Zeitstruktur der Einsatzstelle
- Gibt es täglich regelmäßige Arbeitszeiten von Montag bis Freitag?
- Gibt es täglich unterschiedliche Arbeitszeiten von Montag bis Freitag?
- Gibt es Einsatzzeiten am Wochenende?
- Gibt es betriebliche Schließzeiten?
- Wann sind der Beginn und das Ende eines Einsatztages?
- Wie ist die Pausenregelung?
- Wie sind die Regelungen für Urlaub bzw. den Zeitausgleich von ggf. anfallenden Überstunden?
- Wann sind die den Freiwilligendienst begleitenden Seminare?

Grundsätzlich ist den Freiwilligen deutlich darzustellen, welche Zeitstrukturen in der Einsatzstelle existieren und welche für sie gelten (vgl. Wetzel in diesem Band). Hilfreich sind hier überschaubare Dienstpläne und rechtzeitige Kommunikation, beginnend mit Absprachen für Urlaubspläne bis hin zu der Abgrenzung der Arbeitszeit von Privatem, wo hin und wieder die Grenzen verschwimmen bzw. ein unterschiedlicher Arbeitsethos in verschiedenen Arbeitskulturen vorherrscht. Dies hilft den Freiwilligen in der Neuorientierung und der zeitlichen Planung ihrer Freizeit, egal, ob sie zuvor an einen oft stark vorstrukturierten und geregelten Schulalltag gewohnt sind oder ob sie aus zum Teil jahrzehntelangen Berufserfahrungen in einer anderen Branche kommen.

Ausblick: Vergleichbare Strukturen in allen Einsatzstellen

Trotz der strukturellen Unterschiedlichkeiten, die sich vielfältig in den Einsatz- und Begleitungskonzepten der Einsatzstellen erweisen (vgl. Abschnitt V in diesem Band), gibt es grundsätzliche Gemeinsamkeiten:

- Das Prinzip der Anleitung mit regelmäßigen Reflexionsgesprächen mit Anleitenden (vgl. Konstantinidis/Tölgyesi in diesem Band)
- Das Prinzip des ressourcenorientierten Einsatzes von Freiwilligen, z.B. gemäß ihrem Persönlichkeitsprofil und ihren Fähigkeiten und Interessen
- Das Prinzip der Zugehörigkeit zur Einsatzstelle als die Identifikation mit dem, was die Einsatzstelle leistet, und die Zugehörigkeit zum Team der Einsatzstelle in Abgrenzung zur Zielgruppe in der Einsatzstelle
- Das Prinzip der individuellen Begleitung zusammen mit dem Träger (vgl. Reimer in diesem Band)
- Das Prinzip der Orientierung und Bildung im Freiwilligendienst
- Das Prinzip eines mindestens 6-monatigen Freiwilligendienstes.

Diese Aspekte unterscheiden einen Freiwilligendienst von anderen Formen der zeitlich begrenzten Mitarbeit oder des Ehrenamts in den Einsatzstellen und werten die Rolle der Freiwilligen und ihren wichtigen Beitrag für ihre jeweilige Einsatzstelle auf, der oft ohne die Mitarbeit von Freiwilligen nicht erfolgen würde. Im Gegenzug investiert die Einsatzstelle in die Begleitung der Freiwilligen, nicht nur auf fachlicher, sondern auch auf persönlichkeitsbezogen-individueller Ebene, damit die Freiwilligen in ihrer Entwicklung und Lebenssituation unterstützt werden: eine klassische Win-Win-Situation für alle Beteiligten (vgl. Ev. Freiwilligendienste 2018: 6–8).

Es wird deutlich, dass die oft sachlich orientierten Aspekte organisatorischer Strukturen das Bindeglied zu einer beziehungsorientierten, individuellen Begleitung der Freiwilligen sind: Eine am Wohl und auf die individuellen Bedürfnisse der Freiwilligen interessierte Perspektive schafft durch Strukturen Sicherheit für die Freiwilligen und trägt maßgeblich zu einem erfolgreichen Freiwilligendienst bei.

Literaturverzeichnis

Evangelische Freiwilligendienste gGmbH (2018): Bundeskonzeption für Freiwilligendienste der Evangelischen Trägergruppe. Hannover.

Evangelische Freiwilligendienste gGmbH (2019): Handbuch Qualitätsentwicklung für FSJ und BFD u27 der Ev. Freiwilligendienste. Hannover.

GEWINNUNG VON FREIWILLIGEN: ÖFFENTLICHKEITSARBEIT FÜR FREIWILLIGENDIENSTE

Carola Kühling

Dieser Beitrag wirft einen Blick auf das Aufgabenfeld, Menschen davon zu überzeugen, sich für einen Freiwilligendienst zu bewerben. Wie kann ich Interesse wecken und die dann Interessierten für mich gewinnen – und zwar jedes Jahr aufs Neue? Unter Marketingfachleuten gibt es den viel zitierten Spruch: „Der Wurm muss dem Fisch schmecken, nicht dem Angler." Doch damit stellen sich Fragen. Um im Bild zu bleiben: In welchem Teich lohnt es sich, nach Interessierten zu fischen? Welche Köder kann ich verwenden? Was überzeugt meine Zielgruppen? Der Beitrag zeigt Wege für die Beantwortung dieser Fragen auf und gibt Hinweise für die Gewinnung von Freiwilligen für immer wieder neue Jahrgänge.

Freiwilligendienste im Aufwind?

Freiwilligendienste haben in den letzten Jahrzehnten vielfältige Veränderungen erlebt. Über viele Jahre gab es mehr Bewerbungen von Interessierten als zur Verfügung stehende Plätze. Die Mehrheit der Träger war daher in der Situation, aus einer Vielzahl von Bewerbungen wählen zu können und frühzeitig Planungssicherheit zu erhalten. Eine Notwendigkeit für Maßnahmen zur Gewinnung von Freiwilligen im Sinne von Öffentlichkeitsarbeit oder Marketing bestand lange Zeit nicht.

Die Einführung des Bundesfreiwilligendienstes (BFD) in 2011 brachte überraschend einen starken Aufwuchs der Plätze. Die Träger von Freiwilligendiensten konnten damals bei der Gewinnung von Freiwilligen folgende Vorteile nutzen: Die Aussetzung der Wehrpflicht war von öffentlichem Interesse und das Ministerium begleitete die Einführung des neuen Dienstformates mit einer offensiven Öffentlichkeitsarbeit. Damit erhielten Freiwilligendienste zunächst eine gewisse erhöhte Wahrnehmung in der Bevölkerung.

Nachfrage im Wandel
Seit einiger Zeit formulieren Träger vermehrt folgende Beobachtungen: Die Zahl der Bewerbungen stagniert oder ist rückläufig, Bewerbungen kommen immer kurzfristiger oder es kann z.T. nur schwierig Passgenauigkeit zwi-

schen den Bewerberinnen und Bewerbern und den Profilen der Einsatzstellen erzielt werden. Viele Träger stehen damit heute vor der oft neuen Frage: „Wie gewinne ich ausreichend bzw. rechtzeitig Freiwillige?"

Mit Blick auf die demografische Entwicklung in Deutschland ist zu erwarten, dass sich diese Situation weiter verschärfen wird. Der BFD bietet zwar grundsätzlich auch Lebensälteren die Möglichkeit eines Freiwilligendienstes, jedoch ist der Großteil der Freiwilligen über die verschiedenen Dienstformate hinweg betrachtet derzeit im Alter von unter 27 Jahren. Den Angaben des Statistischen Bundesamtes zufolge, werden die dafür relevanten Jahrgangsstärken in Zukunft weiter abnehmen.[20]

Zusätzlich zu diesem langfristigen Trend werden Träger kurzzeitige Effekte bewältigen müssen. So wird aufgrund der Rückkehr weiterer Bundesländer zum Abitur nach neun Jahren (G9) in 2025 in Bayern und in 2026 in Nordrhein-Westfalen und Schleswig-Holstein kein Abitur an Gymnasien stattfinden. Damit wird die Anzahl von Schulabsolventinnen und -absolventen in diesen Jahren deutlich niedriger sein. Es ist daher davon auszugehen, dass in diesem Zeitraum besondere Aktivitäten erfolgen müssen, um Interessierte für einen Freiwilligendienst zu gewinnen.

Angebot und Nachfrage

Die Nachfrage bestimmt zunehmend das Angebot? Bei weiter abnehmenden Bewerbungszahlen kann sich die Marktsituation für Freiwilligendienste sehr grundsätzlich ändern. Waren die Anbietenden bisher gut aufgestellt, so kann es zukünftig notwendig sein, sich einer geänderten Nachfragesituation anzupassen. Dies kann durch eine Steigerung von Marketing und Öffentlichkeitsarbeit erfolgen, durch eine Optimierung von (Bewerbungs-) Prozessen oder durch eine Anpassung der Angebotsformate. Die Studie „u-count" der Deutschen Kinder- und Jugendstiftung bestätigt diese Ansatzpunkte (Stuth et al. 2020): In 2019 wurden Jugendliche u.a. zum Thema Freiwilligendienste befragt und 67,3 % der weiblichen und 40 % der männlichen Befragten gaben an, dass sie „wahrscheinlich" oder sogar „sehr wahrscheinlich" einen Freiwilligendienst leisten würden (Stuth et al. 2020: 37). Auf die Frage „Was spricht aus deiner Sicht gegen einen Freiwilligendienst?" gab ein Drittel der Antwortenden an, der Dienst sei zu lang. Ebenfalls ein Drittel benannte, dass es attraktivere Alternativen gäbe. Ein Viertel

---

[20] Vgl. Statistisches Bundesamt (Destatis): 14. Koordinierte Bevölkerungsvorausberechnung für Deutschland. Online unter: https://service.destatis.de/bevoelkerungspyramide (Abruf 14.09.2020).

der Befragten antwortete, nicht genug Informationen zu haben, ein Fünftel kritisierte das aufwendige Bewerbungsverfahren (Stuth et al. 2020: 41).

Auch die (unterschiedliche) Attraktivität der Tätigkeiten von Freiwilligen in den Einsatzstellen ist zukünftig von größerer Bedeutung für die Gewinnung von Bewerbungen. Dieser Perspektivwechsel zeigte sich beispielsweise bei Einführung des Bundesfreiwilligendienstes: Einige der früher durch Zivildienstleistende abgedeckten Tätigkeiten erhielten in den Freiwilligendiensten kaum Bewerbungen, da der BFD eben nicht direkter Ersatz eines Pflichtdienstes ist. In Freiwilligendiensten entscheiden sich Interessierte freiwillig für Engagement, Bildung und Orientierung in bestimmten Tätigkeitsbereichen.

Darüber hinaus ist zu vermuten, dass die von den Teilnehmenden empfundene Qualität der Dienste zunehmend an Bedeutung gewinnt: Nur wer für sich wertvolle Erfahrungen im Freiwilligendienst macht, wird diesen weiterempfehlen. Erfahrungsberichte können also wie positive oder negative Rezensionen wirken, die – wie es zunehmend auch in Kaufprozessen zu beobachten ist – Entscheidungen von Interessierten beeinflussen.

Der Joghurt als Beispiel

Für einen bewussten Perspektivwechsel bietet sich der Blick auf den Vertrieb eines Konsumproduktes an – z.B. fettreduzierter Joghurt im Kühlregal. Natürlich kann Joghurt grundsätzlich allen schmecken. Die Frage ist jedoch: Wie habe ich die beste Chance, mit dem für mich geringsten Aufwand die größte Anzahl an Einkaufenden zum Erwerb meines Produktes zu bringen? Meine potenziellen Kundinnen und Kunden sind vermutlich eher bei den Ernährungsbewussten zu finden. Bei Fans von Fast-Food-Ketten müsste ich eventuell größere Überzeugungsarbeit leisten. Gleichzeitig muss ich mich im Vertrieb meines Joghurts zunächst gegen andere Dessert- oder Milchprodukt-Angebote und im Weiteren gegen andere Joghurthersteller durchsetzen. Vielleicht muss ich die Verpackung oder Portionsgröße meines Produktes ändern, die Werbung intensivieren und zuspitzen oder insgesamt neue Wege beschreiten, indem ich z.B. auf die Herstellung von laktosefreiem Joghurt umsattele?

Herausforderungen in der Gewinnung von Freiwilligen

Anders als im obigen Beispiel verfügen die Bereiche der Freiwilligendienste bei den Trägern und Einsatzstellen jedoch nicht über spezielle Abteilungen für Marktforschung, Produktenwicklung und Marketing. Ganz im Gegenteil: Ausreichende personelle, finanzielle und fachliche Ressourcen für eine Etablierung von Maßnahmen zur Gewinnung von Freiwilligen fehlen zum momentanen Zeitpunkt an den wichtigen Stellen. Dies beruht vermutlich u.a. auf der Tatsache, dass lange Zeit kaum Notwendigkeit dafür bestand. Weitere Hürden sind jedoch auch die fehlende Förderfähigkeit von Öffentlichkeitsarbeit und eine oftmals geringe Wahrnehmung der Freiwilligendienste in den Kommunikationsabteilungen.

FSJ oder BFD? Die Vielfalt der Dienstformate erschwert die Kommunikation mit den Zielgruppen, denn die Einführung des Bundesfreiwilligendienstes brachte einen neuen Programmnamen in das Feld. Der BFD neben dem FSJ erzeugt eine nun zum Teil verwirrende Namensvielfalt. Im Bereich der internationalen Freiwilligendienste besteht eine ähnliche Fülle an Begrifflichkeiten mit dem Internationalen Jugendfreiwilligendienst, Europäischen Freiwilligendienst, weltwärts, kulturweit etc. (vgl. Praß/Gerdom in diesem Band). Diese Vielfalt stellt die Beteiligten – auch in der Gewinnung von Freiwilligen – immer wieder vor Herausforderungen und ist eine erste Hürde bei der Informationsbeschaffung über ein freiwilliges Engagement.

Das Bewerbungsverfahren ist eine weitere spezielle Hürde. Erst wenn eine interessierte Person auch tatsächlich die Vereinbarung unterzeichnet hat, ist ein wichtiges Ziel erreicht. Auf dem Weg dorthin gibt es viele Meilensteine zu erklimmen: Es gilt zunächst, Interesse zu wecken und zu informieren – um im Beispielbild zu bleiben: Die Lust auf Joghurt muss geweckt werden. Das Interesse muss dann in eine Aktion (Bewerbung) überführt werden. Diese Aktion muss so leicht wie möglich gestaltet sein – quasi der einfache Griff ins Kühlregal. Viele Träger hängen hier die Messlatte mit einem (noch) klassischen Bewerbungsverfahren jedoch vergleichsweise hoch, beispielsweise durch eine umfangreiche Abfrage und Einreichung von Unterlagen schon in den Anfängen des Bewerbungsprozesses.

Es gibt eine zusätzliche Besonderheit bei Freiwilligendiensten: Einen wohlschmeckenden Joghurt kann ich einer Kundin oder einem Kunden vermutlich für einige Zeit immer wieder verkaufen: Ich kann Stammkundschaft gewinnen. Bei einem Freiwilligendienst müssen die Träger jedoch jedes Jahr aufs Neue Interessierte für sich gewinnen. Dabei stellt sich immer wieder die Frage, ob man auf bewährte Zielgruppen setzt und deren Ansprache wiederholt, gegebenenfalls intensiviert und modernisiert oder ob man neue Zielgruppen ansprechen sollte. Ein dringender Hinweis für diese Überlegungen: „Alle" ist bei beschränkten Mitteln keine hilfreiche Zielgruppe!

Die passende Verkaufsstrategie mit dem richtigen Produkt

Vor dem Hintergrund der eingeschränkten personellen und finanziellen Ressourcen ist eine überlegte Herangehensweise umso empfehlenswerter. Begrenzte Mittel sollten den bestmöglichen Erfolg erzielen. Es empfiehlt sich daher, Maßnahmen möglichst zielgerichtet auf Erfolg versprechende Zielgruppen zuzuschneiden und umzusetzen. Gleichzeitig gilt es, sogenannte Streuverluste, die auftreten, wenn Ressourcen flächendeckend wenig zielgerichtet eingesetzt werden, möglichst zu vermeiden. Für eine konzeptionelle Herangehensweise sind folgende Schritte denkbar:

 Schritte für die Gewinnung von Freiwilligen
- lohnende (!) Zielgruppe(n) definieren
- das eigene Angebot auf die Passgenauigkeit zu dieser/n Zielgruppe(n) prüfen
- den eigenen (Bewerbungs-)Prozess auf die Anforderungen der Zielgruppe(n) prüfen
- Angebot und Prozesse gegebenenfalls anpassen oder Zielgruppe neu überdenken
- Botschaften passend für die Zielgruppe entwickeln
- entsprechende (Marketing-)Maßnahmen auswählen
- Maßnahmen umsetzen
- Ergebnisse auswerten
- bisheriges Vorgehen reflektieren, z.B. mit den Fragestellungen: Welche der gewählten Maßnahmen haben zur Erreichung der gesetzten Ziele maßgeblich beigetragen? Wie hoch war der finanzielle und personelle Aufwand im Vergleich zum erzielten Effekt? War die gewählte Zeitspanne für die Maßnahmen zielführend?

Chancen für die Gewinnung von Freiwilligen

Die Zielgruppe(n) kennen und verstehen – im sogenannten digitalen Zeitalter ändern sich die Kommunikationswege vor allem von jüngeren Menschen schnell: Gestern noch Facebook, heute Instagram und Snapchat, morgen TikTok oder bisher noch gänzlich unbekannte Wege. Klassische Wege der Unternehmenskommunikation und traditionelle journalistische Formate haben zunehmend ausgedient. Die Zielgruppen kommunizieren heute selbst und bleiben z.T. auch zunehmend unter sich.

Die Träger und Einsatzstellen von Freiwilligendiensten haben die große Chance, dass sie über den jeweils aktuellen Jahrgang einen direkten, persönlichen Kontakt zur Zielgruppe haben. Im Vergleich dazu müssen z.B. Wirtschaftsunternehmen oft teure Marktforschungsinstrumente bemühen. Daher lohnt es sich, frühzeitig unter den aktuellen Freiwilligen die Ohren offen zu halten: „Wo informieren sich die Freiwilligen?" (Wandel der Kanäle), „Was war ihnen bei der Entscheidung für einen Freiwilligendienst wichtig?" (Wertewandel), „Wessen Meinung/Information war ihnen wichtig?" (Welche Multiplikatorinnen und Multiplikatoren oder Entscheidungshilfen sollten berücksichtigt werden?).

Um nützliche Informationen für die Gewinnung von zukünftigen Freiwilligen zu erhalten, empfiehlt es sich, diese Fragen im Idealfall zu Beginn des Dienstes zu stellen. Nur dann lassen sich die ursprünglichen Motivationsmotive gut erfassen, an denen sich die Ansprache von neuen Interessierten orientieren sollte. Die oft üblichen Befragungen am Ende des Dienstes („Warum würdest du einen Freiwilligendienst weiterempfehlen?") können höchstens zusätzliche Argumentationshilfen für die Kommunikation bieten, wenn diese als Antworten zu den ursprünglichen Motivationsmotiven passen.

Gerade die persönliche Weiterempfehlung scheint Erfolg versprechend für die Gewinnung von neuen Freiwilligen. Die Mund-zu-Mund-Propaganda, Freundschaftswerbung oder das sogenannte „Peer-to-Peer-Marketing" durch aktuelle Freiwillige ist authentisch, für die Zielgruppe glaubwürdig und bedient die relevanten Kanäle. Grundsätzlich hat jeder Träger und jede Einsatzstelle mit den Freiwilligen somit eine Vielzahl von Multiplikatorinnen und Multiplikatoren. Eine zielführendere Strategie könnte es daher sein, den Freiwilligen zunächst wertvolle Erfahrungen in ihrem Dienst zu ermöglichen und sie dann zeitnah zum Multiplizieren zu aktivieren und zu befähigen. Hierzu können sowohl Träger als auch Einsatzstellen ermutigen. Die persönliche Weiterempfehlung erfolgt im Idealfall noch während die Freiwilligen im Dienst sind, um auf die Bewerbungsphase für den jeweils nächsten Jahrgang zu wirken. Auch die persönliche Weiterempfehlung durch Ehemalige kann eine relevante Zielgruppenansprache ermöglichen. Damit erhält die Alumni-Arbeit ein neues Gewicht.

Auch inhaltlich können Freiwilligendienste punkten: Beobachtungen legen nahe, dass bei (jungen) Menschen ein Phänomen der Orientierungslosigkeit für den eigenen Lebensweg vorliegt, das sich in Anbetracht der Vielfalt an Möglichkeiten auftut. Die praktische Orientierungszeit, die Freiwilligendienste bieten, kann damit genau die Lösung für dieses Problemempfinden sein. Auch die Beratung der Träger im Bewerbungsverfahren kann positiv hervorgehoben werden. Im Hinblick auf die Kommunikation zur Gewinnung von Freiwilligen könnte es hilfreich sein, von der z.T. bisher häufig gewählten Betonung der Vielfalt des Angebotes abzurücken und die Unterstützung bei der Auswahl zu betonen, z.B. mit Slogans wie: „Wir zeigen Dir Wege auf" oder „Wir begleiten dich in deiner Wahl".

Ein positiver Ausblick

Viele Beteiligte in Freiwilligendiensten sind sich mittlerweile der Herausforderungen in der Gewinnung von Freiwilligen bewusst geworden. Dies führt unter anderem zu einem zunehmend gemeinschaftlichen Handeln. So können die einzelnen Träger heute zusätzlich zu ihren eigenen Maßnahmen auch von den Aktivitäten der Dachverbände sowie der Bundes- und Landesarbeitskreise profitieren. Dazu gehören Maßnahmen der gemeinsamen Öffentlichkeitsarbeit, trägerübergreifende Onlineplattformen für Interessierte sowie Fortbildungsangebote rund um Öffentlichkeitsarbeit für Freiwilligendienste. So können zukünftig die Aktivitäten der einzelnen Träger unter Nutzung der regionalen oder inhaltlichen Stärke ihrer eigenen Marken zusammenwirken mit den trägerübergreifenden Maßnahmen. Diese Kombination kann dazu beitragen, dass Freiwilligendienste auch weiterhin von Menschen als eine Station für ihren Lebenslauf entdeckt und gewählt werden.

Literaturverzeichnis

Stuth, Ana-Maria/Eckert, Peggy/Wendt, Franziska/Ryssel, Almut (2020): u_count. gemeinsam Gesellschaft gestalten. Was junge Menschen brauchen, um sich zu engagieren. Ergebnisbericht der Jugendhearings „freiwilliges Engagement und Freiwilligendienst" der Deutschen Kinder- und Jugendstiftung, herausgegeben von der Gemeinnützigen Deutschen Kinder- und Jugendstiftung GmbH (DKJS). Online unter: www.dkjs.de/fileadmin/Redaktion/ Dokumente/programme/200609_u_count_Abschlussbericht_web.pdf (Abruf 14.09.2020).

THEOLOGISCHE GEDANKEN ZUM FREIWILLIGENDIENST

Christian Petersen

Wenn Theologie und Freiwilligendienst in Verbindung gebracht werden, soll zu Beginn der „Startpunkt" der Freiwilligendienste in den Blick genommen werden, die sich heute in den verschiedenen Formaten und Rechtsgrundlagen ausdifferenzieren. Als Startpunkt gilt das Jahr 1954, als der damalige Leiter der Diakonissenanstalt Neuendettelsau, Hermann Dietzfelbinger, mit seinem Aufruf zu einem freiwilligen Diakonischen Jahr junge Frauen zu einem besonderen bürgerschaftlichen Engagement gewinnen wollte (Franke 2011: 13ff.). Einige Jahre später startete u.a. Gerhard Rückert im evangelischen Augustinum mit dem „Philadelphischen Dienst" ebenfalls eine Initiative für freiwilliges Engagement. Diesen Neugründungen ist gemein, dass sie im christlichen Kontext gestartet wurden, sodass es naheliegend ist, dass auch christlich-biblische Motive eine große Rolle bei der Entwicklung einer Idee von Freiwilligenarbeit gespielt haben könnten. Dem soll im Folgenden auf den Grund gegangen werden. Dazu wird sich anhand einer Wortstudie dem Thema angenähert, woraus weitere Ableitungen aufgrund der gewonnenen Erkenntnisse vorgenommen werden können.

Spurensuche in der Bibel

Auf der Suche nach den theologischen Grundlagen soll zuerst eine Spurensuche in der Bibel erfolgen. Gibt es Hinweise und Indizien für freiwilliges Engagement in der Heiligen Schrift? Lassen sich aus der biblischen Lehre Motive und Gedanken zur Freiwilligenarbeit finden? Die Spurensuche soll dabei erst einmal getrennt nach den beiden Testamenten erfolgen, um auch den unterschiedlichen Lebenswelten und der Gottesoffenbarung gerecht zu werden.

Spurensuche im Alten Testament

Die Spurensuche orientiert sich in einem ersten Schritt an der Frage, ob es so etwas wie Freiwilligenarbeit in der Zeit des Alten Testaments überhaupt gab. Das Althebräische hat das Wort „Nedavah", was sich mit Freiwilligkeit übersetzen lässt und 27 Mal Erwähnung findet. Im Folgenden soll der Blick darauf gelenkt werden, in welchem Kontext von Freiwilligkeit im Alten Testament gesprochen wird. Insgesamt fällt zunächst auf, dass der Begriff „freiwillig" bzw. „Freiwilligkeit" sich nur sehr selten in den deutschen Bibelübersetzungen direkt wiederfinden lässt. Je nach Übersetzung findet sich der Begriff explizit nur ungefähr eine Handvoll Mal. In der Lutherbibel von 2017 sind es vier Erwähnungen, denen auch der entsprechende hebräische Begriff „Nedavah" zugrunde liegt. Es finden sich dort noch 14 weitere Erwähnungen des deutschen „freiwillig", die aber im Hebräischen andere Wörter als Grundlage haben (z.B. 1Chr 29,9.14.17). Diese Stellen sollen bei der Spurensuche erst einmal nicht weiter beachtet werden.

Freiwilligkeit von ganzem Herzen

Schaut man nun die Bibelstellen an, in denen das hebräische „Nedavah" erwähnt wird, so lassen sich zwei Linien von freiwilligem Verhalten entdecken. Zum einen geht es um die Opfergaben im Rahmen des Gottesdienstes, wobei Gottesdienst hier als ein umfassenderes Konzept gemeint ist als das heutige Bild eines Gottesdienstes im Sinne einer wöchentlichen Veranstaltung. Es geht im weitesten Sinne um die verschiedenen Formen von Kult – aber auch Alltagshandlungen, die der jüdische Glaube der damaligen Zeit kannte. Hier wird mit Freiwilligkeit vor allem die Haltung und Motivation der Gläubigen mit Blick auf die Opfergaben beschrieben. Beispiele finden sich hierfür in Ex 35,29 oder Ps 54,8, wo in deutschen Bibelübersetzungen in Bezug auf das Opfern „von Herzen" bzw. „aus Freude" die Rede ist. In diesem Kontext wird deutlich, dass das „Opfer" im Gottesdienst, das christliche Kirchen beispielsweise im Aspekt des Klingelbeutels übernommen haben, nicht Formsache oder Ritual ist, sondern eine echte Freiwilligkeit von Herzen und aus der Freude des Spendens als ein Ausdruck des Gottvertrauens geschehen soll. Es ist intrinsisch begründete und motivierte Freiwilligkeit aus sich heraus.

Freigiebigkeit und Freiwilligkeit als Tugend

Eine zweite Spur verweist auf wohlwollendes freiwilliges Handeln einer höhergestellten Person oder Autorität gegenüber jemandem mit geringerer Stellung. Diese Art der Freiwilligkeit findet sich im Alten Testament deutlich seltener. Beispiele sind Hos 14,5: Gott verzichtet aus Liebe zu den Menschen auf seinen Zorn oder 2Chr 35,8: König Josia gibt freiwillig Gaben an sein Volk. Mit Blick auf das hierarchische und auch patriarchale Gesellschaftssystem werden durchaus bemerkenswerte Handlungen deutlich, insbesondere, da sie aus Sicht des höher gestellten Ranges nicht notwendig wären: Gott hätte allen Grund, zornig auf sein Volk zu sein, aber verzichtet freiwillig darauf. Josia hätte keine Gaben an sein Volk geben müssen, vielmehr hätte das Volk ihm Gaben geben müssen.

Heutige Freiwilligkeit auf Grundlage der Hebräischen Bibel?

Aus dieser Spurensuche lassen sich zwei Momente bzw. Motive für die Gedanken zum heutigen Freiwilligendienst festhalten: Freiwilligendienst hat auch heute im gewissen Sinne den Charakter eines Opfers. Der zumeist junge Mensch verzichtet auf den ersten Blick auf ein Jahr Lebenszeit und des persönlichen Fortschritts (spätere Aufnahme eines Studiums oder einer Ausbildung) und stellt diese Zeit in den Dienst für die Gemeinschaft. Er oder sie opfert diese Zeit auch ohne die explizite Erwartungshaltung, dafür etwas zurückzubekommen. Dieser Gedanke findet sich bereits in Dietzfelbingers Aufruf zu einem Diakonischen Jahr wieder, wenn der fordert: „ein Jahr ihres Lebens für die Diakonie zu wagen" (Franke 2011: 13ff.). Das in der Praxis der Freiwilligendienste die Opfernden zumeist mit großen Gewinnen für sich selbst so ein Jahr abschließen, bleibt davon unberührt – finanzielle Gewinne sind dies jedoch nicht, was den Aspekt des Opfergedankens bestärkt. Es geht hier um die treibenden Motive des „Gebens" anstatt des „Nehmens".

Spurensuche im Neuen Testament

Mit Blick auf das Neue Testament findet sich der Begriff „freiwillig" in der Lutherbibel 2017 lediglich drei Mal. Der griechische Text hat dagegen fünf Erwähnungen des Wortstammes für das griechische Wort für „freiwillig" (Aland et al. 2012). Hier fällt auf, dass die griechische Sprache das Wort sowohl in der Form des Adverbs als auch als Adjektiv gebraucht. In 1 Kor 9,17, Phil 1,14 und 1 Petr 5,2 findet sich das deutsche Wort „freiwillig". Allen drei Bibelstellen ist gemein, dass sie sich auf den Charakter der gelebten Nachfolge beziehen. Es geht um die Motive und die Haltung in der Nachfolge Christi, die ohne Zwang bzw. ohne Nebenabsichten gelebt wird. Röm 8,20 bezieht sich eher auf die Schöpfung und bringt für die Überlegungen keinen Ertrag. In Hebr 10,26 steht der Begriff „freiwillig" im Sinne von mutwillig für ein selbstbestimmtes negatives Verhalten und bringt für die Überlegungen zur Freiwilligkeit auch nicht weiter. Daher soll für die weiteren Überlegungen der Fokus auf das Thema Nachfolge und mögliche Ableitungen für den Freiwilligendienst bleiben.

Freiwilliges Engagement zur biblischen Zeit?

Natürlich gab es zur Zeit der Bibel noch kein Freiwilliges Soziales Jahr oder einen Bundesfreiwilligendienst. Trotzdem soll an dieser Stelle kurz der Blick darauf geworfen werden, in welcher Form es freiwilliges Engagement in der Bibel gibt. Auch wenn es noch keinen institutionalisierten Dienst wie heute gab, finden sich doch verschiedene freiwillig motivierte Handlungen in unterschiedlicher Form. Ausgehend von den Grundpfeilern Solidarität, Freundschaft und Opferbereitschaft sollen an dieser Stelle exemplarische Erzählungen der Bibel das Bild bereichern: Zunächst ist die auch heute noch im orientalischen Raum gepflegte und als selbstverständlich empfundene Gastfreundschaft zu nennen. Ein Beispiel könnte hier Abraham sein, der drei fremde Männer bewirtet (vgl. Gen 18). In der Geschichte von Jonathan und David, wie sie in 1Sam 20 beschrieben ist, findet sich zum Beispiel das Motiv der freundschaftlichen Hilfeleistung. Jonathan hilft und schützt seinen Freund David vor den Anfeindungen König Sauls, Jonathans Vater. Ein Beispiel für eine freiwillige Opferbereitschaft findet sich in der Erzählung von der Witwe, die in Lk 21,1–4 von Jesus als vorbildlich hervorgehoben wird. Aus Liebe zu Gott bringt sie ihre gesamte Habe als Opfer in den Tempel. Renate Vogelsang vergleicht Jesu Erzählungen mit der Arbeit eines Erwachsenenbildners, wenn sie schreibt: „Jesus sah als Ziel seiner Bildungsarbeit, Menschen im Leben zu unterrichten" (Vogelsang 2019: 76). Wie diese Lebenslehre im Alltag der frühen Gemeinde durchgesetzt wird, zeigt Apg 6: Hier werden sieben Männer als Diakone eingesetzt, die sich um die Versorgung der Witwen der Gemeinde kümmern sollen. Solidarität wird als Gemeindedienst strukturell gelebt. Somit kann festgehalten werden, dass es verschiedene Leitmotive, die heute einen Freiwilligendienst prägen, auch schon zur biblischen Zeit gab. Das institutionelle Format mag zwar relativ jung sein, aber die Leitmotivationen, dass Glaube und Handeln zusammengehören, zugespitzt: dass theologische Gedanken auch zu tätigem Einsatz als Dienst führen, finden sich auch schon vor vielen Tausend Jahren. Der Gedanke, sich freiwillig zu engagieren, ist somit schon ein biblischer.

Freiwilligendienst als Ausdruck der Nachfolge

Die biblische Spurensuche in den beiden Testamenten hat aufgezeigt, dass das freiwillige Handeln zu allen Zeiten als Reaktion auf die liebevolle göttliche Zuwendung hin zu den Menschen verstanden wurde. Egal, ob das zur Zeit des Alten Testamentes in Form der Opfergaben im Tempel geschah oder zur Zeit des Neuen Testamentes in Form der praktischen Handlungen der Christinnen und Christen. Ein zentrales Element ist dabei eine neue geschenkte Freiheit, in die Glaubende und Nachfolgende gestellt wurden. Daher soll in einem nächsten Schritt der Zusammenhang von Freiheit und Freiwilligkeit sowie der Begriff des Dienstes oder andere Bezeichnungen für ein freiwilliges Engagement näher betrachtet werden. In einem letzten Schritt wird der zeugnishafte Charakter eines Freiwilligendienstes herausgearbeitet.

71

Freiheit als Voraussetzung zur Freiwilligkeit

„Zur Freiheit hat uns Christus befreit" – so heißt es in Gal 5,1. Gott ermöglicht eine neue Freiheit. Im Sinne des Galater-Briefs gesprochen: Wir
dürfen frei von verschiedenen Dingen sein, die unser Leben einschränken
wollen. Frei von der Meinung und dem Urteil anderer, da wir von Gott
trotz unserer Macken unendlich geliebt sind. Mit den Worten von Dietrich
Bonhoeffer gesprochen: „Das Freisein von etwas erfährt seine Erfüllung
erst in dem Freisein für etwas. Freisein allein um des Freiseins willen aber
führt zur Anarchie" (zitiert nach Glenthøj/Kabitz/Krötke 1996: 540). Befreit dazu, Dinge anzupacken oder zu äußern, weil unsere Verantwortung
vor Gott liegt und nicht vor der Meinung der Gesellschaft. Rund 80 Jahre nach Bonhoeffer bringt es der schweizerisch-israelische Publizist Carlo
Strenger auf einen ähnlichen Punkt: „Wo negative Freiheit als Freiheit von
äußeren [z.B. gesellschaftlichen] Zwängen definiert ist, besteht die positive
darin, dass wir wirklich autonom sind. Wahre Selbstbestimmung erfordert
Vernunft, Wissen und Disziplin. [...] Der Begriff der positiven Freiheit gibt
einer starken menschlichen Intuition Ausdruck: Wahrhaft frei sind wir nur
dann, wenn wir die negative Freiheit mit Inhalten füllen, für die wir uns
bewusst entschieden haben" (Strenger 2017: 10). Das sind steile Thesen,
die auch schon zum Schlechten missbraucht wurden, wenn an manche
Wirrungen der Kirchengeschichte gedacht wird, aber auch die Menschen
zum Widerstand gegen Ungerechtigkeit und Hass mobilisiert haben, wie
beispielsweise Dietrich Bonhoeffer. Freiheit zu erleben, kann beflügeln und
erlaubt, neue Perspektiven zu gewinnen. Wenn es in der Bibel heißt, dass
die ersten Christinnen und Christen ihre Habe verkauften, um der Jerusa-
lemer Gemeinde wirtschaftlich zu helfen (Apg 2,42ff.), dann ist das genau
diese innere Freiheit, die sich in selbstlosem Handeln zeigt. Die Frage an
sich selbst könnte sein: Habe ich das Gottvertrauen, dass Gott mich ver-
sorgt? Wer diese Frage aus voller Überzeugung mit JA beantwortet, hat
möglicherweise eine größere Freiheit, auf materielle Sicherheiten zu bauen
oder zu verzichten. Aus biblischer Sicht ist das kein Makel, solange damit
offen vor Gott umgegangen wird. Deutlich wird dabei, dass die Freiheit,
die Gott allen zu gleichen Teilen ermöglicht, in der individuellen Wahrnehmung durchaus unterschiedlich bewertet werden kann.

In der praktischen Arbeit mit Freiwilligen ist dieser Aspekt ebenfalls
wahrzunehmen: Es gibt junge Menschen, die mit großer Freiheit neue
Regionen und Aufgaben in ihrem Freiwilligendienst erkunden wollen,
und andere, die ihr gewohntes Umfeld möglichst nicht verlassen möchten
oder vielleicht auch ein gewisses finanzielles Mindestmaß benötigen. Diese
Unterschiede gilt es daher auch aus theologischer und menschlicher Sicht
nicht zu verurteilen, sondern in ihrer Unterschiedlichkeit differenzsensibel
wertzuschätzen. Auch wird dieses individuelle Maß an Freiheit nicht von

allen Freiwilligen theologisch reflektiert und begründet sein, aber das Maß der inneren Freiheit spielt unabhängig von sozio-kulturellen und religiösen Hintergründen eine entscheidende Rolle.

Verschiedene Begriffe für Freiwilligendienst

Neben den biblischen Überlegungen zum Freiwilligendienst soll nun noch ein Augenmerk auf eine eher sozio-theologische Fragestellung geworfen werden. Dabei geht es um die Frage, inwieweit die Bezeichnungen für das, was landläufig unter „Freiwilligendienste" verstanden wird, Impulse für das theologische Verständnis von Freiwilligendiensten geben können.

Für die besondere Form des bürgerschaftlichen Engagements gab und gibt es verschiedene Bezeichnungen: In seinem Aufruf 1954 hat Ditzfelbinger von einem „Diakonischen Jahr" gesprochen, Rückert von einem „Philadelphischen Dienst" (Bellinger 2008: 1205ff.). Heute haben die vielfältigen Programme, die unter Freiwilligendienste subsummiert werden, Bezeichnungen wie z.B. Freiwilliges Soziales Jahr, Bundesfreiwilligendienst, Internationaler Jugendfreiwilligendienst, entwicklungspolitischer Freiwilligendienst etc. In diesen Bezeichnungen stecken theologische Gedanken, die an dieser Stelle kurz beleuchtet werden sollen: Konkret soll es um „Diakonie", „Philadelphia" und den „Dienst" gehen.

Diakonie bzw. diakonisch leitet sich vom griechischen „diakonia" ab, was so viel wie „Dienst" bedeutet.[21] Es geht um helfende Hinwendung zum Mitmenschen. Aus Sicht der verfassten Kirche ist sie eine der drei Wesensmerkmale von Kirche neben dem Gottesdienst und dem christlichen Zeugnis. Es geht um gelebte Nächstenliebe. Ein Diakonisches Jahr bedeutet die bewusste Hinwendung zu den Mitmenschen durch praktische Hilfe. Es ist ein zutiefst christliches Motiv und gründet sich in der menschlichen Reaktion auf die göttliche Zuwendung zum Menschen: Gott hat Menschen bedingungslos angenommen, daher kann sich der Mensch seinen Mitmenschen bedingungslos zuwenden.

Philadelphia leitet sich ebenfalls vom gleichlautenden griechischen Wort ab und meint die geschwisterliche Liebe. Aus christlicher Perspektive sind alle Gläubigen als Kinder Gottes Geschwister untereinander. „Bruder und Schwester im Herrn" heißt es manchmal im Sprachgebrauch einiger christlicher Denominationen. Auch hier geht es um den liebevollen Umgang mit- und untereinander. Da, wo Diakonie eine Reaktion auf Gottes Liebe zu mir ist, baut die Philadelphia auf die menschliche, geschwisterliche Liebe. Der

---

[21] Schmälzle, Udo (2016): Caritas – Diakonie. In: WiReLex – Das Wissenschaftlich-Religionspädagogische Lexikon im Internet.
Online unter: www.bibelwissenschaft.de/stichwort/100218/ (Abruf 20.07.2020).

Gründer des Philadephischen Dienstes, Gerhard Rückert, sah sich bei der Wahl des Titels für sein neu gegründetes Werk am Leben und Wirken von Augustinus von Hippo orientiert (vgl. Bellinger 2008).

Dienst leitet sich von Dienen ab.[22] Es ist die deutsche Übersetzung des griechischen Begriffs, wovon sich auch die Diakonie herleitet. Ergänzend zu dem oben Gesagten soll an dieser Stelle noch auf den Aspekt der Verpflichtung für einen Dienst und damit auf den verbindlichen Charakter eines Dienstes hingewiesen werden. Ähnlich einem Vertrag verpflichten sich die Freiwilligen durch eine schriftliche Vereinbarung für eine gewisse Zeit zum Dienst. Der zeitlich mögliche Rahmen bietet zwar einen gewissen Spielraum und auch die Möglichkeit eines vorzeitigen Ausstiegs ist immer gegeben, allerdings liegt der Grundgedanke in einer verbindlichen und vertraglichen Verpflichtung. Theologisch gedacht könnte man sagen, dass die menschliche Antwort auf die Treue Gottes dem Menschen gegenüber ist, dass (junge) Menschen sich verbindlich und bewusst entscheiden, einen Freiwilligendienst zu leisten.

Dabei geht es auch um eine Verbindlichkeit gerade dann, wenn die Umstände und Herausforderungen die eigene Verbindlichkeit infrage stellen. Dies gilt für das persönliche Glaubensleben, aber auch für alle anderen Herausforderungen in einem Freiwilligendienst.

Freiwilligendienst als Glaubenszeugnis

Als letzter Aspekt von Nachfolge soll auf die zeugnishafte Dimension von Freiwilligendiensten eingegangen werden. Das biblische Zeugnis berichtet von Gottes liebevoller Zuwendung zu seiner Welt und seinen Geschöpfen. Eine Konsequenz daraus ist für die Glaubenden der Auftrag zur Verkündigung des Evangeliums (vgl. Mt 28,19f.), aber auch Aspekte wie beispielsweise das Eintreten für Gerechtigkeit (Dtn 20,16) oder Verantwortung für die Schöpfung (Gen 1,28). Kurz gesagt, die verschiedensten Aspekte göttlichen Handelns in dieser Welt machen sich die Glaubenden zu eigen. So finden sich auch in verschiedenen christlichen Werken, Verbänden und Initiativen diese und andere Aspekte christlichen Handelns wieder.

Wenn Menschen einen Freiwilligendienst leisten, setzen sie sich für verschiedene Anliegen ein: Im Rahmen eines Freiwilligen Ökologischen Jahres wird der Fokus stark auf die Bewahrung der Natur und verwandte Themen gerichtet. Wenn der Freiwilligendienst in einer offenen Kinder- und Jugendeinrichtung geleistet wird, steht vielleicht das Thema (soziale) Gerechtigkeit im Hintergrund. Der Freiwilligendienst hat, egal ob explizit, weil er durch

---

[22] Vgl. Hentschel, Anni (2008): Dienen/Diener (NT). In: WiBiLex – Das wissenschaftliche Bibellexikon im Internet. Online unter: www.bibelwissenschaft.de/stichwort/47853/ (Abruf 20.07.2020).

einen christlichen Träger organisiert wird, oder implizit, weil es nur sehr indirekt deutlich wird, aus christlicher Perspektive immer etwas mit dem Handeln Gottes in der Welt zu tun. Freiwillige können den Freiwilligendienst aber auch einfach absolvieren und leisten trotzdem etwas im Sinne Gottes, da sie anderen Geschöpfen Gottes Zeit, Aufmerksamkeit oder sogar Liebe schenken. Gerade wenn der Freiwilligendienst aus explizit christlichen Motiven geschieht, kann das Handeln der Freiwilligen auch ein christliches Zeugnis sein.

Theologische Gedanken oder theologischer Gesamtauftrag?

„Theologische Gedanken zum Freiwilligendienst": So ist dieses Kapitel überschrieben und die Spurensuche hat aufgezeigt, dass Freiwilligendienste eine zutiefst jüdisch-christliche Verwurzelung haben. Gleichzeitig gilt es aber auch hier, eine Differenzierung aufrechtzuerhalten zwischen theologischer Vernachlässigung und theologischer Überhöhung. Freiwilligendienst ist ein Thema, das sich biblisch-theologisch ergründen und reflektieren lässt, gleichzeitig ist es aber auch ein Thema der Praktischen Theologie. Es ist weniger ein dogmatisches Thema, das die inhaltliche Trennschärfe sucht, sondern eine Einladung, das jeweilige Tun und Handeln in einem bewusst größeren Rahmen zu sehen und zu denken. Nicht als alleiniges Handeln Gottes an dieser Welt, aber als ein Handeln Gottes in dieser Welt, an dem die Freiwilligen, aber auch alle in Organisation und Administration involvierte Personen teilhaben dürfen.

Literaturverzeichnis

Bellinger, Gerhard J. (2008): Rückert, Johann Georg Gottfried. Pfarrer und Gründer des Collegium Augustinum. In: Biographisch-Bibliographisches Kirchenlexikon, Band XXIX. Nordhausen: Verlag Traugott Bautz. Sp. 1205–1214.

Franke, Annemarie (2011): Anfänge der Freiwilligendienste in Europa – eine schlesisch-deutsch-polnische Spur. In: epd-Dokumentation. Jg. 11 (4). S. 7–15.

Glenthøj, Jørgen/Kabitz, Ulrich/Krötke, Wolf (1996) (Hg.): Dietrich Bonhoeffer. Konspiration und Haft 1940-1945. In: Dietrich Bonhoeffer Werke (DBW). Band 16. Gütersloh: Gütersloher Verlagshaus.

Aland, Barbara/Aland, Kurt/Nestle, Eberhard/Nestle, Erwin (2012): Novum Testamentum Graece (Nestle-Aland). 28. Auflage. Stuttgart: Deutsche Bibelgesellschaft.

Strenger, Carlo (2017): Abenteuer Freiheit. Ein Wegweiser für unsichere Zeiten. 3. Auflage. Berlin: Suhrkamp Verlag.

Vogelsang, Renate (2019): Jesus als Erwachsenenbildner. Vorbild für die theologische Erwachsenenbildung heute. In: Erwachsenenbildung. Jg. 65 (2). S. 76–79.

III BEGLEITUNG VOR ORT

WIE ANLEITUNG VON FREIWILLIGEN GELINGEN KANN: MODELLE UND KONZEPTE FÜR DIE PRAXIS

Ursula Wilhelm

„Auf einer Skala von 1 bis 10: Wie gut lief eure Einarbeitung und euer Ankommen in der Einsatzstelle?" Reaktionen auf diese Frage sind Stöhnen bei den Freiwilligen, etwas Getuschel untereinander, zufrieden schauende Gesichter, einzelne halblaut-ironische Kommentare: „Welche Einarbeitung?" und das Überlegen, wo man sich nun positioniert. Es handelt sich um eine der Kennlernfragen auf dem Einführungsseminar, zu der die Antworten nicht unterschiedlicher ausfallen könnten. Einige Freiwillige sind frustriert, da es keine feste Ansprechperson gibt, andere sind restlos begeistert, weil sich das Team Zeit genommen hat für ein Willkommensgrillen und der Einarbeitungsplan gut funktioniert. Zwischen diesen beiden Extremen ist alles dabei und das zeigt, wie wichtig gerade in den ersten Wochen eine gute Anleitung und Einarbeitung ist und was sie für die Zufriedenheit bei den Freiwilligen ausmacht.

Bei der Anleitung von Freiwilligen gilt es, eine Bandbreite unterschiedlicher Modelle zu kennen und je nach Einsatzplatz und Voraussetzungen das Optimum zu nutzen, um für alle Beteiligten *erfolgreich* zu sein. Neben den diversen Anleitungs- und Begleitungsformen beschäftigt sich dieser Beitrag mit den Phasen eines Freiwilligenjahres und dem daraus resultierenden Schwerpunkt der Einarbeitung.

Das Ziel der Freiwilligen, eine gewisse Zeit im Aus- oder Inland zu investieren, beinhaltet oft den Wunsch, Arbeitsalltag kennenzulernen, in einen bestimmten Berufszweig hineinzuschauen und die Eignung dafür zu überprüfen oder aber Praxiserfahrung zu sammeln und evtl. Berufsorientierung zu erlangen. Das bedeutet, dass viele der Freiwilligen zwischen Schulabschluss und Ausbildung/Studium oft keinerlei bzw. kaum Berufserfahrung haben und Arbeitsleben und -alltag erst grundsätzlich kennenlernen müssen. Ein passendes Beispiel kommt in einem Gespräch einiger Freiwilliger mit der zuständigen Referentin zutage, indem diese erzählen, dass sie mit der Zeit so viele Überstunden angesammelt haben, dass es unmöglich erscheint, diese abzubauen. Nach einigen Rückfragen stellt sich heraus, dass die Freiwilligen in den letzten Wochen regelmäßig früher nach Hause geschickt wurden, aber ihnen nicht bewusst war, dass sie sich dann die entsprechende Zeit von ihrem Stundenkonto abziehen müssen. Hierbei handelt es sich um ein schlichtes Beispiel dafür, dass Freiwillige oft in die vor Ort gängigen und generell in die „normalen" Abläufe eingewiesen und darin unterstützt werden müssen, wie „Arbeiten" funktioniert. Auch die Freiwilligen der Altersgruppe über 27 Jahre wollen „irgendwas mit Menschen" machen, erhoffen eine Auszeit von Lern- oder Leistungsdruck oder möchten sich beruflich umorientieren. Die Gründe und Motivationen sind vielfältig und zeigen, dass Anleitung ein individueller Prozess ist.

Phasen im Freiwilligendienst

Für die Begleitung und Anleitung von Freiwilligen ist es unerlässlich, einige Informationen zu den unterschiedlichen Phasen zu erhalten und damit entsprechende Situationen besser einschätzen zu können. Hierbei soll im Folgenden auf die Phasen eines Freiwilligendienstes, Motivationsphasen und Gruppenphasen eingegangen werden.

Motivationsphasen innerhalb des Freiwilligendienstes

Ein Freiwilligendienst läuft für die Freiwilligen oft nach einem ähnlichen Schema ab und teilt sich in unterschiedliche Phasen ein. Nach der anfänglichen Euphorie des Neuen folgt häufig eine Ernüchterung bzw. ein Motivationstief. Für Anleitende ist es hilfreich, dafür ein Gespür zu bekommen und mit den Freiwilligen darüber ins Gespräch zu gehen (vgl. Wetzel in diesem Band).

In verschiedenen Situationen können Anleitende mit unterschiedlichen Motivationsphasen der Freiwilligen konfrontiert sein. Die Psychologen Gollwitzer und Heckhausen haben ein Handlungsphasen-Modell entwickelt, das deutliche Rückschlüsse auf die Notwendigkeit von Motivation ziehen lässt.

Im ersten Schritt geht es um die *Abwägung* des Handelns. Ob es sich lohnt, ein Ziel oder eine Sache anzugehen und zu verfolgen, hängt zu großen Teilen von der Motivation ab. In dieser Phase ist es somit wichtig, das zu Lernende „interessant, spannend und wichtig" darzustellen (Rüedi 2011: 10 f.). Gleichzeitig gilt es, die subjektive Erfolgserwartung mit Hilfsmitteln zur Zielerreichung zu unterstützen. Damit wird die *Planungsphase* eröffnet, in der es um die benötigten Unterstützungen, Methoden und hilfreiche Materialien geht. Die Motivation bleibt hoch, wenn „spezifische, zeitlich naheliegende und herausfordernde Ziele" angegangen werden, bei zu weitläufigen oder großen Zielen sei es ratsam, Teilziele zu bilden, meint Rüedi (Rüedi 2011: 11). Die darauffolgende *Handlungsphase* benötigt nun Schutz vor Ablenkung und einen geeigneten Arbeitsplatz, um zu handeln und dem Ziel näher zu kommen. Zuletzt geht es um die *Bewertung* der Aufgabe, des Ergebnisses bzw. der Arbeit. „Wichtig ist, die realen Gründe sowie die eigene Beitragsleistung für den Erfolg zu erkennen und auf dieser Basis die richtigen Konsequenzen für" die Zukunft zu nutzen (Rüedi 2011: 10 f.). Der Autor betont, dass in allen vier Phasen die „Motivationsförderung durch den Lehrenden geschehen sollte" (Rüedi 2011: 11) und dieser Umstand zeige auf, welche Tragweite das tägliche Handeln habe.

Im Hinblick auf die Freiwilligen und deren Anleitende bedeutet dies, dass bestimmte Aufgaben von den Freiwilligen mithilfe von Motivation und Unterstützung durch die Anleitenden erfolgreich gemeistert und Ziele gemeinsam erreicht werden können. Ein Beispiel von gelungener Motivation aus der Praxis: Eine Freiwillige berichtet, dass in ihrem Dienst viel von ihr gefordert wird, das sei aber vollkommen okay, da sie sieht, mit welcher Begeisterung ihr Anleiter ebenso in die Aufgaben investiert und für welche „gute Sache" alles sei. Die Tatsache, dass er sich nicht „zu schade ist", auch die einfachen Aufgaben zu übernehmen, habe ihr viel Kraft gegeben.

Gruppenphasen

Für die Einbindung in ein bestehendes Team in den Einsatzstellen oder auch für die Anleitung und Begleitung eines Freiwilligenteams ist die Kenntnis der Gruppenphasen von Bedeutung. Das Gruppenphasenmodell von Bruce Tuckman hilft Anleitenden, die Teamfindung zu erleichtern und Orientierung zu geben, wenn es nicht ganz rund läuft.

Unter *Forming* lernen sich die Mitglieder eines Teams kennen. Jede Person verfügt über individuelle Erwartungen und Erfahrungen, bringt diese aber eher vorsichtig und zaghaft ein. „Dabei orientieren sich die Mitglieder an bestehenden Normen und an dominanten Gruppenmitgliedern" (Becker 2018: 168). Aufgabe der Anleitenden ist es, den Prozess des Kennenlernens zu unterstützen, eine angenehme Atmosphäre dafür zu schaffen, den Austausch unter den Teammitgliedern zu fördern und klare Struktur und Richtung vorzugeben.

In der Phase namens *Storming* kommen sich die Mitglieder näher und es entstehen unweigerlich Konflikte. Zum einen können das Aufgabenkonflikte sein, weil sie sich mit einem Auftrag beschäftigen und dieser schwer zu erfüllen oder das Ziel nicht so einfach zu erreichen ist. Zum anderen können es aber auch Rollenkonflikte sein. Dabei wird versucht, den eigenen Platz bzw. die Position in der Gruppe zu finden. Hierbei können Anleitende als Schlüsselpersonen für Schlichtung in dem Konflikt fungieren und mit viel Ruhe und Geduld diese lösen lassen, aber auch als Motor handeln und den Fokus wieder auf das Wesentliche lenken, ohne den Konflikt zu ignorieren. Anleitende haben somit eine besondere Verantwortung: Werden die Konflikte ignoriert, „wird das Team nicht über die Phase des Stormings hinauskommen" (Becker 2018: 168).

Norming beinhaltet einen starken Zusammenhalt des Teams. Es werden neue Regeln zum gemeinsamen Arbeiten aufgestellt und Rollen und Aufgaben neu verteilt. Die Zusammenarbeit wird dabei aufgabenorientierter. Die Leitungsfunktion verändert sich nun zu einer beratenden und moderierenden Funktion und achtet darauf, dass die Spielregeln eingehalten werden und das Ziel nicht aus den Augen verloren wird.

Performing ist darauffolgend der Abschnitt, in dem das Team am leistungsstärksten ist. „Das Team agiert einvernehmlich und orientiert sich am gemeinsam gesetzten Ziel. Es herrscht eine Atmosphäre von gegenseitiger Akzeptanz und Wertschätzung bei gleichzeitig hoher Produktivität und Leistungsorientierung" (Becker 2018: 169). Hierbei wird die Leitungsrolle immer passiver.

Alle Phasen können ineinander übergehen und sich auch mehrfach wiederholen. Es wird zum Beispiel davon ausgegangen, dass, sobald ein neues Mitglied in das Team hinzukommt, der komplette Prozess wieder bei Forming beginnt (Becker 2018: 171).

Zum Ende folgt das *Adjourning*, also die Auflösung. Dabei geht es darum, den Zeitraum der Zusammenarbeit, das Projekt oder die Aufgabe abzuschließen und zu beenden. Dazu gehört das Loben durch die Anleitenden, das Feiern von Erfolgen, aber auch das Aufarbeiten bei Misserfolgen. Ebenso gilt es, einen Ausblick in die Zukunft zu wagen. Diese Auflösungszeit gibt es laut Tuckman ausschließlich einmal und kann nicht mehrfach wiederholt werden.

Für Anleitende im Freiwilligendienst ist es wichtig zu wissen, dass diese Phasen nicht bewusst von einer Gruppe durchschritten werden, und gleichzeitig hilft es, das Geschehen im Team einzuordnen und alle Gruppenmitglieder bestmöglich unterstützen zu können.

Und was für ein Typ bist du so?

Wenn die pädagogischen Fachkräfte der Träger für Freiwilligendienste mit Anleitenden im Gespräch sind, dann wird immer wieder betont, wie herausfordernd es ist, sich jedes Jahr aufs Neue auf die unterschiedlichsten Individuen einzustellen und flexibel auf diese einzugehen. In mancher Einsatzstelle wird es mit der Zeit zur unbewussten Gewohnheit, die Kompetenzen der Vorgängerinnen und Vorgänger als Maßstab für die neuen Freiwilligen zu nehmen. Das macht es für die Freiwilligen gefühlt unmöglich, eine gute Unterstützung für die Einsatzstelle zu sein, und für die Anleitenden zu einer Geduldsprobe. Um aus diesem Gewohnheitstrott auszubrechen, empfiehlt es sich, zum Jahrgangswechsel innezuhalten und sich bewusst zu machen, dass nun neue Freiwillige kommen, die man erst einmal neu kennenlernen muss und manche Begabungen noch tief in ihnen schlummern. Gleichzeitig sollte sich die Anleitung immer wieder fragen, mit welcher Haltung sie oder er den Anzuleitenden begegnen möchte. Mit diesen individuellen Typen werden sich die folgenden Absätze beschäftigen, wobei diese mit entsprechender Sensibilität zu betrachten sind, damit es nicht zu pauschalem Schubladendenken führt.

Lerntypen

Der Freiwilligendienst ist ein Bildungsjahr, in dem junge Erwachsene einen bestimmten Arbeitszweig oder den Arbeitsalltag allgemein kennenlernen möchten. Zum Lernen gehört aber auch die Einschätzung des jeweiligen Lerntyps, von denen es mehrere gibt. Grundsätzlich wird in drei Lerntypen unterschieden, den visuellen, den auditiven und den haptischen Lerntyp.

 Jeder Mensch lernt anders

- Der visuelle Lerntyp lernt am besten, wenn Informationen über die Augen aufgenommen werden (vgl. Reinhaus 2016: 26). Dabei wird neues Wissen schon durch sorgfältiges Lesen und Aufschreiben erlernt. Unterstützend sind „Texte, Grafiken, Tabellen, Zeichnungen, Bilder, Videos oder Vorführungen" (Reinhaus 2016: 26).
- Der auditive Typ lernt am erfolgreichsten über die Ohren. Das bedeutet, dass dieser durch aufmerksames Zuhören die wesentlichen Inhalte behält. Hilfreich ist hier, sich Texte laut vorzulesen oder sich durch andere abfragen zu lassen (vgl. Reinhaus 2016: 27).
- Der haptische Lerntyp lernt durch praktische Anwendung. Viele praktische Übungen, PC-gestützte Lernprogramme sowie das spielerische Lernen durch Versuch und Irrtum sind dabei erfolgreich (vgl. Reinhaus 2016: 28).

Schnell wird bei Lerntypisierungen die Kritik laut, dass diese Festlegung auf einen Lerntyp nicht typisch ist. Für jeden Menschen ist es sicherlich sinnvoll, herauszufinden, zu welchem Lerntyp man gehört, um die richtige Lernstrategie zu entwickeln. Jedoch darf nicht außer Acht gelassen werden, dass es häufiger Mischformen aus zwei oder drei Typen gibt. Gleichzeitig ist zu empfehlen, Lernen durch die unterschiedlichen Sinneskanäle zu ermöglichen: „Denn die unterschiedlichen Sinneseindrücke werden in unterschiedlichen Gehirnregionen gespeichert. Je mehr Gehirnregionen an der Speicherung von Informationen beteiligt sind, desto besser bleiben Sie im Gedächtnis" (Reinhaus 2016: 29).

Für Anleitende von Freiwilligen ist es wirkungsvoll, die Frage anzugehen, mit welchen Lerntypen an Freiwilligen sie zu tun haben und wie sie auf die individuellen Lerntypen eingehen können, um den schmalen Grad zwischen Herausforderung, Überforderung und Motivation in der Einsatzstelle anzupassen.

Anleitungstypen

Innerhalb der Anleitung von Freiwilligen wird in der Praxis zwischen unterschiedlichen Anleitungs- und Begleitungsformen unterschieden (vgl. Kalippke in diesem Band).

Die *fachliche Begleitung* arbeitet die Freiwilligen in die Aufgaben des Arbeitsalltags ein, wozu das Kennenlernen der Räumlichkeiten, des Einsatzplatzes, der Abläufe, Mitarbeitenden, Klienten und Klientinnen, Hilfsmittel und Materialien gehören. Des Weiteren ist sie Ansprechperson bei fachlichen Fragen, Unsicherheiten und Herausforderungen. Ein Beispiel hierfür ist die Begleitung der Aufgaben in Küchen nach den Hygienestandards des Gesundheitsamtes: welche Protokolle zu führen und welche Hygienevorgaben zu beachten sind.

Daneben bedarf es einer *pädagogischen Begleitung*. Ihre Aufgaben liegen vor allem in der persönlichen Begleitung der Freiwilligen wie z.B.: der Einführung ins Team (Teamzusammenführung, Teambuilding), regelmäßiger Kontakt zu den Freiwilligen, z.B. in Form von Reflexionsgesprächen zur Persönlichkeitsentwicklung, Motivation und ggf. beruflichen Orientierung.

Wenn Einsatzstellen von größerer Struktur sind, kann es gut sein, eine *Praxisanleitung* als konkrete Ansprechperson in der Dienstzeit am direkten Einsatzort festzulegen. Diese ist dann für die Anleitung und Unterstützung in den alltäglichen Dingen zuständig.

Zusätzlich sind Freiwillige begeistert, wenn es für sie eine *persönliche Begleitung* etwa in Form eines Mentorings oder Coachings gibt. Im Arbeitsalltag kann diese überhaupt keine oder kaum Berührungspunkte mit den Freiwilligen haben und ist somit als außenstehendes Individuum regelmäßige Gesprächs- und Ansprechperson. Auch ehrenamtlich Mitarbeitende kommen dafür infrage, da sie mit etwas Abstand ein offenes Ohr haben (vgl. Kürten in diesem Band).

In Einsatzstellen mit möglicher hoher emotionaler Belastung oder verworrenen Teamstrukturen bietet es sich an, den Freiwilligen eine Person für *Supervision* zur Seite zu stellen. In einem Tagestreff in einem sozialen Brennpunkt können zum Beispiel auf die ungelernten Freiwilligen Situationen einprasseln, die sie überfordern. Hier ist es angebracht, regelmäßig Fallsupervisionen durchzuführen, wobei konkrete Situationen nachbesprochen und reflektiert werden, um in Zukunft gefestigter und mit einem

Handlungsplan reagieren zu können. In Teams, die zwischenmenschliche Spannungen mitbringen und in denen die Kommunikation erschwert ist, kann eine Teamsupervision ebenfalls unterstützen, die Wogen zu glätten und die Zusammenarbeit zu verbessern. Je nach Zusammensetzung und Situation sollte bedacht werden, ob die Supervision mit dem kompletten Team durchgeführt wird oder aber ein Angebot ausschließlich für die Freiwilligen ist.

Die fachliche und die pädagogische Begleitung sind innerhalb einer Einsatzstelle zum Freiwilligendienst unabdingbar. Alle weiteren Typen kann man je nach Situation zusätzlich einsetzen. Aufgabe der Anleitenden ist es hierbei, immer wieder zu hinterfragen, ob eine Veränderung oder Ergänzung der Anleitungstypen vonnöten ist.

Durch Vielfalt in der Anleitung zur gelungenen Einarbeitung

Die Gespräche mit Freiwilligen ergeben oft den Rückschluss, dass mit einer gelungenen Anleitung vor allem eine gelungene Einarbeitung der Schlüssel zum Erfolg ist. Denn wenn die Einarbeitung gut geplant und durchdacht ist, fühlen sich die Freiwilligen wertgeschätzt und willkommen. Das schafft Vertrauen in die Einsatzstelle und die Anleitungsperson und dieses Vertrauen trägt alle gemeinsam durch den Freiwilligendienst. Mit dem Wissen um diese Bedeutung werden in diesem Absatz hilfreiche Einarbeitungs- und Anleitungsmodelle zusammengetragen.

3-Phasen-Modell

Wie können die Freiwilligen in ihre Aufgaben bestmöglich eingeführt werden und den Überblick behalten, damit sie wirklich alles kennengelernt haben? Mit folgendem 3-Phasen-Modell kann ermöglicht werden, von Anfang an Motivation, Engagement, (soziale sowie arbeitsgebundene) Integration und Identifikation mit dem neuen Arbeitsbereich zu fördern (vgl. Brenner 2020: 13). Schwerpunkt wird hierbei auf die Einarbeitung der neuen Mitarbeitenden gelegt – die in Analogie zu einer Flugzeug- oder Schiffsreise auch „Onboarding" genannt wird – um den Neuen ihren Einstieg in das Unternehmen zu erleichtern und sie gelungen an Bord zu nehmen.

 Onboarding: Zeitlicher Überblick zur Begleitung Freiwilliger in den Dienststart
- *Preboarding:* von der Vertragsunterzeichnung bis zum ersten

Arbeitstag

- *Phase der Orientierung:* vom ersten Diensttag bis zum Ende der intensiven Einarbeitungszeit der ersten Wochen
- *Phase der Lern- und Integrationszeit:* etwa die Probezeit
- *Phase der Stabilität und Akzeptanz:* der Zeitraum ab etwa dem 3. Monat.

Die erste *Phase der Orientierung* beginnt mit dem „Preboarding" noch vor Beginn der Beschäftigung und nach Vertragsunterzeichnung (vgl. Brenner 2020: 9f.): Dabei wird die Vorbereitung des Arbeitsplatzes angegangen, indem entsprechendes Mobiliar und Material bereitgestellt und ein Einarbeitungsplan geschrieben wird. Des Weiteren wird Kontakt zu den zukünftigen Mitarbeitenden hergestellt, indem die Personen den vorhandenen Mitarbeitenden angekündigt und bei Gelegenheit zu firmeninternen Veranstaltungen eingeladen wird, um das neue Kollegium kennenzulernen und sich bereits als Teil des Teams zu fühlen. Darüber hinaus werden auch aktuelle Informationen zugesandt und eine Woche vor Arbeitsbeginn ein Telefonat abgehalten, in dem der Beginn besprochen und letzte Fragen geklärt werden. Oberste Prämisse hat dabei, dass die Freiwilligen ein sicheres Gefühl über ihren Neueinstieg bekommen und wissen, dass zuständige Ansprechpersonen erreichbar sind und sie herzlich willkommen heißen.

Die Orientierungsphase wird konkret am ersten Arbeitstag. Hier wird vor allem Einblick und Informationen gegeben. Dabei unterstützt z.B. ein Ablaufplan für den ersten Tag, der vorab den neuen Freiwilligen zugesandt wurde. Der Empfang ist von enormer Wichtigkeit, da der erste Eindruck einer Einsatzstelle entscheidend ist, mit welcher Motivation und Eigeninitiative Freiwillige sich in den nächsten Wochen und Monaten zeigen werden, wobei ein Willkommensgeschenk und ein gut eingerichteter Arbeitsplatz bedeutende Signale für das Willkommen- und Erwartetsein senden. Ein Patensystem wird dabei als erfolgreich beschrieben, da der offizielle Patenstatus den Einsteigenden das Gefühl gibt, den Paten oder die Patin durch Fragen weder zu stören noch von der Arbeit anzuhalten (vgl. Brenner 2020: 20f.). Für dieses Amt empfehlen sich Mitarbeitende, die eine hohe Sozialkompetenz und Sensibilität haben und natürlich auch Fachwissen vermitteln können.

Die zweite Phase heißt *Lern- und Integrationsphase* (vgl. Brenner 2020: 34); sie umfasst im Freiwilligendienst etwa die Probezeit und stellt die Einarbeitungszeit mithilfe eines Einarbeitungsplanes dar, die gefüllt ist mit regelmäßigen Orientierungs- und Feedbackgesprächen und Coaching bzw. Mentoring. Das ist deswegen so wichtig, da diese Zeit für die Neuankömmlinge „in der Regel ein ständiges Wechselbad aus Erfolgserlebnissen und auch zunächst mit Frustration verbundenen Lernerfahrungen mit sich bringt" (Brenner 2020: 37). Die detaillierte, schriftliche Planung der Einarbeitung legt fest, zu welchem Zeitpunkt Freiwillige in welches Thema eingeführt, welche Informationen dazu benötigt werden und von wem diese kommen. Vorteil der Vorbereitung ist eine klare Planbarkeit und Übersicht, wann zum Beispiel Aufgaben an diejenige Person übertragen werden können, oder aber für den Überblick, wo die Person gerade steht.

Als abschließende *Stabilitäts- und Akzeptanzphase* wird der Zeitraum ab dem dritten, in vielen Arbeitsbereichen erst ab dem sechsten Monat beschrieben. Die Freiwilligen haben Sicherheit über die Arbeitsatmosphäre und regulären Aufgaben erlangt und können eigenständig produktiv arbeiten, sie sind akzeptiertes Mitglied der Gemeinschaft geworden (vgl. Brenner 2020: 38f.). Für die Motivation der Freiwilligen in dieser Zeit ist es maßgeblich, dass sie Möglichkeiten für Verantwortung, eigene Projekte oder komplexere Aufgaben übertragen bekommen und sich als Teil des Teams wertgeschätzt fühlen, d.h. auch, dass ihr Feedback, ihre Wünsche und Ideen ernst genommen werden und sie im besten Fall wie Mitarbeitende behandelt werden, die aufgrund ihrer Erfahrung einen wertvollen Beitrag zum Gesamterfolg des Arbeitsbereichs leisten.

Lernen am Modell

Lernen mithilfe eines Modells ist eine gängige Form des Lernens. Schon Säuglinge lernen die ersten Dinge durch das Vorbild ihrer engsten Kontaktpersonen. „Die Theorie des Lernens am Modell beruht darauf, dass [...] die Menschen durch Abschauen bei anderen lernen und das Geschehene in einfachen oder komplexen kognitiven Prozessen verarbeiten."[23] Das Lernen am Modell baut auf dem Prinzip des Vormachens und Nachahmens auf.

Insbesondere unsichere Menschen lernen eher am Verhalten von anderen als durch Belehrungen oder kritisches Feedback, was sie alles falsch machen. Gleichzeitig erfolgt das Lernen oft unbewusst, welches zu einem späteren Zeitpunkt einfach abgerufen werden kann, ohne eigene Erfahrungen oder Verhaltensversuche durchführen zu müssen. Oftmals wird von Anleitenden die Tätigkeit beschrieben und diese danach besprochen oder reflektiert, was einen längeren Lernprozess birgt. Mit dem Wissen des Modelllernens und dem Anspruch, Freiwillige gut in deren Dienst anzuleiten, heißt das, dass sich die Anleitenden ihrer Modellfunktion bewusst sein und sich diese zunutze machen sollten. Für die jungen Erwachsenen wird es leichter sein, wenn ihnen die Anleitungsperson ihre Aufgaben vorführt und sie direkt an dem lernen können, was gesehen wurde.

---

[23] Stangl, Werner (2020): Modelllernen. In: Online Lexikon für Psychologie und Pädagogik. Online unter: https://lexikon.stangl.eu/1881/modelllernen-lernen-am-modell/ (Abruf 31.07.2020).

Reflexionsgespräche

Eine ausführliche Darstellung zu den Reflexionsgesprächen ist bei Konstantinidis/Tölgyesi in diesem Band zu finden.

Zielfestlegung

Nach dem 3-Phasen-Modell, dem Lernen am Modell und der Checkliste inkl. Reflexionsgesprächen ergänzt das Erstellen von Zielen innerhalb der Einarbeitung und Anleitung von Freiwilligen das Potpourri. „Sie legen mit Ihrem neuen Mitarbeiter konkrete Ziele für einen bestimmten Zeitraum, z.B. Probezeit, fest. Damit helfen Sie dem Mitarbeiter bei der Orientierung, welche Erwartungen Sie haben und was aus Ihrer Sicht für eine erfolgreiche Einarbeitung und Integration sinnvoll ist. Ferner geben Sie dem neuen Mitarbeiter Gelegenheit, erste Erfolge zu erzielen und eine solide Grundlage für die Entscheidung zu schaffen, ob eine Weiterbeschäftigung nach der Probezeit für beide Seiten sinnvoll ist." (Brenner 2020: 16.) Dementsprechend ist es zu Motivationszwecken und zur Orientierung im Freiwilligendienst eine optimale Methode zur Unterstützung von Einsatzstellen und Freiwilligen. In der konkreten Umsetzung bedeutet dies, dass „mit fordernden, aber realistischen Zielen [...] die Beschäftigten motiviert" sind, „ihr Bestes zu geben und sich weiterzuentwickeln"[24]. Dabei ist darauf zu achten, nicht auf zu viele Ziele zu setzen. „Zu viele Ziele, die Mitarbeiter gleichzeitig im Auge behalten sollen, zwingen ihren Aufmerksamkeitsapparat in multiple Anforderungen, denen er nicht mehr gewachsen ist" (Watzka 2016: 27). Bei Zielen, die Aufgaben betreffen, werden nicht mehr als drei auf einmal empfohlen (vgl. Watzka 2016: 27). Vor allem im Freiwilligendienst sind Zwischenziele als Teilschritte ratsam, da diese in den regelmäßigen Reflexionsgesprächen überprüft und angepasst werden können. Diese Zwischenziele sollten sich an der Dauer der Beschäftigung orientieren und gemeinsam mit den Freiwilligen erstellt werden, da es oftmals nicht ausschließlich um das Erreichen von beruflichen Kompetenzen geht, sondern darüber hinaus um soziale oder personale Kompetenzen. Zum Beispiel berichtete eine Freiwillige, dass sie zu Beginn ihres Einsatzes in einer Schule gemeinsam mit der Anleitungsperson in einem Gespräch erörterte, was sie in der Zeit ihres Dienstes erreichen möchte: Sie wollte gern selbstbewusster werden. Ein sehr großes und unkonkretes Ziel, aber mit der Anleitung fand sie heraus, was das für sie persönlich bedeutet und welche Möglichkeiten die Schule

---

[24] Hammermann, Andrea (2019): Resilienz stärken mit Zielvereinbarungen. In: IW-Kurzbericht. (41). Köln: Institut der deutschen Wirtschaft. Online unter: www.iwkoeln.de/studien/iw-kurzberichte/beitrag/andrea-hammermann-resilienz-staerken-mit-zielvereinbarungen-427183.html (Abruf 17.09.2020).

als Einsatzort bietet. Diese wurden gemeinsam schriftlich festgehalten und jederzeit konnte die Freiwillige auf ihrer Liste überblicken und abhaken, was sie schon erreichen konnte – was sie als sehr motivierend empfand. Die Freiwillige wünschte sich eine Erweiterung ihrer sozialen Kompetenz und konnte sich durch verschiedene Aufgaben und Projekte, wie z.B. das Erarbeiten und Durchführen eines Pausenangebots, weiterentwickeln. Im Nachhinein berichtete sie, dass das genau das richtige Vorgehen für sie war und sie auch nach ihrem Freiwilligendienst weiterhin mit einer Liste von Zielen und Teilzielen arbeitet.

Ablauf einer schrittweisen Übernahme von Verantwortung

Aus der schulischen Lern- und Lehrforschung zur Leseförderung von Kindern gibt es seit den 80er-Jahren ein Modell von P. David Pearson und Margaret C. Gallagher, das auch zu einer gelingenden Einarbeitung im Einsatz von Freiwilligen als Veranschaulichung dienen kann (Pearson/Gallagher 1983). Anhand des Beispiels der Durchführung eines Kindergottesdienstes soll das Prinzip der schrittweisen Anleitung zur Übernahme von Verantwortung kurz erläutert werden.

Abbildung 1: Anleitungsablauf

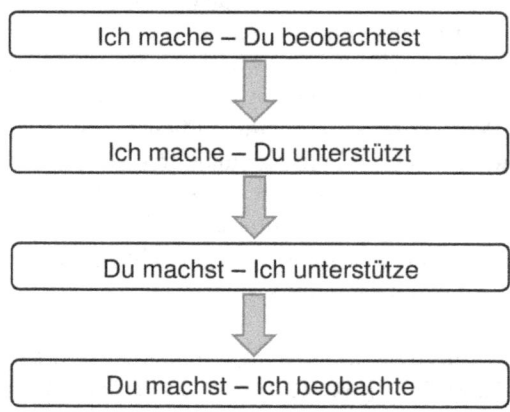

Quelle: Eigene Darstellung nach Johnson 2006: 9

„Ich mache – Du beobachtest": Zu Beginn werden Freiwillige durch Zuschauen und Beobachtung der durchzuführenden Tätigkeit von Anleitenden an die Aufgaben herangeführt. In der Praxis bedeutet dies: Anleitende führen einen Kindergottesdienst durch, wobei Freiwillige zum Hospitieren anwesend sind.

„Ich mache – Du unterstützt": Im nächsten Schritt führen Anleitende die Aufgabe aus, jedoch unterstützen Freiwillige sie dabei. Praxisbeispiel: Anleitende führen einen Kindergottesdienst durch. In dieser Phase werden sie dabei durch Freiwillige unterstützt, indem gemeinsam das Material zusammengestellt, der Raum und die Aktivitäten vorbereitet und durchgeführt werden. Das impliziert, dass die Anleitung jeden Schritt nachvollziehbar erläutert und für Rückfragen bereit ist. Nur so kann davon gelernt werden. Gleichzeitig kann es auch sein, dass Freiwillige schon Erfahrung mitbringen und diese auch schon miteinfließen lassen können.

„Du machst – Ich unterstütze": Nun findet eine Art Rollentausch statt. Federführend sind Freiwillige verantwortlich und werden von Anleitenden unterstützt. In der Praxis bedeutet das, dass die inhaltliche und organisatorische Planung und Durchführung des Kindergottesdienstes durch Freiwillige geschieht und die Anleitenden mitarbeiten, aber auch mit Rat und Tat zur Seite stehen.

„Du machst – Ich beobachte": In der letzten Phase führen Freiwillige die Aufgabe eigenständig durch und die Anleitung beobachtet ausschließlich das Geschehen. In der Praxis bedeutet das: Freiwillige führen selbstständig nach Planung auch die Durchführung des Kindergottesdienstes durch, ohne dass die Anleitung eingreift. Von der Beobachtungsposition ihrer Anleitenden können Freiwillige im Nachhinein profitieren, um den Kindergottesdienst zu reflektieren und daraus zu lernen.

Dieses Prinzip zeigt sehr gut, wie die Anleitung über die Einarbeitung hinaus unterstützend funktionieren kann. Diese vier Schritte werden bei den Freiwilligen über die komplette Dauer des Dienstes stattfinden und jeweils unterschiedlich lang dauern. Anleitung findet über die gesamte Zeit hinweg statt und ist nicht nach einem halben Jahr beendet.

Bewusstsein für veränderbare Anleitungsprozesse

Nun bleibt abschließend die Frage, wie all diese Phasen, Modelle und Informationen nutzbar gemacht werden können, um die Freiwilligen optimal und bestmöglich anzuleiten. Anleitung ist eine Aufgabe, die über die gesamte Dauer des Freiwilligendienstes anhält. Im Gegensatz zur Einarbeitung in ein Unternehmen, die irgendwann abgeschlossen ist, sieht das beim Freiwilligendienst anders aus. Hier sieht das Jugendfreiwilligendienste- und das Bundesfreiwilligendienstgesetz vor, dass der Dienst „als überwiegend praktische Hilfstätigkeit, die an Lernzielen orientiert ist" (§3,1 JFDG) geleistet wird und somit die pädagogische Begleitung an Lernzielen orientiert ist (vgl. §5,2 JFDG).

Auch wenn es etwas unzufriedenstellend ist, wird es am Ende eine Mischung aus allen Modellen sein. Abhängig von den Rahmenbedingungen wie Ort der Einsatzstelle, Anzahl und Alter der Freiwilligen, Anzahl der Anleitenden und Arbeitsbereiche, lässt sich im Voraus schon gut organisieren, wie die Anleitung der Freiwilligen stattfinden soll. Durch die Variablen wie individuelle Typen und Charaktere und unvorhergesehene Herausforderungen in der Einsatzstelle ist die Anleitung immer wieder spannend und wird ein gewisses Maß an Flexibilität fordern. Es empfiehlt sich, sich selbst als Anleitungsperson immer wieder zu hinterfragen, ob etwas am Vorgehen verändert werden sollte. Manchmal sind es nur kleine Nuancen, die etwas bewirken, wie etwa der Austausch mit anderen Anleitenden und die Offenheit für Feedback durch die Freiwilligen. Ein anderes Mal ist es das eigene Rollenverständnis, welches hinterfragt werden sollte. Was heißt für mich Anleitung und wo bin ich damit manches Mal in der unangenehmen Position „zwischen den Stühlen", auf der ich mich als Anwalt oder Anwältin für die Freiwilligen in den Strukturen der Einsatzstelle verstehe? Und dann kann es aber auch mein Verständnis von Freiwilligendienst sein: Schätze ich wert, dass Freiwillige ihre Zeit und ihr Können investieren? Lasse ich sie wissen, dass sie wichtig sind und ich ihr Engagement schätze? Beziehe ich die Freiwilligen mit ein, signalisiere ich mein Bemühen um sie und mache transparent, dass ich hier und da noch nach dem richtigen Weg der Anleitung suche?

Literaturverzeichnis

BFDG = Gesetz über den Bundesfreiwilligendienst (Bundesfreiwilligendienstgesetz). Ausfertigungsdatum: 28.04.2011.

Becker, Joachim H. (2018): Teamführung. Becker, Joachim H./Pastoors, Sven/Ebert, Helmut (Hg.): Praxishandbuch berufliche Schlüsselkompetenzen. 50 Handlungskompetenzen für Ausbildung, Studium und Beruf. Berlin, Heidelberg: Springer, S. 167–171.

Brenner, Doris (2020): Onboarding. Als Führungskraft neue Mitarbeiter erfolgreich einarbeiten und integrieren. 2. Auflage. Wiesbaden: Springer.

JFDG = Gesetz zur Förderung von Jugendfreiwilligendiensten (Jugendfreiwilligendienstegesetz). Ausfertigungsdatum: 16.05.2008.

Johnson, Pat (2006): One Child at a Time: Making the Most of Your Struggling Readers. Portland: Stenhouse Publishers.

Pearson, P. D./Gallagher, M. C. (1983). The Instruction of Reading Comprehension. In: Contemporary Educational Psychology. (8). S. 317–344.

Reinhaus, David (2016): Lerntechniken. 3. Auflage. Freiburg: Haufe.

Rüedi, Jürg (2011): Aller guten Motivationsphasen sind vier! In: schulpraxis. (1). S. 10–11.

Watzka, Klaus (2016): Ziele formulieren, Erfolgsvoraussetzungen wirksamer Zielvereinbarungen. Wiesbaden: Springer.

DIE BEDEUTUNG VON ZEIT FÜR DIE GESTALTUNG VON LERNPROZESSEN

Claudia Wetzel

> „Vergiss die Uhr, entdecke die Zeit"
> *Walter Ludin (zitiert nach Köller 2019: 159)*

„Die Zeit hat mich wirklich sehr geprägt." Mit diesem kurzen, prägnanten Satz fasst eine Teilnehmerin, die sich auf dem Abschluss-Seminar befindet, ihre Erfahrungen im Freiwilligendienst zusammen. Die vergangenen elf Monate hat sie im Ausland verbracht, sich in der Arbeit mit sozial benachteiligten Kindern, Jugendlichen und Erwachsenen engagiert und, wie sich im weiteren Gesprächsverlauf herauskristallisiert, „reiche Beute" mit nach Hause gebracht. Sie erzählt von einmaligen Augenblicken, welche ihr als „Aha-Momente" in Erinnerung bleiben. Detailreich schildert sie ein „wöchentlich praktiziertes Ritual", das sie, weil als wohltuend empfunden, auch in Deutschland beibehalten möchte. Und persönlich „schwierige Zeiten" bewertet sie rückblickend als Zeiten wertvoller Lernerfahrungen.

In diesen Aussagen wird deutlich, die im Statement genannte Formulierung *„die* Zeit" greift zu kurz, um den vielfältigen, unterschiedlichen Qualitäten von Zeit gerecht zu werden, den persönlichen Umgang mit Zeit umfassend zu betrachten und das Potenzial von Zeit als wesentlichem Faktor für Lernprozesse zu erfassen. In diesem Beitrag wird deshalb der Frage nachgegangen: Welche Bedeutung haben Zeitfragen für Bildungs- und Lernprozesse? Um diese zu beantworten, werden unterschiedliche Zeitstrukturen in den Blick genommen und die Bedeutung von Zeit für Lernprozesse herausgearbeitet, um einerseits ein Verständnis für die Vielfalt von Zeiten anzuregen und andererseits die Entwicklung von Zeitkompetenz für den eigenen Umgang mit Zeit sowie für die individuelle Begleitung der Freiwilligen zu fördern.

Zeitstrukturen im Freiwilligendienst

Freiwilliges soziales Engagement als Vollzeittätigkeit ist meist mit dem Wunsch verbunden, dies für einen klar begrenzten Zeitraum zu tun. Wer sich nach dem Schulabschluss, einer beruflichen Ausbildung oder auch zu einem beliebig anderen Zeitpunkt im Leben für eines der anerkannten Freiwilligendienstformate entscheidet, möchte sich in der Regel für ein Jahr bzw. für den Zeitraum von 6 bis 18 Monaten engagieren.

Die äußere Zeitstruktur gibt dem freiwilligen sozialen Engagement einen ersten Rahmen. Ziel eines Freiwilligendienstes ist es, innerhalb dieses Rahmens Bildungs- und Lernprozesse für Freiwillige zu ermöglichen, anzustoßen, zu fördern und pädagogisch adäquat zu begleiten. Die äußere Zeitstruktur ist jedoch nicht die alleinig bestimmende Dimension, sondern vielmehr gibt es unterschiedliche Qualitäten der Zeit, welche den Lernprozess beeinflussen. Führt man sich Lernsettings vor Augen, so lässt sich feststellen, dass diese immer auch gekennzeichnet sind durch variierende Geschwindigkeiten, Unterbrechungen, Wiederholungen, flexible Anpassungen, Verzögerungen, individuelles Zeiterleben der Teilnehmenden und Lehrenden, spontane oder auch sogenannte *Flow*-Momente.[25] Diese Beschreibungen machen deutlich, dass es *die Zeit* nicht gibt, sondern vielmehr eine Vielfalt an *Zeiten* an Wachstums- und Veränderungsprozessen beteiligt sind. Solche qualitativen Aspekte von Zeit in den Blick zu nehmen, darum geht es Hatzelmann und Held, wenn sie von Zeitkompetenz sprechen und damit den Begriff des Zeitmanagements erweitern[26].

Freiwilligendienste sind Lernorte auf Zeit

Durch Individualisierungsprozesse und die fortschreitende Ausdifferenzierung der Flexibilisierung von Zeitstrukturen eröffnen sich innerhalb der Freiwilligendienste zusätzliche Möglichkeiten für Lernangebote z.B. in Form einer (teilweisen) Aufhebung der Altersgrenze, der Zunahme flexibler Einstiegs- und Ausstiegszeiten oder der Möglichkeit, einen Teilzeitfreiwilligendienst zu absolvieren. Freiwilligendienste können – für eine zunehmend breitere Zielgruppe von Menschen – als „Lernorte auf Zeit" verstanden werden. Davon profitieren nicht nur Menschen zwischen Schulzeit und Berufseinstieg, sondern auch Menschen, welche die ursprünglich geltende Altersgrenze von 27 Jahren für die Teilnahme an einem Freiwilligendienst überschritten haben. Neben der persönlichen Lern- und Orientierungszeit, dem Wunsch, Menschen und/oder Gott zu dienen oder sich für eine bestimmte Zeit vollzeitlich für (sozial) benachteiligte Menschen zu engagieren,

---

[25] „Flow bezeichnet im wesentlichen [sic!] ein [...] Gefühl des völligen Aufgehens in einer Tätigkeit. Das Handeln wird als ein einheitliches „Fließen" von einem Augenblick zum nächsten erlebt" (Csiksentmihalyi/Schiefele 1993: 209).

[26] Methoden des Zeitmanagements helfen, sich selbst so zu führen und zu organisieren, dass die zur Verfügung stehende Zeit effizient genutzt wird. Zeitkompetentes Handeln dagegen nimmt die Vielfalt der Zeiten in den Blick und hat zum Ziel, mit diesen bewusster umgehen zu können (vgl. Hatzelmann/Held 2005: 16 f.).

wird die Zeit des Freiwilligendienstes insbesondere als berufliche Bildungs- und Qualifizierungszeit für die eigene Erwerbsbiografie genutzt. „Lernphasen und Arbeitsphasen schieben sich ineinander", wie Faulstich konstatiert, „,Biographizität', die Fähigkeit das eigene Leben zu führen, wird zur Lernaufgabe" (Faulstich 2005: 221). Im Freiwilligendienst, explizit verstanden als Bildungs- und Orientierungsjahr, steht neben kulturellem, ökologischem oder entwicklungspolitischem Engagement insbesondere das „persönliche Wachstum" der Teilnehmenden im Fokus dieses Dienstes. Wer bin ich? Was kann ich? Wohin will ich? sind Leitfragen, die den Freiwilligendienst flankieren und immer wieder zur Auseinandersetzung mit der eigenen Biografie anregen. Zu Beginn des Dienstes werden Freiwillige aufgefordert, sich Ziele zu setzen, diese konstant über das Jahr hinweg zu verfolgen, wenn nötig anzupassen und nicht zuletzt: ihre persönlichen Gewinne und Erfolge gebührend zu feiern. Nach ungefähr der Hälfte der Dienstzeit erfolgt eine ausführliche Reflexion, eine Art *Halbzeit-Analyse*, welche die Schritte der Persönlichkeitsentwicklung, den Lernzuwachs und die Kompetenzerweiterung für Teilnehmende sichtbar macht und zudem einen Ausblick auf die noch kommende zweite Hälfte der Dienstzeit wagt (vgl. dazu Konstantinidis/Tölgyesi in diesem Band). Durch eine gezielte Evaluation am Ende des Dienstes als „Rückblick" wird die abstrakte Dimension „Zeit" fassbar: In der Erinnerung an gute und herausfordernde Zeiten wird der persönliche Lernprozess reflektiert.

Zeit als elementare Ressource für Lernprozesse

Zeit ist in mehrfacher Hinsicht ein konstituierendes Merkmal von Freiwilligendiensten, denn einerseits bringen Freiwillige neben ihren sozialen, persönlichen und finanziellen Ressourcen hauptsächlich Zeit, nämlich ihre persönliche Lebenszeit, als Ressource ein, andererseits ist Zeit ein wesentlicher Faktor für Veränderung und damit für Lernprozesse. Die *Zeit der Eingewöhnung* ist solch eine intensive Zeit des Lernens – eine Zeit, in welcher Freiwillige Stück für Stück in Rituale, Gewohnheiten, Strukturen und Tätigkeiten der Einsatzstelle vor Ort eingeführt werden und sich diese zu eigen machen. Abläufe und Handgriffe werden gezeigt und so lange eingeübt, bis diese selbstständig ausgeführt werden können. Eine intensive Zeit des Lernens ist dies nicht zuletzt deswegen, weil ein Arbeitstag – mit im Durchschnitt acht bis neun Stunden – von vielen Teilnehmenden als langer und anstrengender Arbeitstag empfunden wird. Das ist verständlich, wenn man bedenkt, dass mit dem Eintritt in die berufliche Arbeitswelt Freiwillige in ein neues, ihnen unbekanntes „Zeitkorsett schlüpfen". Insbesondere im Bereich der Pflege, der Jugendarbeit oder auch in Tagungshäusern mit Gästebetrieb gehören der Wechsel zwischen Früh- und Spätschicht, Dienstzeiten am Abend oder auch an Wochenenden sowie saisonal unterschiedliche bzw. flexible Arbeitszeiten zu den Herausforderungen, mit denen Freiwillige konfrontiert sind. Freiwillige lernen, ein angemessenes und gesundes Arbeitstempo zu entwickeln, arbeitszeitliche Vorgaben wie z.B. pünktliches Erscheinen zum Arbeitsbeginn einzuhalten und achtsam mit persönlichen Zeit- und Energieressourcen umzugehen.

Aus Rückmeldungen von Freiwilligen zur Frage, wie sie die *Zeit der Eingewöhnung* erlebt haben, wird deutlich, dass sie die Ausübung zahlreicher neuer, auch ungewohnter, körperlicher Tätigkeiten anfangs viel Energie und Kraft kostete. Gleichzeitig hätten sie in dieser Zeit jedoch viel Neues (kennen-)gelernt. Die Einarbeitungsphase ist zugleich die Zeitspanne, in welcher Freiwillige ihren persönlichen Umgang mit Zeit oftmals neu reflektieren und definieren. Eine gesunde Abgrenzung zwischen Arbeitszeit und Freizeit bzw. zwischen einerseits dem Verbringen von Zeit in der (wohltuenden) Gemeinschaft mit anderen und andererseits der Schaffung von persönlichen Rückzugszeiten, z.B. um notwendige Bedürfnisse nach Erholung und Regeneration nicht aus dem Blick zu verlieren, muss gelernt und eingeübt werden.

Nicht nur für Freiwillige, sondern auch für Anleitende in der fachlichen und individuellen Begleitung stellt die Eingewöhnungsphase eine konzentrierte Zeit des Lernens dar. Für Mitarbeitende der Einsatzstelle bedeutet jeder „neue Freiwilligenjahrgang", sich erneut in die Perspektive der „Neuen" hineinzuversetzen, geduldig in Abläufe einzuführen, freundlich und professionell auf die – wie jedes Jahr zu erwartenden gleichen oder ähnlichen – Fragen der Freiwilligen zu reagieren, barmherzig und verständnisvoll mit Fehlern umzugehen und sich daran zu erinnern, sie durch regelmäßiges, unmittelbares und wertschätzendes Feedback zu ermutigen und zu stärken.

Die Bedeutung von Zeitstrukturen für Bildungs- und Lernprozesse

> „Ich weiß nicht mehr,
> war es gestern oder
> war es im vierten Stock?"
> *Karl Valentin (zitiert bei Hatzelmann/Held 2005: 40)*

Zeit ist in der Vorstellung der meisten Menschen verbunden mit einer tickenden Uhr mit Zeigern – es ist das Bild, was die überwiegende Mehrheit aufzeichnen würde, bäte man sie, ein Bild von der Zeit zu malen. Faulstich bezeichnet die Uhr als „Synchronisationsmaschine", weil sie universal als gültiger Zeitmesser zur Abstimmung von sozialen Handlungsprozessen herangezogen wird und rund um die Welt (fast) alle Bereiche des menschlichen Zusammenlebens bestimmt (vgl. Faulstich 2005: 216). Fortlaufend gibt sie den Takt vor, zerteilt die Lebenszeit der Menschen in einzelne Stücke und Abschnitte, dominiert unseren Umgang mit Zeit und erinnert uns beständig daran, dass persönliche (Lebens-)Zeit abläuft. Wie selbstverständlich werden Bildungsprozesse vorrangig anhand dieses Zeitverständnisses initiiert, strukturiert und arrangiert. Lernen dagegen folgt nicht ausschließlich der äußeren Zeit. Lernerfolge lassen sich nicht nur durch die Strukturierung der äußeren Zeit erzielen, da der individuelle Lernprozess zugleich von rhythmischen Zeiten gesteuert und beeinflusst wird.

Nicht alle Zeiten sind gleich. Manche Zeiten werden intensiver empfunden und bleiben beispielsweise schillernd detailreich in unserer Erinnerung, andere Zeiten hingegen verfliegen. Es gibt Zeiten, die verstreichen wie im Flug, wohingegen sich andere wie eine Ewigkeit anfühlen. Eine wesentliche Voraussetzung für eine gelingende Begleitung von Freiwilligen sowie für die Gestaltung von differenzierten Lernangeboten ist daher die Erkenntnis und Anerkennung, dass eine Vielfalt an Zeiten existiert, „die sich voneinander unterscheiden aber dennoch in Beziehung zueinander stehen, weil der Mensch ein körperliches, geistiges und soziales Wesen ist" (Volz 2012: 47). Aus systemtheoretischer Sicht sind das biologische System (Körper), das psychische (Geist) und das soziale System (Gruppe, Gemeinschaft) geschlossene Systeme, die mit einem je eigenen Zeithorizont operieren. Treml ordnet diesen Systemen entsprechend die Begriffe Rhythmus, Kairos und Chronos zu (vgl. Treml 1999: 16).

Rhythmus

Der aus der griechischen Sprache eingedeutschte Begriff *Rhythmus* verdeutlicht, dass bei lebenden Systemen ein angeborener rhythmischer, d.h. wiederkehrender Zeittakt existiert (vgl. Treml 2004: 123). Arnold Gehlen nennt den bemerkenswerten Vorteil einer solchen, auch im Menschen angelegten, wiederkehrenden und damit stabilen zyklischen Zeitstruktur: „[I]In einer zeitunterworfenen und notwendig wandelbaren Wirklichkeit besteht das Maximum an Stabilität in einer automatischen, periodischen Wiederholung des Gleichen" (Arnold Gehlen, zitiert bei Treml 2004: 122). Rhythmische Zeitstrukturen sorgen dafür, dass Routinen etabliert werden können, Veränderungs- und Anpassungsprozesse an unsere Umwelt planbar und möglich werden. Wiederkehrende Ereignisse wie z.B. Jahreszeiten, Monate, Wochen- und Tagesrhythmen geben Halt und Orientierung in der scheinbar äußerlich unendlich fließenden Zeit. Biologische Rhythmen wie beispielsweise der Wach-Schlaf-Rhythmus sind nicht gänzlich starr, äußere Einflüsse wie z.B. (künstliches) Licht können durchaus in dessen Zeittaktung eingreifen, dennoch beeinflussen sie Lernprozesse. Bedingt durch biologische Taktgeber, schwanken Leistungsfähigkeit, Konzentrationsfähigkeit, Wahrnehmungs- und Aufnahmekapazität eines Menschen im Tagesverlauf und haben Auswirkungen auf individuelle Lernleistungen und Lernerfolge.

Auch das Freiwilligenjahr ist nicht nur als reiner Ablauf linearer Zeit zu betrachten, sondern weist vielmehr eine zyklische respektive rhythmische Struktur auf. Diese Zeitstruktur findet bereits im Namen *Freiwilliges Soziales Jahr* oder *Freiwilligenjahr* ihren Ausdruck. Das Jahr kann als rhythmischer Zeitgeber – ähnlich einem Kalenderjahr – verstanden werden und wird durch unterschiedliche Abschnitte oder Phasen strukturiert. Hofstede formuliert vier Phasen der kulturellen bzw. zeitlichen Anpassung (vgl. Hofstede 2006: 445):

1. Erkundung/Euphorie
2. Ernüchterung/Kulturschock
3. Anpassung/Akkulturation
4. Stabilität

Vergleichbar mit einer „touristischen Erkundungstour" gestalten sich die ersten Wochen im Freiwilligendienst. Das Ankommen in der Einsatzstelle, respektive dem Einsatzland, ist geprägt von Freude, Neugier und Interesse. Rollen, Erwartungen, Tätigkeiten, sehenswürdige Plätze, kulturelle sowie einsatzstellenspezifische „Spielregeln" werden ausgekundschaftet und die damit verbundenen vielfältigen neuen Eindrücke, Gerüche, Farben, Geräusche sowie Begegnungen regelrecht „aufgesogen".

Wie jede Reise einmal zu Ende geht, so geht auch die „Phase der Erkundung" zu Ende bzw. über in eine Zeit, die Hofstede als „Phase der Ernüchterung" benennt. Nach den ersten Wochen in der Einsatzstelle respektive dem Einsatzland weicht die anfänglich euphorische Begeisterung der Feststellung, dass auch hier „nur mit Wasser gekocht wird". Kulturelle Begebenheiten, Handlungen oder Abläufe in der Einsatzstelle werden nicht nur positiv, sondern unter Umständen auch als störend oder bedrückend wahrgenommen. In dieser Phase kann sich durchaus ein Gefühl der Fremdheit und Desorientierung einstellen, da z.B. (kulturelle) Werte, Rituale oder Kommunikations- und Umgangsformen der Einsatzstelle bzw. des Einsatzlandes den Freiwilligen keineswegs vertraut sind. Bei einem Freiwilligendienst im Ausland ist das die Phase, die allgemeinhin als Kulturschock bezeichnet wird. Im Verlauf dieser Phase erleben Freiwillige oftmals eine „emotionale Achterbahnfahrt", d.h., Freiwillige spüren, dass sie ihre wohlige Komfortzone verlassen haben und an der einen oder anderen Stelle an körperliche, emotionale und psychische Grenzen stoßen. Bei einem „Tritt ins Fettnäpfchen", aufkommenden Konflikten im Team, der Klärung von und der Auseinandersetzung mit Rollenanforderungen sind Humor, Verständnis und Geduld gute Ratgeber. Die Entwicklung einer erhöhten Sensibilität für herausfordernde Alltagssituationen in dieser Phase des Freiwilligenjahres hilft, den Wachstumsprozess fruchtbar zu machen.

In der folgenden „Phase der Anpassung" lichtet sich der „Schleier der Unsicherheiten". Eine Auseinandersetzung mit der Rolle als Freiwillige und den damit verbundenen Erwartungen hat stattgefunden, kulturelle Wertvorstellungen sowie Formen der Kommunikation werden verstanden, geduldet und geschätzt. Körperliche Anpassungen, wie z.B. an besondere klimatische Bedingungen, haben ebenfalls stattgefunden. Das Gefühl, etwas Sinnvolles, Wertschöpfendes zu tun sowie nach und nach mehr Verantwortung übertragen zu bekommen, tragen wesentlich dazu bei, dass die Annahmephase gelingt.

Ein erfolgreich durchlaufener Annahmeprozess, nach Hofstede auch „Akkulturation" genannt, mündet letztlich in die „Phase der Stabilität". Hier zeigt sich, wie nachhaltig sich Freiwillige mit der Kultur (der Einsatzstelle) und dem Dienst identifizieren, sich verstanden, angenommen und dazugehörig wahrnehmen.

Jede Phase bringt spezifische Themen, Bedürfnisse und Unterstützungsbedarfe der Freiwilligen mit sich, die es zu berücksichtigen gilt. Für Freiwillige sind das kostbare Chancen, ihre Kompetenzen zu erweitern, neue Überzeugungen zu gewinnen oder in ihrem Selbstbewusstsein gestärkt zu werden. Konkrete Inhalte und die Intensität der Phasen mögen für Personen in einem In- und Auslandsdienst durchaus unterschiedlich sein, grundsätzlich jedoch erleben Freiwillige diese Phasen als zeitlich begrenzte Abschnitte mit ihren jeweils eigenen Fragestellungen, Herausforderungen und Momenten.

Wie können Tätigkeits- und Lernsettings in den einzelnen Phasen so gestaltet werden, damit für Lernende ein möglichst nachhaltiger Lerneffekt entsteht?

Unterstützung von Freiwilligen in den unterschiedlichen Phasen ihres Dienstes

- *Erkundungsphase:* Zielsetzungen für den Freiwilligendienst besprechen und schriftlich festhalten. Freiwillige gezielt danach fragen, was sie in der vor ihnen liegenden Zeit lernen und erreichen wollen. Unterstützung zur Erreichung der Ziele anbieten und einzelne Schritte auf dem Weg zum Ziel regelmäßig reflektieren. Erste (Teil-)Erfolge gemeinsam feiern wie z.B. die „bestandene" Probezeit.

- *Ernüchterung/Kulturschock:* Verständnis für emotionale Befindlichkeiten wie z.b. Heimweh, Gefühle der Unsicherheit, Frust, Über-/Unterforderung, Ängste o.ä. signalisieren. Werte hinter (kulturellen) Handlungen erklären, vertiefte Auseinandersetzung damit ermöglichen, Strategien der Bewältigung aufzeigen, z.b. gemeinsam erörtern, wer oder was in dieser Situation individuell hilfreich sein kann.
- *Anpassung und Stabilität:* Möglichkeiten der Verantwortungsübernahme anbieten, wie z.b. selbstverantwortliches Arbeiten sowohl in Bezug auf Inhalte und Aufgaben als auch auf deren zeitliche Planung, Organisation und Durchführung ermöglichen.

Kairos

Mit dem Begriff *Kairos* – „die erfüllte Zeit", der „rechte" oder „günstige Augenblick" – wird ein Zeitverständnis beschrieben, welches ebenfalls seinen Ursprung im griechischen Zeitdenken hat. Darin kommt zum Ausdruck, dass Zeiten bzw. zeitliche Abschnitte ihren eigenen, qualitativen Wert besitzen. Solch eine Betonung der eigenen Wertigkeit findet sich beispielsweise in Gal 4,4: „Als aber die Zeit erfüllt war, sandte Gott seinen Sohn". Auch in Pred 3,1–8 wird der „Kairos" eindrücklich beschrieben: Bauen hat seine Zeit, Lachen hat seine Zeit, Tanzen hat seine Zeit, Suchen hat seine Zeit, Schweigen hat seine Zeit, Reden hat seine Zeit, Friede hat seine Zeit. Aus theologischer Perspektive ist diese Zeit für den Menschen unverfügbar, da Gott über den Zeitpunkt bestimmt, wann die Zeit erfüllt ist und wann etwas geschieht. Der Mensch kann diese Augenblicke erkennen, annehmen und nutzbar machen, aber nicht steuern. Sie sind allein göttliches Geschenk bzw. göttliches Geschick. Aus systemtheoretischer Sicht bleibt dieser „rechte Augenblick" unverfügbar, weil das daran beteiligte psychische System (Geist und psychische Prozesse) operativ geschlossen ist, d.h., es folgt seiner eigenen zeitlichen Struktur. Für Lernprozesse bedeutet dies: Es ist weder vorhersagbar noch planbar, wann im Entwicklungsprozess Lernende Zusammenhänge erkennen, Gelerntes nachhaltig abrufbar ist oder neue Tätigkeiten zum ersten Mal vollständig alleine ausgeführt werden können. Pädagogisches Handeln hat an dieser Stelle die Aufgabe, Lernbedingungen so zu gestalten, dass Kairos-Momente möglich werden. Treml betont, dass sowohl positive als auch negative Kairos-Momente – z.B. Momente, die Irritation oder Unbehagen auslösen – als subjektiv wichtige Kairos-Erlebnisse wahrgenommen werden, aus denen Lernerfahrungen mit nachhaltiger Wirkung entstehen (vgl. Treml 2004: 129f.).

Chronos

Die Gottheit der Zeit wird in der griechischen Mythologie *Chronos* genannt. In diesem, in europäischen Ländern sehr vertrauten Zeitverständnis, ist das die Zeit, die linear, also chronologisch, als Ablauf in eine Richtung fließt. Für die Gestaltung von Lernsettings benötigen wir ein Verständnis von einer „gemeinsamen Zeit". Oder anders ausgedrückt, wir benötigen einen Zeitbegriff, „der von allen konkreten Bezügen befreit ist und als abstrakte Inklusion funktioniert" (Treml 2004: 126). Diese „gemeinsame Zeit" ist die mit Uhr und Kalender messbar gemachte äußere Zeit. Durch eine gleiche zeitliche Struktur werden Verabredungen zwischen Menschen oder gar Gruppen erst möglich und Lernprozesse können initiiert werden. So ist z.b. die terminierte Verabredung zu einem Feedbackgespräch, die Durchführung eines Bildungsseminares oder die Einarbeitung in spezifische Aufgaben der Einsatzstelle, ohne Einbezug der Strukturierung der äußeren Zeit anhand der Uhr (und des Kalenders) nicht denkbar.

Obwohl wir uns physisch immer im flüchtigen Augenblick der Gegenwart befinden, bestimmen die Dimensionen Vergangenheit, Gegenwart und Zukunft – die sich oft als auf einem Zeitstrahl von links nach rechts verlaufend vorgestellt werden – sehr stark unser gegenwärtiges Handeln. Die „Zeitmaschine im Schädel" (O'Connor/Seymour 2006: 211), oder anders ausgedrückt, die Fähigkeit des Gehirns, Erfahrungen in ein Vorher/Nachher einzuteilen, sowohl in Erinnerungen zu „schwelgen" als sich auch eine „blumige" Zukunft auszumalen oder „altes" und „neues" Wissen miteinander zu verknüpfen, ermöglicht die Herstellung von Ordnung, Sinn und Struktur, in dem scheinbar endlos in ein und dieselbe Richtung fließenden „Strom der Zeit". Diese drei Zeitdimensionen finden sich in jedem Lehr- und Lernsetting, denn hier wird der Versuch unternommen, die noch unbekannte Zukunft in die Gegenwart zu holen. Auch wenn die Antizipation der Zukunft paradox erscheint, ist die „vergegenwärtigte Zukunft" (vgl. Berdelmann 2012: 161) ein bestimmendes Merkmal für jeden Lehr-Lernprozess. So werden beispielsweise im Vorbereitungsseminar für einen Freiwilligendienst im Ausland Formen und Merkmale eines Kulturschocks thematisiert sowie Möglichkeiten der Bewältigung erörtert, von denen man hofft, dass sie Freiwilligen hilfreich, nützlich und von Bedeutung sein *werden*. Die Wahrscheinlichkeit, dass Freiwillige den Lernstoff aufnehmen können und wollen, erhöht sich, wenn Lernsettings so gestaltet werden, dass Teilnehmende im Lernstoff einen Nutzen und eine Bedeutung für sich erkennen, an ihr Vorwissen anschließen können, selbstgesteuertes Lernen ermöglicht und praktische Anwendungsmöglichkeiten aufgezeigt werden.

Betrachtet man die drei Zeitbegriffe Rhythmus, Kairos und Chronos, lässt sich feststellen: Pädagogisches Handeln ist erstens von mehreren Zeitstrukturen gekennzeichnet, welche jeweils ihre eigenen Qualitäten besitzen. Daher ist es angemessen, von *Zeiten* anstatt von *Zeit* zu sprechen. Zweitens: Pädagogisches Handeln ist unweigerlich einer nicht aufzulösenden Spannung ausgesetzt, denn *Lehr*prozesse sind terminierbar, *Lern*prozesse dagegen nicht (vgl. Treml 1999: 22). Da Lernen immer auch an das biologische und psychische System eines Individuums gekoppelt ist, kann der individuelle Lernprozess nicht nur an der äußeren Uhrzeit festgemacht werden. Ob und wann Lernen tatsächlich stattfindet, bzw. auch erfolgreich ist, kann – anders als Lehrprozesse – nicht geplant und nicht herbeigeführt werden. „Pädagogik kann den fruchtbaren Moment, den Kairos, nicht direkt planen, aber die Bedingungen seiner Möglichkeit gestalten und optimieren" (Treml 1999: 25). Dieses Spannungsverhältnis, in dem sich pädagogisches Handeln immer befindet, ist letztendlich nie vollkommen auflösbar. Pädagogische Handlungskompetenz zeichnet sich dadurch aus, die unterschiedlichen Zeitstrukturen zu kennen, diese bewusst bei der Gestaltung von Bildungs- und Lernprozessen zu berücksichtigen, bei Bedarf blitzschnell auf eine andere Zeitstruktur umschalten sowie mit ihren unterschiedlichen Möglichkeiten umgehen zu können (vgl. Treml 1999: 26).

Eigenzeiten

Es ist früh am Morgen, ein neuer Tag auf dem Seminar für Freiwillige, die für ein Jahr ins Ausland reisen, bricht an. Im noch fast menschenleeren Frühstücksraum treffe ich, wie bereits gestern und vorgestern, auf diese eine Teilnehmerin. Mit einer ersten Tasse Kaffee starten wir gemeinsam in den Tag, bis ein paar Minuten später ein anderer Teilnehmer eintrudelt und sich unserer morgendlichen Tischgemeinschaft anschließt. Etwa zwei Stunden später, sieben Minuten vor Beginn der ersten Seminareinheit, finden sich die ersten Seminarteilnehmenden im Seminarraum ein, weitere erscheinen „just in time". Die letzten Freiwilligen betreten zehn Minuten nach Veranstaltungsbeginn den Raum und bewegen sich schlendernd zu den noch freien Plätzen im Stuhlkreis.

Diese Beobachtungen aus dem Seminarkontext, die sicherlich in ähnlicher Form im Arbeitsalltag der Freiwilligen am Einsatzort ablaufen, machen deutlich: Nicht nur in Bezug auf Fähigkeiten oder Charaktereigenschaften unterscheiden sich Menschen, sondern auch in ihren *Eigenzeiten*. Körpereigene Rhythmen beeinflussen das subjektive Zeitempfinden und den persönlichen Umgang mit Zeit. Was als „pünktlich" empfunden wird, variiert – und auch das, was als zeitlich prioritär eingestuft wird.

In der Forschung wird diesbezüglich von „Chronotypen" gesprochen: Jeder Mensch hat eigene Zeiten, mit denen er oder sie durch das Leben und durch den einzelnen Tag geht (vgl. Hatzelmann/Held 2005: 98ff.). Eine der bekanntesten Dimensionen der Chronotypen ist die Unterscheidung in „Lerchen" und „Eulen". Als „Lerchen", respektive Morgenmenschen, werden Personen bezeichnet, die bereits mit dem frühen Singvogel, der Lerche, aufwachen und voll Tatendrang sind, wohingegen „Eulen" (Abendmenschen) erst gegen Abend zu ihrer vollen Leistung kommen. Dazwischen gibt es unzählbar viele Nuancen, welche die Einzigartigkeit von Menschen hinsichtlich ihrer temporalen Eigenschaften verdeutlicht. Erkennbare Unterschiede in den Chronotypen gibt es auch in Bezug auf die persönliche Geschwindigkeit oder Langsamkeit, mit der Menschen Tätigkeiten verrichten oder sich durch das Leben bewegen – diese zeigen sich ebenfalls im Fallbeispiel: „in aller Ruhe" zu frühstücken vs. schnell eine Tasse Kaffee vor Dienstbeginn zu trinken, wenn überhaupt. Des Weiteren gibt es Menschen, die eine ausgiebige Mittagspause z.B. als „Siesta" benötigen, um Energie für den Rest des Tages zu sammeln – wohingegen andere es bevorzugen und körperlich in der Lage dazu sind, nahezu ohne Pausen durchzuarbeiten.

Praktische Anregungen

Wenn Freiwilligendienste als „Lernorte auf Zeit" verstanden werden, unterschiedliche Qualitäten von Zeiten am Lernprozess beteiligt sind sowie Eigenzeiten der Freiwilligen den Lernprozess beeinflussen, stellt sich die Frage: Wie kann das Freiwilligenjahr zeitlich und methodisch so strukturiert und gestaltet werden, dass pädagogisches Handeln Kairos-Momente im Freiwilligendienst fördert und der individuelle Lernprozess von Teilnehmenden optimal unterstützt wird? Folgende Fragen und Anregungen sollen dazu einige Impulse liefern:

 Praxistipps für die Gestaltung von Zeitaspekten im Freiwilligendienst
- Welche gefassten und festgelegten Zeitreglements sind sinnvoll und nützlich, welche dagegen veränderbar, um Bedürfnissen (Eigenzeiten) von Teilnehmenden entgegenzukommen?
- Einzelreflexionsgespräche als gezielt eingesetzte Methode, um sich sowohl am Rhythmus der einzelnen Freiwilligen zu orientieren als auch Kairos-Momente vor- und nachbereiten: Idealerweise finden diese zu den intensiven Phasen im Freiwilligenjahr statt – sechs bis

101

acht Wochen nach Beginn (Reflexion nach der Eingewöhnungszeit), nach der Hälfte der Dienstzeit als Zwischenreflexion (Halbzeit-Analyse) und zum Dienstende als Evaluation der gesamten Zeit des Freiwilligendienstes (Abschlussreflexion).

- Aufmerksamkeit und Offenheit für Kairos-Momente trainieren: z.B. Spontaneität und Flexibilität als wichtige Elemente zur Förderung von Kairos-Momenten erlernen.
- Biologische Eigenzeiten der Freiwilligen in Erfahrung bringen und bei der Planung und Übertragung von Aufgaben berücksichtigen. Z.B.: Ist der oder die Freiwillige eher ein Morgen- oder Abendmensch? Welche Pausenzeiten sind angemessen? Wie können Arbeits- und Pausenzeiten strukturiert werden, damit der unterschiedliche Lerntempus und die Eigenzeit der Freiwilligen berücksichtigt werden?
- Eigenen Umgang mit Zeit überprüfen: Welche persönlichen Vorstellungen von Zeit habe ich? Wie souverän gehe ich mit unterschiedlichen Zeiten um? Wie werden diese in der Begleitung von Freiwilligen bewusst berücksichtigt? Welcher Planungstyp bin ich? Welcher Chronotyp bin ich? Welche Zeiten bestimmen meine Zeitplanung?
- Eine Jahresübersicht erstellen und Transparenz darüber herstellen. Einmalige und regelmäßige Termine planen, Freiwillige in die Planung mit einbeziehen. Z.B.: Einführungstage, Feedback- und Reflexionsgespräche, Teamtreffen, Mentoring-Treffen, Seminar- und Schulungstermine, Ausflüge und Exkursionen, Urlaubsplanung, Betriebsferien, jahreszeitbedingte Änderungen der Arbeitszeiten oder Tätigkeiten etc.
- Zeitempfinden/Zeitempathie: Wie wird damit umgegangen, wenn Zeitvorstellungen und Zeitempfinden von Freiwilligen von vorgegebenen Zeitabläufen in der Einsatzstelle abweichen?
- Welche Möglichkeiten und Angebote gibt es, Freiwillige zu einer bewussten Auseinandersetzung mit dem Thema „Umgang mit Zeiten" anzuregen? Z.B.: Sensibilisierung für Rhythmen und Eigenzeiten, Umgang mit (Un-)Pünktlichkeit sowie mit unterschiedlichen Geschwindigkeiten und deren Qualitäten (z.B. Warte- und Pausenzeiten, Zeitdruck, Gleichzeitigkeit, Entschleunigung).

Zeit ist omnipräsent im Leben eines jeden Menschen und weitaus mehr, als was an der Uhr ablesbar ist. So ist auch die Zeit des Freiwilligendienstes gekennzeichnet durch unterschiedliche Zeitstrukturen, die es gilt wahrzunehmen und zu würdigen. Und wie wunderbar und wohltuend kann es sein, die Armbanduhr einmal abzulegen, Eigenzeiten nachzuspüren oder im Nachsinnen über Zeit deren vielfältige Dimensionen und Qualitäten (neu) zu entdecken.

Literaturverzeichnis

Berdelmann, Kathrin (2010): Operieren mit Zeit. Empirie und Theorie von Zeitstrukturen in Lehr-Lernprozessen. Paderborn: Ferdinand Schöningh.

Berdelmann, Kathrin (2012): Synchronisierte Zeit in Bildungsprozessen. Perspektiven der Operativen Pädagogik. In: Schmidt-Lauff, Sabine (Hg.): Zeit und Bildung. Annäherungen an eine zeittheoretische Grundlegung. Münster: Waxmann, S. 157–171.

Csiksentmihalyi, Mihaly/Schiefele, Ulrich (1993): Die Qualität des Erlebens und der Prozess des Lernens. In: Zeitschrift für Pädagogik. Jg. 39 (2). S. 207–221.

Faulstich, Peter (2005): Lernzeiten – Zeit zum Lernen öffnen. In: Wiesner, Gisela/Wolter, Andrä (Hg.): Die lernende Gesellschaft. Lernkulturen und Kompetenzentwicklung in der Wissensgesellschaft. Weinheim und München: Juventa Verlag, S. 213–224.

Hatzelmann, Elmar/Held, Martin (2005): Zeitkompetenz: Die Zeit für sich gewinnen. Übungen und Anregungen für den Weg zum Zeitwohlstand. Weinheim und Basel. Beltz Verlag.

Hofstede, Geert/Hofstede, Gert Jan (2006): Lokales Denken, globales Handeln. Interkulturelle Zusammenarbeit und globales Management. 3. Auflage. München. Deutscher Taschenbuch Verlag.

Köller, Wilhelm (2019): Die Zeit im Spiegel der Sprache: Untersuchungen zu den Objektivierungsformen für Zeit in der natürlichen Sprache. Studia Linguistica Germanica Band 135. Berlin/Boston: De Gruyter.

O'Connor, Joseph/Seymour, John (2005): Neurolinguistisches Programmieren: Gelungene Kommunikation und persönliche Entfaltung. 15. Auflage. Kirchzarten: VAK Verlags GmbH.

Treml, Alfred K. (1999): Rhythmus, Chronos, Kairos. Formen pädagogischer Zeiterfahrung. In: Bilstein, Johannes/Miller-Kipp, Gisela/Wulf, Christoph (Hg.): Transformationen der Zeit. Erziehungswissenschaftliche Studien zur Chronotopologie. Weinheim: Deutscher Studien Verlag, S. 15–27.

Treml, Alfred K./Weigel, Michael (2004): rhythmus – kairos – chronos. Über die pädagogische Bedeutung der Zeiterfahrungen. In: Matreier Gespräche – Schriftenreihe der Forschungsgemeinschaft. Wilhelminenberg, S. 120–135.

Volz, Claudia (2012): Zeitkompetenz ist mehr als Zeitmanagement. Umgang mit Zeit als erwachsenenpädagogisches Thema. Saarbrücken: Akademiker Verlag.

REFLEXIONSGESPRÄCHE DER ANLEITENDEN MIT FREIWILLIGEN

Vassili Konstantinidis/Miriam Tölgyesi

Die meiste Zeit ihres Einsatzes verbringen Freiwillige in ihren jeweiligen Einsatzstellen. Dort findet somit der Großteil der Bildung und Begleitung statt. Der Träger ist in aller Regel strukturell, insbesondere örtlich und personell, von den Einsatzstellen getrennt, muss allerdings trotzdem die Qualität der Begleitung sicherstellen. Die Begleitung der Freiwilligen in den Einsatzstellen übernehmen die Anleitenden. Diese Aufgabe kann auch auf verschiedene Personen verteilt werden, beispielsweise in fachliche und pädagogische Anleitung. Auch wenn bei manchen Trägern die Mehrzahl der Einsatzstellen im pädagogischen Bereich liegt, so kann die pädagogische Qualifikation der Anleitenden nicht per se vorausgesetzt werden. Selbst wenn sie gegeben ist, hat die Begleitung der Freiwilligen in der Regel andere Anforderungen als der Hauptarbeitsbereich der Anleitenden.

Im Folgenden wurde ein Gesprächsleitfaden entwickelt, der sowohl Mindeststandards als auch zusätzliche Empfehlungen für diesen Bereich darstellt. Angesichts der großen Vielfalt der Freiwilligen, insbesondere hinsichtlich der Entwicklung ihrer Persönlichkeit, mögen einheitliche Standards kritisch erscheinen. Diese beziehen sich deshalb vor allem auf die Regelmäßigkeit und mögliche Themen der Gespräche und sind außerdem individuell anpassbar. Gerade regelmäßige Gespräche beugen Krisen vor. Sie schaffen Vertrauen und Offenheit und bieten zuverlässige, sichere Räume im Vorfeld, sodass Unklarheiten und Spannungen frühzeitig oder sogar schon in der Entstehung bearbeitet und gelöst werden können. Schwierigkeiten und Konflikte sind ein normaler Bestandteil der Zusammenarbeit. Entscheidend gerade für die Lernprozesse von Freiwilligen ist, wie die Kommunikation mit ihnen verläuft. Erfahrungsgemäß kann eine Eskalation von Konflikten in Einsatzstellen, in denen regelmäßige Gespräche geführt und eine Feedbackkultur gelebt werden, größtenteils vermieden oder aber konstruktiv bearbeitet werden. Das bedeutet neben der pädagogischen Qualität nachhaltig auch eine nicht unerhebliche Reduzierung des Arbeitsaufwands für die Anleitenden.

Zum Sinn von Gesprächen

Dass Freiwillige die Chance erhalten, in einer Einsatzstelle zu arbeiten, Verantwortung zu übernehmen und dabei von der Erfahrung und dem Feedback der Anleitenden und des Teams zu profitieren, ist ein Privileg. Die Anleitenden ermöglichen dies durch den Einsatz ihrer Zeit, Kraft und Geduld für die Freiwilligen. Gleichzeitig erhält man durch die Freiwilligen nicht nur Mitarbeitende, die sich freiwillig ein Jahr Zeit nehmen, um die Einsatzstelle und das Team durch ihre Arbeit und Mithilfe zu unterstützen, man erfährt auch etwas über sie, was sie ausmacht und prägt. Freiwillige starten meist motiviert mit dem Wunsch, sich voll einzubringen und mit den eigenen Gaben und Talenten die Arbeit zu bereichern. Sie haben für das Jahr also auch ihre eigenen Ziele, Vorstellungen und Wünsche, die sie umsetzen möchten. Damit dieses Jahr für beide Seiten zu einem Erfolg und einer Bereicherung wird, sind Anleitungsgespräche zu führen. Die Freiwilligen werden so von Anfang an begleitet, wertgeschätzt und in ihrer Motivation unterstützt. Sie erleben, dass sie nicht nur eine günstige Arbeitskraft, sondern ein wertvoller Teil des Teams sind (vgl. Juschka/Schirmer in diesem Band).

Die Reflexionsgespräche zwischen Freiwilligen und Anleitenden sind zentraler Bestandteil der Zusammenarbeit und können dadurch von großer Bedeutung für die Entwicklung der Freiwilligen sein. Diese Arbeit geschieht auf Grundlage eines ganzheitlich orientierten Bildungsverständnisses. Sie sieht den Menschen als Einheit von Geist, Seele und Leib, in seiner Beziehung zu sich selbst, zu anderen Menschen, zur Schöpfung und zu Gott. Um der Diversität der Freiwilligen ganzheitlich gerecht zu werden, empfiehlt es sich, bedürfnisorientiert und partizipativ mit einer großen Methodenvielfalt zu arbeiten. Die Anleitenden spielen in diesem Prozess eine tragende Hauptrolle, oft übernehmen sie sogar zeitgleich mehrere Rollen: Vertrauensperson, Kollegin oder Kollege, aber auch die Rolle der Vorgesetzten der Freiwilligen. Weil diese Mischung nicht zu unterschätzen ist, sollte die Qualität der Gespräche regelmäßig überprüft und verbessert werden, denn sie trägt dazu bei, die Zusammenarbeit und das Arbeitsverhältnis zu einem optimalen Ergebnis zu führen.

Um in gutem Kontakt zu bleiben, sollten mindestens vier Gespräche im Jahr geführt werden. Diese sogenannten „Hauptgespräche" finden im Turnus von etwa 3 Monaten statt. Darüber hinaus ist es hilfreich, weitere „Zwischengespräche" einzuplanen, die zwischen den Hauptgesprächen liegen und spezielle Themenbereiche im Fokus haben.[27]

---

[27] Diese Haupt- und Zwischengespräche bzw. die Konzeption der Reflexionsgespräche basieren auf den Erfahrungen des CVJM Deutschlands seit 09/2017.

Der Gewinn gelungener Anleitungsgespräche

Natürlich kosten Anleitungsgespräche Zeit, vor allem, wenn in einer Einsatzstelle mehrere Freiwillige eingesetzt sind. Der Freiwilligendienst ist für die meisten jungen Erwachsenen die erste Bekanntschaft mit der Arbeitswelt, sie haben wenige Erfahrungen mit Arbeitsweisen, die für ihre Anleitenden selbstverständlich sind. Das Feedback, sowohl ermutigendes Lob als auch kritische Rückmeldung, sind daher enorm wichtig für die Zusammenarbeit und darüber hinaus für die berufliche und persönliche Entwicklung der Freiwilligen. Diese Erfahrung wird ihre Sicht auf die Arbeitswelt, Teamwork, Kritik und das Arbeitsklima prägen. Die vier Anleitungsgespräche (Einführungs-, Orientierungs-, Halbzeit- und Abschlussgespräch) bilden den festen Rahmen und legen die inhaltlichen Themen fest. Diese Gespräche müssen nicht exakt in dieser Reihenfolge umgesetzt werden, ergeben jedoch inhaltlich einen aufbauenden Sinn. Hier werden alle wesentlichen Informationen ausgetauscht, Feedback gegeben, Absprachen und Anpassungen vorgenommen. Es ergeben sich in der Regel häufig Gespräche zwischen „Tür und Angel", bei denen vieles abgesprochen und geklärt wird. Fest vereinbarte zusätzliche Gespräche können dadurch aber nicht ersetzt werden, da sie beiden Seiten die Möglichkeit geben, Unsicherheiten, Zweifel, Fragen oder sensible Themen in einem gewidmeten Rahmen anzusprechen.

Abbildung 2: Reflexionsgespräche

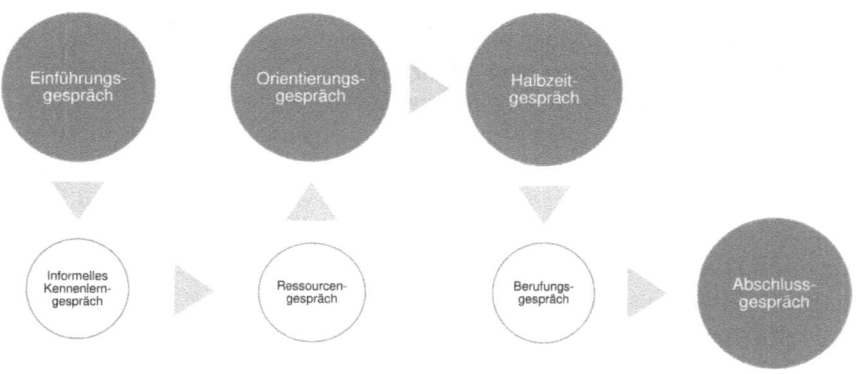

Quelle: Eigene Darstellung

Die kleinen Kreise (vgl. Abbildung 2) symbolisieren Zwischengespräche, die zwischen den großen Hauptgesprächen eingeplant werden können. Hierzu muss kein besonderer Grund vorliegen. Es sind Gespräche, die die Freiwilligen in ihrer Entwicklung voranbringen und ihnen eine regelmäßige und wohlwollende Förderung durch Anleitende ermöglichen. Positive

Rückmeldung ist ein wichtiger Motor und Motivator für Freiwillige, der sie aufbaut, ermutigt und ihnen Kraft gibt, auch in herausfordernden Zeiten. Für jedes der sieben möglichen Gespräche werden im Folgenden Impulse vorgestellt, sodass Anleitende ohne viel Aufwand und lange Vorbereitung sofort mit dieser Gesprächsstruktur beginnen können. Ziel ist es, neue Impulse, Hilfestellungen und Standards zu durchdenken, um weiterhin für eine offene und regelmäßige Kommunikation unter Anleitenden und Freiwilligen zu sorgen, die beide Seiten zufriedenstellt und voranbringt.

Gesprächsleitfaden für Anleitende

Das Einführungsgespräch
Dieses Gespräch ist eines der unverzichtbaren „Hauptgespräche". Es sollte am ersten Tag bei Dienstantritt stattfinden.

 Gesprächsleitfaden Einführungsgespräch
Zunächst:
- Vorstellung des neuen Kollegiums, Praxisanleitenden etc.
- Führung durch die Einsatzstelle, Gruppenräume, Büros etc.
- ggf. Besichtigung der Wohnung (Hausregeln, Putzplan, Schlüssel, Nachtruhe, Besuch)

Vorab:
- Angenehme Atmosphäre ohne Störungen von außen schaffen
- Ausreichend Zeit (mind. 90 Min.) für dieses Gespräch einplanen
- Wichtige Informationen für die Freiwilligen in einer Checkliste/ einem Protokoll festhalten

Im Gespräch:
1. Erwartungen und Informationen
- Konzeption/Vision der Einsatzstelle erklären
- Welche Aufgaben sind wann zu machen? Ggf. Wochenplan erstellen
- Abläufe und Arbeitsaufträge für jeden Bereich erklären
- Welche Erwartungen hat die Einsatzstelle an die Freiwilligen?
- Welche Erwartungen haben die Freiwilligen?

2. Organisatorisches
- Arbeitszeit und Pausen (je nach Alter: Jugendschutzgesetz)
- Aufsichtspflicht (je nach Alter)
- Wie liest man einen Dienstplan?

- Finanzübersicht: Taschengeld, Verpflegung, Unterkunft
- Wie wird eine Stundenabrechnung ausgefüllt?
- Mit welchem Formular wird wie der Urlaub beantragt?
- Krankmeldung
- Schweigepflicht
- Sonderurlaub (Bewerbung, Probearbeiten, ehrenamtliches Engagement)

3. Anleitung
- Wer ist meine Anleiterin oder mein Anleiter (wer ist ggf. zuständig für Praxisanleitung)?
- Wie oft und wann treffen wir uns? Wie viele Anleitungsgespräche gibt es und wie sehen diese aus?
- Wer ist ansonsten Ansprechperson für was?
- Gibt es ein Angebot für Mentoring?
- Ergänzende Aktionen (WG-Abend, Hauskreis, Gottesdienst etc.)?

4. Fragen der Freiwilligen
5. Termin für das nächste Gespräch vereinbaren

Informelles Kennenlerngespräch

Dieses „Zwischengespräch" ist eine *Empfehlung*. Es sollte in der ersten Woche des Dienstantritts stattfinden.

Nicht nur der erste Eindruck, sondern auch der Erstkontakt spielt eine wichtige Rolle. Es ist wichtig, in diese informellen Treffen zu investieren, um die Freiwilligen kennenzulernen. Durch dieses „Eisbrechen" wird es den Freiwilligen leichterfallen, sich selbst zu öffnen, Vertrauen zur Anleitung aufzubauen und im Laufe des Jahres an Selbstvertrauen zu gewinnen. Es ist ein Lernfeld, eigene Wünsche und Gedanken offen zu äußern und auch Kritik und Rückmeldungen annehmen zu können. Diese Lernerfahrung kann in solchen Settings stattfinden. Das Ziel dieser Gespräche ist es, Interesse an der Person statt nur an der Arbeitskraft zu signalisieren. Im Gegenzug lernen Freiwillige auch die Anleitenden in einem anderen Setting und persönlichen Kontext kennen. So kann ein ungezwungenes Miteinander entstehen, von dem beide Seiten profitieren. In diesem ersten „Zwischengespräch" sollten Erwartungen an Freiwillige und Anforderungen an die Stelle nicht im Mittelpunkt stehen. Hier steht das Kennenlernen im Vordergrund. Mögliche Fragen könnten sein: Welche Hobbys haben die Freiwilligen? Was essen sie gerne? Wie lief ihr Alltagsleben in der Familie bisher ab? Was werden sie von zu Hause vermissen, worauf freuen sie sich im kommenden Jahr?

Im Nachfolgenden werden einige Anregungen aufgezählt, was bei diesem Termin gemacht werden kann (Hinweis: Wenn es mehrere Freiwillige gibt, können alle zu einem gemeinsamen Kennenlerntreffen eingeladen werden):

- Freizeitaktivitäten
- Die Freiwilligen suchen im Vorhinein fünf Fotos aus, die ihr letztes Jahr beschreiben
- Die Freiwilligen bringen ein Fotoalbum mit (digital oder gedruckt)
- Die Freiwilligen erhalten ein Bullet-Journal, dass sie selbst organisieren und gestalten können
- Die Freiwilligen können die Anleitenden zu deren eigenem Hobby begleiten (Klettern, Minigolf …)

Ressourcengespräch

Dieses Gespräch setzt einen Fokus auf die Talente und positiven Eigenschaften der Freiwilligen. Ein solches Gespräch kann jederzeit eingeplant werden, ergibt jedoch erst Sinn, wenn die Freiwilligen eingearbeitet sind und auch eine gewisse Kenntnis über ihre Talente, Eigenschaften, bisherigen Erfolge, also die jeweiligen Ressourcen, vorhanden ist. Dieses Gespräch kann auch gegen Ende des Freiwilligendienstes noch einmal wiederholt werden.

Ziel des Gespräches ist, in diesem Gespräch ausschließlich positives Feedback zu geben. Dies soll die Freiwilligen bestärken, weiterhin motiviert und initiativ mitzuarbeiten und sich selbst als hilfreiche Ergänzung für die Einsatzstelle zu empfinden. Dieses Gespräch hat eine stark ermutigende Wirkung. Es kann Freiwillige nicht nur stark motivieren, sondern wird auch das Verhältnis zwischen Anleitenden und Freiwilligen enorm stärken.

Als Vorbereitung für dieses Gespräch werden Ressourcen (Talente, Erfolge, Eigenschaften) der Freiwilligen gesammelt, die sie seit Beginn des Einsatzes eingebracht haben. Diese sollten den Freiwilligen so konkret wie möglich zurückgemeldet werden, z.B. durch die Nennung von konkreten Arbeits-Situationen etc. Auch andere positive Fremdeinschätzungen von Mitarbeitenden können hier einfließen.

Das Orientierungsgespräch

Nach drei Monaten im Dienst sollte das Orientierungsgespräch stattfinden, denn seit Beginn des Freiwilligendienstes sind einige Wochen vergangen und es lässt sich eine erste zurückgelegte Etappe rückblickend überschauen. In diesem Gespräch können also bisherige Erfolge, Konflikte, Leistungen, gegenseitige Erwartungen und Ziele besprochen werden. Dies ist zu diesem Zeitpunkt besonders wichtig, vor allem bevor die Abläufe zur Routine werden.

Dieses Gespräch dient dazu, den aktuellen Standpunkt zu ermitteln und Anpassungen vorzunehmen, wo es sinnvoll erscheint. Es lässt sich ggf. auch eine inhaltliche Verknüpfung zum letzten Freiwilligendienstseminar ziehen. Die Inhalte aus dem Seminar könnten in diesem Gespräch als Einstieg dienen.

 Gesprächsleitfaden Orientierungsgespräch
Standortbestimmung:
- Wie geht es dir derzeit?
- Wie kommst du zurecht, in deiner Freizeit und in der Arbeit?
- Was fällt dir leicht? Was fällt dir schwer?
- Wo benötigst du mehr Anleitung?

Zum letzten Freiwilligendienstseminar:
- Wie hat dir das Seminar gefallen?
- Was nimmst du davon für dich persönlich und für die praktische Arbeit mit?

Ermutigendes Feedback geben:
- Wie erlebe ich die Freiwilligen?
- Was sind ihre Stärken und Talente?
- In welchem Bereich gibt es noch Wachstumspotenzial? Wie kann das gefördert werden?
- Was brauchen die Freiwilligen (dafür) an Hilfe oder Unterstützung?
- Wie kann man diese Freiwilligen (mehr) motivieren?
- Wo brauchen sie mehr Klarheit oder Führung?

Das Halbzeitgespräch

Die Hälfte des Dienstes ist vorüber, wenn dieses Gespräch angesetzt wird. Hier kann nun eine weitere Bilanz gezogen werden. Zur Einleitung kann auch mit einem gemeinsamen Mittagessen oder Kaffeetrinken begonnen werden. Dies ist dann vor allem angebracht, wenn Spannungen im Raum liegen. Die Freiwilligen können daran lernen, dass eine sachliche Auseinandersetzung mit Kritik oder Fehlern nicht bedeuten muss, dass auf der zwischenmenschlichen Ebene nicht trotzdem ein offener oder herzlicher Umgang gepflegt werden kann.

Es ist Zeit, ein gemeinsames Zwischenfazit zu ziehen. Hier ist es besonders wichtig, kritische Punkte anzusprechen und auch zu hören. Es steigert die Motivation, wenn mit Dingen begonnen wird, die gut oder sehr gut gelaufen sind. Zur Sammlung dieser Erfolge und Ressourcen können ggf.

auch andere Mitarbeitende der Einrichtung eine Rückmeldung abgeben, damit das Stimmungsbild möglichst vielfältig ausfällt. Gerade bei vermehrt kritischen Rückmeldungen ist es wichtig, einen Platz für Lob und Dank vorzusehen – auch, wenn nur kleine Erfolge oder Steigerungen zu sehen sind (vgl. Brinkmann in diesem Band). Lob und Anerkennung sind für jeden Menschen wichtige Motivation und eine Hilfe für die Weiterentwicklung und den Veränderungswunsch der Freiwilligen.

 ## Gesprächsleitfaden Halbzeitgespräch

Vorab:
Zweitmeinungen und Feedback von anderen einholen, die mit den Freiwilligen eng zusammenarbeiten.
- Welche kritischen Punkte sollen zurückgemeldet werden? Wie können diese Punkte so vermittelt werden, dass die Freiwilligen motiviert sind, an sich zu arbeiten?
- Was gibt es an positivem Feedback? Welche dieser Punkte haben evtl. positiven Einfluss auf die kritischen Rückmeldungen?

Im Gespräch:
Phase 1: Standortbestimmung
- Wie geht es dir momentan? In der Einsatzstelle, in der WG/ Wohnung/im Leben etc.
- Was hast du beim letzten Seminar erlebt? Was nimmst du persönlich und für die praktische Arbeit daraus mit?
- Was hat sich seit dem letzten Gespräch getan?

Phase 2: Weiterentwicklung
- Wo verspürst du eine Weiterentwicklung?
- In welchen Punkten hast du dich deiner Meinung nach weiterentwickelt?

Erkundungsfragen
- Wie kannst du deine Gaben und Ressourcen optimal in die Arbeit einbringen? Was bräuchtest du dazu?
- Welche Faktoren haben dir bisher geholfen, gute Leistungen zu erzielen?
- Welche Faktoren haben eine gute Leistung bisher behindert?
- Was macht dich zufrieden und was erzeugt bei dir Frust?
- Welche Maßnahmen hast du unternommen, um deine Ziele zu erreichen?

- Wo möchtest du ggf. mehr Verantwortung übernehmen – wo würdest du gerne Verantwortung (wieder) abgeben?
- Was fordert dich für die 2. Hälfte besonders heraus?

Phase 3: Persönlichkeitsentwicklung und Wünsche der Freiwilligen
- Welche Erwartungen an deine Anleitung sind neu hinzugekommen?
- In welchem Bereich benötigst du mehr Anleitung oder Wissensvermittlung?
- Welche Möglichkeiten zur persönlichen Entfaltung wünschst du dir?
- Welche Wünsche und Erwartungen wurden bisher auf beiden Seiten erfüllt oder sind noch offen geblieben?
- Wo gäbe es Verbesserungspotenzial in der Einsatzstelle bei Abläufen, Arbeitseinsätzen, Kommunikation?

Abschluss
- Die Freiwilligen erhalten eine sachlich begründete Beurteilung ihrer bisherigen Leistung.
- Die Freiwilligen erhalten einen Dank für ihre Hilfe und ihr Engagement in der Einsatzstelle.

Das Berufungsgespräch

Wenn Freiwillige offensichtlich noch keine konkrete Zukunftsperspektive haben oder sich damit schwertun, ihren weiteren Lebensweg über den Freiwilligendienst hinaus zu planen, kann ein „Berufungsgespräch" helfen. Dieses Gespräch lenkt den Fokus bewusst auf die Zeit nach dem Freiwilligendienst und sollte sechs bis vier Monate vor Ende des Einsatzes geführt werden.

Viele Freiwillige stellen sich die Frage des Berufs bzw. der Berufung bereits vor und auch immer wieder während ihres Freiwilligendienstes. Einige wählen ihre Einsatzstelle schon mit Blick auf ihren bisherigen Berufswunsch, um diesen in der Praxis zu erproben. Wenn die Zukunftsperspektive der Freiwilligen klar ist, fällt es ihnen leichter, die letzte Zeit ihres Einsatzes motiviert zu nutzen, statt sich mit Zukunftsängsten zu quälen.

Die Freiwilligen können die folgenden Fragen zunächst für sich beantworten. Im Anschluss daran erfolgt das Gespräch.

Gesprächsleitfaden Berufungsgespräch

1. Was du liebst
- Was liebst du?
- Was würdest du am liebsten beruflich tun?
- Was sollte unbedingt in deiner Berufung/in deinem Beruf vorkommen? Z.B. Kreativität, Arbeit mit Menschen, Verarbeitung von frischen Zutaten und Lebensmitteln, …
- Welche Leidenschaft hast du?
- Ohne was könntest du nicht leben (bezogen auf den Beruf)?

2. Was die Welt braucht
- Mit Blick auf deinen Berufswunsch, was würdest du sagen, brauchen Menschen?
- Was ist dir persönlich wichtig, was anderen vielleicht nicht so stark auf dem Herzen liegt?
- Wovon sollte es in deiner beruflichen Umgebung mehr geben?
- Wo siehst du einen Mangel oder eine Not?
- Was kannst du der Welt geben?

3. Wofür du bezahlt wirst
- Was für ein Beruf kommt deiner Vorstellung am nächsten?
- Welche Berufsfelder bzw. Studiengänge passen zu dem bisher Besprochenen?
- Ist dein Wunsch mit solch einem Beruf vereinbar, oder ist es eine Vision, die du „nur" im Ehrenamt ausführen kannst?
- Wie kannst du deine Ziele und Persönlichkeit in den Beruf einfließen lassen?

4. Worin du gut bist
- Was liegt dir?
- Wofür bekommst du am meisten positives Feedback?
- Was sagen dir andere, wo deine Stärken liegen?
- Was denken deine Familie und dein Freundeskreis, wozu du berufen bist?
- Was fällt dir sehr leicht? Was machst du mühelos?
- Was kannst du besser als andere?

Wichtig ist, so konkret und ehrlich wie möglich über die aufkommenden Fragen und Ideen zu sprechen. Anleitende haben meistens einen guten Einblick gewonnen, der hier helfen kann, abzuschätzen, was den Freiwilligen entspricht, ihnen zuzutrauen ist etc. Auch die Suche nach der persönlichen Leidenschaft und den persönlichen Wünschen ist wichtig. Es gibt gute

Gründe, nicht jedes Hobby hauptberuflich auszuführen. Genauso wichtig ist es aber auch, etwas zu finden, das die Freiwilligen begeistert. Nach diesem Gespräch muss der konkrete Beruf keineswegs feststehen: Diese Gespräche regen ohne Druck und Beratungseifer langfristig dazu an, dass die Freiwilligen ihre Entscheidung treffen bzw. Frieden mit diesem Thema finden. Ergänzend kann von der eigenen Berufs-/Berufungsfindung berichtet werden.

Das Abschlussgespräch

Dieses letzte Gespräch ist vor allem wichtig, da es neben den organisatorischen Informationen auch ein persönliches Feedback für die Freiwilligen enthält. Es sollte darum in einer der letzten Arbeitswochen stattfinden. Das vergangene Jahr wird inhaltlich zusammengefasst und die Perspektive auf Erreichtes, Erfolge und Misserfolge, Weiterentwicklung und die Abschlussbeurteilung der Freiwilligen gelenkt. Es sollte genug Zeit dafür eingeplant werden, damit von beiden Seiten ein offenes Feedback, vielleicht kritische Rückmeldungen und auch Dank und Abschied Platz finden können. Nicht nur die Freiwilligen sollten ein Feedback entgegennehmen. Wichtig ist, dass auch Anleitende und Teams offen für Rückmeldungen sind. Das, was die Freiwilligen zurückmelden, können hilfreiche Anregungen zur Verbesserung darstellen.

 Gesprächsleitfaden Abschlussgespräch
Vorab:
- Die Anleitung holt das Stimmungsbild der Praxisanleitenden und anderer Mitarbeitenden ein.
- Die Selbstwahrnehmung der Freiwilligen wird anhand eines vorher auszufüllenden Kompetenzbogens (siehe Musterbogen am Ende des Artikels) abgefragt.
- Die Anleitung füllt ebenfalls vorab einen Bogen unter Berücksichtigung der individuellen Entwicklungen der Freiwilligen aus.
- Die Bögen werden einen Tag vorher gegenseitig ausgetauscht. So sind Anleitung und Freiwillige für das Gespräch gut vorbereitet.
Im Gespräch:
- Die Kompetenzbögen werden intensiv besprochen. Wo sind Übereinstimmungen? Wo gehen die Sichtweisen auseinander?
- Die Stärken und das Verbesserungspotenzial werden benannt, ebenso die Bereiche, bei denen Selbst- und Fremdwahrnehmung nicht übereinstimmen.
- Aus dem Gespräch ergibt sich dann ein gemeinsamer Bogen, den sowohl die Anleitung als auch die Freiwilligen erhalten.

Abschlussfeedback der Freiwilligen an die Anleitenden:
- Was läuft in der Anleitung und in der Einsatzstelle allgemein gut bzw. was sollte aus deiner Sicht verbessert werden?
- Welcher Wunsch/welches Anliegen blieb bei dir unerhört?
- Welcher Einsatz ging über das Geforderte hinaus?

Dank an die Freiwilligen und letzte Absprachen:
- Den Freiwilligen wird Dank und Wertschätzung zum Ausdruck gebracht.
- Organisatorisches: Abschlusszeugnis, Schlüssel abgeben, Unterschriften, noch offene Aufgaben, Termin des letzten Arbeitstags, Auszug.

Durch die Chance der gemeinsamen Arbeit auf Augenhöhe können die Impulse der Freiwilligen an das Ohr der erfahrenen und routinierten Anleitenden dringen. Die beiden Perspektiven, so verschieden sie auch oft sind, tragen zu einem bestmöglichen Ergebnis für Entwicklungspotenzial bei. Die gegenseitige Offenheit und das ehrliche Interesse am Gegenüber sind füreinander wertvoll – hierin liegt viel Ermutigungspotenzial, das durch diese Gespräche gefördert werden kann.

Alle Gespräche versuchen, eine gute Kommunikation zu fördern, einen sachlichen und fachlichen Blick auf die Herausforderungen des Alltags zu werfen und zu lernen, wie aus unterschiedlichen Positionen, Erwartungen und Herangehensweisen miteinander diese Aufgaben gelöst werden können. Die Aufgabe der Begleitung wird letztlich viel Zeit in Anspruch nehmen, jedoch tragen die Anleitenden einen großen Teil zur persönlichen Weiterentwicklung der Freiwilligen bei. Diese Gespräche sind letztlich auch eine gute Grundlage für ihre eigene Kommunikation, die den professionellen Maßstab in der Einrichtung heben, da von Grund auf ein guter und offener Austausch entstehen und gefördert werden kann.

115

Kompetenzbogen für Freiwillige[28]

Name:

Erkennbar gewordene Kompetenzen – Persönlichkeitskompetenz

		-2	-1	0	+1	+2
1.	Kontaktfreudigkeit					
2.	Ausgeglichenheit					
3.	Freundlichkeit/Höflichkeit					
4.	Ehrlichkeit					
5.	Fähigkeit, Kritik anzunehmen					
6.	Fähigkeit, Feedback zu geben					
7.	Lernbereitschaft					
8.	Arbeitsmotivation					
9.	Eigeninitiative					
10.	Kommunikationsfähigkeit					
11.	Physische Belastbarkeit					
12.	Psychische Belastbarkeit					
13.	Selbstorganisation/Zeitmanagement					
14.	Geduld, Ausdauer					
15.	Selbstreflexionsvermögen					

Ergänzende Kommentare:

_____

_____

_____

_____

_____

---

[28] Der Kompetenzbogen wurde auf Grundlage des Beurteilungsbogens für Studierende im Semesterpraktikum der CVJM-Hochschule entwickelt.

Erkennbar gewordene Kompetenzen – Professionelle Einstellung und Fachkompetenz

		-2	-1	0	+1	+2
1.	Interesse an Menschen					
2.	Interesse an Sachverhalten					
3.	Einsatzbereitschaft/Engagement					
4.	Flexibilität					
5.	Planungssicherheit					
6.	Organisationsvermögen					
7.	Verantwortungsbereitschaft					
8.	Kooperationsbereitschaft					
9.	Teamfähigkeit					
10.	Zuverlässigkeit/Umsicht					
11.	Kreativität					
12.	Innovation					
13.	Leitungskompetenz					
14.	Erfassen von Problemen/Bedürfnissen der Zielgruppe					
15.	Einbeziehung der Zielgruppe					
16.	Durchsetzungsfähigkeit/Überzeugungskraft					
17.	Konfliktlösungsverhalten					
18.	Reflexionsfähigkeit					

Ergänzende Kommentare:

_____

_____

_____

_____

_____

117

METHODEN FÜR DIE KREATIVE SELBSTREFLEXION VON FREIWILLIGEN

Alexandra Nester/Katrin Juschka

Es ist Donnerstagnachmittag, das wöchentliche Reflexionstreffen der acht Freiwilligen mit mir als Anleiterin vor Ort findet statt. Die Freiwilligen, die eben noch fröhlich redend in den Raum getreten waren, sitzen jetzt verstummt auf ihren Stühlen. Was ist passiert? Ich habe eigentlich nur gefragt: „Na, wie erging es euch in dieser Woche?" Wie immer ergreift Kim als Erste das Wort. Ausführlich wird jedes Detail ihres Daseins in schillernder und lebendiger Nacherzählung beleuchtet. Nach 20 Minuten unterbricht Lea sie. Für ihren Bericht hat sie sich vorbereitet und erläutert kritisch mittels einer Tabelle, wo sie noch Verbesserungen ihrer Leistung für nötig erachtet. Nach zwei Minuten endet ihr Bericht. Simon antwortet, nachdem er mehrfach aufgefordert wurde, mit einem Blick zur Seite: „Jo, passt."

Diese überspitzte Darstellung von drei Kommunikationstypen (und das sind natürlich bei Weitem nicht alle) will aufzeigen: Oft brauchen Freiwillige Unterstützung beim Reflektieren ihres persönlichen Ergehens. Der folgende Beitrag gibt dafür Impulse und Methoden aus der Praxis, wobei zunächst auf die Methodik und Reflexion generell eingegangen wird und wie der Austausch von persönlichen Gedanken gelingend angeleitet und moderiert werden kann. In einem zweiten Teil werden praxisorientierte Methoden und Übungen vorgestellt, die in Settings durchgeführt werden können wie z.B. Reflexionsgesprächen oder regelmäßigen Gruppentreffen in großen Einsatzstellen mit mehreren Freiwilligen bzw. in der Seminararbeit. Ein besonderer Schwerpunkt wird hierbei auf Reflexionsübungen gelegt, die Kreativität und Umdenken bei Freiwilligen anregen und bereits in der Methode auf kreative oder handlungsorientierte Prozesse angelegt sind, sodass sie nicht nur für sprachgewandte Freiwillige ansprechend sind, sondern inklusiv verschiedene Menschentypen dazu anregen, das innere Erleben zum Ausdruck zu bringen.

Reflektiert durch den Freiwilligendienst

> „Sich beobachten heißt, sich verändern"
> *Émile-Auguste Chartier (Alain 1932/1994: 133)*

Im Freiwilligendienst ist es für die Begleitung der Freiwilligen sowohl vor Ort als auch in der Seminararbeit essenziell, dass ein regelmäßiger Austausch darüber stattfindet, wie es den Freiwilligen geht und was alle Erlebnisse und Erfahrungen, die sie während ihres Dienstes machen, innerlich in ihnen anregen. In Einsatzstellen mit mehreren Freiwilligen findet dies häufig in regelmäßigen (z.B. wöchentlichen bzw. monatlichen) Gruppentreffen statt, in Einsatzstellen mit einer Person im Freiwilligendienst sind es meist Reflexionsgespräche unter vier Augen.

Reflexion wird hier als die metakognitive Auseinandersetzung mit dem eigenen Ich als lernendes Wesen definiert: Diese Auseinandersetzung zeichnet sich sowohl durch Wissen über das eigene Denken und Lernerlebnisse, andererseits durch die Kontrolle darüber aus (vgl. Fischer/Wagner/Breuning 2015: 145). Reflexionskompetenz als metakognitive Fähigkeit trainiert darin, „das eigene Denken zu steuern […] und zu organisieren bzw. Erinnerungen, Wahrnehmungen und Entscheidungen richtig einzuordnen, diese zu reflektieren und zu bewerten, kann Menschen dabei helfen, bessere Entscheidungen zu treffen, erreichbare Ziele zu formulieren, aber auch eigene Stärken und Schwächen deutlich zu erkennen".[29] Nicht nur für die Begleitungsaufgaben im Freiwilligendienst ist das Schulen der Reflexionskompetenz ein nützlicher Nebeneffekt, um Freiwillige in ihren aktuellen Herausforderungen zu unterstützen: Reflexionsfähigkeit bildet als Teil des lebenslangen Lernens eine wertvolle Selbstkompetenz, die die Freiwilligen auf ihre Zukunft vorbereitet und die deswegen auch als Schlüsselkompetenz für Ausbildung, Studium und Beruf bezeichnet wird (z.B. DGFP 2015; Becker/Pastoors 2018).

Zur Methodik von Reflexionsübungen

Unabhängig von mehr oder weniger aufwendigen Methoden gibt es ein paar allgemeine Regeln als ethische Richtlinien (z.B. dargestellt bei Jansen 2011: 28f.), die für Reflexionsübungen einführend ggf. vor jeder Reflexions- und Austauschzeit erwähnt bzw. wiederholt werden sollten. Insbesondere für Austauschzeiten in Gruppen-Settings, die eine eigene Dynamik entwickeln können, gilt:

---

[29] Stangl, Werner: Metakognition. In: Online Lexikon für Psychologie und Pädagogik. Online unter: https://lexikon.stangl.eu/4068/metakognition/ (Abruf 16.07.2020).

119

Richtlinien und Hinweise für Reflexionsübungen

- Jede Person darf zu jedem Zeitpunkt selbst entscheiden, wie viel sie von sich preisgibt und wie intensiv sie einsteigen möchte.
- Es gibt keine falschen Antworten. Da alle aus ihrer individuellen Gefühls- und Erlebniswelt berichten, ist jede Perspektive und Äußerung persönlich richtig. Alles bezieht sich zudem nur auf den momentanen Augenblick und ist nicht endgültig und für immer wahr.
- Alle Informationen, die ausgetauscht werden, bleiben vertraulich und alles, was über private oder berufliche Kontexte bekannt wird (ggf. auch über weitere Personen), ist auf keinen Fall weiterzutragen.

Für diejenigen, die Reflexionsübungen durchführen, ist zu beachten: Obwohl viele der Übungen wahre Selbstläufer sind, muss der gesamte Prozess doch auch sorgfältig und aufmerksam begleitet werden. Zwar gilt: „Je häufiger Reflexionsprozesse durchgeführt und von den Beteiligten positiv erlebt werden, umso selbstverständlicher und routinierter wird der Umgang damit" (Pape 2006: 157). Beobachten, Zuhören und Wahrzunehmen zwischen den Zeilen erfordert dennoch viel Konzentration, um die Freiwilligen lösungsorientiert zu leiten, ggf. Rückfragen zu stellen und die zielführenden und vertrauensaufbauenden Regeln der Kommunikation in Erinnerung zu rufen.

Reflexionsprozesse kreativ gestalten

Bei Freiwilligen, die sehr selbstreflektiert oder sprachgewandt sind, reicht die simple „Wie-geht's-dir?"-Frage, um Informationen über ihr Ergehen zu bekommen: Sie haben Reflexionsfähigkeit bereits erlernt und sich zu eigen gemacht. Ein Repertoire an Methoden und Übungen unterstützt die Reflexionsfähigkeit bei denen, die es bislang nicht gewohnt sind, ausführlich über sich zu sprechen, und bringt zudem Abwechslung in die Gesprächsführung. Denn obgleich Reflexionsfähigkeit zu Anteilen angeboren ist, stellt sie eine komplexe Fähigkeit dar, die durch konkrete Hilfestellungen und Anregungen mittelbar unterstützt und trainiert werden kann (vgl. Straßer 2008: 117). Das innere Erleben mit Worten zu formulieren, erfordert zudem eine Sprachfähigkeit, die nicht alle Menschen als primären Ausdruck für ihre Gefühle haben. Methoden, die ggf. nonverbal verschiedene Sinne aktivieren, bieten die Möglichkeit, insbesondere die wortkargen Freiwilligen auf anderen Ebenen herauszufordern: Beide Gehirnhälften arbeiten zusammen, wenn durch handlungsorientierte, visuelle, emotionale, logikorientierte, spielerische oder an Symbolen ausgerichtete Aufgaben etc. verschiedene

Ebenen des Erlebens sowie Körper, Seele und Geist gleichermaßen ange-sprochen werden. Im künstlerischen, anregend gestalteten Setting kommen die Freiwilligen bestenfalls in einen „Flow" und können jenseits von Angst und Langeweile im Tun aufgehen (so die Definition des „Flow"-Erlebnis-ses nach dem Buchtitel von Csikszentmihalyi 1985): Plötzlich ergeben sich ganz neue und aktuelle Themen, Blickwinkel und Ideen, die sie anhand des vorgelegten Materials oder Auftrags anregen, über gewisse Aspekte ihres Lebens und ihrer Erfahrungen schöpferisch tätig zu werden.

Bei aller Kunst, die entstehen darf, ist immer sehr viel Betonung darauf zu legen, dass es nicht um ästhetischen Anspruch geht. Kunstwerke werden nicht erwartet – ja, sind vielleicht nicht einmal das erwünschte Ziel. Metho-den, die zur künstlerischen Gestaltung anregen, sollen die Empfindungen widerspiegeln – und diese müssen nicht immer schön sein, sind aber den-noch eine künstlerische Ausdrucksform.

Haltung und Kompetenzen der Anleitenden

Die eigene Haltung

Wie den Freiwilligen gegenübergetreten wird, ist zentral für deren Reaktion und Offenheit in Reflexions-Settings. In der Systemischen Therapie heißt es, die Person und die innere Haltung der Person, die Methoden anleitet, sei bereits die erste Intervention.[30] Durch die verschiedensten Aspekte wie Alter, Erfahrung, Wissensvorsprung, Rolle oder Hierarchie sind Anleitende den Freiwilligen überlegen, was den Aufbau eines stabilen Vertrauensver-hältnisses grundsätzlich erschwert. Dieser Graben kann nur durch ehrli-ches Interesse überwunden werden, damit eine authentische, tragfähige und von Offenheit geprägte Beziehung entstehen kann, die zum Ziel hat, aktive Selbstexploration und Reflexivität der Freiwilligen zu unterstützen. Auch Anleitende sind nur Menschen, die ihre Schwächen, wunden Punkte haben und auch mal Fehler machen. Daraus ergeben sich konstruktiv-förderliche Gelegenheiten, dass die Anleitenden mit gutem Beispiel und positiver Hal-tung vorangehen, sich selbst zu reflektieren und korrigieren – auch, wenn nötig, um Entschuldigung zu bitten. Kein frontaler Unterricht kann dies so lebhaft vermitteln wie das echte Leben. Die Freiwilligen selbst wissen am besten über ihr Leben Bescheid. Nur, wenn es Anleitenden gelingt, ihr Inter-esse daran in einem Dialog mit Freiwilligen auf Augenhöhe zu signalisieren, indem sich die Anleitenden selbst als Lernende verstehen und dies glaubhaft

---

[30] „Die wichtigste und wirkungsvollste Intervention in einem Coaching ist daher die Person des Coach selbst" (Welge 2013: 147); ähnlich Reyer 2019 bereits im Titel: „Haltung ist die erste Intervention".

vermitteln, können eventuelle Barrieren zwischen Anleitenden und Freiwilligen überwunden werden.

Kompetenzen für die beziehungsorientierte Reflexionsarbeit

Es wird immer wieder Einzelne geben, die sich nur zögerlich auf den Prozess des Mitteilens von persönlichen Informationen einlassen, sowie solche, die überfordert sind oder sich verweigern. Dies kann sich in verschiedenen Handlungsmöglichkeiten zeigen: Deutlicher, auch ausgesprochener Widerstand, provozierende Fragen, Nebengespräche, Kichern, konkurrierende Leitung u.v.m.

Widerstand ist letztlich jedoch eine sinnvolle Reaktion und gibt wertvolle Hinweise auf den persönlichen Zustand. Einen Umgang damit zu finden, ist dennoch selbst für pädagogische Fachkräfte jedes Mal eine Herausforderung. Im Folgenden sind drei Aspekte aufgeführt, die helfen können, damit Reflexionsübungen gelingen.

1. Methodenkompetenz und gute Vorbereitung

Für das Gelingen von Reflexionsübungen sollten diese vorher genau durchdacht und vorbereitet sein, ggf. durch Visualisierung, um Abläufe genau im Blick zu haben. Jeder Schritt, wie die Freiwilligen den Prozess erleben werden und welche Bedürfnisse und Probleme aufkommen könnten, sollte überlegt und vorbereitet werden, damit den Freiwilligen Sicherheit vermittelt werden kann und Fragen souverän beantwortet werden können. Es lohnt beispielsweise, Arbeitsanweisungen gut strukturiert vorab zu durchdenken und mindestens die Einstiegsfrage (bestenfalls schriftlich) treffsicher vorzuformulieren, damit die Erläuterung der Aufgabe präzise, verständlich und kompakt vermittelt werden kann – und nicht von Beginn der Übung an Hürden oder Vorurteile produziert: „Die Qualität der Reflexionsfragen entscheidet über die Qualität des Reflexionsprozesses" (Pape 2006: 144). Wer noch fünf weitere Variationen der Übung im Kopf hat und sich spontan entscheiden wollte oder eigentlich selbst nicht überzeugt ist von der Wirksamkeit dieser Übung, gibt diese Unsicherheit an die Teilnehmenden weiter, was sich auch als Verweigerung bei den Teilnehmenden ausdrücken kann. Wer unsicher ist und eine neue Methode dennoch gerne ausprobieren möchte, kann dies auch einfach offen kommunizieren: Sich zusammen mit den Freiwilligen auf ein Abenteuer zu begeben und sie um Feedback zu bitten, ist ein Zeichen von Vertrauen und Arbeiten auf Augenhöhe.

122

Gemeinde –
lebendig und einladend
Neue Ideen für die Gemeindearbeit

neukirchener

Über Glaubenssachen reden

Das ist gar nicht so einfach. Wie soll man über Dinge reden, die einem selbst oft nicht ganz klar sind? Die Talk-Box Vol. 6 hilft mit ihren Impulskarten dabei, sich spielerisch auf Glaubensfragen einzulassen – egal, ob im Religions- und Konfirmandenunterricht, in Glaubenskursen, Hauskreisen oder einfach in Gesprächen in der Gemeinde.

Metalldose mit 120 farbigen Impulskarten
ISBN 978-3-7615-5950-5
€ 16,00*

Was bewegt Teens?

Neugierde, Vorfreude, Unsicherheit ... Was ist da noch? Die Talk-Box Vol. 12 für Teens macht es spielend leicht, mit Jugendlichen, Konfis, Firmlingen, Freizeitteilnehmern oder Schülern ins Gespräch zu kommen. Mit 120 Impulskarten rund um alles, was Teens bewegt.

Metalldose mit 120 farbigen Impulskarten
ISBN 978-3-7615-6460-8
€ 16,00*

2. Einfühlungsvermögen

Freiwillige, die „nicht mitmachen", treten aus der Gruppe heraus, zeigen sich und machen sich damit verletzlich. Dies kann eine unausgesprochene Bitte um mehr Aufmerksamkeit sein, es kann jedoch auch Ausdruck von Not sein, weil sich die Person nicht anders zu helfen weiß, als so zu handeln. In beiden Fällen können eventuell folgende Strategien helfen: Anleitende sollten diese Rückmeldung in jedem Falle respektieren, da es immer eine Botschaft ist. Wenn möglich, sollte diese Botschaft ergründet werden, ohne die Person vorzuführen oder zu entblößen. Eventuell kann gemeinsam ein Kompromiss gefunden werden, z.B. an einer niedrigschwelligeren Version der Aufgabe mitzumachen oder eine Extrarolle einzunehmen (z.b. als Assistenz der Anleitung). Neue Erkenntnisse können für die sich weigernden Freiwilligen dann trotzdem entstehen – und wenn es nur die Einsicht ist, dass es gar nicht so gefährlich gewesen wäre, mitzumachen. Letztlich können unwillige Teilnehmende dann doch an der Übung teilnehmen, wobei sie jedoch für sich selbst nach wie vor betonen können, nicht teilgenommen zu haben. Sollte durch einfühlsame Rückfragen deutlich werden, dass unter der Oberfläche des Gesagten viel aufgewühlt ist, kann von der Teilnahme an der Übung entschuldigt werden – nach Möglichkeit sollte die Situation jedoch in einem späteren Gespräch persönlich aufgearbeitet werden.

3. Geduld

Ein zentraler letzter Punkt ist Geduld: Widerstand und Schweigen sind auszuhalten, auch wenn das schwerfällt. Manchmal neigen methodisch gut vorbereitete pädagogische Fachkräfte dazu, sofort im Programm weiterzumachen, eine Alternative im Methodenkoffer zu haben oder vorschnell Rück- und Anschlussfragen zu stellen: Ersatzhandlungen und Sicherheitsstrategien kommen hervor, wenn die Anleitenden unsicher werden: Manche werden dann lauter im Ton, andere direktiver, konfuser, ärgerlich etc. Jedoch geht es in der beziehungssensiblen Reflexionsarbeit darum, Räume und Zeiten zu eröffnen, in denen Persönliches geteilt werden kann. Diese Räume zu betreten, kostet manche viel Mut oder erfordert eine gewisse Zeit der Stille für das Strukturieren und Sammeln von Gedanken, um damit aus sich herauszutreten. Die Zeit dafür sollte explizit eingeplant und eingeräumt werden. Nichtsdestotrotz kann nach einem kurzen Check (War ich gut vorbereitet? Habe ich verständlich erklärt?) getrost davon ausgegangen werden, dass die Verweigerung oder Stille ggf. nichts mit der Anleitung zu tun hat und auch nichts Persönliches ist, sondern einfach eine Botschaft der Freiwilligen ist, die es wahrzunehmen und zu respektieren gilt.

Methoden, Tools und Übungen

Im Folgenden werden Reflexionsmethoden vorgestellt, die sich bereits vielfach in der Praxisarbeit mit Freiwilligen als gewinnbringend erwiesen haben. Sie sind in der Reihenfolge des Ablaufs im Freiwilligendienst geordnet sowie von „sehr niedrigschwellig" für die Teilnehmenden bis hin zu anspruchsvollen und aufwendigeren Methoden sowohl in der Vorbereitung als auch vom Materialaufwand her.

Für die dargestellten Übungen und Methoden sind primär die individuellen Freiwilligen im Fokus, weniger die Gesprächs- oder Gruppenprozesse, die dadurch parallel angeregt werden. Das Mitteilen von persönlichen Reflexionen bedingt immer eine soziale Interaktion, die durchaus wertvoll zu betrachten ist, dennoch andere Ebenen der Reflexion erfordert (für Gruppen-/Teamprozesse vgl. Pape 2006).

Pick one and Talk

Kurzbeschreibung: Anhand von Motiv-/Spruchkarten die momentane Gefühlslage oder Haltung/Empfindung zu einem Thema beschreiben. *Personenanzahl:* 1–?. *Zeit:* 7 Min. pro Person. *Material:* (Post-)Karten mit verschiedenartigen Motiven oder Sprüchen (mindestens doppelt so viele Karten wie Teilnehmende). *Ziel:* Reflexion über die Stimmung, Meinung zu einem aktuellen Thema, der Arbeitssituation etc.

Anleitung: Die Karten werden für diese klassische Reflexionsübung (vgl. z.B. Stadler et al. 2016: 149–153) offen und ungeordnet ausgebreitet. Den Freiwilligen wird eine Frage gestellt, die sie anhand einer der Karten beantworten sollen. Von: *Wie geht es dir heute?* bis *Wie gehst du mit einer Situation um, in der du dich hilflos fühlst?* sind vielfältige Fragen möglich. Die Freiwilligen werden eingeladen, sich alle Karten zunächst einen Moment lang anzusehen. Dann kann sich jede Person die Karte nehmen, die symbolhaft für die persönliche Antwort steht bzw. die am meisten angesprochen hat. Nun dürfen die Freiwilligen reihum erzählen, weshalb sie diese Karte gewählt haben, und was die Karte für sie ausdrückt. Alternativ oder in einer Folgerunde kann eine zweite Karte gewählt werden, die am meisten Widerstand erzeugt hat/die stärkste Reaktion hervorgerufen hat.

Variationen: Mit z.B. Postkarten, die es kostengünstig oder sogar kostenfrei an verschiedensten Stellen gibt, ist es eine gute Option, dass die Freiwilligen ihre ausgewählte Karte behalten, dann kann auf die Rückseite etwas notiert werden (z.B. ein Wunsch, der nächste Schritt, der gemacht werden soll, o.Ä.). Eventuell können die Karten auch für andere ausgesucht werden, z.B. mit einer der Fragen: *Was denkt ihr, wie es ... diese Woche erging?*, *Was denkt ihr, was ... in der nächsten Zeit brauchen könnte?*

Diese Aktion ist sehr einfach und niederschwellig für die Freiwilligen, gleichzeitig besteht durch die verschiedenartigen Karten hoher Aufforderungscharakter. Die Motive bieten meist noch zusätzliche Erzählideen an, ermuntern Schweigsame und bieten ausführlich Erzählenden einen Rahmen.

Michelangelo

Kurzbeschreibung: Die Freiwilligen nehmen sich ein Vorbild an einer steingehauenen Statue, um ihr aktuelles Befinden mit einem Standbild auszudrücken. *Personenanzahl:* 4–?. *Zeit:* 10 Min. pro Person. *Material:* ---. *Ziel:* Reflexion über das aktuelle Befinden: *Wie geht es dir momentan, welche Gefühle stehen im Vordergrund, wo sind sie zu fühlen? Was macht das mit deinem Körper?*

Anleitung: Wie Michelangelo Gefühle und Bewegung in Stein bannen konnte, sollen in dieser Übung (vgl. Fuchs/Kersten 2005: 68–71) die Freiwilligen überlegen, wie es ihnen geht, was sie ausdrücken wollen und eine körperliche Form dafür finden. Diese wird mit dem eigenen Körper nachgestellt. Die erste Person zeigt ihre Statue, die anderen Freiwilligen sollen diese Form möglichst genau mit ihrem eigenen Körper kopieren und sagen, wie sie sich fühlen. Dann dürfen sich alle aus der Form lösen und die Person, die die Statue entworfen hat, darf erzählen, was sie aussagen wollte, bevor die nächste Person an der Reihe ist.

Am besten wird diese Übung eingeleitet, indem verschiedene Vorübungen vorangehen; z.B. stehen alle zunächst im Kreis und benennen Gefühle, die alle versuchen, mit ihrem Körper darzustellen. Daraufhin kann sich ein Ratespiel anschließen: Einzelne Freiwilligen sollen nacheinander eine Empfindung vorspielen, die andere zu erraten versuchen. Kommt jemand auf keine Ideen, können andere etwas zuflüstern. Eventuell kann darauf eingegangen werden, wie unterschiedlich Menschen Gefühle über die Körpersprache ausdrücken und wie schnell eine Interpretation falsch liegen kann. Daran könnte sich eine Diskussion anschließen: Wie ist es möglich, Fehlinterpretationen zu verhindern?

125

Tonnenschwer und federleicht

Kurzbeschreibung: Kurze Reflexion anhand von zwei Symbolen, was gerade schwer oder einfach ist. *Personenanzahl:* 1–?. *Zeit:* 3 Min. pro Person. *Material:* ein Stein und eine Feder. *Ziel:* Reflexion über momentanes Befinden.

Anleitung: In beliebiger Reihenfolge nehmen die Freiwilligen für diese Reflexionsübung[31] Stein und Feder in die Hand. Sie werden von den Anleitenden angeregt, mit dem Stein zu beginnen: *„(Tonnen-)Schwer fällt mir gerade, dass …".* Hier darf eine akute Belastung, eine schwere Situation genannt werden, die im Moment wie ein Stein belastend auf der Seele liegt. Danach kommt die Feder: *„Federleicht fühle ich mich, weil …".* Dafür darf ein schönes Erlebnis, etwa Gelungenes oder Erheiterndes genannt werden.

Stimmungsbild malen

Kurzbeschreibung: Die aktuelle Befindlichkeit anhand eines selbst gestalteten Kunstwerks ausdrücken. *Personenanzahl:* 1–?. *Zeit:* Arbeitsphase von 10 Min., zzgl. 5–10 Min. pro Person. *Material:* festes Papier DIN A5 pro Person, Filzstifte oder Wachsmalstifte. *Ziel:* Reflexion über das aktuelle Befinden mit einer Wahrnehmungs- und Gestaltungsübung: *Was beschäftigt mich und beeinflusst meine Stimmung?*

Anleitung: Papier und Stifte werden auf den Tisch gelegt mit der Aufforderung, dass jede Person ein Stimmungsbild[32] malen soll: Auf dem Blatt dürfen die aktuelle Gemütslage festgehalten werden, was die Freiwilligen beschäftigt und wie es ihnen damit geht. Zusätzlich ist die Bemerkung nützlich, dass es sich gerne um ein abstraktes Kunstwerk handeln darf. Die Freiwilligen bekommen lediglich einen kurzen Zeitraum dafür zur Verfügung gestellt, um spontan, „aus dem Bauch heraus" loszulegen. Die Aufgabe und die Gestaltungsfreiheit sind für viele Freiwillige herausfordernd, weswegen gezielt nur ein kleines DIN-A5-Format und keine große Auswahl an Kunstutensilien und Farben zu Verfügung stehen sollten, ein paar dicke Filzstifte und Neon-Textmarker reichen völlig aus, damit der Anspruch nicht als zu hoch empfunden wird. In einer anschließenden Runde präsentieren alle Freiwilligen ihr Kunstwerk. Dabei ist es in einer großen Gruppe an Freiwilligen hilfreich, wenn die Bilder in einer Galerie aufgehängt werden oder

---

[31] Vgl. dazu Maria Gaar: „Feder-Stein-Reflexion".
Online unter: www.kinderzone-rumpelkiste.de/reflexionsmethoden/stein-feder/ (Abruf 20.07.2020).
[32] Die Methode findet sich im Zusammenhang der Arbeit mit Bibeltexten unter den vielen empfehlenswerten Materialien für die Teamercard-Ausbildung für Ehrenamtliche in der Nordkirche, im Ausbildungsmodul 4: Kreative Methoden für Gruppenarbeit, zusammengestellt von Astrid Thiele-Petersen (siehe Thiele-Petersen).

wenn die Nebenperson das Bild sichtbar hochhält, während die Künstlerin oder der Künstler ein paar Worte zum eigenen Werk erläutert und Rückfragen des Publikums beantworten oder in künstlerischer Verschwiegenheit auch ablehnen kann. Wenn die Freiwilligen ihre Präsentationszeit als beendet empfinden oder keine Rückfragen (mehr) beantworten wollen, nominieren sie eine weitere Person, die als nächstes ihr Kunstwerk kommentiert. Am Ende können sie ihre Bilder mitnehmen.

Variation: Die Stimmungsbilder können zum Abschluss mit Namen signiert und eingesammelt werden, um sie den Freiwilligen nach einer gewissen Zeit erst zurückzugeben (z.B. zur Abschluss-Reflexion des Freiwilligendienstes) und dann anknüpfend an das Bild eine weitere Reflexions- und Gesprächszeit darüber zu haben, was sich in der Zwischenzeit geändert hat.

Ein bunter Haufen

Kurzbeschreibung: Freiwillige definieren ihre Position, Haltung, den eigenen Status und das damit einhergehende Befinden innerhalb einer Gruppe. *Personenanzahl:* 2–?. *Zeit:* 7 Min. pro Person. *Material:* eine Vielzahl gleichartiger Dinge, z.B. Glasnuggets, Muscheln, Filzbälle, Figuren, Steine. *Ziel:* Reflexion über Konstellationen und Zugehörigkeitsgefühl: *Wo stehe ich in der Gruppe, im Team?*

Anleitung: Die Figuren oder Gegenständen werden ausgeschüttet. Die Dinge werden nicht geordnet, sondern bleiben so liegen, wie sie fallen. Es gibt also verschüttete Gegenstände, welche, die mehr am Rand liegen oder ganz oben auf. Das Thema wird genannt, z.B. die Frage nach der Stellung der eigenen Person innerhalb der Gruppe oder wie sie sich innerhalb einer (Arbeits-)Gemeinschaft fühlen. Die Teilnehmenden werden eingeladen, sich einen Gegenstand entsprechend der Fragestellung auszusuchen, ihn aber nicht wegzunehmen. Nun darf jede Person zeigen, welchen Gegenstand an welcher Position sie sich ausgesucht hat, und erzählen, wie dies zur momentanen Situation passt. *Variation:* Die anderen dürfen zuerst mutmaßen, welchen Gegenstand in welcher Lage sich eine Person wohl ausgesucht hat und warum. Dies gibt wiederum ein interessantes Feedback an die Einzelnen, das von jeder Person bedacht oder auch verworfen werden darf. Am besten funktioniert diese Übung mit einer gruppensoziometrischen Frage, z.B.: *Wo würdest du dich in unserer Gruppe einordnen?* oder *Wenn du dieses Team ansiehst, wie gut fühlst du dich hineingenommen und wie geht es dir damit?*

Ab ins Körbchen!

Kurzbeschreibung: Die gesammelten Erfahrungen oder vorhandenen Ressourcen der Freiwilligen werden gegenständlich sichtbar gemacht. *Personenanzahl:* 1–?. *Zeit:* 5–10 Min. pro Person. *Material:* ein Körbchen pro Person (oder Teller), große Sammlung an kleinen Gegenständen. *Ziel:* Reflexion über Erfahrungszuwachs, Lerneffekte, Ressourcen etc.

Anleitung: Für diese Übung (vgl. Stadler et al. 2016: 70–72) wird eine Sammelkiste mit allen möglichen Dingen, z.B. Figuren, Bänder, Stifte/ Schreibutensilien, Luftballons, Klebeband, Federn, Schrauben, Muscheln, Aufkleber, Glitzer, Batterie, Glühbirnen, Visitenkarten, Hausrat etc. ausgebreitet. Die Teilnehmenden werden gebeten, sich alle Gegenstände anzusehen, aus dem Sammelsurium mehrere Dinge auszusuchen und in ihr Körbchen zu packen, die als Symbole für ihre Antworten gelten, z.B. auf eine der Fragen: *Was hast du in der letzten Zeit an Erfahrungen gesammelt?*, *Welche Belastungen trägst du momentan mit dir herum?*, *Welche Ressourcen hast du im Gepäck, die in der Zeit nach dem Freiwilligendienst helfen könnten?* In der anschließenden Runde packt jede Person ihr Körbchen aus und erzählt, welche Erfahrung sie dazu bewogen hat, diesen Gegenstand zu wählen.

Variation: Die Freiwilligen können sich gegenseitig noch Dinge (vom eigenen Körbchen oder vom Stapel aus der Mitte) schenken, wenn sie das Gefühl haben, dass einer betreffenden Person das guttun würde, oder denken, dass sie vielleicht schon über diese Ressource verfügt, diese aber vergessen oder übersehen hat.

Koordinatensystem

Kurzbeschreibung: Eine Positionierungsübung, bei der Freiwillige sich in ein Koordinatensystem einordnen, um sich selbst/ihre Situation, z.B. die Einarbeitung in der Einsatzstelle einzuschätzen und Gemeinsamkeiten mit anderen zu entdecken. *Personenanzahl:* 4–?. *Zeit:* pro Einschätzungsrunde ca. 10 Min. *Material:* 2 lange Seile oder Wolle-Stücke (mindestens 5 Meter), Zettel mit Einschätzungskriterien (pro Runde 4 Zettel). *Ziel:* Reflexion über aktuelle Situationen, Gefühlslagen, Charaktereigenschaften, Persönlichkeitstypen etc.

Anleitung: Für diese soziometrische Methode (nach Fuchs/Kersten 2005: 10–12) wird auf dem Boden mit Seilen ein großes Koordinatenkreuz ausgelegt. Nun wird jeweils am Seilende ein Thema (Zettel) positioniert, z.B. in den Minusbereich „ich wünsche mir mehr Anleitung" und in den Plusbereich „ich fühle mich gut angeleitet"; am anderen Seil in den Minusbereich: „ich fühle mich komplett unsicher", in den Plusbereich „ich fühle mich sicher". Die Freiwilligen werden aufgefordert, sich entsprechend ihres Gefühls einzuordnen. Wenn sie ihre Position gefunden haben, sollen sie um sich schauen: Sie können nun sehen, welchen Freiwilligen es ähnlich geht wie ihnen – die nämlich, die in ihrer Nähe stehen. Untereinander sollen sie sich im Folgenden austauschen: *Warum stehe ich hier, wie fühlt sich das an, was brauche ich (damit es besser wird) bzw. wie habe ich es geschafft, dass es so (gut) ist, wie es ist?* Diese Methode schafft Verbindung unter denen, denen es ähnlich geht, und zeigt: „Du bist nicht allein!" Gleichzeitig kann mit Freiwilligen, die an einer ganz anderen Stelle stehen, ein Gespräch darüber stattfinden, wie sie es geschafft haben, dort zu stehen, oder was sie brauchen, damit es ihnen besser geht. Für die Anleitenden zeigt sich ein Stimmungsbild. Alternative Einschätzungskriterien: „Ich möchte gerne mehr Gemeinschaft haben mit den anderen Freiwilligen – mir ist die Gemeinschaft ausreichend." Oder: „Die Arbeit füllt mich sehr aus – ich habe noch genug Zeit für andere Dinge."

Variation: Das Koordinatensystem wird auf ein (Flipchart-)Papier gezeichnet und die Freiwilligen setzen ein Kreuz oder verteilen Klebepunkte.

Seelentiere

Kurzbeschreibung: Wäre ich ein Tier, welches wäre das? Sinnbilder für Emotionen aktuell empfundener Stärken und Schwächen finden. *Personenanzahl:* 1–?. *Zeit:* 15 Min. pro Person. *Material:* eine Sammlung an Tier-Spielfiguren (ab 25 Tiere). *Ziel:* Reflexion über Gemütszustand, Stärken, Schwächen.

Anleitung: Die Tierfiguren werden für diese Reflexionsmethode[33] auf dem Tisch ausgeschüttet. Alle helfen mit, die Tiere würdevoll aufzustellen. Die Freiwilligen dürfen sich ein Tier aussuchen, das ihrer momentanen Gemütslage entspricht. Daraufhin gilt es, mitzuteilen: *Weshalb dieses Tier, welche Eigenschaften besitzt es, sodass es mit meiner aktuellen Lage übereinstimmt? Welche Stärken und Schwächen verkörpert es?* Die Freiwilligen werden in einer anschließenden Runde aufgefordert, sich noch ein weiteres Tier dazuzuholen (je nach Menge der Tierfiguren ggf. auch ein Ensemble). Eines, das die Schwäche des ersten ausgleicht, das verstärkend wirken kann, das einfach nur zur Gesellschaft dabei sein darf. Die Freiwilligen werden eingeladen, ihre Wahl zu begründen. In einem letzten Schritt sollen die Tiere in Relation zueinander aufgestellt werden. *Welches Bild ergibt sich? Wo steht das helfende Tier? Was ist jetzt anders als vorher?* Hieraus kann eine Unterhaltung entstehen: *Was nehme ich daraus mit in meinen Alltag? Was hat das Tier, was ich mir zunutze machen könnte?*

---

[33] Erweiterte Variante der Methode von Maria Gaar: „Tierisches Feedback", online unter: www.kinderzone-rumpelkiste.de/reflexionsmethoden/ (Abruf 20.07.2020).

Variationen: Die niederschwelligste Variation dieser Übung besteht darin, dass sich Freiwillige ein Lieblingstier aussuchen, das sie besonders anspricht, das sie gerne mögen und es der Runde präsentieren. Die Gruppe darf nun wertschätzend positive Eigenschaften dieses Tieres nennen, die ihnen einfallen. Da man ja „nur" über das Tier spricht, ist diese Übung sehr unaufdringlich, die Freiwilligen können sich dadurch aber sehr verstanden und ermutigt fühlen. Ein zweiter möglicher Schritt wäre, dass sie selbst erzählen: *Weshalb mögen sie dieses Tier? Welche Eigenschaften hat es? Gibt es Zusammenhänge mit ihnen als Mensch? Hätten sie gerne auch etwas davon? Haben sie es vielleicht schon?*

Licht- und Schattenseiten

Kurzbeschreibung: Thematisieren von Stärken und Schwächen der eigenen Persönlichkeit anhand eines Bibeltexts. *Personenanzahl:* 1–?. *Zeit:* 30 Min. *Material:* Vordruck, Stifte, Bibel. *Ziel:* Reflexion über die eigenen Stärken und Schwächen; Einüben von Selbstannahme: Schwächen liebevoll zu akzeptieren.

Anleitung: Den Freiwilligen wird für diese Methode[34] ein Blatt ausgeteilt, auf dem der Umriss eines Menschen abgebildet ist (es muss viel Platz darin sein zum Schreiben). In einem kurzen Impuls wird einführend über Persönlichkeitszüge gesprochen, die der Mensch an sich positiv empfindet, wohingegen es andere gibt, die jeder Mensch an sich am liebsten ausmerzen würde. Nun sollen die Freiwilligen den Papiermensch in zwei Seiten einteilen: eine positive Licht- und eine negative Schattenseite. In die positive Seite gilt es, alles einzutragen, was ihnen an sich selbst gefällt. Da dies manchmal gar nicht so einfach ist, können in einer Gruppe die anderen helfen, diese Seite gut zu füllen. Für die andere Seite sollen die Freiwilligen drei bis vier ihrer „Hauptkritikpunkte" eintragen. Gemeinsam mit den Freiwilligen kann im folgenden Schritt Psalm 139, 1–16 gelesen werden (ggf. den Text ausgedruckt austeilen). Kommt darüber ein Gespräch zustande? *Was macht das mit den negativen Seiten der Persönlichkeit? Könnte Gott auch an diesen Seiten etwas Gutes finden?* Die Freiwilligen werden nun angehalten, die negativen Bezeichnungen zu „reframen", d.h., in einen neuen Rahmen zu setzen. Auch dabei dürfen gerne die anderen Freiwilligen helfen. Beispiele: Aussage: „Ich komme immer zu spät." Reframing: Du gehst ganz auf im Augenblick, du hast die Fähigkeit, dich ganz der Gegenwart hinzugeben. Aussage: „Ich bin so unordentlich." Reframing: Du bist sehr kreativ, du siehst viele Möglichkeiten und setzt Prioritäten. Aussage: „Ich werde manchmal als sehr streng wahrgenommen." Reframing: Du weißt

---

[34] Diese Methode wurde inspiriert von Stahl (2015) und Stahl (2019).

genau was du willst, hast ein klares Bild vor Augen. Diese Übung soll nicht jede schlechte Angewohnheit positiv tünchen oder mit Worten der Bibel entschuldigen. Vielmehr geht es um die Möglichkeit des Änderns – dafür müssen Eigenschaften zunächst akzeptiert werden, damit sich daraus ggf. ein guter Zug entwickeln kann. Jede schlechte Angewohnheit hatte in der Vergangenheit einen guten Grund, der jetzt allerdings nicht mehr unbedingt gilt und deshalb zum Wunsch für Veränderung führen könnte. Dies geht jedoch nicht ohne Auseinandersetzung damit. Das jeweilige Reframing sollte am Ende zu den Schattenseiten geschrieben werden.

Videothek – mein Leben wie im Film

Kurzbeschreibung: Rückblick, Zwischenstand oder Ausblick wird mit Filmtiteln reflektiert. *Personenanzahl:* 1–?. *Zeit:* 10 Min. pro Person. *Material:* DVD-Sammlung (möglichst vielfältige Auswahl an Genres und Titeln). *Ziel:* Reflexion über persönliche Entwicklung/Erfahrungen bzw. Zukunftswünsche.

Anleitung: Die DVDs werden gut sichtbar ausgelegt. Die Freiwilligen werden neugierig sein und sofort schauen, sortieren, ins Gespräch kommen. Das können sie eine Weile machen. Nun wird die Aufgabe genannt, z.B.: *„Sucht euch einen Film aus, der dafür stehen könnte, wie ihr euren Freiwilligendienst bisher erlebt habt bzw. einen, der symbolisiert, wie es weitergehen soll für euch."* In einer Austauschrunde können alle erzählen, welchen Film sie gewählt haben, und ausführen, wieso dieser als passend empfunden wird. Diese Übung ist sehr humorvoll und fördert oft Überraschendes zutage, da Filme die Fantasie anregen.

Variation: Wenn die Filme in der Mitte liegen bleiben, können die anderen Freiwilligen für die jeweilige Person raten, welchen Film sie sich wohl ausgesucht haben mag. Alternativ wählt jede Person einen Film dafür, „wie es bisher war", und die anderen Freiwilligen schenken ihr einen Film dafür, „wie es weitergehen soll". Varianten: Bücherfans können dasselbe auch mit Buchtiteln machen. Weniger materialintensive Variante: Die DVD-Cover können in Miniaturformat ausgedruckt und in kleine Zettel zerschnitten werden.

Buchcover gestalten

Kurzbeschreibung: Rückblick oder Zwischenstand wird mit einem imaginären Buch reflektiert. *Personenanzahl:* 1–?. *Zeit:* Arbeitsphase von 30 Min., zzgl. 5 Min. pro Person. *Material:* Papier, Stifte. *Ziel:* Selbstreflexion über persönliche Entwicklungen, Erfahrungen, Erlebnisse.

131

Anleitung: Die Freiwilligen werden z.B. am Ende ihres Freiwilligendienstes eingeladen, sich vorzustellen: *Das hinter dir liegende Jahr ist wie ein Buch, voller Seiten mit Erlebnissen, Erfahrungen – guten, überraschenden, herausfordernden. Du blickst zurück, blätterst darin und erinnerst dich an die verschiedensten Momente. Welchen Titel gibst du dem Buch? Füge einen Untertitel hinzu, der etwas ausführlicher erläutert, worum es in deinem Buch geht oder zu welcher Buchgattung es gehört: ein Roman, Ratgeber, ein lustiges oder zum Nachdenken anregendes Buch? Gestalte das Buchcover und entscheide, welche Bilder oder Illustrationen auf der Vorderseite sein sollen. Gestalte auch die Rückseite des Buchumschlags: Hier befindet sich üblicherweise der ‚Klappentext‘, das ist eine Zusammenfassung in 4–5 Sätzen über den Inhalt des Buchs und die Autorin oder den Autor.* Am Ende werden Titel und Klappentext vorgelesen und die Buchcover können z.B. in einer Galerie besichtigt werden. Diese Methode[35] erfordert viel Fantasie und ermöglicht den Freiwilligen, eine Außenperspektive auf ihre Person und Erlebnisse einzunehmen und selbstbewusst von sich als Autorin oder Autor und ihren Erfahrungen zu reden.

Landkarte: Mein Weg durch den Freiwilligendienst

Kurzbeschreibung: Landkarte erstellen, mit der Stationen des Freiwilligendienstes visualisiert werden. *Personenanzahl:* 1–?. *Zeit:* Arbeitsphasen von 2 x 10 Min., zzgl. 15 Min. pro Person. *Material:* Papier, Stifte, Klebepunkte, Material zum Aufhängen. *Ziel:* Halbzeit- oder Rückblick-Reflexion über den Verlauf des Freiwilligendienstes, sonstige längere Zeiträume (z.B. zum Kennenlernen: Sich gegenseitig den Lebensweg bisher vorstellen).

Anleitung: Insbesondere zum Abschluss des Freiwilligendienstes eignet sich diese Methode, um mit den Freiwilligen einen Blick zurück einzunehmen. Alle bekommen einen großen Bogen möglichst stabilen Papiers mit der Aufgabe, nach dem Vorbild von Wanderkarten, die oft an Parkplätzen zu betrachten sind, Stationen zu kartografieren, die die Freiwilligen im vergangenen Jahr durchlaufen haben. Bewerbung, Probearbeiten, erster Tag, erstes Mal alleine Dienst, Seminare, Highlights – alles darf mit Punkten auf dem Blatt Platz finden (die Punkte können, müssen aber nicht beschriftet werden). Sie werden von Wegabschnitten dazwischen verbunden. Danach werden die unmittelbar anstehenden Wegpunkte eingezeichnet: Letzter Tag, Auszug, Beginn der Ausbildung etc. Als zweiter Schritt folgt ein Ga-

---

[35] Varianten dieser Methode werden üblicherweise zur Leseförderung angewandt, siehe z.B. Böck, Margit et al. (2009): Praxismappe Lesen. Wien: Bundesministerium für Bildung und Frauen (Unterricht, Kunst und Kultur). S. 79. URL: https://pubshop.bmbwf.gv.at/ (Abruf 12.07.2020).

lerie-Rundgang (dafür die Karten möglichst aufhängen): Bei jedem Werk wird Pause gemacht und es ergibt sich ein Gespräch: *Was sehen wir?* Der Künstler oder die Künstlerin selbst steht schweigend dabei und hört zu mit dem Fokus auf das, was gefällt – und alles andere kann getrost vergessen werden. Nun gehen alle mit neuen Ideen und Anregungen an die Karten zurück. Es wird geschrieben, was die einzelnen Punkte bedeuten, ergänzt, wo noch Ideen aufgekommen sind. Abschließend wird das Kunstwerk betrachtet unter der Perspektive von Gelerntem: *Wo wurde etwas Neues gelernt, wo neue Fähigkeiten entwickelt? Wo hat es sich weiterentwickelt? Gibt es ein Thema, das sich durchgezogen hat? Gab es Momente, in denen du dachtest, du hättest dich verlaufen? Waren die auch für etwas gut?* Nun gibt es einen erneuten Galerie-Rundgang, diesmal erzählt nur die Person, die das Kunstwerk geschaffen hat, die anderen hören gut zu. Anschließend dürfen alle noch ihre Wahrnehmung ergänzen, was die betreffende Person gelernt hat und was sie mit auf den Zukunftsweg nehmen sollte. Wenn etwas dabei ist, was die Künstlerin oder den Künstler anspricht, darf er oder sie es gerne noch auf der Karte eintragen, damit es nicht verloren geht.

Kofferreflexion

Kurzbeschreibung: Reflexion, die innerliches Sortieren anregt: Was nehme ich mit, was lasse ich da? *Personenanzahl:* 1–?. *Zeit:* 5 Min. pro Person. *Material:* Symbolkarten. *Ziel:* Reflexion über Inhalte oder zurückliegende Zeit und Lernerlebnisse.

Anleitung: Diese klassische Feedback-Methode[36] eignet sich am Ende des Freiwilligendienstes oder nach Themeneinheiten bzw. Teamprozessen: Jetzt dürfen Gedanken sortiert werden. Drei Symbolkarten sind notwendig, die die Motive eines Koffers, eines Mülleimers und eines Büro-Ablagefachs bzw. einer Schublade zeigen. Die Karten können herumgereicht werden und symbolisieren somit die Redereihenfolge, oder sie werden sichtbar im Raum zur Moderation des Gesprächs ausgelegt bzw. aufgehängt. Die Freiwilligen werden eingeladen, sich zu fragen: *Was kommt in ihren Koffer? Was nehmen sie mit in ihre Zukunft? Was hat gutgetan, was haben sie gelernt, was wollen sie für ihr weiteres Leben immer bei sich haben?* Für den Mülleimer darf ehrlich benannt werden, was sie zurücklassen möchten: Gewohnheiten, Unsicherheiten, die abgelegt wurden, und Erfahrungen, die sie gerne vergessen würden, bzw. Zeiten, die als irrelevant empfunden wurden. Letztlich gibt es

---

[36] Vgl. dafür die Darstellung von Katrin Runge auf ihrer Internetseite www.super-sozi.de, eine ohnehin empfehlenswerte Internetseite mit diversen Methoden für Gruppen und Gruppenphasen (Katrin Runge: Kofferreflexion. Online unter: www.super-sozi.de/kofferreflexion/ (Abruf 12.07.2020).

noch die Ablage bzw. Schublade, in die Aspekte kommen, bei denen noch nicht sicher ist, wie sie einzuordnen sind bzw. worin aufbewahrt wird, was jetzt zwar irrelevant war, später aber ggf. brauchbar sein könnte.

Variation: Die Überlegungen in einer Gruppe an Freiwilligen können in einer längeren Reflexionszeit auf unterschiedliche Weise sichtbar gemacht werden, z.b. durch ein Schreibgespräch, indem die einzelnen Erfahrungen ohne Reden auf drei großen Plakaten mit den jeweiligen Symbolen aufgeschrieben werden und durch Zeichnungen und weitere Symbole ergänzt werden.

Schlussbemerkungen

Für das Gelingen der einzelnen Übungen ist es von großer Wirksamkeit, dass einerseits den Freiwilligen künstlerische Freiheit gewährt wird. Andererseits ist es notwendig für diejenigen, die von kreativer Freiheit überfordert sind und schnell das Gegenargument „Ich bin nicht so kreativ!" vorbringen, dass eine konkrete Aufgabenstellung gegeben wird, die sie lösungsorientiert bearbeiten können. Letzteren kann am Ende des Prozesses der Lerneffekt verdeutlicht werden, dass sie durchaus aufgrund der Originalität ihrer Leistung kreatives Potenzial haben, das sie nicht hemmen oder bremsen sollten.

Hinreichende zeitliche Kapazitäten sollten für jede Übung eingeplant werden. Die Erfahrung zeigt, dass meist mehr Zeit vonnöten ist, als zunächst erwartet. Weil es sehr wichtig ist, dass allen Freiwilligen ähnlich viel Zeit zu Verfügung steht, ist die angegebene Zeitplanung großzügig.

Nach Abschluss der einzelnen Methode sollte schließlich immer ein gewisser Transfer bzw. eine Art Sicherung der Ergebnisse und eine Feedback-Möglichkeit durchgeführt werden (vgl. Kress 2017: 115). Dies kann z.B. mit anschließenden Fragen geschehen wie: *Was nehmt ihr mit? Was ist euch wichtig geworden? Was konnte diese Übung in euch anstoßen?* Sowohl der Prozess des Reflektierens als auch das Ergebnis der kreativ-schöpferischen Tätigkeit können und sollten darüber hinaus als Ausgangspunkt für die persönlichen Reflexionsgespräche genutzt werden (vgl. Konstantinidis/Tölgyesi in diesem Band). Ein Dank, dass die Freiwilligen sich auf die Übung eingelassen haben, signalisiert den Schluss und kann zugleich die Aufmerksamkeit darauf lenken, sich immer wieder mal auf ungewöhnliche oder herausfordernde Aufgaben einzulassen und sich von sich selbst überraschen zu lassen, welche Reflexionen über das eigene Leben und Erleben durch unterschiedliche Fragestellungen und Methoden hervorgebracht werden können.

Die hier vorgelegten Methoden entstammen der jahrelangen Arbeitspraxis mit Freiwilligengruppen der Autorinnen und basieren teilweise auf existierenden Übungen, die aber in der pädagogischen Praxis stark abgewandelt und für die Arbeit mit Freiwilligen angepasst wurden. Damit einhergehend ist die Persönlichkeit der anleitenden Person verbunden mit einer authentischen Durchführung und Abwandlung solcher Übungen: Die Methode sollte kein Selbstzweck sein, denn die individuellen Freiwilligen, ihre Reflexionsprozesse und Entwicklungsunterstützung stehen im Mittelpunkt – nicht die Methode, was eine Anpassung auf die Zielgruppe, die eigene Persönlichkeit oder andere Konsequenzen wie Abbruch der Übung ggf. notwendig macht. Die Arbeitshaltung sollte geprägt sein von Neugier, Vorfreude und Interesse, was in den Freiwilligen steckt und wie es hervorgebracht werden kann, sodass sie selbstbewusst und selbstreflektiert für sich einstehen lernen. Und nicht zuletzt dürfen die Reflexionszeiten Spaß machen – auch uns, die wir diese Prozesse anleiten.

Literaturverzeichnis

Alain (= Émile-Auguste Chartier) (1932/1994): Sich beobachten heißt, sich verändern. Betrachtungen. Frankfurt am Main: Insel.

Becker, Joachim H./Pastoors, Sven (2018): Persönliche Kompetenzen. In: Becker, Joachim H./Pastoors, Sven/Ebert, Helmut (Hg.): Praxishandbuch berufliche Schlüsselkompetenzen. 50 Handlungskompetenzen für Ausbildung, Studium und Beruf. Berlin/Heidelberg: Springer. S. 43–49.

Csikszentmihalyi, Mihaly (1985): Das Flow-Erlebnis. Jenseits von Angst und Langeweile: im Tun aufgehen. 11. Auflage 2010. Stuttgart: Klett-Cotta.

Deutsche Gesellschaft für Personalführung (2015): Schlüsselkompetenz Reflexionsfähigkeit. Führungskräfteentwicklung der Zukunft. DGFP-Praxispapiere Best Practices 1.

Fischer, Malte/Wagner, Marie-Christin/Breuning Marek (2015): Reflexion und Partizipation in Lerngesprächen. In: De Boer, Heike/Bonati, Marina (Hg.): Gespräche über Lernen – Lernen im Gespräch. Wiesbaden: Springer VS. S. 143–159.

Fuchs, Rainer M./Kersten, Ralph (2005): Seminarmethoden kreativ. Werkzeugkasten für Trainerinnen und Trainer. Offenbach am Main: Institut für berufliche Bildung, Arbeitsmarkt- und Sozialpolitik.

Jansen, Irma (2011): Biografie im Kontext sozialwissenschaftlicher Forschung und im Handlungsfeld pädagogischer Biografiearbeit. In: Jansen, Irma/Hölzle Christina (Hg.): Ressourcenorientierte Biografiearbeit. Grundlagen – Zielgruppen – kreative Methoden. 2., durchgesehene Auflage. Wiesbaden: VS Verlag. S. 17–30.

Kress, Karin (2017): Einführen, Anpassen, Verlassen – Zum flexiblen Einsatz von Methoden und Techniken. In: Kress, Karin/Schlüter, Anne (Hg.): Methoden und Techniken der Bildungsberatung. Opladen: Barbara Budrich. S. 110–116.

Pape, Karin (2006): Reflektieren. In: Hölscher, Stefan/Reiber, Wolfgang/Pape, Karin/Loehnert-Baldermann, Elizabeth (Hg.): Die Kunst gemeinsam zu handeln. Soziale Prozesse professionell steuern. Berlin/Heidelberg: Springer. S. 133–160.

Stadler, Christian/Spitzer-Prochazka, Sabine/Kern, Eva/Kress, Bärbel (2016): Act creative! Effektive Tools für Beratung, Coaching, Psychotherapie und Supervision. Stuttgart: Klett-Cotta.

Stahl, Stefanie (2015): Das Kind in dir muss Heimat finden. Der Schlüssel zur Lösung (fast) aller Probleme. München: Kailash.

Stahl, Stefanie (2019): Sonnenkind und Schattenkind. Eine inspirierende Erzählung zu „Das Kind in dir muss Heimat finden". München: Kailash.

Reyer, Thomas/Anklam, Sandra/Meyer, Verena (2019): Systemische Didaktik: Haltung ist die erste Intervention. In: Zeitschrift für Theaterpädagogik. Jg. 36 (75). S. 18–21.

Straßer, Peter (2008): Können erkennen. Reflexives Lehren und Lernen in der beruflichen Benachteiligtenförderung. Entwicklung, Erprobung und Evaluation eines reflexiven Lehr-Lerntrainings. Bielefeld: W. Bertelsmann.

Thiele-Petersen, Astrid: Kreative Methoden für Gruppenarbeit. Online unter: http://teamercard.de/fix/files/kd.1126000413/M%204.7.%20Kreative%20Methoden%20f%FCr%20Gruppenarbeit.pdf (Abruf 16.07.2020).

Welge, Katrin (2013): Warum Haltung im Coaching? In: Loebbert, Michael (Hg.): Professional Coaching. Konzepte, Instrumente, Anwendungsfelder. Stuttgart: Schäffer-Poeschel Verlag. S. 147–151.

DIE ROLLE VON FEEDBACK IN DEN FREIWILLIGENDIENSTEN

Johanne Brinkmann

Das Wissen um den Nutzen von Feedback ist in den 70er– und 80er–Jahren des 20. Jahrhunderts mit der Einführung der Pädagogik entstanden, die sich auf das Menschenbild der Humanistischen Psychologie beruft und die auf die Individualität und die Entwicklung von Einzelnen Wert legt. Das soziale Lernen in Gruppen rückt in den Vordergrund. Entsprechend hat das Konzept des Feedbacks in die moderne Bildungsarbeit und in die Begleitung von Freiwilligen Einzug gehalten, womit die individuelle Förderung und Persönlichkeitsentwicklung in den Blick genommen wurde.

Als Pioniere im deutschsprachigen Raum für die Entwicklung des Konzepts „Feedback" gelten Alf Däumling und Traugott Lindner in den 50er-Jahren. In den folgenden 20 Jahren entwickelte sich eine gruppendynamische Feedback-Konzeption, nach der Feedback heute als „gemeinsame Verständigungsleistung von zwei oder mehr Personen" verstanden wird (vgl. Fengler 2004: 13). Das Konzept des Feedbacks in seiner klassischen Form stellt den Menschen in seinem individuellen und spezifischen Sein in den Vordergrund.

In diesem Kapitel soll Feedback in seiner Vielfalt und Methodik für die Freiwilligendienste aufgezeigt werden. Hierzu erfolgt vorab eine sozialwissenschaftliche und entwicklungspsychologische Einordnung der Freiwilligendienste als „Lernort für Übergänge", worin sich der Ansatz der personalen Begleitung Freiwilliger im Rahmen der Freiwilligendienste begründet, in der das Feedback-Konzept zum Tragen kommt. Die Gruppe der Teilnehmenden, die zum „jungen" Erwachsenenalter zählt (16–26 Jahre), macht den größten Anteil in den Freiwilligendiensten aus. Daher wird in den nachfolgenden Ausführungen ein Schwerpunkt auf die Altersgruppe der jungen Erwachsenen gelegt. Die Gruppe der „lebensälteren" Freiwilligen im Bundesfreiwilligendienst wird teilweise separat in die Überlegungen mit einbezogen, denn auch sie befinden sich oft in Übergangsphasen ihres Lebens.

Freiwilligendienste als Übergang

Eine sozialwissenschaftliche und entwicklungspsychologische Einordnung

Im „Handbuch Übergänge" (Lempp 2013) wurden erstmals Freiwilligendienste als Orte der Übergänge zwischen Jugendalter und Erwachsenenalter erwähnt und in ihrer Wirkung in der gesellschaftlichen Sozialisation als auch in der Persönlichkeitsentwicklung gewürdigt. Das junge Erwachsenenalter wird als eigenständige Lebensphase zwischen ca. 18 und 30 Jahren bezeichnet, die durch „abnehmende Verlässlichkeit des Übergangs bei zunehmender Orientierungsunsicherheit gekennzeichnet ist" (Lempp 2013: 620). Der Lebensphase kommt in ihren Entwicklungsanforderungen eine besondere Bedeutung zu und erfordert entsprechende Aufmerksamkeit. Die Freiwilligendienste werden als Sozialisationsfelder und lebenszeitliche Orte betrachtet, die u.a. der Orientierung der Freiwilligen dienen. Dies betrifft sowohl die Entwicklung der personalen Identität als auch der Integration in die „Erwachsenen- und Arbeitsgesellschaft" (Lempp 2013: 621). Dazu zählt u.a., sich in altersdurchmischten Gruppen sowie gegenüber älteren Mitarbeitenden einzubringen und herauszufinden, welche Erwartungen an sie als Lernende gestellt werden und ob die eigenen Fähigkeiten den gestellten beruflichen Anforderungen entsprechen.

Freiwillige erfahren „insbesondere in den beziehungsintensiven Tätigkeiten Selbstwert, Anerkennung und Wirksamkeit" (Lempp 2013: 626). Der Übergang zwischen Schule und Beruf bzw. Übergang in die Anforderungen der Berufswelt erfolgt durch das Angebot der Freiwilligendienste begleitet und reflektiert, sodass eine zunehmende Handlungssicherheit in der Arbeitswelt erreicht wird. Die Teilnehmenden erfahren viel über ihre Möglichkeiten und Grenzen und werden durch das pädagogische Begleitangebot und in der Übernahme von Verantwortung unterstützt. Die Basis für eine realistische Berufswahl wird gelegt.

„Die Dienste ermöglichen zudem einen Aufschub von anstehenden Entscheidungen und Zeit, sich (berufs-)biografisch zu orientieren und werden so als Möglichkeitsraum für die Bewältigung von Entwicklungsaufgaben in Anspruch genommen" (Lempp 2013: 626). Im Rahmen von Freiwilligendiensten sind daher eine stabile „Unterstützungsstruktur sowie Kommunikations- und Reflexionsräume zur Verarbeitung der Erfahrungen" anzubieten (Lempp 2013: 628). Dies wird im Nachfolgenden für die Ausführungen zur Feedbackkultur von hoher Relevanz sein.

Die genannte Untersuchung bezieht sich auf die Gruppe der jungen Erwachsenen im Übergang zwischen Jugend und Erwachsenenalter. Zum Freiwilligendienst für Freiwillige, die 27 Jahre und älter sind (sie machen bundesweit etwa zehn Prozent der Freiwilligenzahlen insgesamt aus), liegen keine derartigen Evaluationen vor. Ihnen geht es als Motivation für den Dienst oft um die berufliche Orientierung und die Einbindung in die Gesellschaft. Dabei kann es um eine berufliche Neu- bzw. Umorientierung nach einer bereits abgeschlossenen Berufsausbildung und -tätigkeit gehen bzw. ein erneuter Start in die Berufswelt nach „Brüchen im Lebenslauf" oder nach der Familienphase. Für ältere Geflüchtete und Menschen mit Migrationsgeschichte ist der Freiwilligendienst eine Möglichkeit des Spracherwerbs, der Integration sowie des potenziellen Zugangs zu sozialen Berufen. Ältere Freiwillige befinden sich also in einer besonderen Lebenssituation, die der Einordnung als Prozess des „lebenslangen Lernens" in einer sich stetig wandelnden Gesellschaft am ehesten gerecht wird: „Sozialisation wird unter dieser Bewältigungsperspektive als lebenslanger offener Prozess der Erlangung biografischer Handlungsfähigkeit in einer sich wandelnden Gesellschaft gefasst" (Lempp 2013: 620). Für ältere Freiwillige bekommen in der Beratung und im Feedback daher die Bereiche Kommunikation, Kooperation und Konfliktfähigkeit in Bezug auf die Lebensphase der Neuorientierung, in der sie sich befinden, eine besondere Bedeutung für ihre Verhaltens- und Handlungskompetenzen.

Identitätsentwicklung durch Wahrnehmung von Selbstbild und Fremdbild

Junge Erwachsene sind in einer Phase der Identitätsentwicklung, in der sie zunehmend unabhängig und autark werden von der Anerkennung einer Gruppe und somit die eigene Identität herausbilden. Die Vielfalt und Unterschiedlichkeit der Entwicklungsaufgaben wird im Rahmen der Freiwilligendienste durch die pädagogische Begleitung aufgegriffen, begleitet und unterstützt. Die Freiwilligendienste werden in ihrer Intention als Bildungsprogramm bezeichnet oder als Jahr der Persönlichkeitsbildung und Orientierung, denn gerade in der Jugend geht es entwicklungspsychologisch um Selbst- und Identitätsfindung. Eine erhöhte Selbstaufmerksamkeit und ein hohes Maß an Selbstreflexion sind für die Altersstufe typisch (Lohaus/Vierhaus 2015: 181ff.).

Häufig gehen Selbstwahrnehmung und Fremdwahrnehmung in dieser Entwicklungsphase jedoch noch auseinander, weswegen Rückmeldung und regelmäßige Reflexion für den Prozess der Selbstfindung notwendig werden: Das sogenannte „Johari-Fenster" von Joseph Luft und Harry Ingham kann hierfür zur Erläuterung von Selbst- und Fremdwahrnehmung herangezogen werden (Luft 1971). Die Feedback-Methode gewinnt in ihrer Anregung von Prozessen der (Selbst- und Fremd-)Reflexion sowie der Unterstützung in der persönlichen Entwicklung der Freiwilligen insbesondere hierfür einen hohen Stellenwert: Feedback eröffnet die Möglichkeit, unterschiedliche Sichtweisen und Wirkungen sichtbar zu machen, dadurch Orientierung zu gewinnen, Sicherheit zu entwickeln und sich selbst zu reflektieren.

Zum Selbstkonzept gehört das Wissen über persönliche Eigenschaften, Fähigkeiten, Vorlieben, Gefühle und Verhalten. In der Mitwirkung in Freiwilligendiensten erfahren junge Erwachsene sehr viel über sich selbst und werden gefordert, sich differenziert zu verhalten. Zur Entwicklung des Selbstbilds kann das Konzept des Feedbacks einen speziellen Beitrag leisten, was völlig unabhängig vom Alter und der Lebensphase ist, in der sich Freiwillige befinden. Ziel der Methode des Feedbacks in der Bildungsarbeit ist, Selbstbild und Fremdbild mit unbewussten Anteilen zu integrieren und Erwartungen gegenseitig abzustimmen.

Das Konzept des Feedbacks in seiner klassischen Methode

Feedback wurde von Jörg Fengler für den Bereich der Sozialen Gruppenarbeit evaluiert und beschrieben (Fengler 2004). Es meint von der Wort-Zusammensetzung her „Rückmeldung", also die Reaktion, das Rückgeben. Feedback ist eine Gesprächsform zwischen zwei oder mehreren Personen, die sich darüber austauschen, wie sie eine andere Person wahrnehmen. Dabei kann es sich um ein Verhalten handeln, aber auch um Eindrücke von einer anderen Person, in einer Gruppe etc. Feedback setzt auf die persönliche Stärkung einer Person. Feedback sollte daher immer positiv formuliert sein. Positives Feedback, zum Beispiel in Form von Anerkennung oder Lob, steigert nicht nur das Selbstwertgefühl der Person, sondern fördert darüber hinaus auch die Motivation.

Feedback als Korrektur und Abgleich der Eigen- und Fremdwahrnehmung

Feedback ermöglicht denen, die es erhalten, ihr Selbstbild mit Fremdbildern zu vergleichen und es gegebenenfalls zu korrigieren. Ein positives Selbstbild wird gefördert durch eine wertschätzende Umgebung. Im Feedback wird darauf Wert gelegt, dass Veränderungen angeregt werden, die durch Erkenntnis erlangt wurden. Feedback-Empfangende erfahren ihre Wirkung auf andere Personen und können diese Fremdwahrnehmung in das Selbstbild oder Selbstkonzept aufnehmen. Feedback erweitert insofern die

Selbstwahrnehmung und kann auf dieser Basis der Selbsterkenntnis ggf. zu Veränderung des Verhaltens führen. Ein ehrliches, konstruktives Feedback bietet viele Chancen: Einzelne kommen ein Stück weiter und das Team wächst zusammen. Feedbackkultur kann somit eng verknüpft sein mit einem positiven Umgang mit Fehlern und partizipativer Zusammenarbeit bzw. Grundhaltung: Zur Feedback-Kultur gehört ein fehlerfreundliches und wertschätzendes Klima des Miteinanders (vgl. Juschka/Schirmer in diesem Band). Im Rahmen der begleitenden Bildungsarbeit der Träger als auch in den Einsatzstellen sollte der Fokus daher auch auf das Erlernen von Kommunikationsmethoden gelegt werden, die ein achtsames und bewusstes Umgehen miteinander fördern.

Es handelt sich bei dieser Form von Rückmeldung um einen äußerst sensiblen Bereich der Kommunikation, denn Feedbackgeben bezieht sich immer auf positive und erfolgreiche Verhaltensweisen, aber auch auf negative und störende. Feedback-Situationen sind daher für alle Seiten eine Herausforderung und machen es erforderlich, dass die Regeln des Feedbacks eingehalten werden. Die Anwendung und Durchführung von Feedback setzt für die Freiwilligen bestimmte Grundkenntnisse und Basiswissen voraus, das im Rahmen der Bildungsarbeit oder in teaminternen Fortbildungen in der Einsatzstelle systematisch aufgebaut werden kann.

Feedback-Methoden für pädagogische Begleitung in Freiwilligendiensten

Zentrales Ziel der begleitenden pädagogischen Arbeit in Freiwilligendiensten ist es, Bildungsprozesse im Erwerb von persönlichen Kompetenzen, sozialen Kompetenzen und fachlichen Kenntnissen und Fertigkeiten zu initiieren. Bildung findet in den Freiwilligendiensten somit an verschiedenen Lernorten auf unterschiedlichen Ebenen statt, sowohl in den Einsatzstellen als auch in den begleitenden Seminaren. Hierbei handelt es sich um Lernorte sowohl mit formaler als auch nichtformaler bzw. informeller Bildung. Das Konzept des Feedbacks findet in unterschiedlichen Bereichen der pädagogischen Begleitung der Freiwilligen Anwendung. Zu nennen sind hier: das Feedback

- als Bestandteil der Persönlichkeitsentwicklung der Freiwilligen durch z.B. Anleitende, Mentorinnen und Mentoren
- in der Vorbereitung auf die Arbeitswelt/der beruflichen (Neu-) Orientierung durch die Praxisanleitungen
- im Rahmen der individuellen Begleitung in den Praxisfeldern
- in der individuellen Begleitung der Freiwilligen durch pädagogische Fachkräfte der Trägerorganisationen

Feedback als Begleitkonzept bietet die Möglichkeit, vor dem Hintergrund sich verändernder gesellschaftlicher Bedingungen eigene Lebens- und Arbeitserfahrungen zu reflektieren, zu verarbeiten und eigene Handlungsperspektiven zu entwickeln. Eine Begleitung der Freiwilligen in die und in der Arbeitswelt (insbesondere als Einstieg in das Berufsleben) hat hier seine besondere Wirkung: Freiwillige machen wichtige Erfahrungen in der Arbeitswelt und reflektieren diese.

Das Feedback-Konzept findet in den Freiwilligendiensten vor allem unter den Zielsetzungen statt, um Wahrnehmung, Reflexionsfähigkeit, Selbstwirksamkeit und ein positives Selbstkonzept der Teilnehmenden zu fördern sowie um Empathiefähigkeit, Kommunikation, Kooperation/Teamfähigkeit, Konfliktmanagement und soziale Verantwortung unter dem Begriff der „Soft Skills" zu erlernen (vgl. Ev. Freiwilligendienste 2019: 11ff.). Im Rahmen der begleitenden Seminare wird eine vertrauensvolle Basis geschaffen, die es den Teilnehmenden ermöglicht, sich zu öffnen und sich mit ihren Stärken und Schwächen zu zeigen. Sorgsam bereiten die verantwortlichen pädagogischen Fachkräfte daher dies als Grundlage vor und leiten Prozesse der gegenseitigen Wertschätzung und des Wohlwollens ein.

Der Schritt zur gegenseitigen Rückmeldung, zum Ausdruck von Anerkennung, der Beschreibung einer Beziehungskonstellation oder der angemessenen Formulierung einer konstruktiven Kritik ist zu üben. In der Bildungsarbeit werden die Freiwilligen an Kommunikationsmodelle herangeführt, auf die sich auch die Fachliteratur bezieht. Z.B. die von Friedmann Schulz von Thun erläuterten Wechselwirkungen der Kommunikation (Vier-Seiten-Modell), „5 Axiome der Kommunikation" (Watzlawick 2016) gehören ebenso zum Basiswissen wie das bereits genannte „Johari-Fenster" oder das Konzept des Aktiven Zuhörens (Rogers 1985), das in vielen Bereichen der Arbeitswelt Anwendung findet, z.B. in Teamgesprächen (Schulz von Thun 1981) und im Umgang mit zu Betreuenden (Weinberger 2013).

Ein Lernziel ist es, Freiwillige für die Bedürfnisse anderer zu sensibilisieren. Hierzu zählt, ein Bewusstsein für eigene Bedürfnisse zu entwickeln, sie erkennen zu können, sie als solche zu benennen und ggf. auch für deren Erfüllung Sorge zu tragen. Gerade in den sozialen Einsatzfeldern wird ein empathischer Umgang mit zu Betreuenden generiert. Übungen sowie die Anwendung verschiedener Methoden dienen dazu, dieses Wissen einzusetzen, umzusetzen, zu verankern und in das Alltagshandeln zu transferieren.

Methoden für Feedback in der Praxis der Teamkultur

Diverse Feedback-Methoden gehören selbstverständlich zum Handwerkszeug der pädagogischen Fachkräfte, oft auch ohne dass sie sich reflektiert darüber bewusst sind, z.B. als Tagesreflexion „Wie war der Tag?" oder Seminarfeedback „Wie war das Seminar?". Je häufiger und selbstverständlicher Teilnehmende es gewohnt sind, Feedback oder eine Rückmeldung zu geben, desto vertrauensvoller kann sich ein förderndes Miteinander entwickeln.

Zweck der Feedback-Technik ist es, zum einen die Persönlichkeitsentwicklung der Einzelnen und zum anderen die Teamentwicklung zu fördern. Teilnehmende lernen durch die Förderung der Selbstwahrnehmung, ihr eigenes Verhalten zu reflektieren und zu steuern. Offenheit, Ehrlichkeit und Vertrauen in zwischenmenschlichen Beziehungen werden durch Übungen des Feedbacks gefördert. Durch offene Kommunikation werden die Beziehungen zueinander transparenter und ehrlicher, Störfaktoren und Differenzen können aufgedeckt und sofort geklärt werden. Ebenso werden dadurch der Aufbau von Misstrauen und die Verfestigung von falsch interpretierten Wahrnehmungen verhindert. Dies fördert, eine positive Kommunikationskultur zu erlernen. „Feedback dient somit der sozialen Unterstützung, Beziehungsklärung und Psychohygiene im Alltag" (Reich 2008: 3).

Folgende Methoden eignen sich, lediglich drei Beispiele seien kurz genannt, die ohne viel Material oder Vorbereitung einfach durchzuführen sind:

Blitzlicht in einer Teambesprechung

Die wohl am häufigsten eingesetzte Methode des Feedbackverfahrens ist das Blitzlicht. Das Blitzlicht wird vor allem zur Auswertung nach Gruppenprozessen genutzt. Ebenso kann das Blitzlicht aber auch spontan eingesetzt werden, um eine Rückmeldung zu einer aktuellen Situation, einem Befinden, zur Sammlung von Ideen und Lösungen sowie zu weiterem Vorgehen aus der Gruppe/aus dem Team zu erhalten. Hier kommt der Aspekt der Partizipation zum Tragen, indem die Teilnehmenden in den Reflexionsprozess aktiv mit einbezogen werden.

Kollegiale Beratung

Kollegiale Beratung setzt vielfach Ansätze der Feedback-Methode ein. Hier kann ein Gruppenfeedback zu Team- und Rollenverhalten, zu Lösungswegen etc. erfolgen. Die vielfältigen Perspektiven der Gruppe werden genutzt, um die eigene Wahrnehmung sowie Handlungsoptionen zu erweitern.

Darüber hinaus lässt sich die Themenzentrierte Interaktion (TZI) von Ruth Cohn (Cohn 1975) in der Begleitung und Beratung sowie als Konzept in der Gruppenarbeit anwenden (vgl. Dainton 2018: 58f.). Mit ihren Regeln bietet TZI einen Rahmen, um eine gute Feedbackkultur zu initiieren. Wesentliche Aspekte des Feedbacks finden hier Anwendung. Sie zielen darauf, einen gewissen Schutz der einzelnen Teilnehmenden und eine funktionierende Diskussion zu ermöglichen. Der Satz „Störungen haben Vorrang" sowie das Dreieck der Bearbeitung von Themen (Sachebene, Wir-Ebene, Ich-Ebene) stellen einen recht eingängigen, ganzheitlichen und leicht zu vermittelnden Ansatz in der Arbeit in und mit Gruppen dar (Cohn 1975). Vielfältige weitere Tipps und Ideen zur Arbeit mit Einzelnen und in Gruppen finden sich in der Literatur (vgl. Dainton 2018: 67–130).

Zur Feedback-Kultur gehört ein fehlerfreundliches, wertschätzendes Miteinander, wohlwollendes Gruppenklima und eine offene Atmosphäre im Gruppengeschehen sind die Voraussetzung dafür, sich anderen Teilnehmenden gegenüber zu öffnen. Insbesondere junge Erwachsene bringen diese Lernhaltung aus ihren bisherigen Lernräumen nur bedingt mit. Daher sind Verabredungen zu Vertraulichkeit und Schweigepflicht verbindlich zu treffen, um die Freiwilligen sowohl in ihren persönlichen Prozessen als auch im sozialen Miteinander zu schützen.

Feedback als Methode im Gespräch

> „Ich weiß nicht, was ich gesagt habe,
> bevor ich die Antwort meines Gegenübers gehört habe."
> *Paul Watzlawick (zitiert nach Vössing 2018: 25)*

Feedbackgespräche bieten sich als Rahmen einer erfolgreichen Praxisanleitung und -begleitung an. Feedbackgespräche (im Rahmen der Reflexionsgespräche, vgl. Konstantinidis/Tölgyesi in diesem Band) werden bestenfalls in regelmäßigen Abständen angeboten und durchgeführt. Freiwillige werden dadurch frühzeitig in eine Teamstruktur eingebunden, sie werden in ihren Fähigkeiten wertgeschätzt, können gezielt unterstützt und in ihrem Informationsbedürfnis fachgerecht begleitet werden. Hierdurch erwächst bei den Freiwilligen Vertrauen und das Verständnis untereinander wird gefördert. Feedbackgespräche bieten als Teil der individuellen Begleitung die Möglichkeit, differenziert und individuell auf die Bedürfnisse, den lebensgeschichtlichen und kulturellen Hintergrund der Freiwilligen in den Freiwilligendiensten einzugehen. In Einzelgesprächen werden die Freiwilligen mit ihren Erfahrungen in den Blick genommen und können in ihren persönlichen Entwicklungsprozessen begleitet und unterstützt werden.

Das Feedback-Gespräch bedarf einer guten Vorbereitung und eines geregelten Ablaufes. Erfahrungsgemäß wünschen sich die Freiwilligen eine Resonanz und Rückmeldung zu ihrer Mitwirkung in den Praxisfeldern. Die Einschätzungen von Leitung oder Mitarbeitenden, die aus der täglichen Zusammenarbeit heraus entstehen, zeigen die eigenen Stärken und Schwächen der Freiwilligen sehr gut auf. Die Motivation zur Mitarbeit steigt, je öfter und regelmäßiger Zeit zum Feedback an die Freiwilligen eingeräumt wird.

Freiwillige müssen sorgsam und mit Bedacht an die Methode des Feedbacks in der persönlichen Rückmeldung herangeführt werden, denn sie können sehr sensibel auf hierarchische Strukturen reagieren. Dies ist in der Durchführung von Gesprächsangeboten dringend zu berücksichtigen. Das Feedback geht von einer Haltung „auf Augenhöhe" aus und eröffnet somit die Chance auf einen vertrauensvollen, ehrlichen und dem gegebenen Rahmen entsprechenden Umgang. In der Fachliteratur finden sich Vorschläge zu Gesprächsverläufen und zu Regeln, die zur Durchführung eines Feedbacks einzuhalten sind. Vielen Fachkräften der Einsatzstellen in den Praxisfeldern der Freiwilligen wird diese Form der Gesprächsführung aus der Ausbildung oder durch Fortbildungen bekannt sein, die im Folgenden auf die Freiwilligendienste angewandt werden.

Feedbackregeln für den gelingenden, konstruktiven Austausch

- Voraussetzung ist ein vereinbarter Termin oder ein passender Moment. Das Feedback sollte möglichst zeitnah erfolgen, falls es ein konkretes Projekt, Ereignis oder einen Vorfall gibt, die der Rückmeldung bedürfen.
- Zudem ist vorab zu klären, ob alle Beteiligten bereit sind, sich in Ruhe und mit Offenheit dem Gespräch zu widmen. Feedback muss erwünscht sein, weswegen zu klären ist, ob der oder die Freiwillige ein Feedback erhalten möchte. Falls Teilnehmende wenig Bereitschaft zur Selbstreflexion bzw. Auseinandersetzung mit sich selbst mitbringen, ist dies zu respektieren.
- Wesentlich ist, dass es sich beim Feedback um eine subjektive Wahrnehmung handelt, nicht um eine Beurteilung. Das Feedback bezieht sich auf das eigene subjektive Erleben. Beurteilungen dagegen führen eher dazu, sich zu verteidigen.
- Als Gesprächsform werden „Ich-Botschaften" verwendet. Jede Person spricht für sich und von sich selbst. Sachinformationen oder Wiedergabe von persönlichen Empfindungen stehen im Vordergrund, keine Bewertungen.

145

- Das Feedback lässt dem Gegenüber die Offenheit, das Gehörte für sich zu relativieren, es einzuordnen und es anzunehmen. Hierzu ist es sinnvoll, die Wahrnehmungen zu beschreiben. Es sollen konkrete Verhaltensweisen benannt, Beobachtungen beschrieben und in ihrer Wirkung wiedergegeben werden (Rückmeldung).
- Rückfragen/Verständnisfragen sind erlaubt ("Störungen haben Vorrang").
- Ein Feedbackgespräch sollte Beobachtungen konkret und strukturiert benennen und positiv beginnen. Hierbei ist auf höfliche und wertschätzende Formulierungen zu achten.
- Kritische Punkte können benannt werden, nachdem eine Bereitschaft vorausgesetzt werden kann. Hier sollte eine konstruktive Kritik erfolgen, die nicht lediglich negative Punkte, sondern hilfreiche Tipps, Wünsche oder alternative Handlungsideen benennt.
- Interpretationen, pauschale Bewertungen und charakterbezogene Aussagen sind zu vermeiden. Eine wertschätzende und sachlich-beschreibende Rückmeldung ermöglicht es dem Gegenüber, ggf. "das Gesicht zu wahren".
- Letztlich werden Wünsche geäußert, ggf. Erwartungen benannt und als Bitte formuliert. Dies lässt dem Gegenüber die Freiheit, die Wünsche zu erfüllen. Ein offener, wertschätzender und respektvoller Dialog ist zielführend für einen gemeinsamen Konsens.

Nicht nur die Feedback-Gebenden, sondern auch der Feedback-Nehmenden haben gewisse Grundregeln zu beachten, die im besten Fall vorher thematisiert werden, damit sie allen bewusst sind. In jedem Fall sollten die Feedback-Gebenden ohne Unterbrechung ausreden können. Dazu gehört, aktiv zuzuhören. Eine Rückmeldung zum Verhalten oder zur Leistung sollten die Empfangenden in erster Linie als "Geschenk" verstehen und annehmen. Ein Verhalten, das ablehnend oder desinteressiert interpretiert werden könnte, ist wenig konstruktiv und geht daher, ebenso wie Rechtfertigungen oder Verteidigungen, am Ziel vorbei. Um das Gespräch abzuschließen, kann ein "Feedback auf das Feedback" eingeholt werden. Damit wird auch noch einmal nachvollzogen, wie das Feedback beim Gegenüber angekommen ist und ob ggf. Missverständnisse auszuräumen sind.

Kurzform eines Gesprächsablaufes

Als Erweiterung des vorgeschlagenen Verfahrens von Fengler bietet sich das Modell der "Gewaltfreien Kommunikation" an (Rosenberg 2016). Dies kann insbesondere im Falle eines konstruktiven und kritischen Feedbacks Anwendung finden:

1. *Beobachtung:* Ich habe gesehen …, gehört …, gelesen …, beobachtet …
2. *Deutung:* Ich habe mir überlegt …, mir ist nicht klar …, vielleicht ist das so, weil …
3. *Gefühle:* Ich fühle mich …, ich bin …., es macht mich …
4. *Bedürfnis:* Ich brauche …, mir hilft …, mich unterstützt …, mir tut gut …
5. *Bitte (Erwartung):* Ich bitte dich um …, meine Bitte an dich …, meine Erwartung ist …

Methoden- und Selbstkompetenz der pädagogischen Kräfte

Anleitende und pädagogische Fachkräfte der Trägerorganisation haben ein hohes Maß an Methodenkompetenz einzubringen, um die dargestellten Prozesse kompetent initiieren, begleiten und auswerten zu können. *Wichtig ist der richtige Umgang mit dem Feedback, der Schritt für Schritt erlernt sein will. Rückmeldungen haben unter bestimmten Prämissen (wie Wertfreiheit, Wiedergabe von Beobachtungen, Ich-Botschaften, konstruktive Kritik etc.) zu erfolgen. Dies setzt voraus, dass sich auch die Vermittelnden mit Grundlagenwissen und Methodenwissen ausstatten, um eine konstruktive Feedback-Kultur einbringen zu können.* Hilfreich hierfür kann es sein, sich einem Selbst-Feedback zu widmen. Fengler beschreibt diese Methode, die Prozesse der Selbst-Wahrnehmung, Selbst-Beobachtung, auch der Selbst-Kritik und der Selbst-Konfrontation mit sich bringen kann: „Selbst-Feedback ist ein Training der unerschrockenen Selbst-Betrachtung" (Fengler 2004: 128). Umfassend verstanden und durchgeführt, konfrontiert die Begegnung das Gegenüber im Feedback immer aufs Neue mit sich selbst und dem eigenen Verhalten, sodass es dies regelmäßig zu reflektieren gilt.

Die Selbst-Reflexion ist sinnvoll, um andere Menschen kompetent in die Methode des Feedback-Konzeptes einführen und sie begleiten zu können. Zudem bringt die Konfrontation mit dem Verhalten der zu Begleitenden bisweilen persönliche Reaktionen bei den Begleitpersonen mit sich, die herausfordernd sind, dennoch aber einen professionellen Umgang erfordern. Insofern erscheint hier ein Sich-Hinterfragen unabdingbar, das letztlich zu einem größeren Verständnis in der Arbeit mit Menschen führt. Das Selbst-Feedback kann eine gute Vorbereitung darauf sein, anderen Menschen Feedback zu geben und ihnen einfühlsam und achtsam zu begegnen.

147

Fazit und Ausblick

Die Methode des Feedbacks wird in der Praxis vielfältig angewendet und hat sich sowohl in der beruflichen Fort- und Weiterbildung als auch in unterschiedlichen Arbeitsrealitäten etabliert. Es ist ein mittlerweile selbstverständlich eingesetztes Modell in der sozialen Gruppenarbeit, in Teamprozessen und in Mitarbeitendengesprächen. Die Feedback-Methode gehört zum Grundlagenwissen im Bereich der erfolgreichen Kommunikation. An vielen Stellen wird das Feedback zudem zur Leistungsorientierung, Motivation und Zielorientierung eingesetzt. In den Freiwilligendiensten liegt das Ziel in der Kompetenzentwicklung der Freiwilligen, weniger in der Leistungsbeurteilung.

Freiwilligendienste können in ihren Angeboten in vielfacher Weise auf das Berufsleben vorbereiten. Feedback-Konzepte finden hier ihre Anwendung. Das erlernte Wissen und die Kompetenzen in den Bereichen Kommunikation, Kooperation, Teamfähigkeit und Konfliktfähigkeit zählen zu den sogenannten „Soft Skills" und finden in jedem Berufszweig Anwendung. Freiwilligendienste können einen Beitrag leisten für die Stärkung der individuellen Entwicklung der Teilnehmenden und die Unterstützung in den Entwicklungsaufgaben dieser Lebensphase – häufig im Übergang zwischen Schule und Beruf, immer aber in der (Neu-)Orientierung in eine bislang unbekannte Lebenswelt.

Das Engagement in der Berufswelt mit der und durch die unterstützende begleitende Bildungsarbeit stellt eine Besonderheit in der (beruflichen) Laufbahn dar, die in sich den hohen Wert der Verbindung zwischen praktischem Tun und reflektierendem, informellem Lernen bildet. Nicht zuletzt stellt eine Kultur regelmäßigen Feedbacks ein hohes Maß an Anerkennung für die Freiwilligen in ihrer praktischen Mitwirkung dar. Die Freiwilligen können sich hierdurch gesehen und ernst genommen fühlen; ihre Mitarbeit wird gewürdigt; sie werden in ihren Interessen im Rahmen ihres Engagements und in der Erreichung ihrer Ziele unterstützt, wenn das Feedback mit einer Haltung der gegenseitigen Wertschätzung und des Menschenbildes der achtsamen und aufmerksamen Anerkennung verbunden ist.

Je besser die Anleitung und Begleitung der Freiwilligen vor Ort, desto höher ist die Zufriedenheit – mit Auswirkungen auf sowohl die aktuelle, motivierte und engagierte Mitwirkung vor Ort in den Einsatzstellen als auch auf die potenzielle Gewinnung an zukünftigen Mitarbeitenden. Eine hohe Zufriedenheit in den Einsatzstellen fördert die zukünftige Engagementbereitschaft und die Bereitschaft, Gesellschaft aktiv mitzugestalten.

Literaturverzeichnis

Cohn, Ruth (1975): Von der Psychoanalyse zur themenzentrierten Interaktion. Von der Behandlung einzelner zu einer Pädagogik für alle. Stuttgart: Klett-Cotta.

Dainton, Nora (2018): Feedback in der Hochschullehre. Bern: utb/Haupt Verlag.

Ev. Freiwilligendienste = Evangelische Freiwilligendienste gGmbH (2019): Freiwilligendienste in Deutschland: Handbuch Qualitätsentwicklung und Qualitätsmanagement für FSJ und BFD 27 der Evangelischen Trägergruppe. Hannover.

Fengler, Jörg (2004): Feedback geben. Strategien und Übungen. 3. Auflage. Weinheim und Basel: Beltz Verlag.

Lempp, Theresa (2013): Freiwilligendienste und Zivildienst als Übergänge. In: Schröer, Wolfgang/Stauber, Barbara/Walther, Andreas/Böhnisch, Lothar/Lenz, Karl (Hg.): Handbuch Übergänge. Weinheim und Basel: Beltz Juventa, S. 614–631.

Lohaus, Arnold/Vierhaus, Marc (2015): Entwicklungspsychologie des Kindes- und Jugendalters für Bachelor. 3. überarbeitete Auflage. Berlin/Heidelberg: Springer.

Luft, Joseph (1971): Einführung in die Gruppendynamik. Stuttgart: Ernst Klett Verlag.

Reich, Kersten (Hg.) (2008): Methodenpool. Online unter: http://methodenpool.uni-koeln.de/download/feedback.pdf (Abruf 28.04.2020).

Rogers, Carl R. (1985): Die nicht-direktive Beratung. Frankfurt am Main: Fischer Verlag.

Rosenberg, Marshall (2016): Gewaltfreie Kommunikation. Eine Sprache des Lebens, Paderborn: Junfermann.

Schulz von Thun, Friedemann (1981): Miteinander reden – Störungen und Klärungen. Allgemeine Psychologie der Kommunikation. Berlin: Rowohlt.

Vössing, Heidrun (2018): Wie sehen mich die anderen? Feedback intensiv. Norderstedt: Books on Demand.

Weinberger, Sabine (2013): Klientenzentrierte Gesprächsführung. Lern- und Praxisanleitung für psychosoziale Berufe. 14. Auflage. Weinheim: Beltz Juventa.

Watzlawick, Paul (2016): Menschliche Kommunikation: Formen, Störungen, Paradoxien. 13. Auflage. Göttingen: Hogrefe.

KONFLIKTGESPRÄCHE FÜHREN: VOM RESPEKTIEREN UNTERSCHIEDLICHER BEDÜRFNISSE

Vera Reupert

„Wir müssen reden!" Wie ist meine Reaktion auf diesen Satz? Eine impulsive Angriffsstellung? Ein passives im Erdboden versinken? Vorfreude auf ein nettes Gespräch oder Krisenmodus aufgrund der Vorahnung, dass sich ein Konflikt anbahnen könnte?

Konflikte sind unangenehm, sie fordern Energie von uns, tauchen bekanntlich zum unpassendsten Zeitpunkt auf und werden nicht selten als nervenaufreibende Störung in Beziehungen verstanden. Diese Gedanken und Empfindungen kann ich persönlich gut nachvollziehen. Gleichzeitig möchte ich in diesem Beitrag für Konflikte als systemisch spannende Bausteine in Beziehungen werben. Ich möchte einladen, die weniger beachtete Seite der Medaille zu betrachten und den Konflikt neben der Herausforderung auch als Indikator für eigene Bedürfnisse wahrzunehmen und wertzuschätzen. So können Konflikte anders gewertet werden, um sie letztlich für ein soziales Miteinander – nicht nur im Freiwilligendienst – nutzbar zu machen.

Im Folgenden ersten Teil geht es zunächst darum, wie und wo Konflikte entstehen können und wie individuell Menschen in und mit ihnen agieren. Daran anschließend wird anhand eines Beispiels veranschaulicht, wie es möglich ist, über Bedürfnisse konstruktiv ins Gespräch zu kommen, um letztlich gemeinsam neue Spielregeln im sozialen Miteinander auszuhandeln.

Konflikte verstehen

Sozialer Konflikt

Das tägliche Handeln wird bestenfalls dadurch definiert, dass jeder Mensch individuell für sich sorgt. Das heißt, ich folge meinen inneren Bedürfnissen und tue, was mir am Herzen liegt und was mir guttut. Wenn ich selbst jedoch nicht genau weiß, was ich brauche, und unterschiedliche Bedürfnisse miteinander konkurrieren und zusammenstoßen (configere = lat. zusammenstoßen), entsteht eine innere Spannung, die als psychischer Konflikt verstanden werden kann. Von diesem psychischen Konflikt einer Einzelperson grenzt sich der soziale Konflikt mehrerer Parteien ab, auf den im vorliegenden Beitrag der Fokus liegen wird.

Der österreichische Konfliktforscher und Organisationsberater Friedrich Glasl beschreibt einen sozialen Konflikt als „eine Interaktion zwischen Akteuren (Individuen, Gruppen, Organisationen usw.), wobei wenigstens ein Aktor Unvereinbarkeiten im Denken/Vorstellen/Wahrnehmen und/oder Fühlen und/oder Wollen mit dem anderen Aktor (anderen Aktoren) in der Art erlebt, daß [sic!] im Realisieren eine Beeinträchtigung durch einen anderen Aktor (die anderen Aktoren) erfolge" (Glasl 2000: 25). Dies bedeutet, dass sich in einem sozialen Konflikt mindestens eine beteiligte Person in der Erfüllung ihrer Bedürfnisse durch andere gestört fühlt. Wie solch ein sozialer Konflikt aussehen kann, soll folgendes Beispiel veranschaulichen: Eine Freiwillige sitzt in der Mittagspause auf einer Bank im Garten und sehnt sich nach Ruhe und Entspannung. Dabei steht ihr ein anderer Freiwilliger im Weg, der sich im selben Moment nach Gemeinschaft sehnt und ununterbrochen (mit ihr) redet. Hier liegt ein sozialer Konflikt vor. Würde die Freiwillige an einem Ende des Gartens in Ruhe auf einer Bank sitzen und der Freiwillige am anderen Ende mit einer dritten Person reden, läge kein sozialer Konflikt vor.

Der Mediator Rolf Schulz beschreibt nachfolgende Rahmenbedingungen: Ein sozialer Konflikt zeichnet sich dadurch aus, dass
• mindestens zwei Personen, die voneinander abhängig sind,
• mit unterschiedlichen Interessen und Zielen
• in einer Situation miteinander agieren,
• in der ein Handlungsspielraum für eigene Entscheidungen gegeben ist (vgl. Schulz 2007: 14f.).

Im Alltag, umgeben von Menschen mit unterschiedlichen Erwartungen, Zielen und Vorgehensweisen, findet man sich in zahlreichen derart herausfordernden Situationen wieder. Man stößt an Grenzen, sucht nach Lösungen.

Im Hinblick auf Konflikte zieht Schulz eine klare Trennungslinie zwischen sozialen Konflikten und Meinungsverschiedenheiten: Im Gegensatz zu Konflikten gehe es bei Meinungsverschiedenheiten in erster Linie darum, recht zu bekommen: Welcher Film ist besser? Schmeckt dir das Essen in der Einsatzstelle? Ein Konflikt jedoch ziele primär darauf ab, zu gewinnen. Ebenso schränke ein sozialer Konflikt die eigene Handlungsfähigkeit bedeutsam stärker ein, da in Konflikten nicht selten „die Inhalts- und die Beziehungsebene heillos miteinander verstrickt" (Schulz 2007: 21) werden.

So können im Bereich der sozialen Konflikte weitere Arten von Konflikten unterschieden werden (vgl. Schulz 2007: 86–96):

Unterschiedliche Arten von Konflikten

- *Zielkonflikt:* Uneinigkeit über Ziele, Prioritäten innerhalb eines Teams, Abteilung, Systems etc.
- *Methodenkonflikt:* Das Ziel ist klar definiert. Der Weg, dieses Ziel zu erreichen, wird jedoch unterschiedlich gesehen.
- *Rollenkonflikt:* unterschiedliche Erwartungen beim Ausfüllen einer Rolle.
- *Verteilungskonflikt:* Unzufriedenheit im Hinblick auf Verteilung von Aufgaben, Gütern, Zuständigkeiten.
- *Wertekonflikt:* auszuführende Handlungen stehen im Konflikt mit eigenen Wertevorstellungen. Werte sind regulative und normative Maßstäbe, die teils bewusst, teils unbewusst das Handeln steuern.
- *Beziehungskonflikt:* ungeklärter Beziehungsstatus, unerfüllte Bedürfnisse, persönliche Differenzen.

Unterschiedliche Ziele, ungewohnte Methoden, konträre Erwartungen, konkurrierende Werte: Eine Andersartigkeit im Denken, Fühlen und Handeln führt über kurz oder lang zu Missverständnissen und Reibungen und hat Einfluss auf eine Beziehung. Eine Klärung dieser Andersartigkeit kann neue Kräfte freisetzen und letztlich als belebendes Element im zwischenmenschlichen Miteinander verstanden werden. Wie ich eine Situation wahrnehme, einen Konflikt bewerte und ob ich eine Klärung als gewinnbringend erachte, liegt letztlich im Auge der Betrachtenden.

Erlernte Konfliktmuster

Wahrnehmung ist sowohl immer subjektiv als auch selektiv. Der systemische Organisationsberater, Psychiater und Familientherapeut Fritz B. Simon beschreibt, wie aus einer Flut von Informationen, die über uns hereinbricht, im Bruchteil von Sekunden unzählige Sinnesdaten zum Teil sofort gelöscht, zum Teil von uns gespeichert und in uns logisch verknüpft werden, als habe jede Person einen unbewussten Filter, der nur bestimmten Daten einen Wert beimesse. Alles andere verschwinde, gleich schwarzen Flecken. So entstehe in jedem Individuum eine einzigartige Welt. Diese sogenannte Selbstorganisation eines Modells der Wirklichkeit berge ein hohes Konfliktpotenzial in sich. Selbst wenn Menschen friedlich zusammenleben, haben sie doch im Laufe ihres Lebens unterschiedliche, für sich logische Muster im Denken, Fühlen und Handeln angelegt, die über kurz oder lang zum Tragen kommen werden (vgl. Simon 2015: 30f.).

Nicht nur wie wir die Welt betrachten, hat entscheidend mit unserer Sozialisation, den verinnerlichten Werten, Überzeugungen und unseren Erfahrungen zu tun, auch wie wir Konflikten begegnen. Aufgrund zahlreicher

Auseinandersetzungen mit Familie, in Freundschaften, am Arbeitsplatz sowie in unserem Umfeld legen wir uns ein bestimmtes Konfliktmuster zu. Das bedeutet, wir verfolgen (un)bewusst eigene Motive und Strategien, um Konflikte anzupacken.

Sicherlich sind unsere Reaktionen je nach Situation und Person unterschiedlich und müssen daher spezifisch betrachtet werden. Und doch gibt es Tendenzen, wie Menschen reagieren, wenn sie unter Druck geraten. Die US-amerikanische Familientherapeutin Virginia Satir unterscheidet vier Kommunikationsmuster, die im Umgang mit negativem Stress auftreten. Wenn Menschen in Konflikte geraten und ihr eigenes Selbstwertgefühl als bedroht wahrnehmen, reagieren sie unterschiedlich (vgl. Satir 2010: 121–129):

- Der *beschwichtigende Typ* tendiert dazu, einschmeichlerisch zu reden, versucht zu gefallen und entschuldigt sich vielmals. Selten ist er entgegengesetzter Meinung. Als Ja-Sager erweckt er den Anschein, kaum für sich allein entscheiden und sorgen zu können.
- Der *anklagende Typ* sucht nach Fehlern. Er tendiert zu diktatorischem Verhalten, das andere von oben herab behandelt. Er empfindet innerliche Anspannung in Muskeln und Organen, seine Stimme ist hart und fest, kann oft auch schrill oder laut sein.
- Der *rationalisierende Typ* handelt vernünftig und korrekt. Er scheint seine Gefühle ausschalten zu können, wirkt ruhig und beherrscht. Nach außen wirkt er kühl und gefasst, seine Äußerungen sind für gewöhnlich sachlich, abstrakt.
- Der *ablenkende Typ* zielt darauf ab, der Situation zu entfliehen. Gesagtes und Handlungen stehen in keinerlei Zusammenhang zu dem, was andere in der betreffenden Situation tun oder sagen. Er gibt sich seiner inneren Benommenheit hin, schweift ab und versteckt sich.

In Konfliktsituationen zu reagieren, unter Stress und Druck das eigene Selbstwertgefühl zu schützen, erweist sich nach Satir als anstrengender Drahtseilakt zwischen Sein und Schein. So beschreibt die Familientherapeutin die nach außen hin als zustimmend und beschwichtigend wahrgenommene Person als innerlich um ihre Wertlosigkeit besorgt. Die anklagende, tadelnde Person sehne sich nach Gemeinschaft und ehrlichem Erfolg. Die nach außen hin als rational und übervernünftig wahrgenommene Person erlebe in sich eine tiefe Verletzlichkeit. Und ebenso nehme die ablenkende, vermeintlich desinteressierte Person sich in ihrer eigenen Haut als unerwünscht und fehl am Platz wahr (vgl. Satir 2010: 115–140).

Es ist wichtig, hervorzuheben, dass beschriebene Typen selten in Reinform auftreten sowie genannte Techniken nicht bewusst in böser Absicht eingesetzt werden, sondern vielmehr als ein durch Sozialisation erlerntes logisches Muster verstanden werden müssen, das sich im Laufe des Lebens für die Individuen wiederholt als bewährt erwiesen hat. Im sozialen Miteinander ist demnach alles eine Frage der Perspektive und Wahrnehmung. Letztlich sorgt der Mensch für sich und verteidigt sein als bedroht wahrgenommenes Selbstwertgefühl (vgl. Satir 2010: 115–140).

Konflikteskalation in neun Stufen

Konflikte scheinen eine brenzlige Angelegenheit zu sein. Wann wird aus einem vorsichtigen Aufflackern ein stürmisches Entflammen? Eskalieren Konflikte aus sich selbst heraus und ab welchem Zeitpunkt können diese Brandherde nur noch schwerlich gelöscht werden? Emotionsgeladenes Erleben wird oft in feurigen Metaphern umschrieben, so auch bei Simon, der soziale Konflikte aus der systemischen Sicht als „autopoietische Dauerbrenner" bezeichnet, die sich immer wieder aus sich selbst heraus neu erschaffen: Indem die Teilnehmenden mittels ihrer Kommunikation wiederholt Öl ins Feuer gießen, nähren sie ihren Konflikt und erhalten ihn aktiv aufrecht (vgl. Simon 2015: 73).

Nach dem Konfliktforscher Friedrich Glasl kann sich eine subjektiv wahrgenommene Spannungssituation ohne Klärung leicht weiter verhärten und in neun idealtypische Stufen und drei Ebenen der Konflikteskalation untergliedert werden. Diese Einteilung ist sowohl hilfreich, um soziale Herausforderungen besser analysieren zu können, als auch Auswege aus der dynamischen Entwicklung präziser reflektieren zu können. Nach Meinung des Konfliktforschers können Konflikte, die bestimmte kritische Punkte erreicht haben, nur schwerlich (ohne Hilfe von außen) gelöst werden.

Auf den ersten drei Stufen der Skala könnten noch alle beteiligten Parteien als Gewinnende aus dem Konflikt heraustreten (Win-Win). Das Bild der hinabführenden Treppe (vgl. Abbildung 3) verdeutlicht die abnehmende Wahrscheinlichkeit eines solchen zukunftsfähigen Ausgangs. Ab der vierten Stufe gebe es bereits gewinnende und verlierende Parteien (Win-Lose), die nach Glasl ab der siebten Stufe obligatorisch auf der Lose-Lose-Ebene enden werden.

Abbildung 3: 9 Eskalationsstufen nach Friedrich Glasl

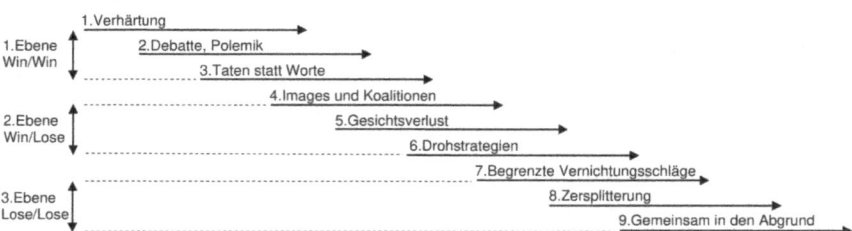

Quelle: Eigene Darstellung nach Glasl 2000: 92–116

In diesem Beitrag wird auf Situationen eingegangen, die auf den ersten drei Stufen, auf der ersten Konfliktebene (Win-Win) nach Glasl einzuordnen sind. In dieser Phase kann ein Konflikt durchaus von den Beteiligten (ggf. unter Anleitung) selbstständig geklärt werden.

Stufe 1: Verhärtung

Spannungen werden bewusst und spürbar, Meinungen prallen aufeinander, Standpunkte verhärten sich, Gefühle des Unbehagens machen sich breit; es findet noch keine Lagerbildung statt.

Stufe 2: Debatte, Polemik

Meinungsverschiedenheit wird fundamentaler, kompromissloses Schwarz-Weiß-Denken, Konkurrenzdenken und Misstrauen wächst, verbale Gewalt setzt ein; Parteien setzen noch keine nonverbalen Handlungen ein.

Stufe 3: Taten statt Worte

Reden hilft nicht mehr: Gespräche werden frustriert abgebrochen, kein Einfühlungsvermögen mehr für die andere Partei, vollendete Tatsachen werden geschaffen, Provokation wächst; körperliche Handlungen werden von den Konfliktparteien als notwendig erachtet. Noch bleibt der Konflikt eine persönliche Angelegenheit zwischen den streitenden Parteien. Dies ändert sich in den folgenden Stufen (vgl. Glasl 2000: 92–116).

Durch besonnenes Konfliktmanagement ist es zu dem Zeitpunkt der ersten drei Stufen noch möglich, dass beteiligte Parteien ohne nachhaltigen Schaden und darüber hinaus mit einem Gewinn aus der Konfliktsituation hervorgehen können. Sie können lernen, ihre Bedürfnisse wahrzunehmen, ihr Handeln danach abzuwägen und Verantwortung zu übernehmen. Ab der vierten Stufe verhärtet sich der Konflikt bedeutsam und es wird zunehmend unwahrscheinlicher, ohne Hilfe aus diesem explosiven Karussell auszusteigen. Falls ein Konflikt bereits eskaliert ist und in Ebene zwei oder drei anzusiedeln ist, empfiehlt sich, professionelle Hilfe in Anspruch zu nehmen (vgl. Glasl 2000: 94–101).

Nach vorangegangenem Theorieteil soll nun anhand eines lebensnahen Beispiels ein handlungsorientierter Transfer in die Praxis erfolgen.

Konfliktgespräche führen

Beispiel: *Anna und Tom leben und arbeiten gemeinsam mit vier weiteren Freiwilligen als sogenanntes Jahresteam in einer Einsatzstelle. Anna arbeitet mit To-do-Listen und Abgabefristen, sie organisiert alle ihre Termine digital, weil sie ein Bedürfnis nach Struktur und Effektivität hat. Sie geht regelmäßig im Wald joggen, liest gerne Bücher und schreibt Tagebuch. Sie genießt Ruhe und Privatsphäre. Tom liebt Kreativität und Spontanität. Er erzählt gerne Witze beim gemeinsamen Mittagessen, hält Pläuschchen in der Kaffeepause, freut sich über gemeinsames Frisbee-Spielen und verschenkt Selbstgebasteltes zum Geburtstag. Tom hat ein Bedürfnis nach Humor und Gemeinschaft. Ihm ist gelebte Wertschätzung wichtig.*

Solange beide Personen aus dem skizzierten Fallbeispiel ihre eigenen Bedürfnisse verfolgen können, ohne sich gegenseitig einzuschränken, liegt kein sozialer Konflikt vor.

Den Konflikt als gemeinsames zirkuläres Spiel verstehen

„Je mehr sich eine Gruppe, ein soziales System entwickelt, desto mehr Unterschiede werden sichtbar. Einige dieser Unterschiede werden für das eigene Fühlen, Wollen, Handeln als hinderlich erlebt und als Konflikt bezeichnet" (Renolder/Scala/Rabenstein 2017: 89). Diese Entwicklung bewerten der Pädagoge Renoldner und seine Kolleginnen Scala und Rabenstein aus systemischer Sicht als typisch für soziale Systeme.

Beispiel: *Nun arbeiten Anna und Tom gemeinsam an einem Projekt. Es kommt zunehmend zu Spannungen. Anna stört sich an Toms Art, weil ihrer Meinung nach die Arbeit, das gemeinsame Projekt, darunter leide. Sie weiß nicht, ob sie sich auf ihn verlassen kann, und übernimmt ungefragt viele seiner Aufgaben. Tom lässt dies geschehen, weil er einen Streit vermeiden will. Er distanziert sich in der Freizeit Schritt für Schritt von Anna, da er sich in ihrer Gegenwart zunehmend unwohl fühlt. Anna wünscht sich von Tom mehr Zuverlässigkeit und Professionalität. Sie fühlt sich in der Ausführung der Arbeit, in der Erfüllung ihrer Bedürfnisse eingeschränkt. Für Anna liegt ein Konflikt vor. Aus ihrer Sicht scheint für Tom alles in Ordnung. Als Anna das Thema anspricht und mehr Struktur und Professionalität von Tom fordert, entgegnet dieser verletzt, dass ihm auf der anderen Seite Kollegialität und Wertschätzung fehlen. Man sei hier ein gemeinsames Team von Freiwilligen und da gehöre für ihn Gemeinschaft an oberste Stelle, was er so bei Anna nicht sehe.*

Jede beteiligte Person konstruiert in einem Konflikt ihre eigene Konfliktwirklichkeit. Dabei kommt es nicht selten „zum Streit darüber, wie die Wirklichkeit wirklich ist. Tragischerweise wird die Erklärung für die Differenz der Beschreibungen der Welt jeweils dem andern (oder gar dessen unlauteren Absichten) zugeschrieben" (Simon 2015: 32). Eine destruktive Stimmung umklammert den Konflikt: Es gibt zwei Seiten, Gewinner und Verlierer, richtig und falsch.

Im Sinne eines konstruktiven Umgangs mit Unterschiedlichkeiten verstehen Renoldner, Scala und Rabenstein sowohl die Entstehung, als auch Aufrechterhaltung und Eskalation eines Konfliktes als Ko-Kreation aller Beteiligten. Ein sozialer Konflikt sei Interaktion und müsse als zwischenmenschliches Ergebnis sozialen Interagierens verstanden werden. Diese Betrachtungsweise der gemeinsamen Verantwortung teilen der Konfliktforscher Friedrich Glasl wie auch der deutsche Psychologe und Kommunikationswissenschaftler Friedemann Schulz von Thun.

Nach Thun ist entscheidend, nicht Feind und Gegner im Gegenüber zu suchen, sondern persönliche Eigenarten und individuelle Verhaltensweisen als interaktionsbedingt aufzufassen. Anna (re)agiert auf Toms „unselbstständige" Art „dominant". Tom (re)agiert auf Annas „fordernde" Art „zurückhaltend". Wer hat angefangen? Wie ist vorliegender Konflikt zu begreifen?

Schulz von Thun bringt Licht in die Frage: Er beschreibt diese zwischenmenschlichen Herausforderungen und individuellen Eigentümlichkeiten als zirkuläres Spiel zwischen Sender und Empfänger. Anstatt die Beteiligten als Täter und Opfer zu klassifizieren, sieht er in ihnen vielmehr ebenbürtige Mitspielende einer „schwierigen Beziehung" und verlagert so den Fokus von gegenseitigen Schuldvorwürfen hin zu einer lösungsorientierten Haltung, die alle Beteiligten wieder handlungsfähig macht. Wenn die Störung im sozialen System der Beziehung zu suchen ist, liegt darin die Chance, konstruktiv den eigenen „Mitspiel-Beitrag" zu reflektieren, um in einem gemeinsamen nächsten Schritt neue Spielregeln auszuhandeln (vgl. Schulz von Thun 2006 [1981]: 82–87).

Letztlich ist die gute Nachricht, dass alle Beteiligten, neben Entstehung und Aufrechterhaltung, ebenso „durch ihre Verhaltensweisen und ihre Kommunikation über den Konflikt, ihre Deutungen, Bewertungen, Erklärungen" (Renolder/Scala/Rabenstein 2017: 89), ihren Teil zur Konfliktklärung beitragen können. Es lohnt sich folglich, die Konfliktparteien genauer zu betrachten, um die herausfordernden Unterschiede im Miteinander näher zu erforschen. Dabei kann es äußerst hilfreich sein, eine neutrale, allparteiliche Person zur Mediation hinzuzuziehen. Das können Anleitende, eine Mentorin oder ein Mentor der Einsatzstelle sein. Auch zuständige pädagogische Fachkräfte des Trägers können eine forschende und wertschätzende Konfliktmediation gestalten und die Konfliktparteien in ihrem Prozess sinnstiftend begleiten.

157

Meine Bedürfnisse – Deine Bedürfnisse

Ein wertvoller Indikator, Konflikten auf die Spur zu kommen, sind persönliche Bedürfnisse. Folgende Fragen können hierbei nützlich sein: Was fehlt mir? Was tut mir (eigentlich) gut? Wonach sehne ich mich gerade? Was sehe ich in meinem Gegenüber? Wieso verhält er oder sie sich so? Und woran störe ich mich gerade eigentlich? Jeder Mensch hat Bedürfnisse (s. u.). Sie werden subjektiv erlebt und wahrgenommen und daher als nicht verhandelbar begriffen.

Bedürfnisse erforschen: „Was brauche ich?"/ „Was ist mir wichtig?"

Bedürfnisse: Authentizität, Abgrenzung, Akzeptanz, Austausch, Anerkennung, Achtsamkeit, Ästhetik, Aufmerksamkeit, Ausgewogenheit, Bewegung, Bildung, Distanz, Ehrlichkeit, Effektivität, Engagement, Eindeutigkeit, Einklang, Erholung, Freundschaft, (innerer) Friede, Feiern, Feedback, Freude, Gemeinschaft, Geborgenheit, Heilung, Harmonie, Humor, Intimität, Inspiration, Kraft, Klarheit, Kompetenz, Kreativität, Liebe, Ordnung, Privatsphäre, Respekt, Ruhe, Struktur, Toleranz, Trauern, Wertschätzung, Wachstum, Zusammenarbeit, Zugehörigkeit …

Gefühl bei nicht erfüllten Bedürfnissen: ambivalent, angespannt, ängstlich, aufgewühlt, bedrückt, befangen, bekümmert, belastet, beschämt, desorientiert, eingeengt, einsam, energielos, ernüchtert, erschrocken, erstarrt, frustriert, gestresst, gleichgültig, hasserfüllt, hilflos, hoffnungslos, leer, lustlos, melancholisch, ohnmächtig, sauer, ungeduldig, unglücklich, unsicher, verängstigt, verletzt, verloren, verzweifelt, zerrissen, zornig …

Gefühl bei erfüllten Bedürfnissen: aufgeregt, ausgeglichen, begeistert, beruhigt, dankbar, energiegeladen, ermutigt, fasziniert, frei, gerührt, gespannt, glücklich, heiter, hoffnungsvoll, kraftvoll, lebendig, locker, offen, sanft, stabil, stark, stolz, überrascht, unbekümmert, vertrauensvoll, verzaubert, wach, warm, weich, zufrieden, zuversichtlich …

Jede Wahrnehmung sagt „immer auch etwas über den Beobachter" und dessen Bedürfnisse aus (Simon 2015: 31). Aus Annas Sicht ist Tom unselbstständig, weil sie selbst ein hohes Bedürfnis nach Selbstständigkeit hat. Ebenso sieht Tom durch sein eigenes Verständnis von Gemeinschaft in Anna eine Einzelgängerin.

Um sich nicht in dieser Sackgasse der Schuldvorwürfe zu verlieren und wieder handlungsfähig zu werden, bedarf es einer Klärung. Die Kernfragen, die Glasl an dieser Stelle formuliert, lauten: Habe ich einen Konflikt oder hat der Konflikt mich? Inwiefern habe ich meine Selbstkontrolle und Selbstführung verloren? Inwiefern agiere ich in diesem Konflikt noch bewusst? (Vgl. Glasl 2000: 29).

Die fünf Schritte des Konfliktgespräches

In einem gelingenden Konfliktgespräch geht es darum, die unbewusste Eigendynamik des Konfliktes im Keim zu ersticken. Gemeinsam werden wahrgenommene Unterschiede in einem konstruktiven Dialog erörtert, sodass „alle Betroffenen sich gehört und verstanden fühlen, ihre Positionen aufweichen, ihre Bedürfnisse erkennen, mitteilen und verhandeln können" (Renolder/Scala/Rabenstein 2017: 90). Dadurch kann letztlich eine Win-Win-Situation auf erster Ebene erreicht werden, in der ein wertvolles Miteinander nachhaltig gelingen kann.

Gemeinsame Gesprächsbasis

Ein Konfliktgespräch sollte nicht „zwischen Tür und Angel" stattfinden, sondern bedarf einer gewidmeten Terminvereinbarung. Um eine destruktive Kommunikation zu vermeiden, ist es zudem grundlegend, eine wertschätzende Gesprächskultur zu etablieren. So kann Missverständnissen in der Kommunikation beispielsweise durch aktives Zuhören und Ausredenlassen vorgebeugt werden.

 Missverständnisse: „Ich bin davon ausgegangen, dass ..."
Missverständnisse lassen sich vorbeugen durch
- Ausreden lassen, nicht voreilig reagieren: „Ah ja, verstehe ... "
- Aktives Zuhören: „Ich höre dir zu, ich kann mich in dich hineinversetzen."

Auch wenn es sich zu Beginn eventuell fremd anfühlt, kann durch folgende Formulierung Klarheit in die Kommunikation gebracht werden:

Sender:
„Mir ist wichtig, dass du verstehst, dass ... "
„Ich bin mir nicht sicher, ob ich das gut rüberbringen konnte. Von dem, was ich gerade gesagt habe, was ist da bei dir angekommen?"

Empfänger:
„Habe ich richtig verstanden, dass ..."
„Mir ist wichtig, dass ich dich verstehe, deshalb möchte ich das noch mal kurz wiederholen, was ich gerade (heraus)gehört habe."

Ein weiterer bedeutsamer Punkt ist die Haltung und Motivation der Konfliktparteien zu hinterfragen. Sind die Beteiligten an einer zukunftsfähigen Win-Win-Beziehung interessiert und zeigen sie den Willen und die Offenheit, sich auf die jeweils andere Partei in diesem Klärungsprozess einzulassen?

Selbstreflexion und Hypothesenbildung

Zuerst einmal muss der Konflikt verstanden werden. Anhand konkreter Situationen werden persönliche Gefühle und Bedürfnisse erforscht und durch Hypothesenbildung die gegenüberliegende Perspektive eingenommen. Dieser Schritt kann von jeder Konfliktpartei individuell vorbereitet werden oder an einem „Runden Tisch" gemeinsam mit der Anleitung erörtert werden. Folgende Fragen können Hilfestellung geben:

* Konkrete Situation: An welchem Verhalten, welcher Äußerung störe ich mich konkret?
* Gefühle: Was macht das mit mir? Wie fühlt sich das konkret an?
* Bedürfnisse: Wieso fühle ich so? Was fehlt mir in dem Moment? Wonach sehne ich mich?
* Hypothesen bilden/Perspektivübernahme: Wie nehme ich die Person wahr? Wieso agiert mein Gegenüber vielleicht so? Wieso sagt/tut er/sie das wohl? Wofür sorgt die Person in diesem Moment?

Es erweist sich als förderlich, den Fokus weg von der Vergangenheit hin zur aktuellen Situationen zu legen. So können vom Hier und Jetzt ausgehend, lösungsorientierte Schritte nach vorne anvisiert werden. Nachfolgend werden genannte Aspekte auf das Beispiel von Anna und Tom übertragen.

Annas Sicht: Tom ist wieder einmal nicht pünktlich erschienen, außerdem hat er wieder eine Frist versäumt. Ich bin angespannt, verärgert, frustriert und ungeduldig. Ich habe ein Bedürfnis nach Struktur und Effektivität. Ich sehne mich danach, das Projekt im geplanten Zeitraum professionell zu beenden. Und das klappt mit Tom nicht. Ich glaube, er spürt einfach keinen (Zeit-)Druck. Ich frage mich, was er eigentlich über das Projekt denkt.

Toms Sicht: Dass Anna mich zur Rede stellt und mich unprofessionell nennt, verletzt mich. Ich bin unglücklich, fühle mich überfordert und verunsichert. Ich brauche die Freiheit und Kreativität bei der Arbeit. Außerdem habe ich ein hohes Bedürfnis nach Wertschätzung und einer harmo-

nischen Gemeinschaft. Anna tritt dagegen sehr dominant auf. Sie braucht ganz klare Regeln. Sowohl bei der Arbeit als auch im Jahresteam ist sie eher eine Einzelgängerin und zeigt irgendwie wenig Empathie.

Hypothesenprüfung im Dialog

Nachdem die einzelnen Parteien ihre eigenen Gefühle und Bedürfnisse reflektiert und Hypothesen über die jeweils andere Seite aufgestellt haben, ist es Zeit, die unterschiedlichen Wahrnehmungen in einen Dialog zu bringen und die Hypothesen empathisch zu überprüfen. Im Gespräch versuchen und lernen die Konfliktparteien Schritt für Schritt, ihr Gegenüber und dessen Beweggründe besser zu verstehen. In dieser Phase geht es noch nicht darum, eine Lösung zu finden, sondern vielmehr die Position und Bedürfnisse des Gegenübers zu hören. Folgende Formulierungen in Form von Ich-Botschaften können Hilfestellung geben:

- Eigenes Erleben: „Als du XY gesagt/getan hast, habe ich mich XY gefühlt."
- Hypothesenprüfung: „Ich kann mir vorstellen ..., habe überlegt, ob ..., wahrscheinlich/vielleicht ..."

Im Anschluss daran schildert Partei B aus eigener Perspektive (Ich-Botschaften). Wichtig: keine Rechtfertigung. In dieser Phase ist vonseiten der Anleitung eine respektvolle und wertschätzende Gesprächskultur sicherzustellen (s.o.). Das Gespräch soll von gegenseitigem Zuhören und Verstehen geprägt sein und sich nicht in einem Schlagabtausch von Vorwürfen und Rechtfertigung verlieren. Destruktive Kommunikation wie Schuldzuweisungen, Vorwürfe, (non)verbale Verletzungen, Rechthaberei, das Aufwärmen alter Geschichten und Verallgemeinerungen wie „immer" und „nie" sollen vermieden werden, da sie wie Zunder in einem Konflikt wirken.

Wenn einander wohlwollend zugehört wurde, kann im nächsten Schritt gemeinsam überlegt werden, wie mit gegebener Unterschiedlichkeit unter gleichzeitiger Wahrung der individuellen Bedürfnisse in Zukunft gemeinsam miteinander gelebt/gearbeitet werden kann. Es kann nicht Ziel eines Konfliktgespräches sein, das Gegenüber verändern zu wollen. Vielmehr geht es letztlich darum, „dass die Beteiligten mit mehr Unterschieden leben können als vorher" (Renolder/Scala/Rabenstein 2017: 90). Wichtig ist an dieser Stelle, die Konfliktparteien darin zu unterstützen, ihren eigenen Mitspielbeitrag zu reflektieren: Wie haben wir beide zur aktuellen Situation beigetragen?

Strategieerarbeitung

Die Wahl der Strategie ist davon abhängig, welche Konfliktart vorliegt (s.o.). Wie im vorliegenden Beispiel vermischen sich nicht selten mehrere

Themen und somit auch Konfliktarten. Für Anna liegt in erster Linie ein Konflikt auf inhaltlicher Ebene vor, wobei sich für Tom grundlegend ein Beziehungskonflikt auf persönlicher Ebene entzündet.

Der Konflikt auf inhaltlicher Ebene kann als Methoden- und Rollenkonflikt eingestuft werden. Wie die gemeinsame Zusammenarbeit in Zukunft aussehen soll, kann durch strukturelle (W-)Fragen geklärt werden: Welche Aufgaben liegen vor? Wer übernimmt welche Aufgaben innerhalb des Projektes? Wie sieht der feste Rahmen aus, der nicht verändert werden kann (z.B. Fristen)? Wo gibt es kreative Handlungsspielräume?

Konflikte auf inhaltlicher Ebene, wie in diesem Fall das Methoden- und Rollenverständnis innerhalb des Projektes, lassen sich in der Regel sachlich klären. Sobald ein Konflikt jedoch in die Beziehungsebene wandert, ist er weit komplizierter und verstrickter zu betrachten.

Neben der Arbeit leben Tom und Anna gemeinsam mit vier weiteren Freiwilligen als Jahresteam zusammen. Es liegen unterschiedliche Vorstellungen zugrunde, wie die Beziehung mit- und untereinander aussehen soll. Da die Bedürfnisse und Prioritäten innerhalb des Jahresteams zum Teil sehr konträr sind, flackern immer wieder persönliche Differenzen auf. Tom wendet sich an seine Anleiterin Lisa. Lisa nimmt sich Zeit, sie hört Tom aktiv zu und stellt interessiert Rückfragen. Sie versucht sich sowohl inhaltlich als auch emotional in Tom hineinzuversetzen. Sie fühlt den Ärger über den Streit mit Anna. Ebenso hört sie Toms Bedürfnis nach Gemeinschaft und Harmonie und seinen Frust über die unterschiedlichen Prioritäten innerhalb des Teams heraus. Lisa hakt nach und fragt konkret nach Toms Wünschen für die Zukunft: „Mal angenommen, dein Problem wäre gelöst und die Gemeinschaft innerhalb des Jahresteams wäre genauso, wie du sie dir vorstellst. Wie wäre es dann? Was wäre anders?" Ebenso eruiert sie durch sogenannte zirkuläre Fragen die Perspektive der anderen im Jahresteam: „Was glaubst du, würden die anderen fünf jetzt jeweils antworten, wenn ich sie einzeln fragen würde?" Lisa sieht in Toms Konflikt ein Thema für das gesamte Jahresteam. Und so fragt sie Tom, ob es für ihn in Ordnung sei, sein ursprüngliches Anliegen, die persönliche Herausforderung mit Anna, vorerst nicht als Einzelkonflikt zu bearbeiten. Stattdessen möchte sie das Thema „Gemeinschaft" allgemein mit dem gesamten Jahresteam reflektieren. Tom gefällt Lisas Vorschlag und die Vorstellung, fürs Erste dem unangenehmen Gespräch mit Anna zu entkommen. In der kommenden Woche setzt sich Lisa mit dem gesamten Jahresteam zusammen.

In diesem Fallbeispiel sollen im Hinblick auf die Strategie zwei Ebenen der Beratung erläutert werden: Pacing und Leading. Zunächst ist vonseiten der Anleitung grundlegend, den Gefühlen der Ratsuchenden Raum zu geben und die Bedürfnisse wertzuschätzen. Auf diese Weise fühlt Tom sich von

Lisa wahrgenommen und verstanden. Diese Vorgehensweise beschreibt das „Pacing" in der Beratung (dt.: mitgehen, angleichen). Durch aktives Zuhören versetzt sich Lisa in Toms Lage hinein, sie passt ihre Wortwahl, Gestik und Mimik entsprechend der Situation an und holt Tom dort ab, wo er im Moment steht. Nachdem in einem ersten Schritt eine vertrauensvolle Basis geschaffen wurde und Lisa sich ein Bild über den Konflikt machen konnte, fängt sie als Anleiterin in einem zweiten Schritt an, den Prozess zu leiten (engl.: leading). Dabei ist es in diesem Beispiel zielführend, alle Beteiligten hinzuzuziehen und den Fokus zielorientiert auf die Zukunft zu lenken. Bei einem gemeinsamen Gespräch moderiert Lisa den Prozess. Sie sammelt Bedürfnisse und sucht gemeinsame Nenner. Ebenso werden einzelne Grenzen kommuniziert und individuelle Widerstände wahrgenommen. Durch passende Fragen können hoffnungsvolle Brücken in Richtung Zukunft gebaut werden. Folgende Formulierungen können Hilfestellung geben:

- Von 0–10. Wie zufrieden bin ich derzeit mit unserer Gemeinschaft? (Ist-Stand ermitteln; eventuell anonym.)
- Was wünsche ich mir? Was wäre ein nächster kleiner Schritt Richtung 10?
- Was bedeutet Gemeinschaft für mich? Was brauche ich?
- Angenommen, mein Problem wäre gelöst und die Gemeinschaft innerhalb des Jahresteams wäre genauso, wie ich sie mir vorstelle. Wie wäre es dann? Was wäre anders?
- Was war ein bisheriges Highlight für mich? Was war in der Situation besonders und vielleicht anders als sonst?

Während des Konfliktgespräches besteht Lisas Aufgabe als Anleiterin darin, fortwährend zwischen „mitgehen" und „führen" abzuwägen und den Prozess am Laufen zu halten. Sie schafft Vertrauen und Verständnis, auch innerhalb des Jahresteams (Pacing) und stellt gleichzeitig zielorientierte Fragen (Leading).

Strategieüberprüfung

Um einen Konflikt nachhaltig zu klären, ist es sinnvoll, neu ausgehandelte Maßnahmen nach gegebener Zeit zu reflektieren. So können erarbeitete Strategien überprüft und, wo nötig, nachjustiert werden. Dabei gilt es, zeitnah ins Gespräch zu kommen, bevor sich die Parteien möglicherweise wieder verhärten. Für den gesamten Prozess ist es hilfreich, getroffene Vereinbarungen schriftlich festzuhalten. So haben sowohl die Konfliktparteien als auch die vermittelnde Person eine gemeinsame Gesprächsgrundlage.

Die fünf Schritte des Konfliktgesprächs werden nachfolgend nochmals übersichtlich zusammengestellt:

Abbildung 4: Die fünf Schritte des Konfliktgesprächs

Grundlegendes	Während des Prozesses			Nachhaltigkeit
1. Gemeinsame Gesprächsbasis	2. Selbstreflexion und Hypothesenbildung: (eventuell vorbereitend)	3. Gespräch und Hypothesenprüfung	4. Strategieerarbeitung je nach Konfliktart (s.o.)	5. Strategieüberprüfung
Zeitlicher Rahmen: Zeit nehmen und Termin vereinbaren	konkrete Situation überlegen: An welchem Verhalten, welcher Äußerung störe ich mich?	Gegenseitig wohlwollend zuhören, ohne zu bewerten	Gemeinsames Überlegen kreativer Möglichkeiten, sodass Bedürfnisse gewahrt werden und beteiligte Parteien mit mehr Unterschieden leben können als zuvor.	Neue Strategien ausprobieren und ggf. korrigieren.
Rollen klären: Ist Anleitung neutral oder sollte ggf. eine außenstehende Person hinzugezogen werden?	Gefühle: Was macht das mit mir?	→ Wie kann mit gegebener Unterschiedlichkeit unter gleichzeitiger Wahrung der individuellen Bedürfnisse in Zukunft gemeinsam miteinander gelebt/gearbeitet werden?		
Motivation/Ziel: Haben beteiligte Parteien ein gemeinsames Ziel: Win-Win? „Wie wollen wir künftig miteinander umgehen?"	Bedürfnisse: Wieso fühle ich so? Was fehlt mir in dem Moment? Wonach sehne ich mich? (s.o.)		→ Was ist gemeinsamer Konsens? → Wo sind Unterschiede? → Wo liegen die Grenzen?	Immer wieder Bedürfnisse erforschen und äußern. → Streitkultur etablieren
Gesprächskultur festlegen: Missverständnisse vorbeugen durch aktives Zuhören (s.o.)	Hypothesen bilden/Perspektivübernahme: Wieso agiert mein Gegenüber vielleicht so?			
	⊗ destruktive Kommunikation gießt Öl ins Feuer: Schuldzuweisungen, Vorwürfe, (non)verbale Verletzungen, Rechthaberei (andere ändern wollen), Aufwärmen von alten Geschichten, Verallgemeinerungen (immer, nie), Ironie etc.			
→ Auftrag klären und Gesprächskultur festlegen.	→ Worum geht es hier? Hypothesen bilden (welches Bedürfnis steckt dahinter?)	→ Hypothesen prüfen und Strategie erarbeiten		→ Prozess reflektieren und Streitkultur etablieren

Quelle: Eigene Darstellung

Sich Konflikten zu stellen, ist Chance und Herausforderung zugleich. Da sich Konflikte nicht vermeiden lassen, habe ich angefangen, sie genauer zu studieren. Ich habe gelernt, dass Haltung und Kommunikation ausschlaggebend sind, wie ein Konflikt verläuft. Betrachte ich mein Gegenüber auf Augenhöhe? Nehme ich meine und andere Bedürfnisse wahr und ernst? Ist mir an einer Win-Win-Situation gelegen? Meines Erachtens erweist es sich als äußerst hilfreich, eine dritte, neutrale Person bei Konfliktklärungen hinzuzuziehen. Sie gibt den Rahmen, sorgt für ein wertschätzendes Ambiente und lenkt das Gespräch durch gezielte Fragen. Es bedarf Übung, in einem Konflikt offen und ehrlich zu kommunizieren und unterschiedliche Wahrnehmungen in einen Dialog zu bringen. Ich möchte mit diesem Beitrag Mut machen, Konflikten neu zu begegnen und sich von Richtig-oder-falsch-Perspektiven wegzubewegen, hin zum Wertschätzen unterschiedlicher Bedürfnisse.

Literaturverzeichnis

Glasl, Friedrich (2000): Selbsthilfe in Konflikten. Konzepte – Übungen – Praktische Methoden. 2. Auflage. Stuttgart: Freies Geistesleben.

Renoldner, Christa/Scala, Eva/Rabenstein, Reinhold (2017): einfach systemisch! Systemische Grundlagen und Methoden für Ihre pädagogische Arbeit. 6. Auflage. Aachen: Ökotopia Verlag.

Satir, Virginia (2010): Kommunikation. Selbstwert. Kongruenz. Konzepte und Perspektiven familientherapeutischer Praxis. 8. Auflage. Paderborn: Junfermann Verlag.

Schulz, Rolf (2015): Toolbox zur Konfliktlösung. Konflikte schneller erkennen und erfolgreich bewältigen. 4. überarbeitete Neuauflage. Hallbergmoos: Stark Verlag.

Schulz von Thun, Friedemann (2006). Miteinander reden 1. Störungen und Klärungen. Allgemeine Psychologie der Kommunikation. 43. Auflage. Reinbek: Rowohlt Taschenbuch Verlag.

Simon, Fritz B. (2015): Einführung in die Systemtheorie des Konflikts. 3. Auflage. Heidelberg: Carl-Auer Verlag.

MENTORING IN FREIWILLIGENDIENSTEN

Marika Kürten

Um eine angemessene Begleitung für Freiwillige zu organisieren, bietet Mentoring eine gute Möglichkeit, mit der sowohl Freiwillige, Mentorinnen und Mentoren als auch die Einsatzstellen profitieren können. Dass Begleitung grundsätzlich hilfreich ist, steht für die meisten Menschen außer Frage; Mentoring gibt ihr eine Form, damit Begleitung nicht dem Zufall überlassen wird oder der Selbstorganisation des Menschen obliegt, der sich Begleitung wünscht.

Einsatzstellen, die Mentoring anbieten, sorgen neben der fachlichen Anleitung für Unterstützung in der Persönlichkeitsentwicklung und qualifizieren sich damit auf einer weiteren Ebene als interessante Einsatzstelle, die den Freiwilligendienst auch als einen inhaltlichen Arbeitsbereich versteht. Im Folgenden wird der Mehrwert dieses Engagements thematisiert.

Begleiten durch Mentoring: Chancen und Gewinn entdecken

Mentoring ist in der letzten Zeit in vielen Bereichen populär geworden, aber mit der Nutzung des Begriffs können unterschiedliche Vorstellungen und Ziele verbunden sein. In Unternehmen wird zum Beispiel möglicherweise von Mentoring gesprochen, letztlich ist aber Coaching gemeint, weil beabsichtigt wird, dass auch das Unternehmen profitiert, z.B. bei größerer Effektivität in der Arbeit durch bewusstes Nutzen der Potenziale der Mitarbeitenden. In geistlichen Traditionen wird bei Begleitung durch Mentoring eher eine Verbindung zur Seelsorge oder geistlichen Begleitung hergestellt, weil diese als Begriff länger in der geistlichen Tradition beheimatet sind.

Dennoch ist Mentoring keine neue Erscheinung. Das Wort kommt aus der griechischen Mythologie: Odysseus vertraut dort seinem Freund Mentor seinen Sohn Telemachos an – mit dem Auftrag „Erzähle ihm alles, was du weißt! Mentor soll für Telemachos der Begleiter, Führer, Berater und Erzieher sein" (Faix/Wiedekind 2010: 21). Später hat sich der Begriff in der Pädagogik im 17. Jahrhundert durchgesetzt als pädagogische Begegnung zwischen einem älteren und einem jüngeren Menschen.

Mentoring-Programme gibt es schon weit über 100 Jahre. Die Investition in Einzelne innerhalb sozialer Projekte ist von der effektiven Auswirkung her lange bekannt, daher sowohl im sozialen Kontext wie in der

Wirtschaft und Kunst immer wieder ein Erfolgsrezept für Nachhaltigkeit in Veränderungsprozessen, weswegen die Wirkung von Mentoring auch von wissenschaftlichem Interesse ist.

Mentoring bietet dazu die Chance, generationenübergreifend ein großer Gewinn zu sein: in einer Kultur der Multiplikation von scheinbaren Möglichkeiten mit einer daraus differenzierten Individualisierung wie nie zuvor ist eine immens große Herausforderung für junge Menschen damit verbunden, ihre Wahl zu treffen und ihren Weg zu finden. Hier bringt Mentoring Generationen in Begegnung, zurück in eine Eins-zu-eins-Begegnung wie früher der Meister mit seinem Gesellen, um ihnen nicht nur das Handwerk, sondern auch das Leben aus seiner Erfahrung mitzuteilen, um nicht nur fachlich, sondern vor allem menschlich gemeinsam unterwegs zu sein. Mentoring ist daher letztlich die Wiederentdeckung eines altbekannten Wertes: dass nicht nur die Begegnung in der eigenen Altersgruppe für die Entwicklung wertvoll ist, sondern auch die Begegnung zwischen den Generationen.

Was ist Mentoring?

Mentoring beschreibt eine freiwillige Beziehung von einer erfahrenen, älteren Person (genannt Mentorin oder Mentor) zu einer Jüngeren (genannt Mentee), um diese in ihrem ganzheitlichen Lebensbezug zu unterstützen, um als Wegbegleitung zur Seite zu stehen und dem jüngeren Menschen einen Einblick in die Lebenswelt und Hintergründe von Erfahrungen zu geben. Eine ältere (im Sinne von erfahrene) Person unterstützt den Prozess des jüngeren Menschen, ohne dabei für ihn die Entscheidungen zu treffen, denn es geht um Begleitung in die Mündigkeit. Der jüngere Mensch hat die Chance, mit einem älteren Menschen zusammen zu fragen, zu überlegen oder auch von ihm zu lernen. Damit ist Mentoring vor allem eine innere Haltung, in Respekt und Wertschätzung diesen Erlebensraum zu ermöglichen und darin zu unterstützen, um Ressourcen zu entdecken. Mentoring fokussiert sich nicht auf Defizite, sondern setzt Potenzial voraus.

In der praktischen Begleitung von Menschen ist nicht immer eine trennscharfe Abgrenzung der Begrifflichkeiten und Konzepte zwischen den verschiedenen Formen möglich, dennoch gibt es unterschiedliche Aufträge und diese definieren letztlich die Form. Entscheidend ist dabei der Auftrag, den die Mentees geben. Daher hier der Versuch einer Differenzierung (vgl. Faix/ Wiedekind 2010: 36):

Seelsorge konzentriert sich eher auf eine Problemorientierung und Hilfestellung, um eine Erfahrung oder Situation verkraften zu können. Dabei kann es um Ursachenbewältigung genauso gehen wie um das Bewusstwerden von Ressourcen.

Coaching hat die Lösungsorientierung im Fokus. Der Begriff stammt eigentlich aus dem Ungarischen und bedeutet übersetzt „Kutsche", sowohl das deutsche „Kutsche" wie das englische „Coach" haben sich entwickelt aus „Kocsi", einem Pferdefuhrwerk aus dem Dorf Kocsi (Simon 2010: 231). Coaching wird vor allem im Sportbereich als Training verwendet, im Englischen zuerst als Pferdetraining. Im Coaching geht es um Zielorientierung, um die Bewältigung einer Aufgabe und den Weg dorthin, und der Auftrag an den Coach ist, den Prozess in der Weise zu führen, dass der Coachee (der Coaching erhält) seine Fähigkeiten entdecken und einsetzen kann, um die Aufgabe zu erfüllen.

Mentoring meint einen umfassenderen Aspekt: Es geht um die Unterstützung in der Persönlichkeitsentwicklung. Damit hat Mentoring einen weiteren, allgemeineren Rahmen, in dem durchaus mal Coaching oder Seelsorge seinen Platz finden kann, aber letztlich dient Mentoring dazu, einen jungen Menschen in seiner grundsätzlichen Persönlichkeitsentwicklung als Weggefährte zu begleiten, damit er sich darin selbst mit den eigenen Themen und Möglichkeiten besser kennenlernen und den eigenen Platz finden kann.

Für den Mentor oder die Mentorin ist es wichtig, Klarheit über den Auftrag zu haben, denn damit gehen die Form der Begleitung und die Rolle darin einher.

Formen des Mentoring

Mentoring kann sich in unterschiedlichen Formaten gestalten, wie die folgenden drei Möglichkeiten darstellen (vgl. Faix/Wiedekind 2010: 29–34):

1. *Unbewusstes/Passives Mentoring*: Oft sind sich Menschen überhaupt nicht bewusst, dass sie für jemanden zur Mentorin oder zum Mentor wurden. Wenn Mentoring passiv stattfindet, übernimmt eine erfahrene Person auch unbewusst eine Rolle des Mentorings, ohne eine Eins-zu-eins-Beziehung unter der Bezeichnung „Mentoring" zu haben. Diese Form kann zum Beispiel in einem Jugendkreis oder Kollegium stattfinden oder auf Freizeiten in der Zusammenarbeit von Jüngeren mit Leitenden, die sich mit Interesse den Fragen von Jüngeren widmen, Beziehungsarbeit für eine bestimmte Zeit leisten, teilnehmen am Leben der Jüngeren und Anteil nehmen lassen an eigenen Erfahrungen. Für den Freiwilligendienst kann die Seminarleitung eine solche Rolle übernehmen. Mentoring passiert dann in einer Gruppe, die Älteren werden zu Vorbildern, Begleitenden und Gegenüber.

2. *Gelegentliches Mentoring*: Mentoring kann auch kurzfristig stattfinden, wenn zur Unterstützung für eine bestimmte Aufgabe eine Person den Auftrag der Hilfestellung für eine kurzfristige Begleitung erhält. Dafür reichen

vielleicht ein bis zwei Treffen und im Mittelpunkt steht, einen Lösungsweg für eine Aufgabe zu finden. Mentorin oder Mentor helfen hier mit Beratung, Beobachtungen, Rat, Coaching, Training und Förderung.

3. *Intensives Mentoring*: Das intensive Mentoring bezieht sich auf eine Eins-zu-eins-Beziehung zwischen einer Mentorin oder einem Mentor und den Mentees, um Potenziale in ihrer Persönlichkeit zu entdecken, zu fördern und ihnen für grundsätzliche Fragen des Lebens und der Persönlichkeitsentwicklung einen Raum zu geben. Es geht um Motive und Fähigkeiten, um Wachstum und Veränderung, um Fragen nach dem Selbst, nach Werten und den eigenen Lebenszielen. Das braucht Zeit und einen längerfristigen Prozess, weswegen in der Praxis Treffen über einen längeren Zeitraum verabredet werden, um Entwicklung und Wachstum beobachten und begleiten zu können. Es geht darum, Begleitung und Unterstützung anzubieten.

Alle verschiedenen Formate sind als Mentoring zu verstehen, wobei es hilfreich ist, sich das jeweilige Setting, den Auftrag und die daraus entstehende Rolle bewusst zu machen und auch ehrlich dabei zu sein, was der Person, die Mentoring anbietet, persönlich möglich ist. Die Formen können sich zudem überschneiden, aber es gehört zum Mentoring, wahrzunehmen, wofür die Mentees letztlich Unterstützung brauchen. Nicht alle möchten intensives Mentoring erfahren und nicht alle Persönlichkeiten, die Mentoring anbieten, sind für die intensive Form geeignet. Aber es ist immer hilfreich, auch sich selbst als lernend zu verstehen und sich für die jeweilige Aufgabe weiterzubilden, wofür es gute Tools gibt (s.u.).

Mentoring für Freiwillige

Mentoring – Orientierung und Unterstützung in der Identitätsarbeit

Junge Menschen, die im Alter von 16 bis 26 Jahren einen Freiwilligendienst leisten, befinden sich in einer spannenden und herausfordernden Entwicklungsphase ihres Lebens. Es ist die Übergangsphase in das Erwachsensein und manche Ambivalenz aus den gegenwärtigen gesellschaftlichen Herausforderungen wird in dieser Lebensphase deutlich.

Eine der gegenwärtig großen Herausforderungen in der Persönlichkeitsentwicklung ist die Suche nach Identität. Pluralität als Kennzeichen von Spätmoderne wirkt sich auch auf die Frage nach Identität aus, so wählten Keupp et al. als Untertitel ihres Buches über Identitätskonstruktionen die Formulierung „Das Patchwork der Identitäten in der Spätmoderne" (Keupp et al. 2013). Manche Freiwillige haben in ihren relativ jungen Lebensjahren schon Erfahrungen gemacht, die an Stoff zur Verarbeitung für viel mehr Lebenszeit ausreichen würden. Zur Realität vieler Freiwilligen gehören heute Patchwork-Konstellationen; sie haben mit Brüchen, Umbrüchen oder auch Abbrüchen sowohl in der Herkunftsfamilie wie in der eigenen Biografie zu tun und suchen nach einer persönlichen und beruflichen Perspektive. All das wirkt sich aus in der Suche nach Identität, in der Herausforderung, mithilfe von Selbstwahrnehmung und Fremdwahrnehmung Identitätsarbeit zu leisten.

Keupp et al. definieren Identitätsarbeit als „Passungsprozess" und „Verknüpfungsarbeit", eine anspruchsvolle Arbeit der Verbindung von Teilidentitäten; als Mittel, diese Arbeit leisten zu können, benennen sie darin die „Narrationsarbeit", die Selbsterzählung des Erlebten, in der die eigenen Konstruktionen sichtbar und erfahrbar werden (vgl. Keupp et al. 2013: 207f.). Solche Identitätsarbeit braucht ein Gegenüber als Spiegel, um sich selbst zu erkennen. Das ist aktive Bildungsarbeit und Freiwilligendienst ist damit inhaltlich eine Unterstützung in der Identitätsarbeit.

Junge Menschen bewegen sich heute hochkompetent im medialen Bereich, sind beständig den Reizen von Informationen und Möglichkeiten ausgesetzt und befinden sich dadurch konstant in Entscheidungssituationen: Nicht Information ist das, was heute zu kurz kommt, sondern Orientierung innerhalb der Fülle von Informationen. In unserer Zeit der Reizüberflutung gibt es nicht ohne Grund Gegenbewegungen, die nach Einfachheit suchen.

Als Konsequenz der Multiplikation in sämtlichen Lebensbereichen wird von Menschen heute erwartet, sich selbst erklären zu können und den roten Faden ihrer Persönlichkeit selbst darstellen zu können. Nicht ohne Grund wird gegenwärtig besonders als Wert betont, authentisch zu sein mit dem Anspruch, die jeweils eigene Authentizität herzustellen und zu kommunizieren. Doch um diesen Anspruch erfüllen zu können, muss es Wege und Räume geben, sich zu erleben und sich erklären zu können; das ist heute eine der größten Herausforderungen für die Persönlichkeitsentwicklung.

Der Freiwilligendienst ist ein Bildungs- und Orientierungsjahr und Orientierung ist so nötig wie nie zuvor angesichts der vielfältigen Möglichkeiten, die sich in der realen Erfahrung oft mehr als Begrenzungen herausstellen. Genauso ist Bildung für die Bewältigung der Herausforderungen ebenfalls existenziell notwendig. Mit dem Angebot von Orientierung und Bildung wird daher genau den Bedürfnissen junger Erwachsener entsprochen – aber manchmal vielleicht mehr in der Theorie als in der Realität, vor allem dann, wenn der Freiwilligendienst mehr als Ersatz für eine reguläre Anstellung verstanden wird. Orientierung und Bildung kann mit dem Entdecken und Einfinden in ein soziales Arbeitsfeld durchaus Hand in Hand gehen, geschieht aber nicht allein durch das Ausüben von Aufgaben, sondern vor allem durch Reflexion und Begleitung. Mentoring nimmt diese Aufgaben als konkreten Auftrag ernst.

Mentoring – die Erfahrung von Resonanz

Das, wonach junge Menschen zu Recht heute fragen, sind Begegnungen als Ankerpunkte, aus denen heraus Orientierung geschieht. Sie suchen Begleitung in persönlicher Begegnung, in der sie ernst genommen werden, in der sie sich spiegeln und erleben können, in der sie Resonanz erfahren. Auf dieses Bedürfnis, im Zusammenklingen sowohl den anderen wie sich selbst hören zu können, machen Tobias Faix und Tobias Künkler in ihrer Jugendstudie von 2018 aufmerksam und wählen dafür den Begriff der „Resonanz" (Faix/Künkler 2018: 221), der sich auch außerhalb des musikalischen Raumes nutzen lässt für die Beschreibung von Begegnung und die zwischenmenschlichen Töne darin. Unsere laute, überreizte Zeit ist letztlich eine Kultur, die zur Vereinsamung führen kann, und um sich darin zurechtzufinden und sich selbst entdecken zu lernen, braucht es diese beschriebene Resonanz, die in einer ehrlichen persönlichen Begegnung zum Klingen kommen kann. Der „Klang", der gesucht wird, hat oftmals mit dem Potenzial zu tun, das einem jungen Menschen zur Verfügung steht.

Gegenwärtig bringen junge Erwachsene in ihren Erfahrungen immer wieder viele Belastungen mit, aber genauso viele Potenziale, die ihnen nicht immer bekannt sind, die einen Spiegel oder ein Gegenüber brauchen, um ins Bewusstsein zu gelangen. Zu entdecken, was sie einzubringen haben, was sie an realen Möglichkeiten haben und was sie brauchen, um damit persönlich und gesellschaftsrelevant Aufgaben annehmen zu können, das schafft hörbar Orientierung und wird letztlich über zwischenmenschliche Beziehungen vermittelt.

Mentoring – für den Dienst an Freiwilligen unerlässlich

Junge Menschen im Freiwilligendienst durch Mentoring zu begleiten, ist aktive Bildungsarbeit und braucht für ihre Verbindlichkeit eine organisierte Form. Diejenigen, die sich für einen Freiwilligendienst melden, sind inmitten wesentlicher Entwicklungsphasen ihrer Persönlichkeit. Sie sind Lernende und Suchende, sowohl beruflich wie persönlich und sie sind die Zukunft unserer Gesellschaft.

Der Dienst im Freiwilligendienst ist ein Auftrag an alle Beteiligten. Für die Umsetzung bietet Mentoring eine große Chance und deswegen brauchen junge Freiwillige nicht nur fachliche Anleitung, um ihre fachlichen Aufgaben bewältigen zu können, sondern auch eine Mentoring-Begleitung in dieser wichtigen Lebensphase, denn der Freiwilligendienst ist nicht nur ein Dienst für die Gesellschaft, er ist eine inhaltliche Arbeit mit und für junge Erwachsene, ein Dienst auch an ihnen.

All das, was an Chancen über Mentoring gesagt wurde, gilt unweigerlich für die Arbeit mit Freiwilligen, deswegen sollte es möglichst in die Konzeption miteingebunden sein, dass für Freiwillige Mentoring-Begleitung in den Einsatzstellen organisiert wird. Personen, die Mentoring für Freiwillige anbieten, sollten daher aus der Umgebung der Einsatzstelle kommen, ohne dabei mit einem Arbeitgeber-Interesse zu kollidieren, um in Neutralität wertschätzend mit dem Freiwilligen Zeit und Räume regelmäßig für Austausch anbieten zu können.

Diese Form der Begleitung zu organisieren, ist vielleicht durchaus anspruchsvoll. Sich ihr zu stellen, kann allerdings für eine Einsatzstelle ebenfalls einen großen Gewinn darstellen: Die Verantwortlichen in einer Einsatzstelle bilden sich selbst als Mentorinnen und Mentoren in ihrer eigenen Qualifikation weiter und entwickeln damit soziale Tools wie reflexive und selbstreflexive Kompetenzen, die sowohl den Freiwilligen wie auch anderen Personen im Bereich der Einsatzstelle zugutekommen können. Letztlich findet der Freiwilligendienst im Setting sozialer Arbeitsfelder statt, und sich im Mentoring weiterzubilden, kann auch grundsätzlich in das soziale Miteinander der Einsatzstelle positiv hineinwirken, denn Mentoring braucht genau die Haltungen, die für die soziale Arbeit unerlässlich sind.

Mentoring gestalten durch dynamische Abläufe und Phasen

Die Mentoring-Beziehung verläuft in unterschiedlichen Phasen. Manche sprechen von den Phasen als einem Tanz (spanisch „Baila"): Die Phasen des sich Kennenlernens, der Klärung von Anliegen, dem Reagieren miteinander auf Themen und der Abschluss wirken dynamisch ineinander und beleben letztlich die Mentoring-Beziehung wie eine Tanzbewegung (vgl. Radatz 2010: 14).

Phasen können natürlich auch ineinander übergehen, dennoch liegt es in der Aufgabe derjenigen, die Mentoring durchführen, den Prozess und die darin enthaltenen Abläufe im Blick zu haben und für das Mentoring einen roten Faden erkennbar zu machen. In der Art und Weise, diese zu gestalten, lebt eine Mentoring-Beziehung immer von den jeweiligen Menschen und Persönlichkeiten, daher sind Tools immer mögliche Leitfäden, aber keine Anweisungen.

Erste Gespräche

Wenn eine Einsatzstelle das Angebot von Mentoring in ihrem Profil verankert hat, stellt sich nicht die Frage für die Freiwilligen, den Bedarf formulieren zu müssen, was immer noch oft mit dem Gedanken von Defiziten verbunden wird. Hilfreich ist es, mehrere Personen zur Verfügung zu haben, die mit Freude sich dieser Aufgabe stellen würden, um eine Passung (Matching) zwischen den Freiwilligen und den Personen, die Mentoring anbieten, herstellen zu können. Erstgespräche dienen dazu, einen ersten Eindruck voneinander zu bekommen, ob eine gegenseitige Passung besteht, um sich gemeinsam auf einen Prozess einzulassen. Dann sollten Erwartungen, Grenzen, Häufigkeit und Dauer der Treffen geklärt werden. Die Abstände sollten nicht zu kurz sein, weil es nicht um die fachlichen Aufgaben geht, sondern um Wahrnehmungen; allerdings auch nicht so verteilt, dass im Grunde innerhalb des Jahres keine wirkliche Begleitung erlebt werden kann; bewährt hat sich ein Abstand von ca. 4–6 Wochen.

Kennenlernen

Beim Kennenlernen geht es um den Aufbau einer durch einen Auftrag definierten Beziehung, in der durch die Themen allerdings Vertrauen voraussetzend ist. Eine Mentoring-Beziehung ist eine besondere Beziehung, die sich vielleicht nicht natürlich ergeben hätte, die aber nicht weniger intensiv sein muss und die wiederum auch Grenzen hat. Sie ist nicht partnerschaftlich, sie dient den Freiwilligen als Mentees. Gegenseitig werden sich Einblicke in das eigene Leben gegeben, durch Erzählen oder gemeinsam verbrachte Freizeit, Kochen, Sport oder gemeinsame Aktionen. Wenn man sich noch nicht gut kennt, braucht es erst einmal eine Basis. Im gemeinsamen Erleben lernt man sich kennen und es kann Vertrauen wachsen, ohne dass man sich gegenseitig „ausfragen" muss. Die Sinnhaftigkeit und der Erfolg des Mentoring messen sich daran, ob junge Freiwillige einen Raum der Unterstützung für sich erleben und lernen, diesen Raum für sich zu nutzen.

Vereinbarungen treffen und Ziele finden

Für die Mentoring-Beziehung ist es wichtig, gemeinsam zu benennen, was für beide von Bedeutung ist, Erwartungen zu klären und auch mögliche Befürchtungen ehrlich anzusprechen. Ebenso kann es helfen, ein Ziel für das Mentoring zu formulieren, das für die Freiwilligen sinnvoll und relevant ist. Das kann sich auf die berufliche Orientierung beziehen, aber genauso auf persönliche und geistliche Ziele.

Die Freiwilligen haben eine Motivation und gute Gründe, sich auf einen Freiwilligendienst eingelassen zu haben und diese Motivation für die eigene Entwicklung positiv zu nutzen, dafür darf im Mentoring Raum sein.

Ziele müssen vielleicht erst einmal als solche definiert werden, sich mit Zielen zu beschäftigen, kann daher bereits eine inhaltliche Arbeit im Mentoring sein. Für das Arbeiten mit Zielen gibt es viele Tools und Methoden, hier kann aus einem reichen Pool geschöpft werden wie zum Beispiel aus den Materialien von Michael Behn und Peter Bödeker (2012), Maren Fischer-Epe (2012) oder Rita Pohle (2007).

Wertschätzung

Dass Wertschätzung die Basis für gelungene Kommunikation darstellt, liegt sämtlichen Kommunikationsmodellen zugrunde. Eine Beschäftigung mit solchen Modellen kann für die Person, die Mentoring anbietet, hilfreich sein (vgl. Plate 2013).

Wertschätzung sollte zu einer Erfahrung werden, die Freiwillige auch im Blick auf sich selbst als Person erleben dürfen und nicht nur im Blick auf die Erfüllung von Aufgaben. Mentoring kann helfen, einen Menschen nicht nur als Funktionsträger wahrzunehmen, sondern zuerst um seiner selbst willen.

Kritische Rückmeldungen haben eine vielfach tiefere Wirkung in uns als das Lob, daher ist Bestärkung wichtig, weil es Potenziale beflügelt und Mut macht. Mit dem Erleben von Wertschätzung, Lob und Ermutigung werden Bausteine gelegt, um aktiv Aufgaben und Herausforderungen angehen zu können. Insbesondere Mentoring hat daher die Aufgabe, mit grundsätzlicher Wertschätzung den Freiwilligen zu begegnen und in dem, was von Freiwilligen gehört und wahrgenommen wird, Anlässe zum Loben und zur Ermutigung zu finden. Zur Wertschätzung gehört auch, die Verbindlichkeit von Mentoring miteinander zu vereinbaren: Beide Parteien nehmen sich als Gegenüber bewusst Zeit, lassen sich auf diesen Prozess ein und das ist ebenso ein Ausdruck von Wertschätzung wie das verbindliche Ausmachen und Einhalten von gemeinsamen Terminen und Treffen.

Geistliche Unterstützung

Mentoring kann ein Raum sein für eine geistliche Erfahrung für Freiwillige. Das kann beinhalten, über Glaubensfragen zu reden oder gemeinsam Glauben zu praktizieren durch Bibellesen und Gebet. Es darf ein offener Raum entstehen, Fragen und auch Zweifel des christlichen Glaubens und Lebens zu thematisieren und sich suchend damit auseinanderzusetzen.

Entscheidend ist, dass die Selbstbestimmung und Mündigkeit der jungen Freiwilligen nie infrage gestellt wird, deswegen ist die Haltung einer geistlichen Unterstützung eine sehr sensible: Es geht nicht um Beeinflussung oder gar Prägung, sondern um einen ehrlichen, offenen Umgang miteinander, wenn es dem Willen der Freiwilligen entspricht. Wenn das der Fall ist und der selbstbestimmte Raum geachtet wird, kann die generationenübergreifende Erfahrung gemeinsamer geistlicher Übung eine große Bereicherung bedeuten.

Gabenorientierte Förderung

Mentoring sucht den Blick auf Begabungen, Fähigkeiten und Potenziale bei den Mentees. Der Freiwilligendienst ermöglicht den Freiwilligen erstmalig, in einem neuen Setting tätig zu sein und sich darin anders zu erleben als in bisherigen vertrauten Bezügen. Der Freiwilligendienst kann damit auch eine Erfahrung sein, in der etwas gewagt wird, was man „eigentlich nicht kann". Fehler zu machen, ist beim Entdecken von Gaben erlaubt. Mentoring kann hier Hilfestellungen geben, um in Aufgaben und sogenannten Fehlern die Gaben zu entdecken, sie bewusst zu machen und die Freiwilligen zu ermutigen, sich auszuprobieren.

Offenheit für Themen und Fragen

Mentorinnen und Mentoren haben die Chance, eine Gesprächs-Kultur zu fördern, in der über Ärger, Frust, Angst, Zweifel und Misstrauen offen geredet werden kann. Dazu helfen natürlich auch ein selbstreflexives Wissen und ein selbst erlernter Umgang mit Herausforderungen; sich in ihnen geübt zu haben, wird immer Kompetenzen mit sich bringen. Letztlich wird sich Mentoring dann als hilfreich erweisen, wenn eine Atmosphäre gelingt, in der Ehrlichkeit und Offenheit auf wertschätzende Weise erfahren werden, und die einen Schutzraum für Gedanken und Fragen bietet. Wenn Freiwillige erleben, dass Platz für ihre eigenen Anfragen besteht, dann werden sie anderen leichter erlauben, in ihr eigenes Leben hineinfragen zu dürfen.

Ziele und Inhalte für Mentoring im Freiwilligendienst

1. Entdeckung der eigenen Berufung: Die Freiwilligen als Mentees können in den Gesprächen gemeinsam ihre Berufung, Neigungen und Potenziale suchen (auch zur Mitarbeit im Reich Gottes) und den Zuspruch Gottes für ihr eigenes Leben entdecken. Dazu gehört auch das Entdecken von Stärken und Schwächen.

2. Unterstützung in herausfordernden Situationen: Die Freiwilligen sollen erleben dürfen, in Schwierigkeiten nicht allein gelassen zu werden, sondern Begleitung zu erfahren, die sie positiv bestärken, unterstützten und ihnen helfen, Entscheidungen zu treffen für eigenverantwortliches Handeln. Diese Erfahrungen sind für das ganze Leben prägend.

3. Kennenlernen von Arbeits- und Berufssystemen: Durch die Arbeit in der Einsatzstelle erleben Freiwillige ein oder mehrere Systeme beruflicher und sozialer Interaktion, vor allem über die beteiligten Menschen. Der Austausch von Eindrücken und Erfahrungen kann sie unterstützen, ihren Umgang damit zu finden und den eigenen Platz einnehmen zu können, um sich auch in zukünftigen Strukturen zurechtzufinden.

Reflexion und Abschluss

Das Kennenlernen und der Beziehungsaufbau sind die Grundlagen für das Gelingen von Mentoring. Das gemeinsame Dranbleiben an Themen und Fragen bildet den Kern. Die Art und Weise, sich über Themen zu unterhalten, kann dabei so vielfältig sein wie die Menschen selbst: für manche sind Gespräche beim Essen wichtig; manche lieben das methodische und visuelle Reflektieren und manche lieben es, über Erfahrungen in der Natur zu lernen und erlebnispädagogisch unterwegs zu sein.

Ebenso wichtig ist auch der Abschluss: Das bezieht sich sowohl auf das jeweilige Treffen miteinander wie auf den Abschluss der Mentoring-Beziehung nach einem Jahr. Die Reflexion der Themen spielt dabei eine Rolle, um die miteinander behandelten Themen und Fragen für die Freiwilligen so zu bündeln, dass sie etwas zum Mitnehmen haben. Gemeinsam kann verabredet werden, welche Weise dazu hilfreich ist. Ein „Warming-up" zu Beginn kann auch zum Abschluss dienen: Welches Potenzial wurde bei den Mentees wahrgenommen, was ihnen gespiegelt werden kann? Welchen guten Gedanken oder welches Symbol kann den Mentees mitgegeben werden? Was wäre wichtig für die weiteren Schritte? Auch hier können Vereinbarungen eine wichtige Rolle spielen.

Haltungen im gemeinsamen Arbeiten

Entscheidend in der Begegnung und Unterstützung wird die Haltung sein, die junge Freiwillige durch das Mentoring erleben. Die Herausforderung beim Mentoring liegt im Gestalten der Mentoring-Beziehung und im Lernen, als erfahrener Mensch in die Mentoring-Rolle hineinzufinden. Es geht letztlich darum, sich auf Kontakt und Begegnung wirklich einzulassen, Zeit und Raum zu schenken, miteinander zu reden und zu arbeiten. Das erinnert an Elternschaft und es gibt durchaus Ähnlichkeiten, und doch ist gesunde Distanz nötig, damit speziell bei jungen Menschen außerhalb der eigenen Elternbeziehungen von anderen älteren und erfahrenen Menschen gelernt werden kann. Es geht nicht um ein Lernen, die Dinge so zu tun, wie die Älteren es getan haben, sondern mündig Einschätzungen treffen zu können und Verantwortung für das eigene und das gesellschaftliche Leben zu übernehmen.

Deswegen ist es für die Rolle als Mentor oder Mentorin hilfreich, sich selbst reflektieren zu können und Begleitung erlernen und üben zu wollen (Wehrle 2013). Es ist kein bestimmter Charakterkatalog zu erfüllen, sondern selbst mitwachsen zu wollen und sich mutig auf einen Weg des Begleitens einzulassen.

Jede Mentoring-Beziehung ist letztlich anders und entwickelt sich je nach den beteiligten Personen. Wenn man die Grenzen respektiert und die Chancen nutzt, dann ist Mentoring eine großartige Erfahrung für beide Seiten: effektive Begleitung für Menschen in Orientierungsphasen und das Weitergeben von Erfahrungen der Älteren. Damit ist Mentoring Wertschätzung für die Mentees wie für die Mentorinnen und Mentoren.

 ## Tools für Mentoring-Prozesse

Tools als Arbeitsmittel für das Mentoring gibt es in großer Fülle wie Konzepte, Material für Gespräche und Arbeitsprozesse oder auch Erfahrungsberichte, deswegen folgen an dieser Stelle lediglich drei konkrete Ideen, in welchen Bereichen das Nutzen von Material für das Mentoring in den Freiwilligendiensten hilfreich sein kann:

- *Begleiten mit Fragen:* Die Arbeit mit Fragen ist eine Kunst mit starker Wirkung. Entscheidend ist, mithilfe von Fragen die Freiwilligen in ihrer Selbstreflexion zu unterstützen und ihre Blickwinkel und Perspektiven bei ihren Themen zu erweitern. Dazu helfen vor allem offene Fragen. Hinsichtlich Fragemethoden gibt es eine Fülle von Materialien, um sich darin zu üben, hilfreiche Fragen zu stellen, anstatt Aussagen zu treffen (vgl. Radatz 2010: 35–42). Wichtig ist auch hier letztlich die Haltung: Im Fragen geht es nicht um das Ausüben einer steifen Methodik, sondern um Dynamik und Wertschätzung in der Diskussion von Themen.

- *Struktur finden im Gespräch:* Die Mentorin oder der Mentor stellt im Mentoring den Freiwilligen Struktur zur Verfügung als Leitfaden. Die Struktur orientiert sich an den Phasen und soll einen roten Faden darstellen, den der Mentor oder die Mentorin im Blick haben sollte. Dazu könnten zum Beispiel ein vereinbarter Ablauf und ein jeweiliges Protokoll helfen, in dem das Wesentliche an Ergebnissen festgehalten wird.
- *Visuelle Hilfsmittel nutzen:* Um sich Themen nicht nur kognitiv zuzuwenden, sind visuelle, ganzheitliche oder sinnliche Impulse hilfreich wie beispielsweise unterschiedliches Bildmaterial, Landkarten und Materialien, die die sinnliche und emotionale Ebene ansprechen und damit oft einen hilfreichen Zugang auch zu kognitiven Auseinandersetzungen bieten können. Hierzu gibt es viele hilfreiche Materialien vor allem im Bereich der erlebnispädagogischen Ansätze.

Mentoring in Freiwilligendiensten – die Wirkung für Gesellschaft

Tools, Methoden, Konzepte und Abläufe sind hilfreich, unterstützend und ihr Einsatz erweitert die Kompetenz eines Mentors oder einer Mentorin. Entscheidend im Mentoring bleibt jedoch immer die Haltung, den Freiwilligen mit Wertschätzung und Respekt zu begegnen, gemeinsam mit ihnen nach ihrem Potenzial zu suchen und ihnen dabei Interesse und methodische Unterstützung zu bieten, sich selbst mit Freude einzulassen auf eine ehrliche, authentische Beziehung und diese zu gestalten.

Der Freiwilligendienst bringt generationenübergreifend Menschen im sozialen Engagement zusammen: Die jungen Freiwilligen lernen aus ihrem freiwilligen Dienst in der Einsatzstelle ihre Mentoring-Person in ihrem ehrenamtlichen Engagement kennen, das sie eben mit dieser Rolle ausübt. Beides ist Ausdruck gesellschaftlichen Engagements, jeweils aus unterschiedlicher Perspektive. Durch die Erfahrungen im Mentoring erhalten Freiwillige neben ihrer eigenen Perspektive Einsicht in ein weiteres eigenverantwortliches und selbstständiges Leben und bürgerschaftliches Engagement in der Gesellschaft, was sie vielleicht für später anregt, in eben dieses hineinzuwachsen und selbst die Rolle als Mentorin oder Mentor einzunehmen. Diese Erfahrung hat Relevanz für die Kultur einer Gesellschaft: Je mehr Menschen daher die Erfahrung von solchem Mentoring machen, desto mehr können sie selbst in Zukunft Mentorinnen und Mentoren für andere werden und desto mehr werden wir die Haltung von Wertschätzung und Würdigung der Einzelnen als Kultur fördern. Letztlich wird damit gleichzeitig soziale und bürgerliche Kompetenz als verantwortliches Handeln in unserer Gesellschaft vorangebracht.

Literaturverzeichnis

Behn, Michael/Bödeker, Peter (2012): Meine Ziele, meine Ausreden und ich. Herrenberg und Adendorf: Verlag BoD – Books on Demand.

Faix, Tobias/Künkler, Tobias (2018): Generation Lobpreis und die Zukunft der Kirche. Das Buch zur empirica Jugendstudie 2018. Neukirchen-Vluyn: Neukirchner Verlagsgesellschaft.

Faix, Tobias/Wiedekind, Anke (2010): Mentoring. Das Praxisbuch. Neukirchen-Vluyn: Neukirchner Verlagsgesellschaft.

Fischer-Epe, Maren (2012): Coaching: Miteinander Ziele erreichen. Reinbek bei Hamburg: Verlag Rowohlt Taschenbuch.

Hack, Kerstin (2010): Coaching Basics. Menschen begleiten und fördern. Berlin: Verlag Down to Earth.

Keupp, Heiner/Ahbe, Thomas/Gmür, Wolfgang/Höfer, Renate/Mitzscherlich, Beate/Kraus, Wolfgang/Straus, Florian (2013): Identitätskonstruktionen. Das Patchwork der Identitäten in der Spätmoderne. Reinbek bei Hamburg: Verlag Rowohlt Taschenbuch.

Knorr, Hartmut (2001): Coaching ... damit Entwicklung stimmig wird. Grundlagen und Werkzeuge. Erzhausen: Verlag Leuchter Edition.

Kreider, Larry (2009): Authentisches Geistliches Mentoring. Anderen helfen, im Glauben zu reifen. Bruchsal: Verlag GloryWorld-Medien.

Lippmann, Eric (2013): Identität im Zeitalter des Chamäleons. Flexibel sein und Farbe bekennen. Göttingen: Verlag Vandenhoeck & Ruprecht.

Pohle, Rita (2007): Das Navigationssystem fürs Leben. Wie ich meine persönlichen Ziele finde und erreiche. Kreuzlingen/München: Verlag Heinrich Hugendubel.

Radatz, Sonja (2010): Einführung in das systemische Coaching. Heidelberg: Carl-Auer Verlag.

Ramm, Beate (2009): Das Tandem-Prinzip. Mentoring für Kinder und Jugendliche. Hamburg: edition Körber-Stiftung.

Riewesell, Thorsten (2003): Mentoring. Geistlich wachsen und vorankommen. Kassel: Born-Verlag.

Schaible, Ulla/Schaible, Günther (2006): Das Gute weitergeben. Geistliche Väter und Mütter für die nächste Generation. Gießen: Brunnen-Verlag.

Schmid, Bernd/Haasen, Nele (2011): Einführung in das systemische Mentoring. Heidelberg: Carl-Auer Verlag.

GEISTLICHE BEGLEITUNG VON FREIWILLIGEN

Ursula Braun

„Ich bin so dankbar, dass ich bei meinem Anleiter meine Fragen zu Gott loswerden kann", erzählt Julia. Schon vor ihrem Freiwilligendienst hatte sie einige Berührungspunkte mit dem christlichen Glauben. Neu für sie ist, dass sie dazu angeregt wird, sich in Gesprächen intensiv mit theologischen Standpunkten auseinanderzusetzen und Aussagen zum christlichen Glauben kritisch zu reflektieren. Dass ihre eigenen Fragen wertgeschätzt werden und sie nicht verurteilt wird, wenn sie eine andere Meinung vertritt, findet sie richtig gut. Das ermutigt sie, weiterhin ihre Fragen zu stellen.

„Für mich ist es ein Privileg, überall reingucken zu dürfen", sagt Julia. Sie findet es super, in ihrem Freiwilligendienst ganz unterschiedliche Veranstaltungen kennenzulernen – von einer Großveranstaltung mit sehr unterschiedlichen theologischen Rednerinnen und Rednern über eine jugendevangelistische Aktion bis hin zu wöchentlichen Andachten. Sie sagt, dass sie im Erleben der unterschiedlichen Formate herausgefordert wird und wurde, sich mit theologischen Fragestellungen und unterschiedlichen Themen des christlichen Glaubens auseinanderzusetzen.

„Hier im Evangelischen Jugendwerk ist Raum für ein christliches Miteinander. Das hat meinen Glauben verändert, er ist selbstverständlicher geworden." Anna ist fasziniert, dass Glaube bei der Arbeit ganz selbstverständlich dazugehört, z.B. in Form von einem Gebet oder einer Andacht vor einer Sitzung, und dass Gemeinschaft gepflegt wird, z.B. beim Geburtstagssingen, gemeinsamen Mittagessen und in herzlichen Begegnungen.

„Für mich wird es kraftvoll, wenn persönliche und theologische Aspekte zusammenkommen", meint Jana. Sie profitiert davon, dass sie mit ihren Anleitenden nicht nur theologisch diskutiert, sondern dass in Gesprächen mit ihrer Anleitung geistliche Aspekte in Verbindung mit ihr als Person und ihrem Alltag zur Sprache kommen.

Diese Zitate von vier Freiwilligen veranschaulichen die Chancen und den Effekt von geistlicher Begleitung in den Freiwilligendiensten.

Eine spannende Lebensphase – Aufbruch und Umbruch

Mit dem Freiwilligendienst beginnt ein neuer Lebensabschnitt. Neben der Herausforderung, neue Menschen und Strukturen kennenzulernen, einen Arbeitsalltag zu gestalten und sich selbst in einer neuen Rolle zurechtzufinden, gilt es bei christlichen Einsatzstellen und Trägern auch, den eigenen Glauben zu reflektieren und zu gestalten bzw. für manche der Freiwilligen: sich zum ersten Mal intensiv mit religiösen Inhalten und ihrer eigenen Spiritualität auseinanderzusetzen.

Ein großer, überwiegender Anteil der Freiwilligen, die einen Freiwilligendienst ableisten, sind die Jugendfreiwilligendienste in der Altersgruppe bis 27 Jahre. Entwicklungspsychologisch sind die Freiwilligen in diesem Alter auf der sensiblen Schwelle zur Lebensphase junger Erwachsener, die viele zentrale Anforderungen mit sich bringt. Dazu gehören die Entscheidung für eine Ausbildung oder ein Studium, die Klärung, wo der eigene Lebensmittelpunkt sein soll, die Frage nach Beziehungen, Partnerschaft und Lebensform, aber auch die Frage nach dem eigenen Lebens-, Werte- und Glaubenskonzept (vgl. Schreiter 2020: 8).

Junge Erwachsene erleben einerseits die vielen Chancen und Gestaltungsmöglichkeiten einer Multioptionsgesellschaft, andererseits aber auch die „steigenden Anforderungen, sich zu orientieren, zu entscheiden und selbst zu erfinden" (Schreiter 2020: 8). Es gilt, diese Lebensphase konstruktiv zu gestalten und das eigene Leben in die Hand zu nehmen.

Ebenfalls Gottesbilder und -vorstellungen aus Kinder- und Jugendtagen verändern sich. Junge Erwachsene entwickeln „eine selbstständig durchdachte persönliche Gottesbeziehung" (Möller 2010: 32). Die früheren Gottesvorstellungen passen oft nicht mehr zum eigenen Leben, den Erfahrungen und Einsichten, die bereits errungen wurden. Kann der eigene Glaube mitwachsen und nachreifen? Ist der Glaube auch an anderen Orten und in neuen Bezügen tragfähig? Wie können Freiwillige in diesen Prozessen begleitet werden und auch geistlich unterstützt werden, um zu einem mündigen Glauben zu finden?

Friedrich Schweitzer betont, „dass der Weg vom Kinder- zum Erwachsenenglauben auch heute keineswegs geradlinig und problemlos verläuft" (Schweitzer 2020: 12; vgl. auch Faix/Künkler 2014). Viele Fragen brechen auf – sowohl intellektuelle Fragestellungen als auch Fragen, die sich aus biografischen Erfahrungen ergeben: Hält der Glaube auch Krisen und Herausforderungen des Lebens stand?

Es ist von großer Bedeutung, dass es kompetente geistliche Wegbegleiterinnen und Wegbegleiter gibt, die offen für Fragen und Zweifel der jungen Menschen in der Postadoleszenz sind (vgl. Schweitzer 2020: 12).

Ziel geistlicher Begleitung

Junge Erwachsene brauchen „Mentoring und Begleitung in Umbruchs- und Reifungsphasen" (Faix/Künkler 2020: 25). Der Freiwilligendienst bietet

181

hierfür eine geniale Chance, weil es kontinuierliche Personen in der Begleitung der Freiwilligen über die gesamte Dauer ihrer Dienstzeit gibt, z.B. in der Anleitung und in der Seminarleitung, die die Freiwilligen in dieser Lebensphase (auch) geistlich begleiten können.

Geistliche Begleitung[37] heißt, Menschen als von Gott geliebte Personen mit ihrer individuellen Biografie anzunehmen und wahrzunehmen sowie sie einzuladen, ihr Leben im Vertrauen auf Gott zu gestalten.

Das Ziel geistlicher Begleitung ist es, Menschen zu ermutigen und zu unterstützen, einen eigenen, reflektierten und mündigen Glauben zu entwickeln (vgl. Faix/Künkler 2020: 25). Dies kann nur in einer von Freiheit und Freiwilligkeit geprägten Atmosphäre gelingen. Es gilt, die Selbstbestimmung der Freiwilligen und die Religionsfreiheit mit einem hohen Maß an Sensibilität zu berücksichtigen (vgl. Juschka in diesem Band).

Glaubwürdige und authentische Anleitende gesucht

Geistliche Begleitende brauchen – und können – nicht perfekt sein. Aber sie sollen authentisch und ehrlich darin sein, ihren Glauben im Alltag Ausdruck zu geben und bereit sein, von Licht- und Schattenzeiten ihres Lebens zu reden.

Freiwillige profitieren auf vielen Ebenen von Anleitenden und Vertrauenspersonen im Umfeld ihres Freiwilligendienstes, die sich darauf einlassen, als Christinnen und Christen mitten in dieser Welt zu leben, sich dabei beobachten und sich Fragen stellen zu lassen, und die sogar bereit sind, sich selbst hinterfragen zu lassen.

Geistliche Begleitung lebt von Menschen, die beziehungs-, dialog- und kommunikationsfähig sind, denen es Spaß macht, sich auf die Freiwilligen einzulassen, und die reflektiert mit sich selbst umgehen.

Wie erleben die Freiwilligen ihre Anleitenden im Alltag? Wie agieren und reagieren diese in stressigen Situationen? Wie gehen sie mit Menschen um? Sind sie fehlerfreundlich? Wird deutlich, dass ihre christliche Spiritualität sich auch im konkreten christlichen Handeln äußert?

---

[37] „Geistliche Begleitung" ist ein Fachbegriff im Bereich der Exerzitien, das sind geistliche Übungen nach Ignatius von Loyola. In diesem Artikel wird der Ausdruck „geistliche Begleitung" allgemeiner verwendet, in dem umfassenden Sinn der Begleitung von Menschen infragen, die ihre Spiritualität, ihren Glauben und ihre geistliche Biografie betreffen.

Praktische Tipps für die geistliche Begleitung

Eine offene Haltung leben – auch für Fragen und Zweifel

> „Wenn wir etwas infrage stellen, dann bedeutet das, dass wir uns und unsere Überzeugungen nicht absolut setzen, sondern uns Veränderung, Wachstum und auch Korrektur erlauben."
>
> *Kerstin Hack (2008a: 4)*

Um sich weiterzuentwickeln, sich eine eigene Meinung zu bilden, den eigenen Glauben zu reflektieren und an Tiefgang zu gewinnen, braucht es Zeit und ein offenes Ohr für angstfreies Hinterfragen und für offene Dialoge und Suchprozesse.

Geistliche Begleitung ist abhängig von der Bereitschaft, die eigenen Fragen und Zweifel zu benennen und gleichzeitig von der Offenheit für die Zweifel und Fragen, die die jungen Menschen mitbringen. Manche der Freiwilligen haben existenzielle Zweifel, weil sie Krisen durchlebt haben oder gerade in einer schwierigen Lebenssituation sind. Andere haben intellektuelle Zweifel und fragen beispielsweise nach der Vereinbarkeit von Wissenschaft und Glaube oder stellen biblisch-hermeneutische Fragen (vgl. Faix/Künkler 2020: 22ff.).

Es ist wichtig, in der Begleitung der Freiwilligen eine „fragen- und zweifelfreundliche" Atmosphäre zu schaffen, in der die jungen Erwachsenen ermutigt werden, zu formulieren, was sie schwierig oder herausfordernd finden, was sie nicht verstehen und was sie zweifeln lässt (vgl. Hack 2008: 4).

 Fragestellungen für das Thematisieren von Fragen und Zweifeln
- Erinnerst du dich an Situationen, in denen du Gott gern mal so richtig deine Meinung sagen wolltest?
- Welche deiner Erwartungen und Vorstellungen vom Leben hat Gott nicht erfüllt? Was half dir, damit klarzukommen?
- Welche Aussagen oder Geschichten hättest du nie in der Bibel erwartet? Warum?
- Gibt es etwas, was dich bei (anderen) Christinnen und Christen oder bei christlichen Gemeinschaften aufregt?
- Erinnerst du dich an eine Situation, in der du gebetet hast und Gott nicht so reagierte, wie du es dir erhofft hast? Hat sich dadurch etwas an deinem Glauben verändert?
- Womit könntest du Jesus richtig auf die Palme bringen?

(vgl. Hack 2008a: 17ff.)

Für und mit den Freiwilligen beten

Christinnen und Christen sind nach biblischem Vorbild eingeladen, immer wieder *für* die Freiwilligen zu beten und sie Gott anzuvertrauen: „Betet für alle Menschen; bringt eure Bitten, Wünsche, eure Anliegen und euren Dank für sie vor Gott" (1. Tim 2,1 HfA).

Zudem ist es auch gut, *mit* ihnen zu beten – vielleicht gezielt auch in ganz unterschiedlichen Formen, um die Freiwilligen mit den unterschiedlichsten Stilen und Möglichkeiten des Gebets in den verschiedenen geistlichen Traditionen bekannt zu machen: mal mit einer Liturgie, mal frei, mal unterstützt durch eine Symbolhandlung z.B. dem Anzünden einer Kerze, denn: „Beten lernt man durch beten", wie es in einer Redensart heißt. Eine hilfreiche Sammlung unterschiedlicher Gebetsformen findet sich bei Müller/ Renken 2016.

Gemeinsam die Bibel lesen

Zu Beginn einer Besprechung, bei Seminaren und in vielen anderen Situationen bietet sich die Chance, die Bibel gemeinsam aufzuschlagen, sich über einen Text auszutauschen, Fragen zu formulieren, theologische Entdeckungen zu machen und mit neuer Inspiration und Gedankenanstößen für den Alltag weiterzugehen. Es ist wichtig, dabei auch auf eine methodische Vielfalt zu achten.

In vielen Einsatzstellen haben sich Kleingruppen wie z.B. Hauskreise und Bibelentdecker-Gruppen als eine gute Möglichkeit erwiesen, um zu diskutieren und über Bibeltexte ins Gespräch zu kommen. Viele unterschiedliche Methoden, um gemeinsam in der Bibel zu lesen, werden vorgestellt in Rempe 2012.

Andachten zum Selbermachen und zum Hören

In ihrem Freiwilligendienst hören und erleben junge Menschen in vielen Einsatzstellen und in den Seminaren christliche Impulse und Andachten. Das kann inspirierend sein und sie geistlich weiterbringen.

Es ist aber auch gut, wenn die Freiwilligen ihre eigenen Gedanken formulieren. So werden sie angeregt, sich mit sich selbst und ihrer eigenen Glaubenshaltung auseinanderzusetzen und reflektiert zu benennen, was sie selbst und ihre Spiritualität ausmacht.

Dabei ist es wichtig, ihnen als Begleitung durch diese herausfordernde Aufgabe Hilfe und Unterstützung anzubieten: bei der Vorbereitung zur Seite zu stehen und ihnen nach der Andacht eine Rückmeldung zu geben. Bei der Vorbereitung kann es helfen, sich über die Gedanken auszutauschen, weiterführende Literatur zu einem Thema oder Bibeltext weiterzugeben, Tipps für die Strukturierung zu geben usw.

Bei der Reflexion hat sich bewährt, zunächst die Person, die die Andacht gehalten hat, zu fragen, wie es ihr selbst bei der Durchführung der Andacht erging, wie sie sich selbst wahrgenommen hat, ob sie etwas an ihrem Skript verändert hat, wie sie die Zuhörenden wahrgenommen hat etc. Danach kann ein Feedback zu Inhalt, Sprache, Stimme, Körperhaltung etc. gegeben werden.

Ein (geistliches) Buch gemeinsam lesen und darüber ins Gespräch kommen

Eine Anleiterin aus dem Evangelischen Jugendwerk in Württemberg nimmt sich bei ihren Anleitungsgesprächen Zeit, mit der bzw. dem jeweiligen Freiwilligen über ein Buch zu diskutieren. Sowohl die Anleiterin als auch die Freiwilligen lesen vor dem Treffen das vereinbarte Kapitel und tauschen sich dann darüber aus, was beide sehr positiv erleben.

Andere Einsatzstellen, die mit Jahresteams arbeiten, also einer größeren Gruppe an Freiwilligen jedes Jahr, berichten von guten Erfahrungen damit, sich gemeinsam als Gruppe im Verlauf des Jahres durch ein Buch zu arbeiten. In regelmäßigen Gruppentreffen werden die gelesenen Inhalte vertieft, die Freiwilligen können ihre Fragen diskutieren oder sich über ihre Zweifel zum Gelesenen austauschen.

Bücher, die zur theologischen Auseinandersetzung einladen, sind z.B. „Die Hütte" von William P. Young (2009), Malessa/Blume 2019 (zu Christentum und Islam) oder Douglas/Vogt 2006 (zur Auseinandersetzung mit der eigenen Persönlichkeit und mit verschiedenen Bibeltexten).

Ein theologisches Thema diskutieren

In Einsatzstellen, in denen mehrere Freiwillige agieren, gibt es oft regelmäßige Teamtreffen. Gestaltungselemente dieser Treffen können eine Andacht, ein persönlicher Austausch, organisatorische Absprachen und Impulse zu einem Thema sein, das die Freiwilligen oder auch die Anleitenden einbringen. Neben Persönlichkeitsthemen wie z.B. „Stärken und Schwächen" oder „Selbst- und Fremdbild" können auch theologische Themen inspirierend für die jungen Erwachsenen sein.

Mögliche theologische Themen:

- Gerechtigkeit, Frieden und Bewahrung der Schöpfung
- Gottesbilder und -vorstellungen
- Gott redet – (wie) bekomme ich es mit?
- Vergeben und Vergessen
- Wie viel Kirche braucht der Glauben? usw.

Gemeinschaft erleben – gemeinsames geistliches Leben

Freiwillige können in christlichen Einsatzstellen erleben, dass Glaube im Alltag eine Rolle spielt. Das kann sich zum Beispiel darin zeigen, dass es Rituale und feste Zeiten gibt, die den Alltag und Jahresablauf festlich prägen oder dass christliche Gemeinschaft gepflegt wird und somit Auswirkung auf den Umgang untereinander hat. Rituale strukturieren den Tag bzw. die Woche, sie geben durch die Wiederholung Sicherheit und Geborgenheit, sie unterbrechen den Arbeitsalltag. Was wiederholt wird, prägt sich ein.

Rituale für gemeinschaftliche Spiritualität

- ein gemeinsames Gebet zum Wochenanfang oder zum Beginn einer Sitzung,
- die gemeinsame wöchentliche oder tägliche Andacht aller Mitarbeitenden einer Einsatzstelle,
- das Singen eines Wunschliedes zum Geburtstag,
- ein Tischgebet oder -lied zum Start einer gemeinsamen Mahlzeit,
- eine Segenskarte zum Start von neuen Mitarbeitenden,
- Symbole wie Kreuz oder Licht als „Sinnzeichen des Glaubens" spielen eine wichtige Rolle, weil sie ohne Worte ausdrücken können, was für das gemeinschaftliche Leben und die Beziehung zu Gott wichtig ist.

Hilfestellung für die Reflexion der eigenen Glaubensentwicklung bekommen

Während des Freiwilligendienstes kann immer wieder auch der eigene Glaube oder das persönliche Erleben einer christlichen Veranstaltung zum Thema gemacht werden. Dies gilt sowohl für Reflexionsgespräche mit der Anleitung als auch für den Austausch in Kleingruppen oder in der Seminargruppe.

Reflexionsfragen zu Entwicklungen im Glauben

- Was hat sich für dich in letzter Zeit in deiner Spiritualität verändert?
- Welche Fragen bringst du mit?
- Was hast du positiv oder negativ erlebt?
- Gibt es etwas, das dich geistlich inspiriert hat?
- Hat sich deine Vorstellung von Gott verändert?
- Gibt es eine Aussage, die dich besonders angesprochen hat?

- Hast du in der Bibel etwas entdeckt, was dich freut/ärgert/zum Zweifeln bringt?
- Welche Begegnung mit einer Christin oder einem Christen war für dich besonders motivierend oder demotivierend?
- Hast du eine neue Sichtweise gewonnen? etc.

Da die eigene Biografie immer prägend für die eigene Theologie ist, ist es sinnvoll und anregend, immer wieder zu hinterfragen, welche Wurzeln man hat, wo sich der Wunsch nach Veränderung regt, was einem selbst guttut etc. Gute „Seelen-Fragen" finden sich in Hack 2008b.

Geistliche Formate kennenlernen und ausprobieren, Ambiguitätstoleranz fördern

Die Freiwilligen begrüßen es, wenn sie bei Aktionen und Veranstaltungen mitarbeiten oder auch mal nur begleitend „reinschnuppern" können. Das ist horizonterweiternd, manchmal aber auch herausfordernd, weil ihnen Menschen begegnen, die andere Sichtweisen des Glaubens haben als sie. Es ist wichtig, diese Erfahrungen gemeinsam mit den Freiwilligen zu reflektieren.

Bei einer Veranstaltung des Ev. Jugendwerks in Württemberg werden beispielsweise bewusst ganz unterschiedliche Rednerinnen und Redner mit unterschiedlicher theologischer und biografischer Prägung eingeladen, um eine spirituelle Vielfalt aufzuzeigen. Hier kommen junge Erwachsene mit neuen und anderen Glaubensprägungen und -traditionen in Kontakt als die, die sie bisher kannten. Sie können lernen, diese anderen theologischen Standpunkte nicht pauschal als falsch oder schlecht zu beurteilen bzw. sich mit unterschiedlichen Ansichten differenziert und sachlich auseinanderzusetzen und Spannungen auszuhalten (vgl. Aschoff 2015: 90ff.). Dies fördert ihre Ambiguitätstoleranz, also die Fähigkeit, mit Vielfalt, Mehrdeutigkeit und Widersprüchlichkeiten leben zu lernen.

Geistliche Begleitung zwischendurch

Eine Nachricht übers Smartphone, eine Karte mit einem Bibelvers, eine Motivation zum Durchhalten, eine Grußkarte (nicht nur) zum Geburtstag, eine wertschätzende Rückmeldung: Auch all diese kleinen Signale zwischendurch haben mit geistlicher Begleitung zu tun.

Freiwillige nehmen auf diese Weise wahr, dass sie als Person wichtig sind, dass jemand an sie denkt und dass sie wertgeschätzt werden – es sind Gesten, die zwar Zeit kosten, aber in ihrer Wirkung unbezahlbar sind. In vielen Fällen ergeben sich durch diese „Zwischendurch"-Kommunikationsmomente anknüpfende Gespräche und vertiefte Beziehungsebenen, weil Freiwillige es nicht erwarten und überrascht davon sind, dass jemand an sie denkt und ihnen das durch Taten und Worte ausdrückt.

Diakonisches Lernen

Christlicher Glaube und soziales Handeln sind „untrennbar miteinander verbunden."[38] Christsein soll sich im Alltag auswirken, Hand und Fuß bekommen. Manche Einsatzstellen machen gute Erfahrungen damit, dass Freiwillige bei diakonischen Projekten wie z.b. bei einer Vesperkirche mitarbeiten. Einfühlungsvermögen, prosoziales Verhalten und Engagement für andere Menschen können in solchen diakonischen Praxiserfahrungen gefördert werden (vgl. Fricke 2016).

Seelsorge

In der geistlichen Begleitung kann es auch zu seelsorgerlichen Gesprächen kommen. Es geht dabei um „ganzheitliche Seelsorge am Menschen, der an Leib, Seele und Geist mit Schwierigkeiten, seelischen Nöten, Glaubens- und Lebensproblemen zu tun hat" (Ruthe 2019: 9). Hierfür ist entscheidend, welche Vertrauensperson sich die oder der Freiwillige sucht. Aufgabe der Anleitung kann es sein, eine Person zu empfehlen, die für Gespräche bereit ist oder bei ernsteren Fällen die Freiwilligen zu ermutigen bzw. zu unterstützen, sich psychologische Hilfe zu holen. In einem allgemeinen Sinn finden seelsorgerliche Elemente in vielen Formen von Gesprächen statt, vor allem den persönlichen Reflexionsgesprächen mit Anleitenden, die regelmäßig stattfinden. Auch in Kleinstformen „zwischen Tür und Angel" geschieht Seelsorge, wenn kurze Gespräche auf dem Flur sich spontan in ein ehrliches Schildern von Sorgen und persönlichem Befinden entwickeln.

Besonderheit für Freiwillige, die umziehen: Unterstützung bei der Suche nach einer neuen Gemeinde bzw. Gemeinschaft

Wenn junge Erwachsene während oder nach ihrem Freiwilligendienst von daheim wegziehen, kommen sie in ein neues Umfeld. Nun sind sie auch herausgefordert, sich eine neue christliche Gemeinschaft zu suchen und für sich zu klären, wie sie ihr geistliches Leben gestalten wollen. Im regionalen

---

[38] Fricke, Michael (2016): Diakonisches Lernen, evangelisch. In: WiReLex – Das Wissenschaftlich-Religionspädagogische Lexikon im Internet. Online unter: www.bibelwissenschaft.de/stichwort/100314/ (Abruf 04.05.2020).

Kontext ist es hilfreich, wenn Anleitende dies im Blick haben und ggf. Tipps geben für eine Gemeinde vor Ort, einen Hauskreis o.Ä.

Bundesweit können Anleitende oder andere mit den Freiwilligen Schritte und Kriterien erarbeiten, wie sie die Suche nach einer „geistlichen Heimat" gestalten wollen, und sie ermutigen, sich mit verschiedenen Gemeindeformen und -traditionen auseinanderzusetzen.

Vor allem aber gilt es, die Freiwilligen dafür zu sensibilisieren, dass sie für ihr eigenes Wohl zu sorgen haben und auch ihr geistliches Wohlergehen selbst in die Hand nehmen müssen. Sie für diese nächste Phase der Zukunft auf den eigenen Handlungsspielraum hinzuweisen und Möglichkeiten zu eröffnen, wie sie ihre persönliche Spiritualität selbstverantwortlich pflegen und voranbringen können, ist eine der zentralen Aufgaben von geistlicher Begleitung.

Literaturverzeichnis

Aschoff, Peter (2015): Verdächtige Vielfalt. In: Faix, Tobias/Hofmann, Martin/Künkler, Tobias (Hg.): Warum wir mündig glauben dürfen. Wege zu einem widerstandsfähigen Glauben. Witten: Verlag SCM R.Brockhaus. S. 90–96.

Douglas, Klaus/Vogt, Fabian (2006): Expedition zum ICH: In 40 Tagen durch die Bibel. Stuttgart/Glashütten: Verlag Deutsche Bibelgesellschaft/Verlag C & P Verlagsgesellschaft.

Faix, Tobias/Hofmann, Martin/Künkler, Tobias (2014): Warum ich nicht mehr glaube. Wenn junge Erwachsene den Glauben verlieren. Witten: Verlag SCM R. Brockhaus.

Faix, Tobias/Künkler, Tobias (2020): Warum junge Menschen nicht mehr glauben. Eine Spurensuche sowie erste Konsequenzen für Kirche und kirchliche Jugendarbeit. In: Das Baugerüst. Zeitschrift für Jugend- und Bildungsarbeit. Junge Erwachsene. Jg. 72 (1). S. 22–25.

Hack, Kerstin (2008a): Glaubensfragen. Impulse, Jesus neu zu entdecken. Impulsheft Nr. 19. Berlin: Verlag Down to Earth bei Chrismedia.

Hack, Kerstin (2008b): Seelen-Fragen. Impulse, sich auf die Spur zu kommen. Impulsheft Nr. 47. Berlin: Verlag Down to Earth bei Chrismedia.

Malessa, Andreas/Blume, Michael/Blume, Zehra (2019): Eine Blume für Zehra. Liebe bis zu den Pforten der Hölle, München: Verlag bene!.

Möller, Karina (2010): Persönliche Gottesvorstellungen junger Erwachsener – Empirische Erkundungen in der Sekundarstufe II im Großraum Kassel. In: Freudenberger-Lötz, Petra: Beiträge zur Kinder- und Jugendtheologie. Band 4. Kassel: KasselUniversityPress. Online unter: www.uni-kassel.de/upress/online/frei/978-3-89958-826-2.volltext.frei.pdf (Abruf 11.08.2020).

Müller, Christoph/Renken, Katharina (Hg.) (2016): Praystation. 99 Gebetsstationen für die Arbeit mit Jugendlichen und in der Gemeinde. Stuttgart: Verlag buch+musik ejw-service GmbH.

Rempe, Daniel (Hg.) (2012): 41 Methoden zum Bibellesen mit Gruppen. Ein Ideenbuch für Mitarbeitende zur Initiative „Liest du mich?". 3. Auflage. Neukirchen-Vluyn: Verlag Neukirchener Verlagsgesellschaft mbH.

Ruthe, Reinhold (2019): Handbuch der therapeutischen Seelsorge. Band 1: Die Seelsorge-Praxis. Band 2: Gesprächsführung in der Seelsorge. 5. Auflage. Moers: Verlag Brendow.

Schreiter, Annika (2020): Nicht mehr jugendlich, aber schon gar nicht erwachsen. Die Erfindung des jungen Erwachsenenalters. In: Das Baugerüst. Zeitschrift für Jugend- und Bildungsarbeit. Junge Erwachsene. Jg. 72 (1). S. 6–9.

Schweitzer, Friedrich: Vom Kinder- zum Erwachsenenglauben. Immer noch eine Herausforderung? In: Das Baugerüst. Zeitschrift für Jugend- und Bildungsarbeit. Junge Erwachsene. Jg. 72 (1). S. 10–13.

Young, William Paul (2009): Die Hütte. Ein Wochenende mit Gott. Berlin: Ullstein.

BEGLEITUNG VON FREIWILLIGEN, DIE IN EINEN NEUEN KULTURELLEN KONTEXT EINREISEN

Annelie Krebs

Der Einstieg in einen Freiwilligendienst bringt für die meisten Freiwilligen eine besondere Zeit des Einfindens in neue Aufgaben, ein bestehendes Team und einen veränderten Alltag mit sich. Freiwillige, die für ihren Freiwilligendienst in einen neuen kulturellen Kontext eingereist sind, begegnen darüber hinaus weiteren Herausforderungen. In diesem Beitrag soll es in einem ersten Schritt darum gehen, für die besonderen Herausforderungen von Freiwilligen an ihrem neuen Einsatzort zu sensibilisieren, wobei hier der Fokus auf Einflüsse von kollektiven Gemeinschaften auf die Herkunftsbiografien der Freiwilligen gelegt wird. Darauf aufbauend soll in den Blick genommen werden, welche Formen der Begleitung dazu dienen, dass die Freiwilligen ihren Freiwilligendienst als besondere Erfahrungen für persönliches Wachstum erleben. Im Folgenden wird für diese Zielgruppe der Begriff „internationale Freiwillige" verwendet und schließt sowohl Freiwillige, die aus dem Ausland für einen Freiwilligendienst nach Deutschland kommen (Incoming-Freiwillige), als auch Freiwillige, die für einen Freiwilligendienst ins Ausland gehen (Outgoing), ein.

Herausforderungen wahrnehmen

Außerhalb der Komfortzone

Die größte Herausforderung besteht meist im Bereich der Kommunikation. Das beinhaltet zum einen die sprachliche Ausdrucksfähigkeit: Sich in einer neuen Situation fremd zu fühlen und zugleich beim Aufbau von Beziehungen eine Beschränkung der eigenen sprachlichen Möglichkeiten zu erleben, fordert heraus. Bestimmte Schlüsselwörter nicht zu kennen und bei Unterhaltungen den Faden zu verlieren, das eigene emotionale Erleben nicht in Worten ausdrücken zu können – solche Situationen gilt es auszuhalten. Zum anderen bringt die Art und Weise, wie kommuniziert wird, Spannungen mit sich. Was wird angesprochen, was nicht? Wie direkt werden Anliegen formuliert und was wird ungesagt und als selbstverständlich vorausgesetzt? Wie viel Augenkontakt ist in einem Gespräch „normal"? Der Einfluss des eigenen kulturellen Kontexts wird gerade hier besonders deutlich – aufseiten der Freiwilligen, aber auch aufseiten z.B. der Anleitenden.

> "But the ultimate challenge is being out of your comfort zone –
> leaving a country where you know how things work and overcoming
> the daily things that are different than in your home culture and that
> may even surprise you."
>
> *Ben Wachter (2018: 11)*

In diesem Zitat beschreibt Ben, ein 26-jähriger US-Amerikaner, der einen Freiwilligendienst in Deutschland gemacht hat, seine größte Herausforderung: die tägliche Lebensgestaltung außerhalb seiner Komfortzone. Von kleinsten Alltagsdingen wie zum Beispiel der Anschaffung einer SIM-Karte bis zu kulturellen Unterschieden, die er wahrnimmt, stellt er immer wieder fest, dass er sich in einem Umfeld befindet, in dem er sich nicht auskennt, und erlebt andauernd Überraschungen im Umgang mit alltäglichen Dingen.

Dies macht deutlich, dass viele Bereiche des alltäglichen Lebens sich für internationale Freiwillige stark zu dem bisher Gewohnten unterscheiden. Z.B. kann es eine sehr große Umstellung für internationale Freiwillige sein, wenn sie bisher in einer 10-Millionen-Metropole zusammen mit ihrer Familie gelebt haben und sich nun in einer WG in einer ländlichen Umgebung wiederfinden.

Das Hineinfinden in den Freiwilligendienst ist eng verbunden mit den Aufgaben, die Freiwillige in der Einsatzstelle wahrnehmen. Neben dem, was von vielen Freiwilligen vielleicht als „klassische" Herausforderung erlebt wird, z.B. ein Hineinfinden von einem schulischen Alltag in eine 40-Stunden-Arbeitswoche, die voll ist von praktischen Aufgaben, welche sowohl körperlich als auch in der sozialen Interaktion herausfordern, kann es für internationale Freiwillige noch ganz andere zusätzliche Herausforderungen geben. Manche haben bereits im Beruf, in einem Ehrenamt oder Studium bestimmte Kompetenzen erworben,[39] beruflich Verantwortung übernommen und schlüpfen nun in eine neue Rolle. Sie sind erneut Lernende in einem ihnen unbekannten Aufgabenbereich und haben sich mit einem neuen Selbstverständnis auseinanderzusetzen. Zudem sind sie womöglich mit einer neuen Arbeitspraxis konfrontiert, was z.B. die Arbeitsabläufe und Kommunikation von Arbeitsaufträgen betrifft.

---

[39] Eine Studie des AKLHÜ (Arbeitskreis „Lernen und Helfen in Übersee" e.V., Netzwerk und Fachstelle für internationale Personelle Zusammenarbeit) zeigt auf, dass 53 % aller Incoming-Freiwilligen zwischen 22 und 27 Jahre alt sind und 36 % einen akademischen oder berufsqualifizierenden Abschluss haben. Diese Incoming-Freiwilligen bringen also bereits vielseitige Erfahrungen aus Studium und Beruf mit in die Zeit des Freiwilligendienstes. Beim Outgoing ist der Anteil derer, die bereits einen akademischen oder berufsqualifizierenden Abschluss haben, bei lediglich 8% (vgl. dazu AKLHÜ 2018: 11, 13).

Multikollektive Einflüsse

Um die Komplexität der Herausforderungen, denen internationale Freiwillige begegnen, besser und weiterführend in den Blick nehmen zu können und um sie darin gut begleiten zu können, soll nun das Konzept von „Kultur" von Stefanie Rathje erläutert werden. Rathje beschreibt, dass im alltäglichen Wortgebrauch ein Verständnis von Kultur vorherrscht, das von Einheitlichkeit innerhalb einer Ethnie oder Nation ausgeht. Kultur wird damit als eine Beschreibung von Gemeinsamkeiten innerhalb eines Kollektivs verstanden. Also z.B. alle Deutschen seien pünktlich. Dieses Verständnis von Einheitlichkeit wird mittlerweile auch auf „Kollektivzusammenhänge" wie z.B. auf eine bestimmte Kultur eines Unternehmens bezogen (vgl. Rathje 2009: 83). Grundannahme ist, dass alle zum jeweiligen Kollektiv zugehörigen Personen dieselben Werte teilen, welche sich in daraus ableitbaren Verhaltensweisen manifestieren.

Rathje schließt sich einer grundsätzlichen Kritik eines solchen Kulturbegriffs – wie sie mittlerweile in vielen sozial- und kulturwissenschaftlichen Studien zu finden ist – an und entwirft einen differenzierten Begriff von Kultur bzw. von Kulturen. In einem ersten Schritt führt sie eine Unterscheidung ein zwischen der *Ebene der Kultur* als einer Beschreibung von „Gewohnheiten" und der *Ebene der Kollektivität*, der Zugehörigkeit zu einer bestimmten Gruppe. Rathje bezieht sich für ihr Verständnis von Kollektivität dabei auf das Konzept der Multikollektivität, wie es von Klaus P. Hansen vertreten wird (Hansen 2009).

Auf der Ebene der Kultur umfassen Gewohnheiten zum einen „kognitive Ressourcen", also alles, was an Wissen, Bildung etc. einem Kollektiv zugänglich ist. Zum anderen beziehen sich Gewohnheiten auf Verhaltensweisen, die Ausdruck einer gemeinsamen Lebenspraxis sind. Auch hier wird nicht von Einheitlichkeit ausgegangen, da Gewohnheiten nicht starr, sondern vielmehr einer dauernden „dynamischen Veränderung" unterworfen sind. Und das ist von großer Bedeutung: Allein die Tatsache, dass Mitglieder eines Kollektivs diese Gewohnheiten kennen, reicht aus, um hier von Kultur zu sprechen. Das heißt, bestimmte Verhaltensweisen müssen nicht bejaht und im Leben integriert sein, sondern werden nur als bekannt vorausgesetzt (vgl. Rathje 2009: 88).

Mit der Unterscheidung zwischen einer Perspektive der Kultur und einer Perspektive der Kollektivität macht Rathje deutlich, dass diese nicht zwingend übereinstimmen müssen. Diese Differenzierung führt zu wichtigen Fragen, was eine mögliche Zugehörigkeit zu einem Kollektiv betrifft (vgl. Rathje 2009: 88): Wie wird deutlich, dass ein Mensch Teil einer Gruppe ist? Welche Zugangsvoraussetzungen gibt es, die von einer Gruppe explizit oder implizit gefordert werden? Wer hat in einer Gruppe die Macht, diese Voraussetzungen zu bestimmen und damit die Zugehörigkeit zu einer Gruppe zu ermöglichen oder zu verwehren?

So wie bereits auf der Ebene der Kultur deutlich gemacht wurde, dass immer eine individuelle Perspektive mitbedacht wird, also die Einzelnen als Individuen entscheiden, inwiefern sie die Gewohnheiten eines Kollektivs annehmen, so ist auch auf der Ebene des Kollektivs solch eine individuelle Perspektive für Rathje von Bedeutung. Einzelne gehören zwar zu einem Kollektiv, gehen darin aber nicht als Person auf. Oder anders ausgedrückt: Sie sind durch die Zugehörigkeit zu einer bestimmten Gruppe beein-flusst, jedoch nicht lediglich auf diese Zugehörigkeit festgelegt (vgl. Rathje 2009: 90). Und da eine Person zugleich Teil vieler, verschiedener Kollektive ist, würde die Reduzierung von Menschen auf eine primäre Kollektivzuge-hörigkeit, wie z.B. auf die Nationalkultur, der vielschichtigen Realität nicht gerecht werden. Ein 20-jähriger Mann, dessen akademische Eltern aus der Slowakei nach Deutschland immigriert sind und der nun in einer Großstadt lebt, hat aufgrund seiner Kollektiv-Zugehörigkeiten andere Prägungen er-lebt als ein 60-jähriger Mann, der in der Slowakei auf dem Land als Arbei-ter in einer Fabrik lebt, obwohl beide dieselbe Nationalzugehörigkeit teilen. Folgendes Zitat fasst Rathjes differenzierten Kulturbegriff zusammen: „So kann man zwar aus den Kollektivzugehörigkeiten des Einzelnen schließen, mit welchen kulturellen Gewohnheiten er vertraut, welche Verhaltenswei-sen oder Denkkonzepte ihm bekannt sein könnten, was der Einzelne jedoch daraus macht, welche Vorstellungen, Meinungen und Praktiken er für sich selbst ableitet, bleibt vollständig offen" (Rathje 2009: 97).

Multikollektive Herkunft im Fokus

Das in Kürze vorgestellte Konzept von Rathje wird nun auf die Frage an-gewendet, wie Freiwillige in ihren spezifischen Herausforderungen wahr-genommen werden können. Dazu wird die Frage der Zugehörigkeit zu verschiedenen Kollektiven aufgegriffen. Dies kann nach Rathje von der Zu-gehörigkeit zu einer Familie, einer Berufsgruppe bis hin zur Zugehörigkeit zu einer Geschlechterrolle, einer Religion, einer Nation reichen.

 Reflexionsfragen für kollektive Zugehörigkeiten in der Begleitung internationaler Freiwillige
Folgende Fragen können helfen, die Herkunft von Freiwilligen in Bezug auf ihre Kollektiv-Zugehörigkeiten zu reflektieren:
- Welche Prägung haben sie durch ihre Familie erlebt? In welcher Geschwister-Konstellation sind sie z.B. aufgewachsen?

- In welchem sozio-ökonomischen Milieu sind sie verortet gewesen? Mit welchen Privilegien, mit welchen Nachteilen war das verbunden?
- Haben Freiwillige bisher keine religiösen Erfahrungen in ihrer Sozialisation erlebt oder haben sie z.b. durch die Zugehörigkeit zu einer christlichen Kirche eine intensive religiöse Sozialisation erlebt?
- Wie wurden ihre Vorstellungen von gesellschaftlicher Teilhabe geprägt? Welche Haltungen gegenüber der eigenen nationalen Zugehörigkeit, Meinungsfreiheit, politischem Engagement haben sie dabei erlebt?
- Wie hat die Zugehörigkeit zu Vereinen (z.b. durch ehrenamtliche Mitarbeit) oder zu einer Berufsgruppe sie geprägt? Welche Werte, Haltungen, Rituale wurden dort gelebt und sind den Freiwilligen somit vertraut?

Die Frage nach den Kollektivzugehörigkeiten hilft, einen differenzierten Blick auf die Herkunft der Freiwilligen zu gewinnen, und deckt Stereotype bzw. Zuschreibungen auf, die – meist bezogen auf die Nationalzugehörigkeit – bewusst oder unbewusst vorherrschen.

Für die Begleitung der Freiwilligen bedeutet dies: wahrzunehmen, welchen Zuschreibungen Freiwillige im Alltag begegnen können und damit verbunden, mit welchen Erfahrungen von Diskriminierung sie unter Umständen konfrontiert sind. Zum Beispiel wurde eine rumänische Freiwillige immer wieder mit der Aussage konfrontiert, dass sie doch sicher arm sei und deswegen in Deutschland eine Perspektive sucht. Ihre Motivation, mit Kindern zu arbeiten und damit einen Dienst in einem anderen Land zu tun, wurde nicht wahrgenommen. Freiwillige aus Südafrika erzählten, dass ihnen Menschen immer wieder begeistert von ihren persönlichen Erfahrungen aus Afrika berichteten. Und offensichtlich dabei annahmen, dass die Freiwilligen aus Südafrika diese Erfahrungen kannten und teilten. Da die Erlebnisse sich jedoch auf afrikanische Länder bezogen, die weit entfernt von Südafrika und den Lebenserfahrungen der Freiwilligen waren, stimmten die gemachten Annahmen nicht mit der Lebenswelt der Freiwilligen überein. Deutsche, die einen Freiwilligendienst im Ausland machen, erleben regelmäßig, dass sie als wohlhabend eingeschätzt werden, oder ernten Verwunderung, wenn sie berichten, dass sie nicht in den Bergen leben und keine Lederhose oder kein Dirndl besitzen.

Von großer Bedeutung für die Start- und Einstiegsphase im Freiwilligendienst ist, ob bzw. wie Freiwillige eine Zugehörigkeit zu den Kollektiven erleben, die ihnen in ihrem neuen Umfeld begegnen. Für die persönliche Begleitung ist es wichtig, herauszufinden, ob Freiwilligen der Zugang oder die Teilhabe zu einer Gruppe aufgrund ihrer sprachlichen Ausdrucksmöglichkeiten, der unbekannten „Gewohnheiten" oder möglicherweise aufgrund gewisser Zugangsvoraussetzungen verwehrt bleibt. Erleben sie z.b. in einer neuen Gruppe eine „Willkommens-Kultur" oder benötigen sie viel Ausdauer und bestimmte „Kontakte", um Teil eines neuen Kollektivs zu werden? Welches Wissen brauchen sie, um Zugang z.B. zu einer Freizeit-Fußball-Gruppe zu finden oder sich ehrenamtlich engagieren zu können?

Begleitung strukturieren

Im Folgenden soll in den Blick genommen werden, wie internationale Freiwillige im Umgang mit diesen Herausforderungen pädagogisch adäquat begleitet werden können. Zu beachten ist jedoch, dass aufgrund der verschiedenen Förderprogramme in den Freiwilligendiensten (Incoming-FSJ/BFD, weltwärts, IJFD etc.), aber auch wegen der unterschiedlichen Strukturen der Zusammenarbeit von Einsatzstellen und Trägern diese Anregungen für die jeweilige Organisation angepasst werden müssen.

Phase des Ankommens
Internationale Freiwillige brauchen besonders in der Phase des Ankommens in der Einsatzstelle und in ihrer neuen sozialen Umgebung eine intensive persönliche Begleitung. Manche erleben aufgrund der vielen neuen Eindrücke Euphorie, bei anderen lösen diese Eindrücke Gefühle der Überforderung aus. Klare Strukturen vonseiten der Einsatzstelle und genug Zeit, um all die Wahrnehmungen zu verarbeiten, unterstützen den Prozess des Ankommens (vgl. ICJA 2019: 86).

Die Herausforderungen von Freiwilligen in der Startphase und wie sich diese mit der Zeit bzw. durch den Faktor Zeit verändern, werden von Claudia Wetzel verdeutlicht und mit hilfreichen Konzepten veranschaulicht (vgl. Wetzel in diesem Band).

Für die Integration von internationalen Studierenden wurde vor einigen Jahren ein europäisches Buddy-System erfolgreich implementiert. Studierende, die bereits länger vor Ort sind, fungieren als Buddy für neue internationale Studierende und führen sie in den Studienalltag und das soziale Leben vor Ort ein.[40] Ein Buddy, also eine „Person auf Augenhöhe", kann auch für internationale Freiwillige neben den Ansprechpersonen der Einsatzstelle insbesondere für die ersten Tage und Wochen ein wichtiger Anlauf- und Ankerpunkt sein, um informelle Fragen des Alltags zu klären und

---

[40] Vgl. die Darstellung auf: Buddy System: The Buddy System project. Online unter: https://buddysystem.eu/en/the-project (Abruf 22.05.2020).

um Zugänge zu den Kollektiven vor Ort, wie z.B. dem Freiwilligen-Team, einer Jugendgruppe der Gemeinde oder einem Fußballverein zu bekommen. Als Buddy können z.B. (ehemalige) Freiwillige oder (ehrenamtliche) Mitarbeitende im gleichen Alter fungieren.

Kommunikationswege gestalten

Nicht nur für die Zeit des Ankommens, sondern für alle Phasen des Freiwilligendienstes ist es wichtig, Ansprechpersonen explizit zu benennen sowie Unterstützung anzubieten. Neben der fachlichen Anleitung für konkrete Aufgaben ist eine pädagogische Begleitung von Bedeutung, welche durch Gespräche hilft, Erwartungen vonseiten der Freiwilligen und der Einsatzstelle zu reflektieren, Herausforderungen im Alltag zu besprechen und gemeinsame Lösungen zu finden. Eine „kontinuierliche Kommunikation" zwischen den Freiwilligen und der Einsatzstelle ist hierbei von zentraler Bedeutung, um eine vertrauensvolle, verlässliche, auf Gegenseitigkeit bezogene Beziehung aufzubauen (vgl. Aktionsgemeinschaft Dienst für den Frieden et al. 2017: 20f.).

Für diese Gespräche ist es elementar, die Prägung der internationalen Freiwilligen, bezogen auf deren Hierarchie- und Kommunikationsverständnis, in den Blick zu nehmen. So kann z.B. direktes Nachfragen bei nichtverstandenen Sachverhalten als kulturell nicht angemessen gelten, sowie andere „Hürden (wie z.B. hierarchisches Denken, Gender und Alter)" die Freiwilligen hindern, Probleme mit ihren Anleitenden zu besprechen (Aktionsgemeinschaft Dienst für den Frieden et al. 2017: 36).

Deshalb ist es von großer Bedeutung, das eigene Rollen- und Hierarchieverständnis offen zu formulieren und zugleich eine Struktur in der Begleitung anzubieten, die unterschiedlichen Hierarchie-Vorstellungen gerecht wird. Einerseits sollte die zuständige Ansprechperson in der Einsatzstelle eine klare Einladung aussprechen, bei Fragen, Anliegen und Problemen ansprechbar und zuständig zu sein. Andererseits hilft eine Ansprechperson außerhalb der hierarchischen Bezüge der Einsatzstelle, die Begleitung vor Ort zu ergänzen. Dies kann z.B. ein (ehrenamtliches) Mentoring-Angebot sein oder der Kontakt zu einer Familie, die die Freiwilligen regelmäßig zum Essen einlädt. Wichtig ist, dass diese Personen durch eigene Erfahrungen im Ausland bzw. im Umgang mit anderen kulturellen Kontexten sensibilisiert sind. In einem geschützten und vertrauensvollen Rahmen wird es für Freiwillige möglich, sich zu öffnen, eigene Bedürfnisse wahrzunehmen, Herausforderungen auch im Hinblick der eigenen kulturellen Sozialisation zu reflektieren und darüber sprachfähig zu werden. So können sie Sicherheit gewinnen, Fragen und persönliche Anliegen auch gegenüber Anleitenden in der Einsatzstelle zu kommunizieren.

Einen wichtigen Rahmen zur Reflexion ihrer Situation erleben Freiwillige auch auf den Bildungsseminaren. Im Austausch mit anderen Freiwilligen, die mit ähnlichen Fragen und Herausforderungen konfrontiert sind, können sie neue Perspektiven gewinnen, sich vernetzen und Ermutigung erleben. Die Bildungseinheiten stärken sie u.a. in dem Prozess der Reflexion ihrer bisherigen Zugehörigkeit zu Kollektiven und in der Frage danach, wie sie diese Prägungen in ihr eigenes Denken integriert haben. Das Kennenlernen der Konzepte von „Kultur" und der Austausch darüber, inwiefern Stereotype das eigene Denken beeinflussen, helfen den Freiwilligen bei der Reflexion über die Erfahrungen, die sie mit anderen kulturellen Prägungen gemacht haben. Zudem werden sie gestärkt, ihre eigenen Ressourcen einzubringen und persönliche Handlungsmöglichkeiten für die Gestaltung ihres Freiwilligendienstes zu entdecken. Die pädagogischen Fachkräfte des Trägers sind während der Seminare, aber auch darüber hinaus Ansprechpersonen, die die internationalen Freiwilligen begleiten und die zugleich die Einsatzstellen in ihrer Begleitung vor Ort unterstützen und mit ihnen gemeinsam Strukturen entwickeln, um eine umfassende Begleitung der Freiwilligen gewähren zu können.

Begleitungsstruktur für internationale Freiwillige

Die folgenden Fragen fassen die wesentlichen Elemente in der Entwicklung einer Begleitungsstruktur für internationale Freiwillige zusammen:

- Wie können die ersten Tage nach der Ankunft der Freiwilligen gestaltet werden? Wie kann ggf. ein schrittweises Einfinden (z.B. durch Anpassung der Arbeitszeit) in die Einsatzstelle aussehen?
- In welchen Lebensbereichen wird zu Beginn Unterstützung benötigt (z.B. Einkaufen, öffentliche Verkehrsmittel nutzen, Einführung in WG-Leben, Möglichkeiten der Freizeitgestaltung, Hobbys)?
- Wer könnte „Buddy" sein und welche Aufgaben könnten dadurch übernommen werden?
- Wer ist in der Einsatzstelle für die fachliche Anleitung und wer für die pädagogische Begleitung zuständig? In welchen Abständen sollten Reflexionsgespräche mit den internationalen Freiwilligen geführt werden?
- Wer unterstützt die Freiwilligen bei alltagsrelevanten Aufgaben wie z.B. Kontaktaufnahme zu Behörden (Ausländerbehörde), Eröffnung eines Bankkontos etc.?

- Wie kann ein (ehrenamtliches) Mentoring-Angebot gestaltet werden? Welche Personen gibt es im Umfeld der Einsatzstelle, die Erfahrungen mit anderen kulturellen Prägungen haben und gerne internationale Freiwillige unterstützen?

Wachstum fördern

Nachdem die Herausforderungen der internationalen Freiwilligen in den Blick genommen und Strukturen einer pädagogischen Begleitung dargestellt wurden, sollen nun die Wachstumsmöglichkeiten für internationale Freiwillige in den Fokus genommen und Konsequenzen für die Begleitung erörtert werden.

Spracherwerb

Internationale Freiwillige starten meist bereits mit Sprachkenntnissen in den Freiwilligendienst. Aber je nach Sprachkurs, den sie in ihrem Heimatland absolviert haben, fehlen oft Erfahrungen im aktiven Sprechen. Zu Beginn des Dienstes sollte ein Sprachkurs für das entsprechende Sprachniveau der Freiwilligen gesucht werden. Dazu ergänzend können z.B. Tandem-Sprachpartnerschaften oder Sprachtrainings-Zeiten z.B. mit Mitarbeitenden oder anderen Freiwilligen der Einsatzstelle vereinbart werden.

 ### Spracherwerb unterstützen

Die Anleitenden in der Einsatzstelle, aber auch die pädagogischen Fachkräfte des Trägers können den Spracherwerb unterstützen (vgl. hierzu ICJA 2019: 70f.), indem sie

- langsamer als gewohnt und keinen Dialekt sprechen. Die Verwendung von einfacher Sprache ist hilfreich, z.B. möglichst kurze Sätze mit jeweils nur einer Information.
- wichtige Wörter und Sätze aufschreiben und auch die Freiwilligen ermutigen, sich Notizen zu machen. Erklärungen zu Arbeitsabläufen/Bildungseinheiten können zudem in einfacher Sprache für die Freiwilligen verschriftlicht werden.

- die Freiwilligen ermutigen, nachzufragen, wenn etwas unklar ist. Zugleich gilt es, Räume schaffen, in denen Freiwillige erzählen können, was sie verstanden haben (denn häufiges Nachfragen kann je nach kultureller Sozialisation als unhöflich eingeschätzt werden). Zudem können kurze Erläuterungen im Vorfeld einer Sitzung oder Veranstaltung, an der Freiwillige teilnehmen, bzw. vor einer inhaltlich herausfordernden Bildungseinheit den Freiwilligen helfen, den „roten Faden" zu finden.
- ermutigen, Fehler „machen zu dürfen" und dies als selbstverständlichen Teil des Lernens zu betrachten. Mit den Freiwilligen kann vorab besprochen werden, wann und in welchem Rahmen eine Korrektur von Sprachfehlern gewünscht wird. Zu häufiges Korrigieren kann sonst zu Frustrationserfahrungen aufseiten der Freiwilligen führen.

In Reflexionsgesprächen sollte mit den Freiwilligen besprochen werden, in welchen Kontexten ein konsequentes Sprechen auf Deutsch zu wählen ist, und in welchen Momenten eine Übersetzung bzw. ein Gespräch in der Muttersprache bzw. einer gemeinsamen Mittlersprache ratsam ist, z.B. Englisch. Die Freiwilligen sollen dabei gefordert sein, sich auf Deutsch auszudrücken, jedoch auch Räume haben, in denen sie – vor allem zu Beginn – eine Sprache wählen können, in der sie unkomplizierter über Emotionen und Herausforderungen sprechen können. Mit fortschreitendem Spracherwerb können diese Räume sich nach und nach verändern. Je nach Affinität zu Sprachen und Selbstbewusstsein kann der Spracherwerb jedoch sehr unterschiedlich ablaufen und mitunter zu Krisen für einzelne Freiwillige führen. Hilfreich ist hierbei, den Umgang mit dem Spracherwerb zu thematisieren und in den Blick zu nehmen, was persönliche Hinderungsgründe für das Erlernen einer Sprache sind.

Potenzial einbringen

Stehen zu Beginn des Freiwilligendienstes das Hineinfinden in ein neues soziokulturelles Umfeld und der Spracherwerb für die Freiwilligen im Vordergrund, so ist es von Anfang an bedeutsam, den Freiwilligen aufzuzeigen, dass sie in ihrem Freiwilligendienst ihre Fähigkeiten, Interessen und Ressourcen einbringen dürfen. Nach einer Phase des Ankommens und des Aufbaus einer von Vertrauen geprägten Beziehung kann mit den Freiwilligen erörtert werden, welche Fähigkeiten weiterentwickelt werden können. Dabei gilt es herauszufinden, in welchen Bereichen und Arbeitsfeldern die Freiwilligen bereits Erfahrungen gesammelt haben, welche Interessen vorherrschen und wie diese ins Gespräch gebracht werden können. Manche Fähigkeiten können auch erst schrittweise mit zunehmenden Sprachkenntnissen in die Einsatzstelle eingebracht werden. Unsicherheit gibt es bei internationalen Freiwilligen immer wieder bei der Frage, wie viel Spielraum sie für Eigeninitiative haben. Hier ist es wichtig, deutlich zu machen, in welchen Bereichen bestimmte Abläufe eingehalten werden sollen und wo es Raum für eigene Ideen gibt (vgl. ICJA 2019: 60).

Den Ansatz von Rathje aufgreifend, sind internationale Freiwillige mit den „Gewohnheiten" ihrer Kollektiv-Zugehörigkeiten vertraut. Im Laufe des Freiwilligendiensts, u. a. durch unterstützende Angebote der Reflexion auf den Bildungsseminaren, werden Freiwillige sprachfähig, diese „Gewohnheiten" mitzuteilen und über ihre kulturelle Prägung ins Gespräch zu kommen. Für Mitarbeitende und Freiwillige der Einsatzstelle kann dies eine Erweiterung des eigenen kulturellen Denkhorizonts bedeuten. Offenheit dafür, die eigenen Denkweisen zu hinterfragen und die eigene kulturelle Sozialisation als nicht absolut zu betrachten, sind für solch einen Dialog von grundlegender Wichtigkeit.

Standortbestimmung Glaube

> "I suddenly realized how much I was dependent on other people. It reminded me how of my relationship with God; I cannot rely on my own understanding; I need to lean on Him so that He can help me. I definitely recommend an FSJ to anyone who wishes to experience a new level of relationship with other people and with God."
> *Ben Wachter (2018: 11)*

Dieser Ausspruch von Ben, dem bereits zitierten US-amerikanischen Freiwilligen, führt in die letzte hier aufgeführte Dimension von Wachstum hinein und kann als Beispiel dienen, wie eine Erfahrung im Bereich des Glaubens von einem internationalen Freiwilligen reflektiert werden kann. Ben beschreibt im Vorfeld, in welchen konkreten Alltagsbereichen er anfänglich auf Unterstützung angewiesen war und wie er realisiert hat, dass er in so vielem abhängig von der Hilfe von Menschen war. Diese Erfahrung überträgt er in diesem Zitat auf seine Gottesbeziehung. Außerhalb seiner Komfortzone erlebt er, dass er sich nicht nur auf sich selbst verlassen will und sich in einer Situation befindet, in der er auf Gott vertrauen möchte. Dieses Vertrauen auf Gott ist dabei verbunden mit dem, was er an Hilfe von ihm empfangen kann. Zusammenfassend beschreibt er das Erlebte als ein „neues Level", eine neue Qualität in seiner Gottesbeziehung.

Margret Mundorf führt in ihrer qualitativen Studie „Christliche Freiwilligendienste im Ausland" einen anderen Aspekt an, wie Erfahrungen im Ausland zu veränderten Glaubenshaltungen führen können. So wird in einigen der von ihr geführten Interviews deutlich, dass die Erfahrung von anderen christlichen Lebens- und Glaubensformen zu einer Standortbestimmung hinsichtlich des eigenen Glaubens geführt und damit die Entwicklung eines „persönlichen Glaubens" gefördert hat (vgl. Mundorf 2000: 106).

Für die Begleitung von internationalen Freiwilligen fasst der Begriff der „Standortbestimmung" das Wesentliche zusammen. Zum einen bedeutet er, mit den Freiwilligen die Prägung durch die Zugehörigkeit zu einer christlichen Kirche im Heimatland zu reflektieren und neue Erfahrungen, ggf. auch Spannungen mit einer christlichen Kirche während des Freiwilligendiensts zu thematisieren. Zum anderen sind die Freiwilligen in der Frage zu begleiten, wie Glaube in einem neuen soziokulturellen Umfeld erlebt werden kann – mit allen Facetten des Fragens, Zweifelns und Vertrauens – und wie dieser durch Erlebnisse und Erfahrungen sich zu einem „persönlichen Glauben" entwickeln kann.

Literaturverzeichnis

AKLHÜ = Arbeitskreis „Lernen und Helfen in Übersee" e.V. (2018): Internationale Freiwillige in Freiwilligendiensten in Deutschland. Rheinbreitbach: Medienhaus Plump GmbH.

Aktionsgemeinschaft Dienst für den Frieden/Arbeitskreis „Lernen und Helfen in Übersee" e.V./Deutsches Rotes Kreuz Generalsekretariat/Evangelische Freiwilligendienste gGmbH/fid-Service- und Beratungsstelle für Internationale Freiwilligendienste in der AGEH (2017): Internationale Freiwillige in Deutschland – Incoming im Spiegel praktischer Handhabung und gesellschaftspolitischer Entwicklung. Dokumentation der Fachtagung vom 9.–10. Mai 2017. Siegburg: bonnprint.com GmbH.

ICJA = Freiwilligenaustausch weltweit e.V. (2019): Wegbegleiter. Für Einsatzstellen von internationalen Freiwilligen. Berlin: medialis Offsetdruck GmbH.

Hansen, Klaus (2009): Kultur, Kollektiv, Nation. Passau: Stutz.

Wachter, Ben (2018): Internship Opportunity in Germany. In: Love is Moving. Canada's Young Adult Magazine. Jg. 2018 (29). S.11.

Mundorf, Margret (2000): Christliche Freiwilligendienste im Ausland. Lernprozesse und Auswirkungen auf die Lebensentwürfe junger Menschen. Münster/New York/München/Berlin: Waxmann.

Rathje, Stefanie (2009): Der Kulturbegriff – Ein anwendungsorientierter Vorschlag zur Generalüberholung. In: Moosmüller, Alois (Hg.): Konzepte kultureller Differenz. Münchener Beiträge zur interkulturellen Kommunikation. München: Waxmann. S. 83–106.

WERTSCHÄTZUNG UND ANERKENNUNG ALS GRUNDLAGE FÜR EIN MITEINANDER

Katrin Juschka/Sebastian Schirmer

Es ist der erste Tag im Freiwilligendienst für die Freiwilligen in der Einsatzstelle, ein großer Teil der neuen Gruppe an durchschnittlich 18-jährigen Freiwilligen ist erst vor wenigen Stunden angereist und hat die Zimmer für das Jahr vor ihnen bezogen. Alle sitzen nun an einem spätsommerlich-heißen Nachmittag in einem großen Sitzungsraum und warten angespannt, wie der neue Lebensabschnitt beginnen wird. Der Geschäftsführer betritt den Raum, um die ersten offiziellen Worte der Begrüßung an das neue Team zu richten. Er heißt die Freiwilligen herzlich willkommen in seinem Werk und legt in der Ansprache den Fokus auf gemeinsames Lernen und Erleben des Jahres als Arbeits- und Lebensgemeinschaft mit allen Herausforderungen, die der Jahreseinsatz mit sich bringt, und schließt mit einer Erläuterung der Werte und des Leitgedankens der Einsatzstelle ab. Er bückt sich zu einem mitgebrachten Karton und sagt einen der magischen Zaubersätze der Pädagogik: „Ich habe euch etwas mitgebracht!!" Einen Stapel originalverschweißter Bücher hervorholend, lässt er diese auf einen Tisch am Rande knallen. „Wir machen jetzt zunächst einen Rundgang durch die Gebäude und über das Gelände, damit ihr alles genauer kennenlernt. Jeder FSJler darf sich hier ein Buch nehmen – da steht alles über die Gründung und die Werte unseres Werkes drin. Lest es aufmerksam und lernt es auswendig – ich will, dass ihr die drei Werte unseres Werkes wie aus der Pistole geschossen aufsagen könnt, wenn ich euch spontan danach frage. Ihr schreibt am Ende der Woche außerdem einen Test dazu."

Wertschätzungskulturen

Wie viel kann eigentlich falsch gemacht werden bei der Übergabe eines Geschenks, das ein gegenständliches Zeichen der Anerkennung und Wertschätzung sein soll? Die geschilderte Begebenheit ist ohne Übertreibung vor wenigen Jahren so passiert und kann im Folgenden als Fallbeispiel zur Analyse von Wertschätzungs- und Anerkennungskulturen dienen. Katrin Juschka legt dar, wie der Ausdruck von Wertschätzung in Bezug auf den Freiwilligendienst am Ziel vorbeigehen kann und wie das hätte verhindert werden können. In einem zweiten Teil des Beitrags geht Sebastian Schirmer genauer auf die anerkennungstheoretischen Grundlagen nach dem sozialphilosophischen Ansatz von Axel Honneth ein und plädiert für ein Miteinander der Anerkennung, das auf einem reflektierten Verständnis von Gemeinschaft basiert. Abschließend werden praktische Tipps, Leitfragen und Richtlinien für die Entwicklung einer eigenen Anerkennungskultur gegeben.

Aufmerksam werden für das Gegenüber und den Umgang miteinander

Im Fallbeispiel deutet sich an, dass sich jemand durchaus über „Werte" und „Wertschätzung" Gedanken gemacht hat. Der Geschäftsführer hat sogar, wie sich hinterher in einem Gespräch herausstellte, zuvor Bücher dazu gelesen und sie in seinem Werk für die Mitarbeitenden in verschiedenen Sitzungen als Vorträge aufbereitet, um das gemeinsame Nachdenken über das Thema anzuregen. Guter Wille und Fachwissen über Wertschätzung ist also grundsätzlich vorhanden.

Vermutlich las der Geschäftsführer auch das vielerorts beliebte Sachbuch über die „Sprachen der Wertschätzung" (Chapman/White 2011).[41] Von den dort dargestellten Typen bzw. „Sprachen" ist der offensichtlichste und international weitverbreitete Ausdruck von Wertschätzung das Schenken eines Geschenks. Der Geschäftsführer selbst allerdings „spricht" oder „versteht" diese nicht als seine Erstsprache, sonst hätte er das Buch den Neuankömmlingen wohl in Geschenkpapier verpackt oder die Übergabe gewidmeter arrangiert, anstatt es mit Elan zur Selbstabholung geräuschvoll beiseitezulegen.

Der angekündigte Überprüfung durch das Schreiben eines Tests entpuppt sich als Zunichtemachen des Geschenk-Charakters: Was als Scherz gemeint war oder ein Mangel an zurechtgelegten würdigenden Worten ist, verkehrt sich ins Gegenteil – es wird nämlich hervorgehoben, dass das Buch dem Zweck des Lernens dient, um (am Ende der Woche) Leistung zu erbringen, also dass mit dem Geschenk nicht eigentlich der Sinn einer Willkommensüberraschung erfüllt ist. Die Androhung des Ablegens einer Prüfung zeigt, dass der Geschäftsführer sich über seine Zielgruppe, junge Erwachsene, die soeben Schulabschlussprüfungen hinter sich gebracht haben, kaum Gedanken gemacht hat und sich nicht bewusst ist, wie viel Unsicherheit, ggf. Ängste er bei denen auslöst, die seinen Humor nicht verstehen. Die Ankündigung von auch unangekündigten Prüfungssituationen erleichtert den Freiwilligen die Einschätzung nicht, ob seine Worte tatsächlich oder ironisch gemeint sind. In der Situation selbst und auf Nachfragen im Verlauf der ersten Woche löst er die offene Spannung nicht auf,

---

[41] Das Buch ist eines der vielen Folgewerke, basierend auf Chapmans Konzept der „fünf Sprachen der Liebe" von 1992.

ob es einen Test geben wird, sondern verstärkt sie scherzhaft eher noch. Der Geschäftsführer versetzt seine Freiwilligen zurück in den Status der Schulzeit, wo es harte Hierarchien zwischen Lehrenden und Lernenden gibt und gemeinsames Lernen nicht auf Augenhöhe stattfindet. Mit dem Wort „Pistole" lässt er die Ansprache in einer Atmosphäre von kämpferischer Angriffs- und Verteidigungstaktik mit Waffengewalt ausklingen, sodass das eingangs hervorgehobene Willkommensgefühl sich schwer nachhaltig bei den Hörenden etablieren kann.

Wertschätzung ist Haltung und Verhalten

Was hätte der Geschäftsführer anders machen können? Auch wenn es nicht so gesagt wird, ist das Buch ohne Frage als Willkommensgeste und -geschenk gemeint. Es wären nur wenige Worte gewesen, die eine große Wirkung gehabt und betont hätten, dass der Geschäftsführer sich Zeit genommen hat, um die Begrüßung der neuen Freiwilligen eigenständig durchzuführen und um ihnen dabei etwas Hochwertiges zu überreichen – egal, ob die Freiwilligen nun Leseratten oder Geschenke-Typen sind –, die Geste hätte unterstrichen werden können. Auf mehreren Ebenen wird etwas „verscherzt" bzw. bleibt ungesagt und es kann deswegen auch kaum wahrgenommen werden, was eigentlich von bemerkenswerter Bedeutung ist: Die höchste Führungskraft ist bei der Eröffnung des Freiwilligendienstjahrs persönlich dabei und möchte mit einem Geschenk willkommen heißen, um die Wichtigkeit der Freiwilligenarbeit vor Ort mit einer Ansprache auszudrücken.

Die Freiwilligendienste haben allgemeinhin leider immer wieder einmal den schlechten Ruf, „billige Arbeitskräfte" in sozialen Einrichtungen zu sein. Die Haltung des Geschäftsführers zeigt dagegen vorbildlich, wie wichtig ihm ein offizieller Empfang der neuen Freiwilligen in seinem Werk ist, wenn auch sein Ungeschick deutlich wird, dieser Haltung Ausdruck zu verleihen. Gerade weil die Freiwilligen nicht wie sonstige Angestellte den Lohn für ihre Arbeit durch ein angemessenes Gehalt ausgedrückt – also in Geldwert ausgezahlt – bekommen, ist bestenfalls zu vermuten, dass er den Wert ihrer Arbeit auf persönlicher Ebene hervorheben will: durch verbale, materielle und zeitliche Wertschätzung das freiwillige Engagement honorieren möchte.

Wenn der Geschäftsführer sich bewusst gewesen wäre, dass er selbst kein Geschenke-Typ ist, hätte er diesen Teil an seine Mitarbeitenden delegieren können, die ihm das Kommunizieren der Geste abgenommen hätten, beispielsweise mit einem persönlichen Überreichen des Geschenks an jede Person, durch das Verpacken mit Geschenkband oder das Aushändigen mit persönlicher Grußkarte. Vermutlich steht dafür in vielen Werken und Einrichtungen unnötiges Hierarchiedenken im Weg. Denn die pädagogische

Kraft, die für die Anleitung und Begleitung der Freiwilligen in der Einsatzstelle direkt zuständig ist, ist zwar in diesem Moment vor Ort, ergreift aber
nicht die Gelegenheit, um das Gesagte bzw. die angespannte Atmosphäre
durch Intervention in eine andere Richtung zu lenken oder auszubügeln.
Wahrscheinlich ist es für sie vom Handlungsspielraum her oder aufgrund
der vorherrschenden Teamkultur nicht möglich, die Worte des Geschäftsführers durch eine verständliche Erklärung der Situation zu ergänzen, ohne
dass der Vorgesetzte vor allen bloßgestellt oder sich in seiner Kompetenz
hinterfragt fühlen würde.

Sprache schafft Wirklichkeit

Wertschätzung drückt sich zwar nicht nur, aber zu großen Anteilen sprachlich aus: Der Geschäftsführer hat die Problematik der mangelnden Wertschätzung in seinem Werk erkannt und sie deswegen thematisiert. Er möchte
einen von Wertschätzung geprägten Umgang unter seinen Mitarbeitenden
gezielt kultivieren und geht in seiner Weise vorbildlich voran. Seine Wortwahl allerdings bleibt hinter seiner Absicht noch zurück, was verständli-
cherweise aber auch ein langer Prozess des Lernens ist; die Perspektive der
Wertschätzung in sprachlichen Handlungen geschickt und konsequent zum
Ausdruck kommen zu lassen – ohne dass Menschen sich irritiert, manipu-
liert oder nicht mitgemeint fühlen.

Wenn der Geschäftsführer sagt: „Jeder FSJler darf sich hier ein Buch
nehmen …", sagt er etwas sehr Übliches: Er benutzt die bekannte Abkürzung FSJ für die Dienstform, um daraus eine Gruppenbezeichnung zu
generieren – sprachlich auf allen Ebenen der Wortbildung inkorrekt, aber
durchaus weit verbreitet. Diese Reihung an drei anonymen Buchstaben
als Akronym entpersonalisiert jedoch und entspricht außerdem nicht der
Realität: In der Gruppe vor Ort waren auch FSJlerinnen, BFDlerinnen und
BFDler anwesend. Mindestens drei von vier Menschengruppen sind faktisch nicht eingeladen, ein Willkommensgeschenk zu erhalten. Wenn zwar
bei vielen Trägern und Einsatzstellen der Anspruch vorherrscht, Freiwillige unterschiedlicher Dienstformen wie FSJ und BFD gleich zu behandeln
(zumindest aus der Perspektive der pädagogischen Begleitung), so können
Freiwillige an ihrem ersten Diensttag es nicht unbedingt wissen, dass sie
„mitgemeint" sind. Und so bleibt der Bücherstapel aus dem Fallbeispiel
zunächst unangerührt am Rande des Raums liegen: Verunsichert von den
Worten und der Situation wagt niemand, sich am Bücherstapel selbst zu
bedienen – das Geschenk bleibt im wahrsten Sinne des Wortes links liegen.

Um es bei so viel sprachlich-inklusiver Korrektheit einfacher zu haben,
ist für letztere Gruppierungen auch in vielen Werken die Bezeichnung
„Bufdis" entstanden. Diese zeigt aber ebenfalls das Ausmaß der Unper-

sönlichkeit auf: In der Verniedlichungsform der i-Endung wird die Rolle von Freiwilligen in der Einsatzstelle heruntergespielt und „Bufdi" wie ein unpersönlicher Spitzname gebraucht, sodass der Name der Personen, die den Freiwilligendienst verrichten, völlig unbedeutend wird und im nächsten Jahr nahtlos durch neue „Bufdis" ersetzt werden kann.

Wertschätzung fängt beim Namen und bei der Benennung an: Wenn Mitarbeitende in Unternehmen nicht nur eine Nummer unter vielen Angestellten sind (oder wie im eingangs dargestellten Fallbeispiel: wenn sie nicht nur drei Buchstaben sind), sondern wenn Vorgesetzte ihre Namen kennen,[42] wird Wertschätzung erst zu Wertschätzung – als persönliche Wahrnehmung und ernsthaftes Interesse am Gegenüber als Individuum (Subjektorientierung). Das Urbeispiel hierfür findet sich bereits auf den ersten Seiten der Bibel (Gen 2,19f.): Der Mensch gibt den Tieren Namen und wertet sie damit auf, gibt ihnen individuellen Eigenwert und ruft sie aus der anonymen Masse der „Tiere" heraus. Auch wenn bei dieser Aktion nicht die partnerschaftliche Hilfe auf Augenhöhe gefunden wird, die das menschliche Alleinsein beenden soll, wird den Tieren nichts an Würde abgesprochen, sondern durch die Benennung mit Namen wird die Grundlage für ein respektvolles gemeinsames Miteinander gelegt. Entsprechendes passiert in dem Moment, als der Mensch sein Gegenüber kennenlernt: Dem anerkennenden Ausruf, dass es sich um eine wahrhaft menschliche Ebenbürtigkeit handelt, folgt die achtungsvolle Namensgebung des zweiten Menschen: Mit der neuen Benennung wird sprachlich einerseits die Gleichheit bzw. Ähnlichkeit, anderseits die Andersartigkeit zum ersten Menschen ausgedrückt, vgl. Gen 3,23: In Anlehnung an den ersten Menschen, hebräisch *isch*, heißt der zweite Mensch *ischa* – „Menschin".

Weil Wertschätzung mit dem Namen und der Benennung beginnt, wird von vielen Trägern die Bezeichnung „Freiwillige" empfohlen. Sie setzt beim Engagement-Gedanken der Freiwilligkeit an, welche die „Dienst"-Form (!) zu einem besonderen Status in jedem Werk macht, da sie auf freiwilliger Motivation und Selbstverpflichtung basiert – ohne abzuwerten oder kryptische Abkürzungen zu verwenden –, und sie ist zudem geschlechtsneutral. Der Freiwilligkeitsaspekt für die Mitarbeit aus der Motivation des Engagements ist die im Vordergrund stehende Grundlage, auf der sich Menschen

---

[42] Mitarbeitende fühlen sich wertgeschätzt, wenn sie eine persönliche Ansprechperson haben, die „gut erreichbar ist, sie mit Namen kennt und regelmäßig ein substanzielles Feedback gibt", so in einer – noch nicht veröffentlichten – Studie zum Zusammenhang von Arbeitszufriedenheit und Krankmeldungen, die Sabine Hammer an der Hochschule Fresenius in Idstein/Taunus durchgeführt hat. Zitat aus der Pressemitteilung vom 10.10.2018: https://www.hs-fresenius.de/pressemitteilung/heute-bleibe-ich-zu-hause-eine-neue-studie-zeigt-gruende-und-loesungsansaetze-fuer-hohe-krankenstaende/ (Abruf 13.12.2020)

für etwas entscheiden, was mit der altertümlichen Bezeichnung „Dienst/ Dienen" daherkommt. In einem gemeinnützigen Werk sollte diese Entscheidung als Aufwertung betrachtet werden, die es wert ist, aus der Perspektive der Angestellten in der Einrichtung sprachlich aufrechtzuerhalten: Denn damit rücken Freiwillige nicht in eine niedere Dienstform als Unterkategorie der Angestellten, sondern in die Nähe von Ehrenamtlichen.

Grundlagen der Anerkennungstheorie

> „Wir
> – als die Gemeinschaft, die wir vorgeben zu sein –
> uns gibt es gar nicht!
> wir, wir haben uns zusammengefunden
> – zusammengerauft –
> auf Zeit. [...]
> Aber kennen wir uns? [...]
> Können wir uns verständigen?
> Das gelingt – manchmal. [...]
> Können wir uns verstehen? Verstehen –
> davon war nie die Rede!"
> *Dea Loher (2008: 16)*

Gemeinschaft und Anerkennung

Die Bedeutung des Gemeinschaftsbegriffes ist schillernd, die mit der Theoriebildung verbundenen Namen sind zahlreich. Ohne diese Begriffe und Theoreme allesamt ausgiebig betrachtet zu haben, lässt sich vorab bereits sagen, dass ihnen allen eines gemeinsam ist: Gemeinschaft ist die grundlegende Daseinsform des Menschen. Menschen sind auf Gemeinschaft angelegt und angewiesen. Schon ein Blick in so alte Textzeugen wie Platon oder die Bibel belegen: Platons Kugelmenschen, die von dem Gott Zeus zerschnitten werden, da sie die Götter bedrohen und fortan ihre andere Hälfte suchen (vgl. Platon 1970: 31ff.) und die Schöpfungsberichte der Bibel, bei denen nicht nur ein einzelner Mensch, sondern zwei Menschen (Mensch und Menschin) erschaffen werden und Gott spricht: „Es ist nicht gut, dass der Mensch allein sei" (Gen 2,18). Diese Gemeinschaft hat unterschiedliche Ausformungen: Familie, Ortsgruppen, Teams oder religiöse Gemeinschaften sind nur einige Varianten. Jeweils ist die Gemeinschaft hier unterschiedlich angelegt. Manche sind langfristig, andere kurzfristig. Je nachdem, wie lang- oder kurzfristig eine Gemeinschaft angelegt ist, unterscheiden sich die Möglichkeiten, dass die Teilnehmenden sich mit- und übereinander verständigen, verstehen lernen, kennenlernen und gar kennen können. Dazu kommt natürlich die Notwendigkeit, dass die Teilnehmenden das auch wollen müssen.

Wenn die Gemeinschaft während eines Freiwilligendienstes betrachtet wird, dann handelt es sich wohl in vielen Fällen um eine kurz- bis mittelfristige Zeit- und Zweckgemeinschaft. Eine Gemeinschaft, vergleichbar mit der, über die Dea Loher in ihrem Theaterstück „Das letzte Feuer" sagt: „zusammengefunden – zusammengerauft – auf Zeit." Ein solches Miteinander wird nicht von allen Beteiligten zu jedem Zeitpunkt gleichermaßen gewollt. Es ist aber dennoch da.

Die Frage, die sich damit verbindet, ist die: Wie kann eine solche Zeit- und Zweckgemeinschaft möglicherweise besser gelingen? Um diese Frage beantworten zu können, ist es sinnvoll, einen kurzen Blick in die Grundlagen zu werfen – nämlich: Wie entsteht Gemeinschaft und wie besteht sie fort?

Solche Überlegungen finden sich bereits in Georg Wilhelm Friedrich Hegels „Phänomenologie des Geistes". Hegel wollte zeigen, „daß ein Subjekt zu einem ‚Bewußtsein' seines eigenen ‚Selbst' nur dann gelangen könnte, wenn es mit einem anderen Subjekt in ein Verhältnis der ‚Anerkennung' treten würde" (zitiert nach Honneth 2010: 15f.). Denn schon bei den ersten Versuchen, sich in der Welt zurechtzufinden, stößt der Mensch an Grenzen. Grenzen, die sehr schnell aufzeigen, dass der Mensch lebendiges Glied einer Gattung ist – nämlich Mensch unter Menschen. Jeder Säugling und jedes Kleinkind muss feststellen, dass es in seinem Drang, die Welt zu entdecken, eingeschränkt und beim Ausleben des Dranges auf Hilfe angewiesen ist. Die Konsequenz ist logisch: Ich muss mich selbst zugunsten eines anderen Menschen begrenzen. Hegel – und die Anerkennungstheorie Axel Honneths durch ihn – findet „als Bezeichnung für die Besonderheit [...] einen einzigen Ausdruck [...]: ‚Anerkennung' – die wechselseitige Beschränkung der eigenen, egozentrischen Begierde zugunsten des jeweils Anderen" (Honneth 2010: 32). Das bedarf allerdings der Vergewisserung durch Wiederholung. Insofern geht Honneth von einem natürlichen Bedürfnis aus, sich in Interaktion zu begeben. Das heißt: Menschen streben nach Gemeinschaftszugehörigkeit. Es ergeben sich für jeden Menschen eine Vielzahl von Zugehörigkeiten, in denen sie nach Anerkennung und Bestätigung der Anerkennung suchen. Die fortwährende Bestätigung der Anerkennung garantiert den Bestand der Gemeinschaft.

Wichtig festzuhalten ist, dass Anerkennung und Wertschätzung grundsätzlich nicht das Gleiche sind. Während Wertschätzung vor allem die positive Bewertung eines anderen Menschen meint, beginnt Anerkennung bereits bei der grundsätzlichen Feststellung, dass ein Mensch als Mensch überhaupt da ist. Auch, dass Person XY mir rein physisch im Wege steht, ist eine Form der Anerkennung. Dieser Unterschied gibt der Anerkennung einen besonderen Vorrang vor der Wertschätzung, weil sie wertschätzende Beurteilungen oder Aussagen beinhaltet, aber noch einen Schritt davor bedeutet, dass ich mein Gegenüber überhaupt als Gegenüber und als Mensch wahr- und ernst nehme. Als philosophischer Grundbegriff meint Anerkennung „eine Wechselbeziehung, jenen gegenseitigen Respekt, der sich weder zwischen Individuen noch zwischen Gruppen, Rechtsgemeinschaften und selbst Kulturen von allein einstellt" (Höffe 2008: 18).

Nun gibt es allerdings Dynamiken, die die Anerkennung empfindlich stören. Verdinglichung oder Entfremdung und Macht können solche Dynamiken sein (vgl. Schirmer 2019: 83ff.). Verdinglichung oder Entfremdung bedeuten, dass mein Gegenüber für mich nur Mittel zum Zweck in einem größeren Zusammenhang ist: Die Arbeiterin ist ein Objekt im Fertigungsprozess, der Kranke ein Gegenstand im Zusammenhang der Gesundheitsindustrie, Schülerinnen und Schüler Objekte des Unterrichts, die Freiwilligen Teil eines Dienstleistungszusammenhanges. Die einzelnen Menschen dahinter gehen verloren. Axel Honneth nennt dieses Phänomen „Anerkennungsvergessenheit" (Honneth 2015: 61ff.). Unnötig, zu sagen, dass dort, wo Anerkennung vergessen wird, auch keine Gemeinschaft entstehen oder bestehen kann. Die Gefahr hinter der Dynamik der Macht ist, dass sie Hierarchien entstehen lässt, die in gesellschaftlichen Zusammenhängen durchaus sinnvoll sind, aber schnell vergessen lassen, dass Macht zwischen den Menschen verteilt wird; dass also jemand mit Macht nur deshalb Macht hat, weil alle anderen ihr oder ihm diese Macht zugestehen. Erkenne ich an, dass ich z.B. in einem Unternehmen oder in einer Organisation eine gewisse Verfügungsgewalt von allen anderen nur zugestanden bekomme, um eine Ordnung herzustellen, erscheint mir das Hinterfragen meiner Position (z.B. durch einen sogenannten „aufmüpfigen" Lehrling oder eine sogenannte „renitente" Praktikantin) deutlich selbstverständlicher als das Gegenteil.

Anerkennung ist demnach zwar im Leben eines Menschen von Anfang an im Spiel, bleibt aber nicht selbstverständlicherweise im Spiel. Sie wird zu einer Angelegenheit der Haltung: gegenüber mir selbst und den Menschen um mich herum. Aus einer christlichen Perspektive bekommt diese Haltung außerdem noch einen Namen: Liebe. Wenn jeder Mensch von Anfang an von Gott geliebt ist, muss sich dieses Geliebtsein auch im Umgang der von Gott Geliebten äußern. Oder anders: „Christlich lebt, wer als einer, der von Gott geliebt wird, Gott liebt, indem er die liebt, die Gott liebt – nämlich *sich selbst* und *alle anderen*" (Dalferth 2002: 38, kursiv im Original).

Ich kehre zur Ausgangsfrage zurück: Wie kann also Gemeinschaft – und damit auch die Zeit- und Zweckgemeinschaft eines Freiwilligendienstes – besser gelingen?

Eine Kultur der Anerkennung am Fallbeispiel

Wie zu Beginn bereits ausgeführt, geht es nicht ausschließlich, aber vor allem um sprachliche Wirklichkeiten, die wir miteinander durch den Sprachgebrauch erschaffen. Sie wirken auch in unsere Haltungen hinein. Dabei muss ich mich allerdings auch jeweils auf meine eigenen Haltungen hin befragen. Wer sind diejenigen, die mir gegenüber sind, für mich? Es macht einen maßgeblichen Unterschied für das darauffolgende Miteinander, wie der Geschäftsführer der Einrichtung aus dem Beispiel diese Frage für sich beantwortet. Sind es junge Menschen vor einer unbekannten, neuen Herausforderung, die sich bereit erklärt haben, eine gewisse Zeit ihres Lebens freiwillig einer Aufgabe zu widmen, die dem Gemeinwohl dient? Sind es die neuen Freiwilligen, die auch in diesem Jahr wieder zu begrüßen sind? Sind es notwendige Übel einer staatlichen Förderung? Oder sind es Menschen, in deren Angesicht mir Christus begegnen kann? Jede dieser Haltungen zeitigt einen anderen Umgang mit dem Gegenüber. Mit welcher Haltung der Geschäftsführer den Raum betrat, bleibt Spekulation.

Nachfolgend wird allerdings deutlich, dass er als Vertreter der Einrichtung in die Hierarchiefalle tappt. Wie sich an seinen Worten und Handlungen zeigt, scheint für ihn eine Arbeitsgemeinschaft mit dem Fokus auf „Arbeit" im Vordergrund zu stehen, weniger die Gemeinschaft und am wenigsten eine Lebensgemeinschaft. Zum Aspekt der (Lebens-)Gemeinschaft würden auch die Werte und Leitideen der anwesenden Freiwilligen zählen – nicht nur die des Unternehmens. Im besten Falle könnten diese verschiedenen Werte und Leitgedanken miteinander ausgetauscht, besprochen und verglichen werden. So würden sich Menschen mit ihren sehr unterschiedlichen Ansichten und Erfahrungen auf Augenhöhe begegnen, die sich zu den sicherlich wertvollen und gewachsenen Werten und Leitgedanken der Einrichtung verhalten könnten.

Zur abschließenden Aussage des Geschäftsführers bleibt noch zu bemerken, dass es sich bei der Pauschalisierung der Freiwilligen als „FSJler" und bei dem Scherz des zu schreibenden Testes um Formen der Entfremdung handelt – also Formen der Anerkennungsvergessenheit, die das Gemeinschaftsgefüge stören. Entfremdungen sind es insofern, dass die Pauschalisierung die Diversität der Anwesenden vergisst und die Testankündigung die Anwesenden als Lernende gegenüber einem Lehrenden missverstehen lässt – und nicht als zwei sich kennenlernende Gegenüber.

Anregungen für die Praxis

Folgende Impulsfragen und Anregungen können für die Entwicklung einer Wertschätzungs- und Anerkennungskultur sowie einer persönlichen Respekthaltung für das Miteinander in Einrichtungen, aber auch anderen Formen der Gemeinschaft hilfreich sein, speziell wenn es gilt, „Neue" in etablierte Strukturen aufzunehmen:

- Erreichbarkeit und Interesse signalisieren: Wann bin ich wie erreichbar? Kontaktdaten und Zeitfenster mit der Einladung formulieren, nicht zu zögern, sich bei Fragen, Anliegen oder Problemen zu melden.
- Ein förderliches Umgangsklima im Sinne des Anspruchs als „Gemeinschaft" vor Ort gezielt einplanen, z.B. durch Vorstellung der eigenen Person mit dem individuellen Berufs- und Lebensweg, um für diesen Berufszweig oder für persönliche Fragen zu Verfügung zu stehen, um den Austausch darüber anzuregen, Anknüpfungspunkte für Gespräche herzustellen und um generell die Kommunikation auf Augenhöhe für das gemeinschaftliche Miteinander zu eröffnen.
- Den Freiwilligen auf Augenhöhe und mit Respekt begegnen, z.B.: Nach ihren Erwartungen fragen, auf Vorwissen und Vorerfahrungen der Freiwilligen eingehen und aktiv einbeziehen. Welche Möglichkeiten gibt es für Freiwillige, ihre Erfahrungen, Bedürfnisse und Interessen zu artikulieren? Werden Wege eingesetzt, dass auch eher introvertierte Freiwillige oder solche, die sich weniger gut artikulieren können, ihre Anliegen einbringen, z.B. Nicht-Muttersprachliche etc.? Welche Möglichkeiten werden Freiwilligen eröffnet, sich über ihre Interessen und Bedürfnisse Gedanken zu machen? Wie wird mit Vorschlägen von Freiwilligen umgegangen? (Vgl. dazu Bonus/Vogt 2018: 96).
- Freiwillige sind oft aus Schule oder bisheriger Berufserfahrung den „Kontext einer prüfungsorientierten, leistungsmessenden bzw. -vergleichenden" Arbeitsatmosphäre der Leistungsgesellschaft gewohnt.[43] Bisherige Sozialisationsinstanzen sind geprägt von Bewertungsmaßstäben wie richtig/falsch, erlaubt/verboten (Schule, Erziehung, Öffentlichkeit) oder langweilig/interessant (Peer-Group). Was kann dem im neuen Arbeits- und Lebensumfeld entgegengesetzt werden? Auf welchen Werten und Maßstäben beruht der Umgang miteinander, die Arbeitsatmosphäre in der Einsatzstelle und wie zeigt sich das im Arbeitsalltag?
- Sich für Leistungen und Engagement bedanken (bestenfalls unmittelbar, ehrlich und zeitnah).

---

[43] Naurath, Elisabeth (2016): Wertebildung. In: WiReLex – Das Wissenschaftlich-Religionspädagogische Lexikon im Internet. Online unter: www.bibelwissenschaft.de/stichwort/100191/ (Abruf 17.04.2020).

- Bei Beiträgen konkretes Lob aussprechen und damit Erfolgserlebnisse aufzeigen; Erfolge gemeinsam feiern.
- Unabhängig von Erfolgen oder Errungenschaften durch Leistungen auch ansonsten der Anerkennung Ausdruck verleihen, z.b. nicht nur für Gelungenes loben, sondern den Einsatz an sich oder die eingebrachte Zeit würdigen sowie Fragen, Anregungen, eine proaktive Haltung, Interesse, Vertrauen, Verzicht etc. Es können auch Charaktereigenschaften, Persönlichkeitsmerkmale, Stärken und Fähigkeiten wie „Soft Skills" anerkennend hervorgehoben werden.
- Qualitatives Feedback anbieten (konstruktives Feedback mit wertschätzender Kritik jedoch immer persönlich als Weiterentwicklungsangebot unter vier Augen, nach Möglichkeit nicht im Beisein von anderen aussprechen): Wie werden Freiwillige darin unterstützt, ihre Stärken wahrzunehmen? Wie darin, sich kritisch mit ihrer eigenen Person auseinanderzusetzen? Wie wird damit umgegangen, wenn sich Freiwillige nicht mit sich selbst als Person, der eigenen Haltung etc. beschäftigen möchten? Wie, wenn Freiwillige sich unwohl dabei fühlen, sich vor anderen zu öffnen? (Vgl. Bonus/Vogt 2018: 97).
- Einen wertschätzenden Umgang für Scheitern und Fehler kultivieren, z.B. stärken- und ressourcenfokussiert die Handlungsorientierung und erneutes Versuchen in den Blick nehmen (Ehlers 2019).
- Möglichkeiten der Mitgestaltung und Motivationsförderung anbieten, z.B. zeitlichen Freiraum für ein selbstbestimmtes Projekt gewähren, das die individuellen Fähigkeiten und Interessen von Freiwilligen berücksichtigt. Wie werden Freiwillige darin begleitet, mit ihren Interessen, Stärken, Erfahrungen und Fähigkeiten in der Arbeitswelt und in Gemeinschaften selbstbewusst aufzutreten?
- Die wichtigste Voraussetzung, um das Gegenüber anzuerkennen und „um anderen respektvoll begegnen zu können, ist Selbstrespekt. Nur wer sich selbst schätzt und respektiert, kann anderen Respekt entgegenbringen" (Pastoors/Ebert 2019: 43). Setze ich mich mit meiner Selbstliebe, meinem Selbstwert, meiner Würde (Hüther 2018) ausreichend und regelmäßig als Selbstfürsorge und Self-Care-Arbeit auseinander? Speziell, wenn ich selbst in hierarchische Strukturen eingebunden bin: Wie gelingt dies bei mir selbst und in meinem Umgang mit anderen?
- Wertschätzung und Anerkennung sind eine Haltung – im Umkehrschluss heißt das: „Verhalten, das wertschätzend sein soll, aber nicht auf einer wertschätzenden Haltung beruht, ist Manipulation" (Matyssek 2011: 12). Wie kann ich daran arbeiten, meine Haltung (und die der Menschen um mich her) zu stärken? Wie kann ich lernen, Wertschätzung als positive Perspektive auf das Gegenüber und das, was

mir etwas „wert" ist, zu fördern? Worauf ich meine Aufmerksamkeit richte, das fördere und unterstütze ich. Die Wahl der Perspektive auf das Wohlwollende ist maßgeblich zum Einnehmen der Haltung. Das bewusste Lenken des Blickwinkels auf diese Perspektive, immer wieder, ist ein erlernbares Verhalten, das allmählich zur Haltung wird. Wie lenke ich meinen Blickwinkel regelmäßig darauf, um diese Haltung einzuüben und im Alltag einzunehmen?

- Eigene Haltungen überprüfen: Sehe ich mich selbst als lernende Person in Begegnungen und von Begegnungen, weil in meinem Gegenüber und in den Reaktionen meines Gegenübers auch immer ich mir selbst begegne? Wie qualifiziere ich mein Gegenüber und ist das angemessen? Trage ich selbst Verantwortung und werde ich dieser Verantwortung gerecht?

Literaturverzeichnis

Bonus, Stefanie/Vogt, Stefanie (2018): Nonformale Bildung in Freiwilligendiensten. Ergebnisse aus Praxisentwicklung und Praxisforschung in kritisch-emanzipatorischer Perspektive. Interdisziplinäre Studien zu Freiwilligendiensten Band 10. Baden-Baden: Nomos.

Chapman, Gary/White, Paul (2011): The 5 Languages of appreciation in the Workplace. Empowering Organizations by Encouraging People. Chicago: Northfield Publishing. Deutsche Übersetzung 2013: Die fünf Sprachen der Mitarbeitermotivation. Marburg/L.: Francke.

Dalferth, Ingolf U. (2002): „... der Christ muss alles anders verstehen als der Nicht-Christ ...". Kierkegaards Ethik des Unterscheidens. In: Dalferth, Ingolf U. (Hg.): Ethik der Liebe. Studien zu Kierkegaards „Taten der Liebe". Tübingen: Mohr Siebeck. S. 19–46.

Ehlers, Corinna (2019): Stärken neu denken. Die Kunst der stärkenfokussierten Zielarbeit in sozialen Handlungsfeldern. Opladen: Verlag Barbara Budrich.

Höffe, Otfried (2008): Anerkennung. In: Ders./Forschner, Maximilian/Horn, Christoph/Vossenkuhl, Wilhelm (Hg.): Lexikon der Ethik. München: C. H. Beck. S. 18–19.

Honneth, Axel (2010): Das Ich im Wir. Studien zur Anerkennungstheorie. Berlin: Suhrkamp.

Honneth, Axel (2015): Verdinglichung. Eine anerkennungstheoretische Studie. Berlin: Suhrkamp.

Loher, Dea (2008): Das Letzte Feuer. Frankfurt am Main: Verlag der Autoren.

Hüther, Gerald (2018): Würde. Was uns stark macht – als Einzelne und als Gesellschaft. München: Knaus.

Matyssek, Anne Katrin (2011): „Ham Se gut gemacht"?! Was Wertschätzung wirklich ist. In: Matyssek, Anne Katrin (Hg.): Wertschätzung im Betrieb. Impulse für eine gesündere Unternehmenskultur. Norderstedt: Books on Demand. S. 9–14.

Pastoors, Sven/Ebert, Helmut (2019): Prinzipien der Respektkommunikation. Psychologische Grundlagen einer erfolgreichen Zusammenarbeit. Wiesbaden: Springer essentials.

Platon (1970): Das Gastmahl oder von der Liebe. Leipzig: Reclam.

Schirmer, Sebastian (2019): Transversale Seelsorge. In: Pohl-Patalong, Uta/Lüdtke, Antonia (Hg.): Seelsorge im Plural. Ansätze und Perspektiven für die Praxis. Berlin: EB Verlag. S. 78–91.

IV BEGLEITUNG IN DEN BILDUNGSSEMINAREN

Katrin Juschka

> „Der Glaube ist wirklich wie eine ‚arme Frau'. Jedes Volk, jede Kultur
> und jedes Zeitalter schenken ihr ein Kleidungsstück. Wenn die Zeiten
> sich wandeln, ist ihr Gewand abgetragen. Sie muss neue Kleider be-
> kommen, wenn sie sich nicht im Keller verstecken will. Aber ein Kleid
> ist ein Kleid und nicht sie selbst; wenn das Kleid gewechselt wird,
> bleibt sie selbst unverändert."
> *Madeleine Delbrêl (1957: 154)*

Christliche Freiwilligendienste: Dienst als Ausdruck des Glaubens

Die konfessionellen Träger für Freiwilligendienste werben bei ihren Zielgruppen, sich für ein Jahr im Engagement für den Glauben und die Gesellschaft einzusetzen. Beim Deutschen Evangelischen Kirchentag gibt es
beispielsweise jedes Mal einen Stand der Evangelischen Freiwilligendienste, Veranstaltungen und Aktionen, um evangelische Engagierte über Einsatzmöglichkeiten zu informieren. Einzelne Träger machen auf regionaler
Ebene oder innerhalb ihrer zielgruppenspezifischen Ausrichtung Ähnliches.
Dabei werben sie für den christlichen Gedanken als „Diakonisches Jahr"[44]
mit Slogans, die das freiwillige Engagement beschreiben als Dienst für Gott,
die Menschheit und letztlich für sich selbst, z.B.: „Serve – Gott dienen, den
Menschen dienen", „Für dich. Für andere.", „Ein Jahr für mich – ein Jahr
für andere", „Für mich – für uns – für andere", „Tu's für dich. Tu's für
Gott.", „Dein Jahr für Gott".[45]

---

[44] Die Bezeichnung als „Diakonisches Jahr" halten verschiedene Träger aufrecht, z.B. als
„Diakonisches Jahr im Ausland": www.djia.de, das Amt für Jugendarbeit der Ev. Kirche von
Westfahlen: www.diakonisches-jahr-westfalen.de, das Diakoniewerk Maria-Martha: www.
martha-maria.de/diakonisches-jahr-fsj.php, der Bund FeG: www.diakonisches-jahr.feg.de
(Abruf 07.03.2020).

[45] Siehe dazu die Websites der einzelnen Träger, in der Reihenfolge wie oben: www.hoffnung-
international.de, www.ejw-freiwilligendienst.de, www.ej-muenchen.de/freiwillige-soziale-
dienste, www.evim-freiwillig.de, www.deinjahr.org, www.paisdeutschland.de (Abruf
07.03.2020).

Schon lange jedoch sind die Zielgruppen nicht mehr homogen evangelisch bzw. überhaupt kirchlich sozialisiert oder können mit dem Gedanken des Dienens aus christlicher Überzeugung etwas anfangen. Die Motivationen für einen Freiwilligendienst sind vielfältiger geworden, was Auswirkungen auf die Arbeitsweise und Ausrichtung der Träger hat. Die Werbeslogans bewegen sich daher mehrheitlich in die Richtung vom Freiwilligendienstjahr als einer sinnvoll verbrachten Zeit der Lebenserfahrung, Lebensbejahung und Orientierung, wie „Leben erleben", „Ran ans Leben", „Deine Herausforderung", „Betheljahr. Jetzt ist deine Zeit!", „Sozial tut gut", „Miteinander. Freude. Leben.", „Mensch, einfach machen"[46].

Wie kann in der Seminararbeit damit umgegangen werden, dass die Teilnehmenden teilweise keine Bezüge mehr zu Glaube, Kirchen oder Religion haben und das Wort „diakonisch" ein Fremdwort geworden ist? Wie ist es möglich, in der Bildungsarbeit Auseinandersetzung mit diesen Themen zu gestalten und geistliche Angebote zur Vertiefung des Glaubens zu bieten, die im Gründungsgedanken der Werke verankert sind? Der folgende Beitrag stellt Voraussetzungen und konkrete praktische Impulse für diese Bildungsaufgaben dar, wobei eigens auf die religionssensible Arbeit mit Gruppen eingegangen wird und was es für Gruppenleitungen zu beachten gilt.

Voraussetzungen für Spiritualität und Auseinandersetzung mit dem Glauben als Teil der Bildungsarbeit

Die Bedingungen, unter denen das Adressieren und Bearbeiten von Themen des Glaubens in Seminaren gelingen kann, stehen unter der Grundhaltung für das Dienstverständnis selbst: Sie basieren auf einem spezifischen Verständnis von Freiwilligkeit – als Freiheit in Verbindlichkeit. Zu keiner Zeit dürfen Teilnehmende im Seminarprogramm gegen ihren Willen zu einer religiösen Erfahrung geführt werden, an der sie selbst nicht teilhaben möchten oder wo sie innerlich oder physisch keine Möglichkeit zur Distanzierung haben. Diese Haltung wird unterstrichen durch die Kriterien, die für religiöse Bildung in Deutschland allgemein gelten.

---

[46] Siehe dazu die Websites der Diakonie Rheinland-Westfahlen-Lippe: www.fsj-bfd.de, Diakonie Baden und Württemberg: www.ran-ans-leben.de, www.diakonie-mitteldeutschland.de, www.betheljahr.de (Hervorhebung dort), Diakoneo Freiwilligendienste: www.sozial-tut-gut. de, Diakonie Bayern: www.miteinander-freude-leben.de, Diakonie Sachsen: www.mensch-einfach-machen.de (Abruf 07.03.2020).

Sie bestehen aus drei Grundsätzen, die ursprünglich aus Dokumenten zur politischen Bildung stammen und von der Religionspädagogik übernommen wurden: dem „Beutelsbacher Konsens" und der „Frankfurter Erklärung".[47]

Überwältigungsverbot

Das so genannte Überwältigungsverbot oder Indoktrinationsverbot (Beutelsbacher Konsens §1) untersagt der pädagogischen Fachkraft, die Teilnehmenden im Bildungsprozess zu einer Übernahme einer bzw. ihrer eigenen Überzeugung zu bewegen. Das beinhaltet auch, dass die Gruppe an Handlungen teilzunehmen bzw. Positionen einzunehmen hat, denen nicht alle eigens zustimmen. Was in der Politikdidaktik die politische Haltung oder Partei meint, gilt in gleichem Maße in der religiösen Bildung – nicht nur für die Entscheidung zum Glauben oder den Übertritt zu einer anderen Religion, sondern auch für innerreligiöse oder innerkonfessionelle Strömungen und Traditionen, z.B. die Teilnehmenden zu einer konservativeren, progressiveren oder liberaleren Überzeugung zu führen.

Seminarleitungen sollten sich ihrer Verantwortung an dieser Stelle bewusst sein, immer wieder selbstreflektiert ihre eigene Haltung überprüfen und erwägen, auf welche Weise sie diese kenntlich machen.[48] Diese Verantwortung umfasst auch scherzhafte, unterschwellig abwertende Äußerungen bezogen auf andere Glaubenstraditionen, um die eigene Überzeugung als besonders positiv hervorzuheben – was im Sinne des Überwältigungsverbots als sublime Manipulation zu beurteilen wäre. Der Tatsache, dass Andersglaubende und Nichtglaubende freiwillig am Programm eines konfessionell gebundenen Trägers teilnehmen oder sich für ein christliches Werk als ihren Einsatzort auf Zeit entscheiden, darf nicht mit Macht oder Druck entgegnet werden, um sie zu Entscheidungen oder Tätigkeiten zu drängen, zu denen sie nicht bereit sind. Vielmehr nötigt diese Tatsache zu einer Haltung, die von Respekt, Anerkennung, Wertschätzung und Ergebnisoffenheit gekennzeichnet ist und sich aus dem Bildungsauftrag heraus eigentlich für jede Facette des Freiwilligendienstes erweist (vgl. EKD 2020: 96–98).

---

[47] Vgl. zu beiden Dokumenten das Literaturverzeichnis. Zu einer aktuellen kritischen Bewertung der Übernahme von den beiden politikdidaktischen Dokumenten für die religiöse Bildung siehe Herbst (2019).

[48] Dazu die Frankfurter Erklärung §4: Die Lehrkräfte in diesem Sinne „sind sich ihrer gesellschaftlichen Einbindung bewusst und nehmen dazu eine kritisch-reflexive Position ein, die sie transparent und damit kritisierbar macht. Dadurch bieten sie den Teilnehmenden einen Schutz vor Überwältigung und stärken deren Recht auf Eigensinn und Selbstbestimmung."

Kontroversitätsgebot

Seminarleitungen sind dazu angehalten, dass das, was in Kirchen und Gesellschaft kontrovers ist, auch im Bildungsprozess als kontrovers aufzuzeigen ist. Das Unterlassen von Darstellungen alternativer Auffassungen kommt Einseitigkeit und Komplexitätsreduzierung gleich, die der bestehenden Pluralität in der Realität nicht gerecht werden. „Diese Forderung ist mit der vorgenannten aufs Engste verknüpft, denn wenn unterschiedliche Standpunkte unter den Tisch fallen, Optionen unterschlagen werden, Alternativen unerörtert bleiben, ist der Weg zur Indoktrination beschritten" (Beutelsbacher Konsens §2).

Insbesondere in der religiösen Bildung, z.B. beim Lesen biblischer Texte, ist es selten so, dass es nur eine einzige, allgemeingültige Interpretation gibt. Die Vielstimmigkeit und Offenheit für unterschiedliche Deutungen ist transparent zu machen und die eigene Meinung als eine von mehreren möglichen Meinungen zu kennzeichnen. Kontroversitätssensible Bildung geht nicht von einer Neutralität der Lehrperson aus – die es als solche auch kaum gibt – oder dass sie über andere Überzeugungen komplett neutral referieren könnte, wohl aber von einer transparenten Selbstverortung und einem Bewusstsein über die persönliche Haltung, die das Bewusstwerden und die Auseinandersetzung mit anderen Positionen voraussetzt. „Kontroversität als didaktisches Prinzip geht hierbei nicht in einer Dokumentation unterschiedlicher Positionen und mitunter ähnlicher (oder bereits einflussreicher) Perspektiven auf. Sie arbeitet Streitpunkte und grundlegende Dissense heraus, zeigt Gegensätze auf und fördert kritisches Denken" (Frankfurter Erklärung §2). Dass die Bildung eines eigenen Urteils den Teilnehmenden selbst als freie Meinungsbildung überlassen wird und sie in ihrer Mündigkeit fördert und weiterbildet, ist bereits im Begriff „Bildung" verwurzelt: Christlicherseits ist dies vielleicht gerade durch das „Abbilden" unterschiedlicher Auffassungen und jüdisch-christlicher Traditionen besonders spannend, um der „Eben-Bild(!)-lichkeit" Gottes gerecht zu werden, die sich auch in menschlicher Vielfalt erweist.

Teilnehmendenorientierung

Die Bildungsprozesse sind auf die analytischen wie operationalen Kompetenzen und Interessenlagen der Teilnehmenden ausgerichtet (vgl. Beutelsbacher Konsens §3), sodass niemand unter- oder überfordert wird. Das schließt eine ermutigende Lernumgebung ein, die Partizipation in den Fokus rückt – die Teilnehmenden nehmen nicht nur am Bildungsprogramm teil, sondern gestalten mit:

„Dazu gehört die Beteiligung der Lernenden an Planung und Reflexion des Lernens. Die Komplexität der Themen und Fragestellungen, aber ebenso die Lernwiderstände sind dabei produktive Quelle" für Lern- und Bildungsprozesse (Frankfurter Erklärung § 5).

Die Teilnehmendenorientierung ist nicht misszuverstehen als eine Ausrichtung einzig auf das Interesse und die Wünsche von Teilnehmenden, z.B. in der Wahl der Themen oder Aktivitäten, die Bestandteil des Seminars sein sollen. Diese können jedoch einbezogen werden, insofern sie Bildungscharakter haben und den Lernkompetenzen aller Teilnehmenden der Gruppe entsprechen. Gelungene religiöse Bildung versetzt Teilnehmende in die Lage, sich über ihre eigene Interessenlage, d.h. ihren Standpunkt und ihre Beziehung zu einem exemplarischen Thema bewusst zu werden und in Diskussion mit anderen Handlungs- und Kritikfähigkeit zu erlernen, um für eigene Interessen und die des Gemeinwohls einzutreten (vgl. Pohlmann/Schmitt in diesem Band).

Chancen für Spiritualität und religiöse Bildung: Impulse aus der Praxis

Die obig dargestellten Grundlagen, die religiöse Bildung in Deutschland prägen, sind Richtlinien und Ziele, die aufzeigen: Religiöse Bildung ist möglich, wenn sie nicht religiös instrumentalisiert wird.[49] Auf dieser Basis kann sich in der Arbeit mit Freiwilligen eine förderliche Auseinandersetzung mit Glaube und Religion ergeben: Die Kompetenzorientierung beispielsweise ermutigt sie, mit aktuellen und zukünftigen Herausforderungen umgehen zu lernen – seien es gesellschaftliche Herausforderungen, die eine religiöse Perspektive haben, oder individuelle Herausforderungen, wie die Teilnehmenden selbst ihre eigenen religiös-weltanschaulichen Überzeugungen beurteilen, reflektieren und fortentwickeln können.

Der Kontroversitätsanspruch gibt ihnen die Gelegenheit, ihren Horizont zu erweitern hinsichtlich anderer Haltungen und wie diese sich begründen, oder kann einen Ort der Selbstvergewisserung und der Neuentdeckung der eigenen Tradition bieten. Eine wertvolle Kompetenz, die Ambiguitätstoleranz, wird dabei als Nebeneffekt erlernt: Gerade bei religiösen Bedürfnissen ist es wichtig, die Erfahrungen anderer Menschen auch bei gegensätzlichen eigenen Erfahrungen oder Überzeugungen auszuhalten und einen eigenen Umgang mit Mehrdeutigkeit und Pluralität zu finden.

---

[49] So in Anlehnung an Schiele (1996: 1) formuliert: „Politische Bildung ist nur möglich, wenn sie nicht politisch instrumentalisiert wird."

In jedem Fall wird die Kommunikationsfähigkeit über religiöse und geistliche Themen bei den Freiwilligen geschult – eine Kompetenz, die in religiösen Bildungsprozessen oft zunächst zu erlernen nötig ist: Sprachfähig werden über den (eigenen) Glauben. Studien zeigen auf, dass der Glaube als etwas Persönliches erlebt wird, als eine „sehr individuelle, innere Angelegenheit", über die zu reden nur in geschützten Räumen möglich ist (Sozialwissenschaftliches Institut der EKD 2018: 35). Im Folgenden sollen daher nun Impulse aus der Praxis christlicher Seminararbeit gegeben werden, wie Spiritualität und religiöse Bildungseinheiten auf Seminaren gelingen können.

Erarbeitung religiöser Themen im Seminarprogramm
Welche Themen der religiösen Bildung eignen sich für die Aufnahme ins Seminarprogramm, um den Freiwilligen in besonders praxisbezogener Weise die Auseinandersetzung mit christlichen bzw. religiösen Themen und kirchenfernen Freiwilligen einen Zugang zu ermöglichen?

 Themen religiöser Bildung
- *Tagespolitische globale Konflikte* haben nicht selten religiöse Dimensionen und können auch in der Seminararbeit in Bildungseinheiten aufgegriffen werden. Friede, Gerechtigkeit und Bewahrung der Schöpfung sind nicht nur verstaubte Begriffe aus dem Konziliaren Prozess, sondern haben als Kernthemen der evangelischen Bildung kaum an Brisanz verloren und können mit aktuellen Beispielen gefüllt werden (Politische Theologie, Öffentliche Theologie).
- In Bildungseinheiten *Themen der Ethik* zu erarbeiten, ist von spezieller Relevanz für Freiwillige, insbesondere wenn sie in ihrem fachlichen Arbeitsalltag mit Menschen mit Beeinträchtigungen arbeiten, in der Pflege täglich mit Tod und Sterben konfrontiert sind usw. Hier zeichnet sich das Arbeiten mit dem Kontroversitätsanspruch besonders aus: Kirchenamtliche Positionen können mit anderen theologischen und außertheologischen Argumenten in einen Diskurs treten, um die Vielfalt an Lösungsansätzen zu ethischen Streitfragen kennenzulernen.
- *Historische Bildung über christliche Leitbilder:* Diakonisch arbeitende Organisationen haben die Erfahrung gemacht, speziell wenn sie das Wort „Diakonie" in ihrer Namensgebung haben, dass es von Wichtigkeit ist, eine grundlegende Bildungseinheit mit Titeln wie „Was heißt diakonisches Handeln?" anzubieten, um die Wis-

senslücken der Teilnehmenden zu diesem Begriff zu schließen und „Diakonisches Lernen" anzuregen, was das christliche Leitbild im Arbeitsalltag bedeutet.[50] Das Gleiche gilt für andere Träger(-namen) und ihre christlichen Gründungsgedanken/-geschichten, die es wert sind, in die Gegenwart zu holen!

- Das Themenfeld der *Wertebildung*[51] regt Freiwillige an, die großen Fragen nach dem Erstrebens-*wert*-en, „Sinn im Leben", „Was ist mir heilig?", „Wie will ich leben?" oder Themen wie Menschenwürde, Identität, Selbstannahme/-wert, Rollenkonflikte, Veränderung, (gesellschaftliche) Verantwortung, Solidarität etc. zu reflektieren. Diese können aus der Perspektive der christlichen Lebensgestaltung und -deutung sinnerschließende und orientierende Kraft gewähren, sind aber auch für Nichtglaubende von Relevanz.
- Das *Kirchenjahr und Gedenktage einbinden:* Ggf. finden während der Seminarwoche Feiertage o.Ä. statt, bei denen es eine verpasste Gelegenheit wäre, diese unerwähnt zu lassen, um Menschen mit dem christlichen Kalender bzw. mit interkulturellen Festzeiten[52] und Ritualen bekannt zu machen. Die Fastenzeit z.B. ist eine hervorragende Gelegenheit, den Sinn von Verzicht/Konsum aus Glaubensperspektive zu thematisieren.
- *Interreligiöser Dialog:* Die Vermittlung von Informationen über und Begegnung mit Menschen anderer Religionen ist nicht nur eines der klassischen Themen religiöser Bildung, sondern eröffnet auch gesellschaftliche Fragen, z.B. wie Vorurteile gegenüber Fremdheit überwunden werden können oder wie Zusammenleben angesichts unterschiedlicher Positionen in religiösen Traditionen gelingen kann.

---

[50] Vgl. Fricke, Michael (2016), Diakonisches Lernen, evangelisch. In: WiReLex – Das Wissenschaftlich-Religionspädagogische Lexikon im Internet. Online unter: www.bibelwissenschaft. de/stichwort/100314/ (Abruf 07.03.2020).

[51] Vgl. Naurath, Elisabeth (2016): Wertebildung. In: WiReLex – Das Wissenschaftlich-Religionspädagogische Lexikon im Internet. Online unter: www.bibelwissenschaft.de/stichwort/100191/ (Abruf 17.04.2020).

[52] Das Bundesamt für Migration und Flüchtlinge gibt jedes Jahr unter www.bamf.de einen „Interkulturellen Kalender" heraus, der heruntergeladen oder kostenfrei in A3 bzw. A1 bestellt werden kann.

- *Medienbildung:* Medienkompetenz zu schulen, ist eine immer wieder notwendige Aufgabe, die auch zu christlichen Themengebieten[53] oder mit medienpädagogischer Arbeit anhand von (Kurz-)Filmen[54] durchgeführt werden kann.

- *Das Erbe des Christentums mit kultureller Bildung erschließen:* Europa ist geprägt von zahllosen baulichen, bildend-künstlerischen, mentalen Errungenschaften und Denkmälern, die sich in Museen, dem Stadtbild, der dörflichen Landschaft oder im Alltagsgebrauch finden und auf biblische Spuren zurückverfolgen lassen, um das Christliche als relevant oder gesellschaftsdienlich zu erschließen (vgl. EKD 2020: 122ff.). Musikalische und literarische Kunstwerke können auch ortunabhängig erarbeitet werden und als Inspiration für die Auseinandersetzung mit dem eigenen Glauben genutzt werden. Für lyrische und literarische Bildungsmethoden aus evangelischer Perspektive siehe z.B. die Publikationen des Deutschen Verbands Evangelischer Büchereien e.V. (2005) oder Langenhorst (2003).

Viele weitere Beispiele ließen sich nennen, um die vielfältigen Dimensionen aufzuzeigen, die religiöse Bildung ausmachen. Festzuhalten bleibt, dass die Bildungsprozesse so gestaltet sein sollten, dass Teilnehmende sich nicht zur Einnahme einer religiösen Haltung oder Handlung gedrängt fühlen, sondern dass sich Glaubende jeder Religion bzw. Tradition sowie Zweifelnde, Kritische und Nicht-Glaubende in einem Diskurs auf Augenhöhe austauschen, voneinander lernen und ihr Interesse geweckt wird. Es ist hilfreich, für einen solchen Austausch vorab Gesprächsregeln und -ziele festzulegen. Geeignete Methoden[55] sowie eine Moderation, die zielführende Fragen bereithält, sollten aber in jedem Fall vorbereitet werden oder als externe Fachkraft eingeladen werden. Es ist möglich, Erfahrungsräume der Spiritualität zu bieten – und auch als Besichtigungen von Kirchen, Moscheen, Synagogen ganz praktisch zu „beschreiten" – dafür sollte jedoch sowohl vorher als auch anschließend genügend Zeit eingeplant werden, um Erwartungen und Unsicherheiten zu klären und schließlich rückblickend das Erlebnis gemeinsam zu reflektieren.

---

[53] Beispielsweise „NetzTeufel", angegliedert an die Ev. Akademie zu Berlin: Das Projekt stellt die Frage, wie ein hoffnungsvoller Blick für Menschlichkeit in einer digitalisierten Welt aussehen kann. Mit der Analyse von Hate-Speech werden menschenfeindliche Positionen unter die Lupe genommen, die sich explizit durch den christlichen Glauben legitimiert sehen. Download von Workshop-Material unter: *www.netzteufel.eaberlin.de* (Abruf 07.03.2020).

[54] Vgl. dafür z.B. „Das religionspädagogische Blog aus Thüringen und Sachsen-Anhalt" online unter http://webcompetent.org, wo regelmäßig Stundenentwürfe veröffentlicht werden, die zwar für den Religionsunterricht gedacht sind, aber darüber hinaus viele konkrete Impulse auch für die Medienpädagogik in der Erwachsenenbildung liefern (Abruf 07.03.2020).

[55] Vgl. für exemplarische methodische Entwürfe Juschka 2018, Gutsche/Schrott 2017.

Geistliche Angebote im Rahmenprogramm des Seminars

Spiritualität in z.b. geistlichen Angeboten im Seminar erlebbar zu machen, ist für christliche Träger der Hauptaspekt, um ihren Freiwilligen Gelegenheit zur Weiterentwicklung und zum Ausüben ihres Glaubens zu geben. In vielen Seminaren bilden Gruppenzeiten in Form von z.b. Andachten zum Tagesbeginn oder Tagesabschluss das Rahmenprogramm, wobei es sich als wirkungsvoll erwiesen hat, das Wort „Andacht" zu vermeiden und eine offenere Benennung wie „Impuls" etc. zu verwenden. Für Nicht-Glaubende und die, die dem Glauben kritisch gegenüberstehen, sind diese Zeiten eine Chance, Glaubensperspektiven unverbindlich kennenzulernen und als Auseinandersetzung mit der christlichen Tradition ihres Trägers daran teilzunehmen. Für viele Freiwillige, die außerhalb von kirchlichen Zusammenhängen aufgewachsen sind, ist dieses Angebot eine Horizonterweiterung und neue Gemeinschaftserfahrung, das – wenn es einladend formuliert wird – gern akzeptiert wird, schon allein weil das Fehlen von formalen kirchlichen Hierarchiestrukturen neugierig macht: immerhin sind es nicht Priester, Ortspastor oder Pfarrerin, die dazu einladen, sondern als Teil des Gruppengeschehens im Seminarprogramm gilt die Ermutigung zur Teilhabe. Es sollte daher deutlich gemacht werden, dass kein Bekenntnis zum Glauben die Voraussetzung darstellt und dass bzw. ob diese Zeiten fakultativ sind, sodass jederzeit Möglichkeiten zur Distanzierung gegeben sind.

Findet das Seminar an einem Ort mit christlicher Tradition statt, z.B. in einem konfessionellen Gästehaus, Kloster, einer christlichen Lebensgemeinschaft etc., können die vorhandenen Gegebenheiten genutzt werden, um Teilnehmende mit der Glaubenstradition vor Ort bekannt zu machen und diese in den Seminarthemen aufzugreifen – in vielen Fällen ist auch eine Teilnahme an Veranstaltungen, Morgenandachten, Tagzeitgebeten etc. möglich.

Methoden und Formen für geistliche Impulse:
Tradition und Innovation

Fühlen sich Mitarbeitende unsicher, einen klassischen (Bibel-)Impuls zu halten, können sie auf vielfältige Andachtstraditionen zurückgreifen oder andere Texte auswählen, die ihrer persönlichen Spiritualität entsprechen, um (argumentativ) in geistlichen Impulsen die Teilnehmenden an eine Frage oder ein Thema des Glaubens heranzuführen.[56] Ebenfalls ist es möglich, ganzheitlichere oder gruppenorientierte Formen zu wählen, wie z.B. gemeinschaftliche Gruppenaktivitäten (vgl. die rechte Spalte der folgenden Auflistung). Diese kommen nicht nur dem partizipativen Ansatz entgegen, sondern eröffnen einen Raum für Erlebnisse, die mehrere Sinne und Sinnebenen ansprechen: Sie beanspruchen Körper, Seele und Geist, bringen Gefühle und kognitives Denken zusammen (vgl. Hüsemann 2017: 346). Die Seminarleitung nimmt dann eher die Rolle der Moderation von Gruppenprozessen ein, um sich gemeinsam für eine Suchbewegung mit den Teilnehmenden auf einen Weg zu machen, der weniger argumentativ und frontal angelegt ist, sondern interaktional, selbstreflektiv und diversitätssensibel Zugänge zum Christentum einladend eröffnet.

---

[56] Alle Mitarbeitenden der Evangelischen Trägergruppe haben mindestens formell eine Zugehörigkeit zur Evangelischen Kirche, ihren Gliedkirchen oder der durch die ACK-Klausel angeschlossenen Freikirchen. Nicht wenige Mitarbeitende haben diakonische, religionspädagogische, theologische (Zusatz-)Qualifikationen oder Erfahrungen in der gemeindlichen Kinder- und Jugendarbeit. Gerade das kann aber bei den anderen Mitarbeitenden, die die Auslegung der Bibel nicht in Studium oder Ausbildung gelernt haben, für Verunsicherung sorgen, eine Bibelandacht vorzubereiten. Insbesondere gegenüber manchen Gruppen kann es geradezu taktisch klug sein, sich für andere, z.B. moderne Texte als Inspirationsquelle für geistliche Impulse zu entscheiden, weil sich die Person, die die Andacht hält, dadurch bei den diskussionsfreudigen „Bibelfesten" unter den Freiwilligen weniger angreifbar macht und ggf. sogar mehr Aufmerksamkeit für ihre Worte erhält.

Formen für Spiritualität in Seminaren

Impuls für die Gruppe (argumentativ)

- Bibelandacht
- Kurzgeschichten-Impulse als moderne Gleichnisse (narrativ-erzählend)
- (auto-)biografische Andacht (aus dem eigenen Leben oder dem einer inspirierenden Persönlichkeit berichten)
- lyrische oder literarische Texte
- Zitate, die zum Nachdenken anregen (z.B. aus Philosophie, Politik, Gesellschaft, Nachrichten)
- Textkombination (z.B. Bibelvers und Gedicht)
- Symbolbetrachtung/Gegenstandsandacht
- Anlass-Ansprache (Kirchenjahr, Gedenktag, Monats-/Wochenspruch/Tageslosung)
- Kurzfilme oder Videoausschnitte als Grundlage für inspirative Gedanken
- Liedtexte auslegen (ggf. mit Musikvideos) ...

Impuls mit der Gruppe (interaktional)

- gemeinsames Singen oder Musizieren
- Kleingruppen-Austausch z.B. zu einem Bibeltext/Thema/Anlass des Kirchenjahres
- Bildbetrachtung
- Naturerleben als Spiritualitätserfahrungen
- Bibliodrama, Bibliolog oder Bibel-Teilen[57]
- künstlerisches, ästhetisches Gestalten
- kreative Schreibmethoden nutzen z.B. zu Dankbarkeit, Selbstwert, Sinnfragen etc.
- erlebnispädagogische Elemente wie Gruppenaktionen/-experimente, Spiel
- Achtsamkeits-/Wahrnehmungsübungen
- Gebet (ggf. kreative/interaktive Formen)
- Emotionen und Sinneswahrnehmungen einbeziehende Erlebnisse
- Kontemplation, Meditation, Stille[58]
- körperliche Bewegung (z.B. Pilgern) ...

---

[57] Vgl. dazu Eltrop, Bettina (2020): Lectio Divina/Bibel-Teilen. In: WiReLex – Das Wissenschaftlich-Religionspädagogische Lexikon im Internet. Online unter www.bibelwissenschaft.de/stichwort/200569/ (Abruf 07.03.2020).

[58] Vgl. dazu Stögbauer-Elsner, Eva-Maria (2017): Stilleübungen. In: WiReLex – Das Wissenschaftlich-Religionspädagogische Lexikon im Internet. Online unter: www.bibelwissenschaft.de/stichwort/100244/ (Abruf 07.03.2020).

Selbstverständlich können in diesem Sinne auch Freiwillige direkt in die Gestaltung einbezogen und ihnen Verantwortung für das Halten eines geistlichen Impulses übergeben werden (vgl. Pohlmann/Schmitt in diesem Band). Seminarleitungen sollten dann die Gruppendynamik im Auge behalten, um ggf. bei Gefährdung des Überwältigungsgebots oder bei Vereinnahmungen zu intervenieren. Hierfür ist es hilfreich, einführend mit der Gruppe einen Rahmen zu definieren, was für diese Gruppenzeiten als angemessen empfunden wird und was das Ziel dieser gemeinschaftlichen Zeiten sein soll.

Die Rolle von Gruppe und Gruppenleitung

Gruppen in religionssensiblen Bildungsprozessen

Das Sprechen über Religion und den eigenen Glauben wird von Menschen überwiegend als etwas sehr Persönliches und Privates empfunden. Glaubensbezüge sind deswegen aber nicht zu tabuisieren und aus Bildungsprozessen auszuschließen, vielmehr gilt es, bewusst und aktiv einen Raum zu eröffnen, indem *auch* über Religion geredet werden darf. Für das Arbeiten mit Gruppen zu religiösen Themen sei verwiesen auf Anita Hüsemann: „Religion ins Spiel bringen" (2019): Sie arbeitet heraus, dass Gruppen zu einem Ort der „Heimat" mit Zugehörigkeitsgefühl und vertrautem Austausch werden können, in dem sich ein „Ereignisraum der Begegnung" eröffnet – aber auch gegenteilige Erfahrungen sind möglich; dass Gruppen mit Ausgrenzung, Mobbing und Ablehnung ein verletzendes und traumatisches Erfahrungsfeld für Individuen bieten (Hüsemann 2019: 340). Deswegen setze eine gruppen- und religionssensible Bildungsarbeit „ein fundiertes und fachlich reflektiertes Wissen über soziale Gruppen, Gruppendynamik und Gruppenpädagogik, Handlungswissen über das (An-)Leiten von Gruppen und die Selbstreflexion der eigenen Leitungsrolle in und mit Gruppen voraus" (Hüsemann 2019: 339).

In jeder Gruppe als Gemeinschaft etabliert sich eine Gruppenatmosphäre über das, was als angemessen betrachtet wird, und das, worüber beispielsweise nicht geredet wird, um die Gruppenstimmung nicht zu gefährden. Mit den individuellen Grenzen des Sagbaren und Aussprechbaren ist behutsam und vorsichtig umzugehen. Vor allem jedoch sind geeignete Methoden für die jeweilige Zielgruppe der Schlüssel, um die Sprachfähigkeit über Themen wie Religion und Glaube zu erlernen und auch andere Wege als lediglich den Ausdruck durch und mit Sprache zu beschreiten.

Einen Austausch über den eigenen Glauben anzuregen, bringt die Herausforderung mit sich, dass Irritation und Diskussion in der Gruppe entstehen kann: Die Vielfalt an Meinungen stellt die vermeintliche Gruppeneinheit infrage, was von Einzelnen als Zumutung erlebt werden kann und das empfindliche Gefüge der Harmonie stört. Hierfür lohnt es sich, über das Phänomen „Gruppe" auch mit der Gruppe selbst zu reden. Eine gefühlte und empfundene Gruppenidentität ist durch die Gemeinsamkeit der Gruppe gegeben: Das Ziel, ein gemeinsames Interesse bzw. der institutionelle Rahmen, der die Gruppe zusammengeführt hat. Eine Gruppe setzt sich darüber hinaus jedoch immer aus Individuen und Persönlichkeiten zusammen und ist deswegen dynamisch (Gruppendynamik). Sicherlich gibt es immer mindestens eine Gemeinsamkeit, aber darüber hinaus ist die psychologische Erkenntnis der Gruppenforschung für die Gruppenpädagogik immens wichtig, dass Diversität und Heterogenität anerkannt werden, sonst kommt es zu einer ungesunden Gruppenidentität, bei der das Gruppengefühl („Wir-Gefühl") über Druckausübung durch Gleichmacherei oder erzwungene Einheit künstlich hergestellt wird.

Maßgeblich für einen förderlichen Austausch über Glaube und Religion ist der Berufsethos und die persönliche Haltung der Gruppenleitung, Begegnung anhand religiöser Themen herzustellen und zu moderieren. Voraussetzung dafür ist, dass pädagogische Fachkräfte selbst die Freude am Diskutieren und am lebendigen Austausch auch bei Kontroversen mitbringen: „Das erfordert Neugier, echtes Interesse und das Bedürfnis, genau zu verstehen, was mein Gegenüber meint" (Hüsemann 2019: 343). Gelingt es der Gruppenleitung, diese wichtigen Signale in die Gesprächsatmosphäre einzubringen, wird eine Vorbildrolle gegeben, wie der Umgang mit religiösen Kontroversen beschritten werden kann und auch für das „Gruppensetting hat diese Haltung Auswirkung auf die Atmosphäre und das Verhalten der Teilnehmenden untereinander" (Hüsemann 2019: 344).

Die Rolle und Haltung der Seminarleitung

Um Angebote für Spiritualität und religiöse Bildung machen zu können, ist es förderlich, dass die Seminarleitung und ggf. auch die Co-Leitung sich ihres eigenen Glaubens- und Andachtsstils bewusst und ebenfalls in der Lage ist, diesen einladend und authentisch zur Sprache zu bringen. Die Auseinandersetzung mit dieser Rolle und Haltung sollte im Team regelmäßig gefördert und Absprachen getroffen werden, weil sonst unausgesprochene Erwartungen Unklarheiten geschaffen und Missverständnisse begünstigt werden. Die Sprachfähigkeit über den eigenen Glauben ist im pädagogischen Team ebenso erforderlich, wie sie für die Arbeit mit der Gruppe von Gruppenteilnehmenden oft erst eingeübt werden muss. In Form z.B. eines kollegialen Austausches kann dazu Zeit und Raum eröffnet werden, wer im Seminarkontext welche Impulse bieten kann und Verständigung darüber ermöglicht werden, welches Selbstverständnis der eigenen (christlichen) Seminararbeit und Spiritualität gegeben wird.

Neue Mitarbeitende versuchen in der Seminararbeit manchmal, einen bestimmten geistlichen Stil zu übernehmen, weil sie glauben, diesen repräsentieren zu müssen, wenn alle anderen im Kollegium z.B. Andachten einer Stilrichtung halten. Dabei werden die Rahmenprogramme auf den Seminaren gerade dann zu gelungenen und lebendigen Zeiten, wenn zu Vielfalt ermutigt wird und die religiösen Traditionen bzw. innovative Glaubensausdrucksformen der persönlichen Spiritualität von allen (sowohl der Seminarteilnehmenden als auch der -leitung) einbezogen werden und auch zur Sprache kommen.

Aktuelle Aufgaben für christliche Bildungsarbeit

Die Seminararbeit in den Freiwilligendiensten bietet viele Chancen, dass die Freiwilligen sich mit der christlichen Tradition auseinandersetzen und innovative Glaubensformen kennenlernen, auf die sie für ihr zukünftiges Leben zurückgreifen können. Träger und Einsatzstellen haben die Gelegenheit, die Lebensdienlichkeit des Evangeliums verständlich und erfahrbar werden zu lassen.

Dennoch bleibt die „Kommunikation des Evangeliums" ein Zur-Sprache-Bringen, das „nicht anders geschehen kann als mit den Mitteln menschlicher Kommunikation – facettenreich und mehrsinnig, fehlbar und vorläufig, unvermeidlich angewiesen auf das Eintreten unverfügbarer Gelingensfaktoren im Augenblick des Kommunizierens" (EKD 2020: 86). Damit zeigt sich auch die Notwendigkeit, eine neue religiöse und spirituelle Sprache zu finden, denn für viele Menschen innerhalb und außerhalb der Kirchen ist sie zu einer Fremdsprache geworden und wird nicht mehr als Hilfe zur Lebensdeutung und Lebensbewältigung empfunden. Es ist eine immer sich erneuernde und zielgruppensensible Übersetzungsarbeit vonnöten geworden. Man wird das „Unübersetzbare umkreisen, sich ihm annähern, es zusammenfassen, erahnen lassen müssen", sagt die eingangs zitierte katholische Sozialarbeiterin und Poetin Madeleine Delbrêl; es sei erforderlich, zu lernen, „mit dem eigenen Herzen auf die Herzen der anderen und auf ihr Hoffen zu lauschen".[59] Ebenfalls der evangelische Theologe Dietrich Bonhoeffer forderte eine sprachliche Erneuerung, die das Christentum der Zukunft sich für diese Aufgabe anzueignen habe:

---

[59] Zitiert nach der Übersetzung von **Annette Schleinzer (2018): Gott einen Ort sichern. Impulse aus der Begegnung mit Madeleine Delbrêl.** Online unter: www.feinschwarz.net/gott-einen-ort-sichern-impulse-aus-der-begegnung-mit-madeleine-delbrel (Abruf 07.03.2020).

> „[W]ir selbst sind wieder ganz auf die Anfänge des Verstehens zurück-
> geworfen. Was Versöhnung und Erlösung, was Wiedergeburt und
> heiliger Geist, was Feindesliebe, Kreuz und Auferstehung, was Leben
> in Christus und Nachfolge Christi heißt, das alles ist so schwer und so
> fern, daß wir es kaum mehr wagen, davon zu sprechen. In den überlie-
> ferten Worten und Handlungen ahnen wir etwas ganz Neues und Um-
> wälzendes, ohne es noch fassen und aussprechen zu können. [...] Alles
> Denken, Reden und Organisieren in den Dingen des Christentums muß
> neugeboren werden [...]. Es wird eine neue Sprache sein, vielleicht
> ganz unreligiös, aber befreiend und erlösend."
>
> *(Dietrich Bonhoeffer 1944: 206ff.)*

Insofern haben diejenigen, die die Begleitseminare mit religiöser Bildung gestalten, die Aufgabe, immer neue und zielgruppensensible sprachliche Möglichkeiten und Angebote zu finden, um den Bildungshunger – wenn dieser überhaupt existiert – nicht einfach nur zu sättigen, sondern zunächst überhaupt zu wecken (vgl. Söding 2016: 10). Diese Aufgabe gestaltet sich auch auf der Ebene der Seminarleitungen als „lebenslanges Lernen": „Dass lebenslanges Lernen die Devise ist, wird wie im urpaulinischen Konzept darin begründet, dass Gottes Gnade unerschöpflich ist und dauernd aktiv" (Söding 2016: 196). Daher soll zum Ende dieses Beitrags mit Thomas Södings These über „Das Christentum als Bildungsreligion" in die Zukunft geblickt werden, die sich gleichermaßen an die Bildenden als auch an die Bildungssubjekte richtet:

> „Das Christentum ist eines gewiss nicht: eine Religion nur für die Ge-
> bildeten. Aber es ist eine Religion, die auf Bildung setzt. Denn es ist
> eine Religion des Glaubens. Er setzt darauf, dass Menschen vom Glau-
> ben überzeugt werden und die Sache Gottes – unter guter Anleitung,
> aber aus freien Stücken – zur Sache ihres Lebens machen. Es zielt auf
> eine Formung des gesamten Lebens, die von den Einsichten und Er-
> fahrungen des Glaubens geprägt ist. Es setzt auf die Weitergabe des
> Glaubens durch Lehren und Lernen, von Generation zu Generation.
> [...] Es äußert sich in einer Praxis, die Nächsten- und Gottesliebe ver-
> eint und darin nicht nur Tradition ist, sondern Ausweis und Antrieb
> eines neuen Denkens. [...] Sie richtet sich gegen jede noch so subtile
> Form des Fundamentalismus. Sie richtet sich ebenso klar gegen eine
> Position, die Religion aus dem Bildungsdiskurs heraushalten will."
>
> *(Thomas Söding 2016: 9ff.)*

Literaturverzeichnis

Beutelsbacher Konsens = Wehling, Hans-Georg (1977): Konsens à la Beutelsbach? Nachlese zu einem Expertengespräch. In: Schiele, Siegfried/Schneider, Herbert (Hg.): Das Konsensproblem in der politischen Bildung. Stuttgart: Klett, S. 173–184. Online unter: www.bpb.de/die-bpb/51310/beutelsbacher-konsens (Abruf 07.03.2020).

Bonhoeffer, Dietrich (1944): Gedanken zum Tauftag von D.W.R. In: Bethge, Eberhard (Hg.): Widerstand und Ergebung. Briefe und Aufzeichnungen aus der Haft. München: Chr. Kaiser 1951.

Delbrêl, Madeleine (1957): Ville marxiste, terre de mission. Zitiert nach der Übersetzung von: Schleinzer, Annette (Hg.): Gott einen Ort sichern. Texte – Gedichte – Gebete. Kevelaer: Topos plus 2018.

Deutscher Verband Evangelischer Büchereien e.V. (2005): „Auf den Flügeln der Poesie." Lyrik für Gruppen- und Gemeindearbeit. Online unter: www.eliport.de/fileadmin/redakteur/eliport/Downloads/Lyrik.pdf (Abruf 11.08.2020).

EKD = Evangelische Kirche in Deutschland (2020): Religiöse Bildung angesichts von Konfessionslosigkeit – Aufgaben und Chancen. Ein Grundlagentext der Kammer der EKD für Bildung und Erziehung, Kinder und Jugend. Leipzig: Ev. Verlagsanstalt.

Frankfurter Erklärung = Eis, Andreas/Lösch, Bettina/Schröder, Achim/Steffens, Gerd (2015): Frankfurter Erklärung. Für eine kritisch-emanzipatorische Politische Bildung. Online unter: http://sozarb.h-da.de/index.php?id=586 (Abruf 07.03.2020).

Gutsche, Friedhardt/Schrott, Martin (2017): Über meinen Glauben reden. Lernen, sprachfähig zu werden. Neukirchen-Vluyn: Neukirchener Verlag.

Herbst, Jan-Hendrik (2019): Offenbarung aus einem „brennenden Dornbusch im Schwarzwald" (G. Steffens)? Der Beutelsbacher Konsens und seine religionspädagogische Rezeption. In: Theo-Web, Zeitschrift für Religionspädagogik. Jg. 18 (2). S. 147–162.

Hüsemann, Anita (2017): Religion ins Spiel bringen. Erlebnis- und handlungsorientierte Methoden für eine religionssensible Arbeit in Gruppen. In: Nauerth, Matthias/Hahn, Kathrin/Tüllmann, Michael/Kösterke, Sylke (Hg.): Religionssensibilität in der Sozialen Arbeit. Positionen, Theorien, Praxisfelder. Stuttgart: Kohlhammer. S. 338–351.

Juschka, Katrin (2018): Gottesbilder thematisieren – didaktische Impulse für die Bildungsarbeit mit interreligiösen und überkonfessionellen Gruppen. In: Albrecht, Heidi/Dargel, Matthias/Freitag, Michael/Giebel, Astrid/Knorr, Wilfried/Lilie, Ulrich/Loheide, Maria (Hg.): #religionundkultursensibel. Perspektiven für die Arbeit mit Kindern und Jugendlichen in evangelischen Kontexten. Leipzig: Evangelische Verlagsanstalt. S. 205–210.

Langenhorst, Georg (2003): Gedichte zur Gottesfrage. Texte – Interpretationen – Methoden. Ein Werkbuch für Schule und Gemeinde. München: Kösel.

Schiele, Siegfried (1996): Der Beutelsbacher Konsens kommt in die Jahre. In: Schiele, Siegfried/Schneider, Herbert (Hg.): Reicht der Beutelsbacher Konsens? Didaktische Reihe Band 16. Schwalbach im Taunus: Wochenschau Verlag. S. 1–13.

Sozialwissenschaftliches Institut der EKD (2018): „Was mein Leben bestimmt? Ich!" Lebens- und Glaubenswelten junger Menschen heute. Hannover: creo-media.

Söding, Thomas (2016): Das Christentum als Bildungsreligion. Der Impuls des Neuen Testaments. Freiburg im Breisgau: Herder.

PERSÖNLICHKEITSENTWICKLUNG BEGLEITEN UND FÖRDERN

Julia Reimer

Selbstständiger und selbstbewusster werden, sind einige Ziele, die Freiwillige häufig zu Beginn ihres Dienstes formulieren, wenn sie danach gefragt werden, was sie sich persönlich vom Freiwilligendienst erhoffen. Auch in den gesetzlichen Grundlagen der Freiwilligendienste verankerten Bildungszielen und in der Bundeskonzeption für Freiwilligendienste (Evangelische Freiwilligendienste 2018: 11) der evangelischen Trägergruppe werden die Erweiterung individueller Fähigkeiten, die Förderung des Erwerbs sozialer Kompetenzen sowie die Stärkung des Verantwortungsbewusstseins für das Gemeinwohl als Ziele eines Freiwilligendienstes für die Freiwilligen formuliert. In diesem Beitrag wird der Begriff Persönlichkeitsentwicklung aus den verschiedenen fachlichen Perspektiven dargestellt und der Frage nachgegangen, wie das persönliche Wachstum im Rahmen einer evangelischen freiwilligendienstbezogenen Bildungsarbeit begleitet werden kann. Dieser Artikel enthält dabei einige Impulse und methodische Ideen, wie Seminarleitungen mit heterogenen Gruppen von Freiwilligen das Thema im Seminarkontext aufgreifen können.

Was umfasst Persönlichkeitsentwicklung?

Der Begriff Persönlichkeitsentwicklung wird vor allem in der Entwicklungspsychologie verwendet und bezeichnet die Entstehung von Individualität. Dazu, was genau eine Persönlichkeit ausmacht und wie die Entwicklung dieser gefördert werden kann, gibt es sehr unterschiedliche Modelle. Ohne an dieser Stelle den Anspruch auf Vollständigkeit zu erheben, kann grundsätzlich zwischen dem psychodynamischen Ansatz (entwickelt und beeinflusst durch Überlegungen von Sigmund Freud u.a.) und zwischen Stufenmodellen der psychosozialen Entwicklung (wie z.B. von Erik H. Erikson oder von Robert J. Havighurst und in der Weiterentwicklung von dessen Modell durch Klaus Hurrelmann) unterschieden werden. Ein noch komplexeres Verständnis von Persönlichkeitsentwicklung erhalten wir, wenn man diese mit dem Begriff des „lebenslangen Lernens" (auch „lifelong learning" oder „lifelong education") zusammendenkt. Lebenslanges Lernen bezeichnet „alles Lernen während des gesamten Lebens, das der Verbesserung von Wissen, Qualifikationen und Kompetenzen dient und im Rahmen einer persönlichen, bürgergesellschaftlichen, sozialen bzw. beschäftigungsbezogenen Perspektive erfolgt" (Europäische Kommission 2002: 17). Dieser Begriff scheint in der freiwilligendienstbezogenen Bildungsarbeit vor allem anschlussfähig, da er formales, nicht formales und informelles Lernen umfasst und die Beschäftigungs- und Arbeitsmarktdimension nicht dominiert (vgl. Europäische Kommission 2002: 17), denn seit der Einführung des Bundesfreiwilligendienstes werden im Rahmen eines Dienstes auch zunehmend Freiwillige über 27 Jahren begleitet. Der Begriff „lebenslanges Lernen" kann ferner auch Raum für weitere Aspekte, wie z.b. die spirituelle oder kulturelle Dimension von Lernen bieten (vgl. Europäische Kommission 2002: 17). Zusammenfassend lässt sich festhalten, dass es keine allgemein anerkannte Definition von Persönlichkeitsentwicklung gibt, was u.a. daran liegt, dass es unterschiedliche disziplinäre Perspektiven auf den Begriff gibt.

Persönlichkeitsbezogene Bildung in Freiwilligendiensten in evangelischer Trägerschaft

Im Rahmen der Bundeskonzeption für Freiwilligendienste der Evangelischen Trägergruppe wird persönlichkeitsbezogene Bildung als eine von insgesamt fünf Bildungsdimensionen formuliert und wie folgt definiert:

> „In der persönlichkeitsbezogenen Bildung lernen die Freiwilligen, eigene Möglichkeiten und Grenzen wahrzunehmen, interne wie externe Beobachtungen zur Wahrnehmung der eigenen Person heranzuziehen und ihr Selbstkonzept weiter zu entwickeln. Die Freiwilligen werden befähigt, sich als kompetente und wirksame Persönlichkeiten zu sehen."
> *(Evangelische Freiwilligendienste 2018: 11)*

Dazu zählen insbesondere das Treffen eigener Entscheidungen, die Verantwortungsübernahme für das eigene Verhalten und die aktive Gestaltung des eigenen Lebens unter Einsatz der persönlichen Fähigkeiten (vgl. Evangelische Freiwilligendienste 2018: 11). Als wichtigste Bereiche der persönlichkeitsbezogenen Bildung im Freiwilligendienst werden formuliert „Wahrnehmung und Reflexionsfähigkeit, Selbstwirksamkeitserwartung und positives Selbstkonzept, Entscheidungen fällen, Wagnisse abwägen und eingehen, Verantwortung übernehmen, Flexibilität, Ausdauer und Leistungsmotiv, Planung der eigenen Lebensgestaltung/Selbstorganisationsfähigkeit" (Evangelische Freiwilligendienste 2018: 11).

233

Persönlichkeitsbezogene Bildung ist keine Bildungsdimension, die spezifisch für evangelische Freiwilligendienste ist. Dennoch lohnt es sich, zu betrachten, was das Spezifische eines evangelischen Bildungsbegriffs ist, um darauf aufbauend zu überlegen, warum dieser – im Zusammenhang mit Bildungsangeboten der Freiwilligendienste und darüber hinaus – Persönlichkeitsbildung und soziale Bildung umfasst. Zentral ist zunächst die Ganzheitlichkeit eines evangelischen Bildungsverständnisses (vgl. EKLB 2016: 31). Bildung wird im Zusammenspiel und in der Verschränkung von Lernen, Wissen und Erkenntnis sowie von Werten, Einstellungen, Handeln und Spiritualität (vgl. EKLB 2016: 31) verstanden. Der evangelische Bildungsbegriff wird zudem mehrdimensional konzeptioniert, d.h., Bildung ist mehr als eine (kompetenzorientierte) Grundbildung und Wissen und umfasst insbesondere ethische, politische, soziale und religiöse Bildung. Zentrum dieses Bildungsverständnisses und damit verbundener evangelischer Bildungsangebote ist und bleibt das Subjekt, dem eine mündige und solidarische Teilhabe an der Welt ermöglicht werden soll (vgl. EKLB 2016: 10). Bildendes Lernen – auch im Rahmen der evangelischen Freiwilligendienste – umfasst „nachdenken, sich sammeln, Zeit lassen zum Begreifen, zu sich selbst kommen – und so auch zu den Sachen" (EKD 2003: 63). Eine auf persönliche Entfaltung und Persönlichkeitsentwicklung gerichtete Bildung hat auch einen engen Bezug zum jüdisch-christlichen Menschenbild und der damit verbundenen „Vorstellung der Gottesebenbildlichkeit" (EKD 2003: 28). Dieser Vorstellung nach wird jeder Mensch als Geschöpf und Abbild Gottes verstanden, das ein Recht auf Bildung hat.

Wie kann Persönlichkeitsentwicklung im Seminarkontext begleitet werden?

Ausgangspunkt freiwilligendienstbezogener Bildungsangebote sind die Teilnehmenden, und zwar als Einzelpersonen und als Gruppe. Dabei gibt es eine Vielfalt an Differenzlinien, die auch im Freiwilligendienst eine Relevanz entfalten können und die es bezogen auf jede (neue) Gruppe kontinuierlich zu analysieren gilt. Hierzu zählen neben der sozialen, kulturellen und ethnischen Herkunft, wie z.B. der eigenen oder familiären Migrationsgeschichte oder der Fluchterfahrung und unterschiedliche Bildungshintergründe, auch Alter, Familienstand, Geschlechtsidentität(en) und sexuelle Orientierung, aber ebenso unterschiedliche Vorerfahrungen, Zugehörigkeiten und Selbstpositionierungen im Kontext von Glauben und Konfession.

Die Annahme einer egalitären Differenz als der Gleichwertigkeit der Menschen gerade in ihrer Verschiedenheit ist eine Grundlage des christlichen Menschenbildes (vgl. EKD 2003: 28). In der pädagogischen Begleitung wirft die Umsetzung von Differenzsensibilität und Inklusion jedoch Fragen auf. Die Heterogenität von Freiwilligen ist Ressource und Herausforderung zugleich, denn es gilt, darüber nachzudenken, wie Angebote gestaltet werden müssen, um möglichst allen Freiwilligen gerecht zu werden. Vor diesem Hintergrund ist es bedeutsam, zunächst das zugrunde liegende Konzept der eigenen bzw. der trägerspezifischen Seminararbeit zu kennen (und gegebenenfalls weiterzuentwickeln) sowie das eigene (pädagogische) Handeln konsequent kritisch zu überprüfen (z.B. durch Evaluation, kollegiale Beratung und gegebenenfalls Supervision). Auch eine konsequente Selbstreflexion (z.B. in Form von Selbstreflexionsbögen) kann ein hilfreiches Instrument sein.

 Leitfragen für die seminarbezogene Selbstreflexion

- Welche Differenzlinien habe ich vor dem (ersten) Seminar als solche verstanden, die im Seminarkontext eine Relevanz entfalten könnten?
- Wie habe ich dies bei der didaktischen und inhaltlichen Vorbereitung berücksichtigt?
- Wie schätze ich diese Differenzlinien nach dem (ersten) Seminar hinsichtlich ihrer Relevanz für die Seminararbeit ein?
- Wie ist die Gruppe von Freiwilligen mit der eigenen Heterogenität und miteinander umgegangen? Welche Wünsche und Regeln in der Zusammenarbeit wurden formuliert, die einen Bezug zum Thema Heterogenität haben? Wurden diese beachtet/eingehalten?
- Habe ich Schwierigkeiten bei Freiwilligen beobachtet, am Bildungsangebot teilzuhaben?
- Was habe ich zur Kompensation dieser Schwierigkeiten unternommen?
- Habe ich mich mit der Co-Seminarleitung über meine Beobachtungen ausgetauscht? Wurden hier Ansichten geteilt oder neue/weitere Aspekte thematisiert?
- Welche zentralen neuen Einsichten und Erkenntnisse nehme ich für die Gestaltung des nächsten Seminars mit?

Aus den genannten Leitfragen und weiteren Fragen können Selbstreflexionsbögen entstehen, die nach jedem Seminar ausgefüllt werden. Die Fragen können jedoch ebenso als offene Impulse zur Selbstreflexion oder zum Austausch mit der Co-Seminarleitung in der Nachbereitung des Seminars dienen.

Das Individuum als Ausgangspunkt des Bildungsangebots

Um den einzelnen Freiwilligen eine Grundlage zur Selbstreflexion zu bieten, können unterschiedliche Methoden eingesetzt werden. Bei der Auswahl sollte auch berücksichtigt werden, Methoden auszuwählen, die man als Seminarleitung ausreichend kennt/sich vorab erarbeitet hat und angemessen begleiten kann.

Ein möglicher Impuls können „Selbsttests" zur Einschätzung der eigenen Persönlichkeit sein. Bei Einsatz und Auswahl sollte berücksichtigt werden, dass diese Tests nicht der psychologischen Diagnostik dienen, sondern ein Lerninstrument zur Selbstreflexion sind. Selbsttests sollten nur pädagogisch begleitet zum Einsatz kommen und entsprechend zielgruppenspezifisch angepasst werden. Darüber hinaus lohnt es sich, mit Freiwilligen die Vor- und Nachteile solcher Tests und Testinstrumente kritisch zu reflektieren. Ohne die Chancen und Grenzen (oder gar die wissenschaftliche Validität) der einzelnen Testverfahren an dieser Stelle ausführen zu können, seien nachfolgend einige Ideen aufgeführt, welche Tests themenspezifisch genutzt werden können:

- Motivations- und Interessenstests (z.B. Reiss Profiltest/Reiss Motivation Profile,[60] Einschätzung eigener Werte und Bedürfnisse, Selbsttests zum eigenen Entscheidungsfindungsverhalten),
- Persönlichkeitstypen-Tests (z.B. die klassische Temperamentenlehre der historischen Bildung aus der Antike nach Hippokrates und Galen, das DISG-Modell, persolog-Persönlichkeitsprofil),
- Persönlichkeitsstruktur-Tests (z.B. 16-Persönlichkeitsfaktoren-Test),
- Persönlichkeitstest mit Bezug auf Zusammenarbeit (z.B. Selbsteinschätzung zu Teamrollen nach Belbin, Selbsteinschätzung zu Konfliktstilen oder Konflikttypen z.B. nach Thomas),
- Ressourcenbögen (z.B. nach dem Zürcher Ressourcenmodell) oder Ressourcenchecks mit Blick auf Stärken, wie z.B. lebensgeschichtlich gewonnenen Kompetenzen und Talenten (Budde et al. 2004).

Grundanforderungen zum Einsatz der aufgezählten Tests und Fragebögen sind, dass alle Freiwilligen die Inhalte verstehen, dass die Inhalte überschaubar sind (d.h. vom Umfang her keine Überforderung darstellen) und dass das Preisgeben von persönlichen Angaben auf Freiwilligkeit basiert. Dies setzt eine entsprechende Vor- und Nachbereitung mit den Seminarteilnehmenden voraus.

---

[60] Siehe z.B. Institut für Persönlichkeit (2020): Über das Reiss Motivation Profile. Köln. Online unter: www.reiss-profile-ausbildung.de/reiss-profile-was-ist-das/ (Abruf 19.04.2020).

Zudem ist die Nutzung von Testinstrumenten in der Regel mit Kosten für deren Nutzung und ggf. der Bedingung einer Zusatzqualifikation/Ausbildung verbunden. Spezifische Themen können gezielt im Seminarkontext oder evtl. auch im Rahmen der Anleitung zur Selbstreflexion aufgegriffen werden.

Einen anderen Zugang können Methoden der Biografiearbeit bieten. In der Biografiearbeit geht es um die strukturierte Selbstreflexion der eigenen Lebensgeschichte und das Entwickeln eines Verständnisses für darin liegende subjektive Sinnstrukturen (vgl. Miethe 2017: 15). Diese Selbstreflexion kann durch kreative Methoden (wie z.B. den Lebensbaum) angestoßen werden. Mögliche Impulse und methodische Schritte geben die verschiedensten Praxishandbücher zur Thematik (siehe z.B. Miethe 2017; Specht-Tomann 2018). Derzeit gibt es noch keine Handbücher, die sich explizit ausführlich mit Biografiearbeit im Bildungssetting der Freiwilligendienste beschäftigen.[61] Methoden aus anderen Arbeitsfeldern können jedoch angepasst zum Einsatz kommen: Im schulischen Bereich und insbesondere im Bereich der Berufsorientierung und beruflichen Bildung gibt es zudem Methoden, die (auf die Zielgruppe angepasst) fruchtbar sein können, z.B. bestimmte Bausteine aus dem Projekt „Wie bin ich geworden, wer ich bin?"[62]. Ferner bietet das „Handbuch für Spurensucher*innen" (LKJ 2015) vielfache Anregungen.

Die Gruppe als Lernsetting nutzen

Zudem bietet die Gruppe der Freiwilligen ein Lernsetting für die eigene Persönlichkeitsentwicklung. Hier steht handlungsorientiertes Lernen in der Auseinandersetzung mit spezifischen Inhalten im Vordergrund (Nugel/Kreuzer 2018). Freiwillige können sich im Gruppensetting in ihrer Eigenart und mit ihren Stärken erfahren, aber ebenso persönliche Grenzen wahrnehmen. Damit dieses Lernsetting genutzt werden kann, wird ein spezifischer Rahmen benötigt. Der besteht zuvorderst aus einer Gruppenatmosphäre, die von Vertrauen und Anerkennung geprägt ist (z.B. gemeinsam erarbeitet und formuliert durch Gruppenregeln o.Ä.) sowie durch verschiedene Möglichkeiten der Partizipation (und der Verantwortungsübernahme).

---

[61] Ein methodischer Vorschlag für die Seminararbeit findet sich bei Dreier/Koczan 2011: 66–68.

[62] Frost, Birgit (2018): Wie bin ich geworden, wer ich bin? Digitale Bildung in der Praxis. Werkstatt.bpb.de. Online unter: www.bpb.de/lernen/digitale-bildung/werkstatt/263229/wie-bin-ich-geworden-wer-ich-bin (Abruf 06.04.2020).

Die Gruppe kann einen geschützten Rahmen für Lernprozesse bieten (vgl. Dreier/Koczan 2011: 43). Persönlichkeitsentwicklung kann im Rahmen der Seminararbeit angeregt, aber nicht forciert werden, Bildungsangebote sollten daher eher als Möglichkeitsräume verstanden werden, die es (pädagogisch) zu gestalten gilt, um persönliches Wachstum zu fördern.

Nachfolgend finden sich einige Gestaltungsideen und Methodenanregungen:

- In der Gruppe sollten stets Möglichkeiten geschaffen werden, um Verantwortung an der Mitgestaltung der gemeinsamen Gruppenzeit zu übernehmen. Hier gilt es die Freiwilligen dazu zu motivieren und einzuladen, Aufgaben zu übernehmen und sie nach Bedarf bei Planung und Umsetzung zu unterstützen, wie z.B. während einer gemeinsamen Seminarwoche zu fotografieren oder grafisch zu dokumentieren, die Gestaltung eines kleinen Workshops oder eines Abendprogramms zu übernehmen oder einen Abschluss-Segen/-Impuls vorzubereiten (hierzu können unterstützend Rollenkarten z.B. „Held bzw. Heldin in der Gruppe" genutzt werden, die per Los gezogen oder als Kompetenztraining verteilt werden, z.T. kann auch eine gezielte persönliche, wertschätzende Anfrage bei Freiwilligen bedeutsam sein, wenn bemerkbar ist, dass jemand sich einbringen möchte, diesbezüglich aber noch zögert).
- Ein bewusstes Gestalten von (unterschiedlichen) Möglichkeiten, jede Person zu Wort kommen zu lassen, z.B. auch durch spezifische Rituale wie Morgen- oder Abendrunden.
- Zeit für private Selbstreflexion einräumen, indem den Freiwilligen Zeit für persönliche Selbstreflexion geschenkt wird, z.B. durch das Führen eines Freiwilligendienst-Tagebuchs oder Ich-Buchs oder das Schreiben eines Briefs/mehrerer Briefe an sich selbst. Diese Methode kann zu unterschiedlichen Zeitpunkten eingesetzt werden, ist jedoch insbesondere hilfreich, um am Ende des Freiwilligendienstes auf den eigenen Lernzuwachs zurückzublicken.[63]

---

[63] Zur Methode „Brief an mich selbst": Adressatin oder Adressat der Post ist das eigene Ich in einer festzulegenden Zukunft, es können zum Briefeschreiben Impulse vorgegeben werden, z.B. das Festhalten eigener Erwartungen, eigener Hoffnungen oder Befürchtungen (vgl. Dreier/Koczan 2011:72), die Briefe können z.B. analog geschrieben werden und nach Ende des Freiwilligendienstes ausgehändigt oder versandt werden, eine papierfreie Variante bieten Webseiten, die es ermöglichen, Mails zu verfassen, die zeitlich versetzt zu einem Wunschdatum in der Zukunft zugestellt werden (z.B. www.brief-in-die-zukunft.de).

- Zeit für gemeinsame Reflexion und Präsentation der eigenen Entwicklung durch ressourcenorientierte, begleitete und angeleitete Praxisreflexion und Selbstreflexion im Gruppenkontext, entweder eher frei (z.b. Arbeit mit Bildimpulsen, Stimmungsabfrage oder dem offenen Sammeln aktueller Themen/Fallbeispiele, die Freiwillige beschäftigen) oder eher strukturiert z.b. durch Selbstreflexionsbögen (vgl. Nester/Juschka in diesem Band).
- Zeit für gegenseitiges, wertschätzendes Feedback z.b. durch Briefe/Grußkarten im eigenen „Seminarbriefkasten" (oder z.b. Feedback in Paaren durch die Übergabe eines „imaginären" Geschenks für das Gegenüber, dessen Auswahl mit der Übergabe begründet wird).[64]

Zur Verdeutlichung von Entwicklungsprozessen eignen sich insbesondere kreative Methoden, z.b. die grafische Gestaltung einer Lernkurve oder Jahreskurve, die Dokumentation eigener Fußspuren, die man in der Einsatzstelle hinterlassen hat und die der Freiwilligendienst bei einem hinterlassen hat (vgl. Dreier/Koczan 2011: 92). Als pädagogische Begleitung sollte bei den eingesetzten Methoden stets auf Prozess- und Teilnehmendenorientierung geachtet werden (zur Bedeutung von Mitbestimmung und Partizipation für persönlichkeitsbezogene Bildungsprozesse siehe Nugel/Kreuzer 2018: 16). Auch der Verlauf des Freiwilligenjahres bzw. der Dienstzeit der Freiwilligen sollte Berücksichtigung finden. Insbesondere im Abschluss-Seminar lohnt es sich, das Thema aufzugreifen, weil hier die Jahresreflexion zentral ist, der Gruppenprozess abschließt und zum Rückblick auch ein intensiver Blick auf den eigenen Entwicklungsprozess gehört.

---

[64] Je nach Seminarkonzept kann es evtl. auch sinnvoll sein, für einzelne Gruppen von Freiwilligen spezifische Seminarangebote zu konzipieren. Dies können z.b. Empowerment-Workshops für geflüchtete Freiwillige sein, in denen dieser Gruppe von Freiwilligen in einem geschützten Rahmen die Möglichkeit geboten wird, Rassismuserfahrungen zu thematisieren. Geeignete Trainerinnen und Trainer für diese spezifischen Workshops lassen sich z.b. über lokale Opferberatungsstellen gegen Rechtsextremismus, Rassismus, Antiziganismus und Antisemitismus finden. Zur Auseinandersetzung mit dem Thema Empowerment empfiehlt sich z.b. die Lektüre von „Empowerment und Powersharing – Ankerpunkte, Positionierungen, Arenen" (Jagusch/Chehata 2020).

Impulsfragen zur themenspezifischen Planung des Abschluss-Seminars

- Gibt es im Seminar Einheiten, die den Freiwilligen einen individuellen Rückblick auf die eigene Entwicklung während des Freiwilligenjahres ermöglichen?
- Ermöglicht das Seminar den Freiwilligen einen Ausblick auf das Kommende und wird die eigene Entwicklung als fortlaufender (und nicht abgeschlossener) Prozess markiert?
- Werden Zeiten ermöglicht, in denen die Lernerfahrungen Einzelner in der und durch die Gruppe thematisch aufgegriffen werden?
- Wurde bei der Auswahl der Methoden zur Reflexion die individuelle Freiwilligengruppe berücksichtigt, um z.b. bewusst strukturierte (d.h. klar formulierte Impulse/Fragen als Ausgangspunkt zur Selbstreflexion), offene oder kreative Reflexionsmethoden auszuwählen?
- Gibt es im Seminar Einheiten, die den Freiwilligen ermöglichen, Gemeinsamkeiten und Unterschiede hinsichtlich der eigenen Persönlichkeitsentwicklung im Rahmen des Freiwilligendienstes zu thematisieren?

Wie kann Persönlichkeitsentwicklung in der Einsatzstelle begleitet werden? In den Einsatzstellen sind Freiwillige häufig schnell in Abläufe eingebunden, die nicht immer viele Freiräume für Selbstreflexion bieten. Umso bedeutsamer ist es deshalb, im Rahmen der pädagogischen Begleitung sicherzustellen, dass in den Einsatzstellen Reflexionsmöglichkeiten geschaffen werden. Diese können insbesondere dazu dienen, Selbst- und Fremdeinschätzungen abzugleichen und konstruktives Feedback zu erhalten (und zu geben). Die kontinuierliche Begleitung und Anleitung in den Einsatzstellen sorgt für Lernerfolge und ermöglicht, Erwartungen abzustimmen, aber z.B. auch Schwierigkeiten frühzeitig zu erkennen und zu lösen.

In der Regel kann Persönlichkeitsentwicklung am ehesten und intensiv in persönlichen Reflexionsgesprächen stattfinden. Gesprächsinhalte können herausfordernde Situationen im beruflichen Alltag oder auch die gemeinsame Diskussion von Lösungsansätzen sein. In der Begleitung von Freiwilligen dienen hier insbesondere standardisierte Reflexionsbögen als Grundlage für strukturierte Gespräche, die in bestimmten Abständen geführt werden (vgl. Konstantinidis/Tölgyesi in diesem Band). Reflexionsgespräche benötigen darüber hinaus einen spezifischen Rahmen, wobei die Verantwortung für die Planung, Durchführung und Dokumentation bei der zuständigen Anleitung liegen sollte.

Darüber hinaus sind auch Freiwilligenbesuche, d.h. Besuche der pädagogischen Fachkräfte des Trägers bei den Freiwilligen in den Einsatzstellen, ein Instrument, das Feedback zwischen Anleitung und Freiwilligen ermöglicht bzw. fördern kann.

Je nach Größe der Einsatzstelle und der Anzahl an Freiwilligen in der Einsatzstelle haben einige Träger mit mehreren Freiwilligen in derselben Einsatzstelle auch gute Erfahrungen damit gemacht, wenn für diese Gruppe/dieses Team von Freiwilligen regelmäßige Zeiten für Treffen und Austausch eingeräumt werden. Diese Treffen zum kollegialen und persönlichen Austausch können selbst organisiert oder von einer pädagogischen Fachkraft begleitet und angeleitet werden, die explizit aktuelle Prozesse und Entwicklungen einbringt und moderiert, auch eine gemischte Struktur ist möglich (teilweise selbst organisiert und teilweise angeleitet). Durch ein solches Angebot können die individuelle Persönlichkeitsentwicklung und die gemeinsame Teamkultur in einem sehr gewinnbringenden, vertraulichen Maße stattfinden und zusammengeführt werden. Gerade das Erhalten und Geben von kollegialem Feedback hat hier eine hohe Bedeutung (vgl. Brinkmann in diesem Band).

Perspektiven auf Bildungsarbeit, die Persönlichkeit(en) fördern

Persönliches Wachstum im Rahmen der Freiwilligendienste geschieht in der Verschränkung zwischen Erfahrungen in der Einsatzstelle, der Bildungsarbeit und weiteren (sozialen) Zusammenhängen. Es gilt deshalb Zusammenhänge zwischen persönlichkeitsbezogenen, sozialen und arbeitsweltbezogenen Bildungsprozessen zu erkennen und zu nutzen (Nugel/Kreuzer 2018). Bereits ältere (empirische) Untersuchungen zur Wirkung von Freiwilligendiensten aus Sicht der Freiwilligen selbst verdeutlichen die Auswirkungen des Bildungssettings auf die persönliche Entwicklung (z.B. Rahrbach et al. 1998). Und obwohl vereinzelt zu Recht darauf hingewiesen wird, dass es insbesondere im jugendlichen Alter schwer sei, sich „über einen Zeitraum von einem Jahr *nicht* persönlich weiterzuentwickeln" (Fischer 2011: 58, kursiv im Original), lohnt es sich, Persönlichkeitsentwicklung bewusst in den Blick zu nehmen. Die bildungsbezogene, themenspezifische Seminararbeit eröffnet Freiwilligen die Möglichkeit zur Selbstreflexion, zur Verbalisierung eigener Veränderungsprozesse und einer modifizierten Sichtweise auf sich selbst.

Ein Modell des gemeinsamen Lernens

Durch den Einsatz unterschiedlicher Methoden kann die Vielfalt der Freiwilligen und ihrer individuellen Lernvoraussetzungen Berücksichtigung finden. Ein Grundprinzip bleibt auch in dieser Bildungsdimension die Partizipation (vgl. Pohlmann/Schmitt in diesem Band). Freiwillige sollten die Möglichkeit haben, Einfluss auf Bildungsinhalte und auf die Gestaltung des Bildungssettings zu nehmen. Sie können sich mit ihren spezifischen Stärken einbringen und auch Neues gezielt ausprobieren, vor allem aber können sie sich gegenseitig anregen und auf andere Ideen und Sichtweisen bringen. Dies kann im Rahmen der Seminare auf sehr unterschiedliche Weise geschehen. Durch themenspezifische (inhaltliche) Diskussionen, aber insbesondere eben auch durch die Übernahme von Verantwortung für Gruppenaktivitäten, z.b. der Gestaltung von Pausenzeiten oder des Abendprogramms, sei es in Form eines Filmabends oder eines spontanen Workshopangebots in Form einer Yoga-Stunde. Bedeutsam ist hier, sich als Seminarleitung bewusst zu machen, dass für Freiwillige bedeutsame Lernprozesse grade auch in (informellen) Freiräumen und quasi Nischen passieren. Es gilt, eine Balance zu finden zwischen Struktur(en) und Freiräumen, zwischen Lernen im didaktisch aufbereiteten Setting und informellem Austausch (vgl. Nugel/Kreuzer 2018: 16ff.). Ein solches Modell vom gemeinsamen Lernen wirkt dem Ausschluss entgegen und fördert eher ein Miteinander als ein Nebeneinander. „Die unmittelbare Begegnung mit Diversität und Pluralität innerhalb der Seminargruppe" kann zu einer Bereicherung werden (Nugel/Kreuzer 2018: 16). Gemeinschaft zu erleben, sich auf Augenhöhe zu begegnen wird zu einer zentralen Lernerfahrung. Ein solches inklusives Lernsetting als Gruppen- und Gemeinschaftserlebnis finden (junge) Menschen nach dem Freiwilligendienst in der Regel nicht so schnell wieder.

Gelingende persönlichkeitsbezogene Bildung

Die Förderung und Begleitung des persönlichen Wachstums setzt eine Offenheit der Freiwilligen voraus. Wie jede Form der Bildung kann Persönlichkeitsentwicklung von außen unterstützt und gefördert, letztlich jedoch nur vom sich bildenden Subjekt selbst verwirklicht werden (vgl. EKLB 2016: 12). Diese Selbstbestimmung zu achten, ist Chance und Herausforderung in der pädagogischen Begleitung. Herausforderungen entstehen vor allem dann, wenn sich Freiwillige der pädagogisch initiierten Selbstreflexion verweigern. Einflussfaktoren, die zu einer Verweigerungshaltung führen können, können z.B. Persönlichkeitsmerkmale, aber ebenso Reflexionskompetenzen und die subjektiven Beweggründe für einen Freiwilligendienst sein. Obwohl es kein Rezept geben kann, wie alle Teilnehmenden erreicht werden können, lohnt es sich, im Seminarkontext zur Förderung persönlichkeitsbezogener Lernprozesse bewusst vielfältige Methoden auszuprobieren und kreativ zu sein. Ein Ausprobieren unterschiedlicher Methoden ermöglicht es, sowohl aktive und verbale Selbstreflexion anzustoßen, d.h. Reflexion durch die Diskussion und Auseinandersetzung mit anderen (methodisch umzusetzen, z.B. durch Kleingruppen- oder Tandem-Arbeit oder auch ein World-Café), als auch individuelle und kreative/gestalterische Selbstreflexion zu ermöglichen (z.b. durch die Tagebuchmethode, das Gestalten eines Reflexionsbildes). Zudem sollte berücksichtigt werden, dass sich die biografische Relevanz der eigenen freiwilligendienstbezogenen Lernerfahrungen unter Umständen während der Zeit des Freiwilligendienstes noch gar nicht in ihrer Gänze und Tiefe (er)fassen lässt. Die persönlichkeitsbezogenen Lernprozesse werden im Bezug auf die eigene Biografie zum Teil auch erst im Rückblick – z.T. mit einem deutlichen zeitlichen Abstand zum Freiwilligendienst – erkannt.

In der konzeptionellen Arbeit lohnt es sich hier auch, „einen Schritt zurückzutreten" und das Selbstverständnis der eigenen Bildungsarbeit zu reflektieren. Die Bildungsarbeit bei evangelischen Trägern der Freiwilligendienste kann durch christliche Elemente in der Seminararbeit wertvolle Impulse für Persönlichkeitsentwicklung liefern, die Selbstständigkeit fördert und die Bedeutung von Gemeinschaft erfahren lässt.

Abschließend sollen Freiwillige durch Selbstaussagen im Rückblick auf die eigenen persönlichkeitsbezogenen Lernprozesse zu Wort kommen. Im Rahmen eines Abschlussseminars waren die Freiwilligen dazu aufgefordert worden, in Wort und Bild die Spuren[65] festzuhalten, die der Freiwilligendienst bei ihnen individuell hinterlassen hat.

Fußspuren meines Freiwilligendienstes

Ich habe …
… Selbstsicherheit gewonnen.
… Herausforderungen angenommen und bewältigt.
… andere Sichtweisen auf mein Leben bekommen.

Ich bin …
… offener geworden,
… mutiger geworden.
… mit meinen Aufgaben gewachsen.

---

[65] Zur Methode „Spuren" siehe Dreier/Koczan 2011: 123.

Literaturverzeichnis

Budde, Wolfgang/Früchtel, Frank/Loferer, Andrea (2004): Der Ressourcencheck in der Anwendung. In: Sozialmagazin. Jg. 29 (6). S. 23–27.

Dreier, Annabelle/Koczan, Daniela (2011): FSJ, FÖJ, Bundesfreiwilligendienst – Ein Praxisleitfaden zur Gestaltung von Bildungsseminaren mit Gruppen. Berlin: Pro BUSINESS.

EKD = Kirchenamt der Evangelischen Kirche Deutschlands (herausgegeben im Auftrag des Rates der Evangelischen Kirche in Deutschland) (2003): Maße des Menschlichen: Evangelische Perspektiven zur Bildung in der Wissens- und Lerngesellschaft; eine Denkschrift des Rates der Evangelischen Kirche in Deutschland. Gütersloh.

EKLB = Evangelische Lutherische Kirche in Bayern (2016): Horizonte weiten – Bildungslandschaften gestalten. Bildungskonzept für die Evangelische Lutherische Kirche in Bayern. München. Online unter: https://rpz-heilsbronn.de/Dateien/Amtliche-Verlautbarungen/bildungskonzept_elkb.pdf (Abruf 03.04.2020).

Europäische Kommission (2002): Ein europäischer Raum des lebenslangen Lernens. Luxemburg: Amt für amtliche Veröffentlichung der Europäischen Gemeinschaften.

Evangelische Freiwilligendienste (2018): Bundeskonzeption für Freiwilligendienste der Evangelischen Trägergruppe. Hannover.

Fischer, Jörn (2011): Freiwilligendienste und ihre Wirkung – vom Nutzen des Engagements. In: Aus Politik und Zeitgeschichte (APuZ). Jg. 61 (48). S. 54–62.

Jagusch, Birgit/Chehata, Yasmine (2020): Empowerment und Powersharing – Ankerpunkte, Positionierungen, Arenen. Weinheim und Basel: Beltz Juventa.

LKJ = Landesvereinigung Kulturelle Jugendbildung Niedersachsen e.V. (2015). Handbuch Spurensucher*innen. Hannover.

Miethe, Ingrid (2017): Biografiearbeit. Lehr- und Handbuch für Studium und Praxis. 3. durchgesehene Auflage. Weinheim und Basel: Beltz Juventa.

Nugel, Martin/Kreuzer (2018): Bildung als Auftrag: Die Perspektive der Freiwilligen. In: Voluntaris – Zeitschrift für Freiwilligendienste. Jg. 6 (1). S. 9–28.

Rahrbach, Andrea/Wüstendörfer, Werner/Arnold, Thomas (1998): Untersuchung zum Freiwilligen Sozialen Jahr. Stuttgart: Kohlhammer.

Specht-Tomann (2018): Biografiearbeit in der Gesundheits-, Kranken- und Altenpflege. 3. völlig aktualisierte und erweiterte Auflage. Wiesbaden: Springer.

PARTIZIPATION IM RAHMEN DER SEMINARARBEIT

Julia Pohlmann/Saskia Schmitt

Partizipation ist in der Pädagogik ein häufig diskutiertes sowie lang bestehendes und angewandtes Prinzip. Obwohl der Begriff Partizipation bereits proklamiert wird, besteht keine Einigkeit über dessen Bedeutung bzw. Definition und oft fehlt es in dieser Diskussion an inhaltlicher Klarheit. In diesem Beitrag werden zunächst die theoretischen Grundlagen zum Begriffsverständnis sowie zu den Voraussetzungen für Partizipation und die daraus resultierende Haltung und Auswirkungen für die pädagogischen Fachkräfte erarbeitet. Diese Ausarbeitungen münden, unter Einbezug partizipatorischer Methoden, in der praktischen Anwendung von Partizipation in der Seminararbeit.

Partizipation als Grundorientierung?

Übersetzt man das aus dem Lateinischen stammende Wort für Partizipation *pars capere* wörtlich, ergibt sich die Bedeutung: Teil an etwas nehmen bzw. sich Teile aneignen. Ganz grundsätzlich meint Partizipation also die Teilhabe an Entscheidungen oder Handlungen. Partizipation geht jedoch darüber hinaus. Menschen sollen nicht nur beteiligt sein an Prozessen, sondern diese aktiv mitgestalten. Grundsätzlich kann zwischen sozialer und politischer Partizipation unterschieden werden. Soziale Partizipation beschreibt Dettmann als einen Bemächtigungsprozess, mit dem Ziel, mehr Entscheidungsmacht für die Adressaten und Adressatinnen zu erreichen (vgl. Dettmann 2017: 160). Durch Partizipation soll es ermöglicht werden, Fähigkeiten zu entwickeln, die für ein selbstbestimmtes Leben benötigt werden. „Hierzu gehören Erfahrungen des Gehört-Werdens, des Vertretens und Aushandelns eigener Interessen und die Möglichkeit der Mitbestimmung" (Dettmann 2017: 74). Das Prinzip der Partizipation hat mittlerweile in verschiedenen Sozialgesetzbüchern, insbesondere dem SGB VIII, sowie in verschiedenen Fachkonzepten der Sozialen Arbeit Einzug erhalten. Vor allem durch die verstärkte Ausrichtung der Sozialen Arbeit an der Lebenswelt der Zielgruppe gewann der Partizipationsgedanke grundsätzlich an Bedeutung: Hierarchien sollen abgebaut und Beteiligte einbezogen werden.

Im Bereich der Bildung lässt sich diese Wende zu partizipativen Ansätzen ebenfalls feststellen, die insbesondere durch die Konstruktivismusdebatte losgetreten wurde. Dem konstruktivistischen Denken nach kann Wissen nur aus der eigenen Erfahrung heraus entwickelt werden. Aufgabe der pädagogischen Fachkräfte ist es demnach, Anregungen zum eigenständigen Lernen zur Verfügung zu stellen.

Partizipation – Wozu?

Die Forderung nach Partizipation kann durch verschiedene Perspektiven begründet werden. So legt die demokratietheoretische Perspektive dar, dass Partizipation ein im Grundgesetz verankertes Recht aller Menschen ist. Das Recht auf Selbstbestimmung sollte folglich als eine Grundorientierung in jeglicher Form der Sozialen Arbeit gelten (vgl. Knauer/Sturzenhecker 2005: 63ff.).

In der dienstleistungstheoretischen Begründung geht es um die Interaktion zwischen pädagogischen Fachkräften mit ihrer Zielgruppe, wobei die Partizipation der Beteiligten als notwendig für eine erfolgreiche Begleitung erachtet wird. „Partizipation und Mitwirkung ist also weder ein Geschenk oder Ausdruck der Großzügigkeit von SozialarbeiterInnen oder des Sozialstaats, sondern stellt demnach eine strukturelle Voraussetzung und Erfolgsbedingung personenbezogener sozialer Dienstleistungen dar" (Dettmann 2017: 54).

Bildungstheoretisch betrachtet, setzt eine aktive Teilnahme am gesellschaftlichen Leben einige dafür erforderliche Kompetenzen voraus, die im Laufe des Lebens erworben werden, wie beispielsweise Kommunikations- und Konfliktfähigkeiten. Daher gilt es, Räume zu schaffen, in denen Partizipation von jungem Alter an eingeübt werden kann (vgl. Dettmann 2017: 54). „Pädagogisch geht es damit um eine Bereitstellung von Freiräumen der mitverantwortlichen Selbstbestimmung, die als Recht verstanden und einforderbar ist. Partizipation muss so gestaltet werden, dass sie ein Mehr an Mit- und Selbstbestimmung der Jugendlichen herausfordert und auch ihre Fehler, mangelnde Kompetenzen, Rückschritte als Aspekte des Lernprozesses zu mehr Demokratie versteht" (Knauer/Sturzenhecker 2005: 68).

Partizipation kann auch aus theologischer Perspektive begründet werden. In der Schöpfungsgeschichte wird der Mensch als Ebenbild Gottes geschaffen, mit dem Auftrag, die Schöpfung zu bebauen und zu bewahren (Gen 1–2), sich also die Welt gestalterisch anzueignen und in ihr wirksam zu werden. Auch im Neuen Testament in der Haltung Jesu finden sich Aspekte, die auf Partizipation hinweisen: Beispielsweise lehrt und befähigt Jesus seine Jünger und lässt sie anschließend eigenständig losziehen und das Evangelium predigen (Lk 10, 1–24), an anderer Stelle bezieht er die Jünger ein, um 500 Menschen zu sättigen (Mk 6, 30–41). Die Gabenlehre von Paulus kann ebenfalls als Partizipationsakt verstanden werden, da alle Gemeindeglieder aufgefordert sind, sich mit ihren individuellen Begabungen gleichberechtigt in das Gemeindeleben einzubringen (1Kor 12).

Partizipation vorausgesetzt ...

Um Partizipation in dem nonformalen Bildungsfeld der Freiwilligendienste zu ermöglichen, gilt es, bestimmte Voraussetzungen zu berücksichtigen. Die Verwirklichung dieser stellt sicher, dass Partizipation von der Zielgruppe her gedacht wird und die Freiwilligen ganzheitlich zu ihrem demokratischen Recht geführt werden. Besonders in der Heterogenität der Seminargruppen soll eine chancengerechte Gestaltung von Lernthemen realisiert werden. Im Rahmen eines Freiwilligendienstes sind bereits gewisse Voraussetzungen gegeben, die Partizipation begünstigen: Freiwillige verfügen entwicklungspsychologisch im Allgemeinen über die kognitiven Kompetenzen zur Selbst- und Mitbestimmung und können damit von dieser Ebene her grundsätzlich partizipieren. Konventionelle Moralvorstellungen können ausgebildet sein und es kann über die egozentrische oder auf die Eigengruppe begrenzte Perspektive hinaus abstrahiert und soziale sowie sachliche Kompromisslösungen entwickelt werden. Obwohl sich Freiwillige im Rahmen der Seminare damit grundsätzlich an demokratischen Entscheidungen beteiligen können, muss diese Fähigkeit in Abhängigkeit von sozialen und moralischen Lernerfahrungen sowie kognitiven Kompetenzen betrachtet werden (vgl. Knauer/Sturzenhecker 2005: 5f.).

Trotz dessen bleibt die Frage offen, ob die Freiwilligen überhaupt partizipieren wollen, denn: „Partizipation beinhaltet ein Recht auf Verweigerung von Partizipation" (Knauer/Sturzenhecker 2005: 79). Nachdem sie sich freiwillig für einen Dienst entschieden haben, in dem sie eigenverantwortlich ihre sozialen und personalen Kompetenzen erweitern sowie einen Beitrag für die Gesellschaft leisten möchten, ist von einem Mindestmaß an Motivation für Beteiligung auszugehen. Jedoch möchten besonders junge Erwachsene dies eher in flexiblen Einbindungen und offenen Formen mit hohem Mitgestaltungspotenzial tun (vgl. Knauer/Sturzenhecker 2005: 70).

Ob junge Erwachsene Verantwortung übernehmen oder generell partizipieren können, steht daher nicht zur Debatte. Allein auf die Frage, wie Verantwortung übernommen werden kann, sollte Augenmerk gelegt werden: Wie können die Freiwilligen in partizipatorischen Prozessen unterstützt werden und welche Atmosphäre ist der individuellen Partizipation innerhalb der Seminargruppe dienlich?

Um Partizipation zu realisieren, ist Gleichberechtigung erforderlich, also eine Begegnung auf Augenhöhe. So sollte auch das Klima innerhalb der heterogenen Seminargruppe davon geprägt sein. Allen Freiwilligen muss im gleichen Maße Partizipation ermöglicht werden, um beispielsweise gleichwertige Zugänge zu Ressourcen zu schaffen und damit selbstbestimmtes Arbeiten zu fördern. Unterschiedliche Potenziale, Art und Weisen zu partizipieren, Meinungsäußerungen oder der Umgang mit Problemen und Lösungsstrategien sollen berücksichtigt und konstruktiv aufgenommen werden, um das Beteiligungsrecht nicht zu vermindern (vgl. Knauer/Sturzenhecker 2005: 69f.).

Die Heterogenität der Zielgruppe kann nach verschiedenen sozioökonomischen Aspekten ausdifferenziert werden. Zum einen sei auf unterschiedliche Geschlechterrollen verwiesen. In der Partizipationsförderung sollen die unterschiedlichen Handlungsweisen der Geschlechter berücksichtigt werden. Statt sie einheitlich zu behandeln, soll ihnen ermöglicht werden, sich geschlechterspezifisch einzubringen und letztendlich gleichberechtigt mitzubestimmen (vgl. Knauer/Sturzenhecker 2005: 70). Zum anderen muss in der Verfügung über Ressourcen differenziert werden. (Aus-)Bildung oder Verstehens-, Verständigungs- und Sprachkompetenz spielen im Seminarkontext eine große Rolle und sollten in der Partizipationspraxis „entschlüsselt" werden, um eine milieuspezifische Stärkung der Potenziale herbeizuführen. „Eine pädagogische Analyse der unterschiedlichen Ressourcen [...] kann helfen, vorhandene Ressourcen zu nutzen, aber auch Benachteiligungen abzuschwächen und neue Ressourcen zu vermitteln, die für ein gleichberechtigtes Einbringen und Aushandeln eigener Positionen hilfreich sein können" (Knauer/Sturzenhecker 2005: 71).

Durch die Analyse der Zielgruppe als Voraussetzung für Partizipation wird deutlich, dass die fachliche Qualifizierung der handelnden pädagogischen Fachkräfte bei der Beteiligungsorientierung eine herausragende Rolle spielt. Die gelingende Beteiligung in der außerschulischen Bildung erfordert eine laufende Professionalisierung und grundsätzliche Professionalität. Die Prinzipien der Freiwilligkeit und des freiwilligen Handelns für die Gesellschaft sind im Konzept der Freiwilligendienste als Dienst konstitutiv angelegt und prägen somit auch die nonformale Bildung in ihrem Ansatz und der Ausgestaltung für Partizipation, die sich an den alltäglichen Erfahrungen, den Bedürfnissen und Interessen der Freiwilligen auszurichten hat, um sie für die Mitgestaltung des Dienstes und damit auch der Gesellschaft zu motivieren und anzuregen.

Die Haltung ist entscheidend

Als wichtigste Rahmenbedingung für Partizipation gilt die Bereitschaft der pädagogischen Fachkräfte, Partizipation mit all ihren Facetten und Konsequenzen zu ermöglichen sowie das Vorhandensein der dafür erforderlichen Kompetenzen wie Flexibilität und Offenheit. „Partizipation heißt immer auch Experimente zu wagen und mit Hindernissen, Fehlern, Rückschlägen zu rechnen" (Knauer/Sturzenhecker 2005: 78). Wenn sich Freiwillige in den Seminaren in ihrer Individualität mit ihren Interessen, Fragen und Gaben einbringen sollen, ist eine respektierende Haltung gegenüber den Freiwilligen und eine Bereitschaft gegenüber der Abgabe bzw. Teilung der

Entscheidungsmacht erforderlich. Es ist auf die Bedürfnisse der Freiwilligen einzugehen, selbst wenn das Beteiligungsergebnis den pädagogischen Vorstellungen und Erwartungen nicht unbedingt entspricht. Dabei kann es z.B. passieren, dass Zeiten anzupassen sind, um gruppendynamische Prozesse oder individuelle Bedürfnisse zu berücksichtigen und Aushandlungsprozesse zu ermöglichen.

In diesen Prozessen ist seitens der Seminarleitung ebenfalls darauf zu achten, dass zielgruppenspezifisch gearbeitet wird, um allen Freiwilligen mit ihren individuellen Lebenslagen Partizipationsmöglichkeiten zu eröffnen und dementsprechend unterschiedliche Grade an Unterstützung anzubieten. In diesem Kontext ist es vermutlich notwendig, zunächst und grundsätzlich die Entwicklung einer präzisierten Artikulation der Interessen der Freiwilligen zu unterstützten.

Neben der Bereitschaft, sich auf Flexibilität und Zielgruppenfokussierung einzulassen, verlangt Partizipation von den pädagogischen Fachkräften die Anerkennung der Freiwilligen als Expertinnen und Experten, was eine Kommunikation auf Augenhöhe einschließt. Nichtsdestotrotz ist es Aufgabe der Seminarleitung, ein für alle Beteiligten förderliches Umfeld zu schaffen und somit auch nicht förderlichen oder sogar schädigenden Aussagen, Handlungen etc. vonseiten der Freiwilligen entgegenzuwirken.

Darüber hinaus kann es zu Konflikten und Verweigerungen gegen Partizipation kommen, die allerdings als Konfliktfähigkeit und Konfliktbereitschaft wichtige Kompetenzen für die Partizipationsprozesse sind. Konflikte sollten demnach als Lernchancen gesehen werden, in denen sich Interesse und Beteiligungsbereitschaft der Freiwilligen zeigt.

Dementsprechend sollte Partizipation auch das Recht auf dessen Verweigerung beinhalten, da sich Partizipation nicht unter Zwang vollziehen kann (vgl. Knauer/Sturzenhecker 2005: 77ff.). Nicht-Partizipation wird oft als Lernwiderstand gesehen, der einerseits auf nicht an den Interessen der Freiwilligen orientierten Bildungsangebote zurückgeführt, aber auch als Ausdruck von mangelndem Interesse verstanden werden kann. In jedem Fall sollte nicht mit Sanktionen reagiert, sondern nach dem Warum der Nicht-Beteiligung gefragt werden, da davon auszugehen ist, dass es einen guten Grund für die Verweigerung gibt. Daher sollte es akzeptiert werden, dass es Grenzen des Lehrens gibt und dass die Freiwilligen letztendlich selbstverantwortlich für ihren Lernprozess sind.

Aus diesen Rahmenbedingungen zeichnet sich ein Bild der Seminargestaltung ab, das die Freiwilligen als Koproduzentinnen und -produzenten wahrnimmt und ihnen Verantwortung für Lernprozesse übergibt. Die Lernprozesse geschehen dabei im Wechselspiel von Umwelt und Individuum: „So verstanden lässt sich das Seminarsetting als situativ-kontextualisiertes Wechselverhältnis von Mensch und Welt verstehen, in dem Interessen der Weltgestaltung zum Ausdruck kommen und ausgehandelt werden und als solches zu Lernanlässen werden" (Bonus/Vogt 2017: 30). Auf den Bildungsseminaren sollte folglich nicht nur teilnehmendenorientiert gearbeitet werden, sondern auch aneignungsdidaktisch, indem Lernen angeregt wird, ohne es jedoch direkt zu steuern. Dies kann in Form von Methoden geschehen, die an der Gruppe ausgerichtet sind und den persönlich-lebensweltlichen Bezug aller Individuen zum Thema ernst nehmen.[66] Der Seminarleitung obliegt dabei jedoch in letzter Instanz immer die Verantwortung über das Gelingen des Bildungsseminars.

Zusammengefasst geht es bei Partizipation darum, Räume zu eröffnen, in denen die Freiwilligen als Expertinnen und Experten ihrer Lebenswelt wahrgenommen werden und sich aktiv mit ihren Interessen und Fähigkeiten einbringen. Die Intensität der Beteiligung kann dabei variieren, worauf später noch näher eingegangen wird. Dies bewirkt, dass die Freiwilligen lernen, Verantwortung zu übernehmen, Selbstwirksamkeit erfahren und somit in ihrer Persönlichkeitsentwicklung gefördert werden.

Praktische Anwendung von Partizipation

Intensität der Partizipation

Beim Nachdenken über Partizipation taucht vermutlich früher oder später die Frage auf, wann Partizipation beginnt. Um diese Frage zu beantworten, wurden in der Vergangenheit verschiedene Stufenmodelle entwickelt. Die älteste Ausführung dazu stammt von Sherry Arnstein aus dem Jahr 1969 unter dem Stichwort „ladder of citizen participation". In seinem Modell setzt er Partizipation mit der Teilhabe an Entscheidungsmacht gleich und entwickelte hierfür unterschiedliche Grade, die er in Form von Stufen einer Leiter darstellt (vgl. Urban 2005: 1). Es folgte eine Weiterentwicklung dieser Stufen durch verschiedene Autorinnen und Autoren, die auf jeweils unterschiedliche Kontexte wie z.B. die Elementarpädagogik bezogen und um die Stufe der Selbstverwaltung ausgeweitet wurden. Einige dieser Modelle verzichten auf den Begriff der „Leiter", welche missverständlich aufgefasst werden kann. Es geht weder darum, auf der höchsten Stufe der „Leiter" zu sein, noch stellt das Durchlaufen der unteren Stufen eine Voraussetzung dar, auf eine höhere Stufe der Partizipationsleiter zu kommen. Die Modelle zeigen lediglich, dass es verschiedene Grade an Partizipation gibt, die aber keiner Wertigkeit unterliegen. Ein weiteres Modell, das von Kerstin Mayr-

---

[66] Vgl. Blaske-Kuhnke, Martina (2017): Erwachsenenbildung. In: Wirelex – Das Wissenschaftliche-Religionspädagogische Lexikon im Internet. Online unter www.bibelwissenschaft. de/stichwort/100216/ (Abruf 24.05.2020).

berger, bezieht sich auf den formalen und auch den informellen Bildungs-kontext, weshalb an dieser Stelle auf ihr Modell näher eingegangen werden soll (vgl. Mayrberger 2017). Sie beschreibt ebenfalls neun Stufen, die sich folgendermaßen aufteilen:

Stufen der Partizipation in der Arbeit mit Gruppen

1. Fremdbestimmung: Die Zielgruppe wird für etwas instrumentali-siert.
2. Dekoration: Die Zielgruppe wirkt bei einer Veranstaltung mit, z.B. Podiumsdiskussion, weiß aber nicht, worum es geht.
3. Alibi-Teilnahme: Die Zielgruppe wird über die Bildungsinhalte in-formiert, hat aber nur scheinbar einen Mitentscheidungsspielraum.
4. Teilhabe: Die Zielgruppe kann sich sporadisch beteiligen und wird nach ihren Interessen und Erwartungen gefragt.
5. Einbeziehung: Die pädagogischen Fachkräfte bereiten Bildungs-inhalte vor. Die Zielgruppe versteht den Inhalt und die Ziele und bekommt kleine Aufgaben zugeteilt.
6. Mitwirkung: Die Zielgruppe wird nach ihren Vorstellungen gefragt, z.B. durch Feedbackrunden. Sie hat jedoch keine Entscheidungs-kraft bei der konkreten Umsetzung.
7. Mitbestimmung: Gemeinsame Entscheidungsfindung z.B. in Bezug auf Ablauf und Methoden. Vorbereitung durch pädagogische Fach-kräfte.
8. Selbstbestimmung: Lerninhalte und -methoden werden eigenver-antwortlich von der Zielgruppe vorbereitet und durchgeführt. Die pädagogischen Fachkräfte unterstützen dabei.
9. Selbstverwaltung: Die Zielgruppe hat die vollkommene Entschei-dungsfreiheit und Verantwortung für die Gestaltung von Lernpro-zessen. Die Pädagoginnen und Pädagogen werden lediglich infor-miert.

Die unteren zwei Stufen bezeichnet Mayrberger als „Nicht-Beteiligung", die vermieden werden sollen, da sie Top-Down verordnet werden und die beteiligten Personen in einer passiven Position halten. Die Stufen 3 bis 5 stellen eine Vorstufe von Partizipation dar. Echte Partizipation beginnt ab Stufe 6, da erst an dieser Stelle die Zielgruppe in die Entscheidungsfindung einbezogen wird und eine Verantwortungsübergabe erfolgt. Die neunte Stufe geht Mayrbergers Meinung nach über Partizipation hinaus, da die Zielgruppe vollkommen autonom agiert und die pädagogischen Fachkräfte kaum beteiligt sind (vgl. Mayrberger 2017: 33).

Als Grundsatz in Bezug auf die Partizipationsgrade gilt, dass eine Partizipation den Gleichklang zwischen den Beteiligten bezüglich der Grundhaltung, dem Wert sowie der Intensität der Partizipation voraussetzt (vgl. Kohlmeyer/Reis 2018: 250).

Methoden aus partizipatorischer Perspektive

Im Folgenden werden verschiedene Methoden bzw. Bestandteile der Seminararbeit unter Berücksichtigung ihres Partizipationsgrades dargestellt. Die Auswahl der Methoden erfolgte mit dem Anspruch, ein möglichst weites Spektrum sowie möglichst alle Partizipationsgrade abzubilden, und hat in einer pädagogischen Methodenvielfalt und -kultur, die sich ständig ergänzt und fortentwickelt, keinen Anspruch auf Vollständigkeit. Auch diese Methoden unterliegen Voraussetzungen, unter denen unterschiedlich entschieden werden sollte, welchem Grad der Partizipation sie entsprechen. Auf diese Beobachtung wird im Anschluss an die Tabelle (Abbildung 5) anhand von Beispielen näher eingegangen.

In der Betrachtung einzelner Seminarmethoden und der Einordnung dieser in die Stufen Mayrbergers bleibt eine Subjektivität vorbehalten. Darüber hinaus muss es Klarheit über die Perspektive geben, aus der heraus eine Entscheidung zur Klassifizierung getroffen wird. Wer hat das Thema eingebracht? Wer bereitet die Methoden vor? Wie viel Freiheit wird den Freiwilligen im Prozess gegeben? Diese Fragen sind nur anfängliche Prozesse, um zu einer Einordnung zu gelangen. Wichtig in der Betrachtung der Tabelle (Abbildung 5) ist es, nicht außer Acht zu lassen, dass es trotz allem keinerlei Wertigkeit der Methoden beschreibt. Bedeutende innere Prozesse, die durch die Auswahl von Methoden angeregt werden sollen, dürfen nicht unterschätzt werden, auch wenn diese nicht in Gänze partizipativ gestaltet werden können.

Abbildung 5: Methoden aus partizipatorischer Perspektive

Stufen	Selbstverwaltung	Selbstbestimmung	Mitbestimmung	Mitwirkung	Einbeziehung	Teilhabe	Alibi-Teilnahme	Dekoration	Fremdbestimmung
Barcamp		X							
Betzavta			X						
Demokratisch Entscheiden		X							
Digital Storytelling						X			
Feedbackbögen				X					
Feedbackkultur				X					
Freiwillige stellen etwas Eigenes vor				X					
Gruppendiskussion				X					
Kollegiale Beratung (zwischen Freiwilligen)		X			X				
Konsumkritischer Stadtrundgang		X							
Kulturelle Angebote						X		X	
Open Space		X				X			
Phantasiereise			X						X
Planspiel									
Positionierungsübungen									
Projekte der Freiwilligen		X							
Projektgruppen					X				
Rechte und Pflichten					X	X			
Selbstversorgungsseminare									
Seminarabschlussabend	X								
Seminarplanung der Freiwilligen				X					
Start in den Tag/Abendabschluss							X		
Tagesauswertung					X				
Urbanes Pilgern					X				
Vorbereitungstreffen für Seminare mit Freiwilligen									
Workshops			X			X			
Worldcafé						X			
Was/Wann/Wo/Wie-Wand	X								

Quelle: Eigene Darstellung

253

Workshop trifft Partizipation

Im Prozess der Klassifizierung der Methoden wird deutlich, dass es nicht nur auf die Methodik allein ankommt, sondern auch, wie bereits mehrfach hervorgehoben, auf die Haltung der pädagogischen Fachkraft. So kann die Durchführung eines Workshoptages, bei dem es parallele Wahlangebote und viel (Mit-)Gestaltungsfreiheit durch die Freiwilligen gibt, die höchste Form der Partizipation bedeuten. Die Seminarleitung gewährt lediglich die Zeit und moderiert die Methode „Workshop" an. Die Workshopthemen, ihre Ausgestaltung sowie die praktische Umsetzung dieser wird jedoch von Freiwilligen selbst bestimmt. Möchte die pädagogische Fachkraft jedoch bestimmte Themen platzieren und nimmt diese bereits im kreativen Prozess vorweg, kommt es zur Einschränkung. Werden dann noch die durchführenden Freiwilligen für Themen delegiert, wird der Workshoptag bereits in den Stufen der Partizipation lediglich zur Mitbestimmung. Durchführende Seminarleitungen stehen jedoch vor der Herausforderung, dass gewisse Themen feststehen, die von dem pädagogischen Team vorbereitet und durchgeführt werden müssen und Freiwillige lediglich Teilnehmende sind. Das Bestreben, durch Workshops Kreativität fördern zu wollen, ist trotzdem vorhanden. Daher dürfen die Freiwilligen zwischen unterschiedlichen Workshops wählen und es bringt methodisch auch eine gewisse Abwechslung in das Seminargeschehen. Doch werden diese Workshops die Freiwilligen lediglich im Rahmen der Teilhabe einbeziehen. Es gibt natürlich noch kleinere Stellschrauben innerhalb von Themeneinheiten, durch die Partizipation gefördert werden kann. Jedoch zeigt dieses Beispiel, wie einfach es ist, mehr oder weniger Partizipation für die Freiwilligen in der Seminarzeit einzuräumen, wenn die Seminarleitung auf eine gewisse Unsicherheit, Unplanbarkeit, eventuell auch weniger Perfektionismus eingeht oder auf eine größere Themenvielfalt bzw. ein bewusst kontrolliertes Themenspektrum nicht geachtet werden muss.

Rahmenprogramm trifft Partizipation

Eine weitere Fläche für Fragen, die den Freiwilligen Weiterentwicklung in ihrer Persönlichkeit sowie Selbst- und Fremdwahrnehmung bieten kann, bildet ein für Freiwillige von Freiwilligen gestalteter „Start in den Tag" bzw. Abendabschluss (vgl. Juschka in diesem Band). In diesen Einheiten des Rahmenprogramms dürfen Freiwillige für Freiwillige Impulse vorbereiten und sich selbst ausprobieren und erleben. Freiwillige können sich dabei mit folgenden Fragen auseinandersetzen: Was möchte ich anderen mitteilen? Was ist mir ein wichtiges Anliegen? Welches gesellschaftliche Thema möchte ich in der Seminargruppe thematisieren? Wofür stehe ich ein? Auch in diesem Beispiel wird die Bedeutung der Haltung der pädagogischen Fachkraft sichtbar. Inwieweit nimmt die Seminarleitung darauf Einfluss? Gibt es einen Rahmen, ggf. eine Liturgie, die Orientierung für den Ablauf gibt? Ist dies flexibel von den Freiwilligen anpassbar? Müssen die Freiwilligen im Vorfeld das Thema mit der Seminarleitung absprechen? Wird der Inhalt dadurch eventuell zensiert? Auch hier gibt es eine große Bandbreite der Partizipation, die sich zwischen Selbstverwaltung, Selbstbestimmung bis hin zur Alibi-Teilnahme bewegt.

Genauso wie bei den Workshops gibt es eine leicht zu gewährende Möglichkeit, um Partizipation zu erlernen und ein von Freiwilligen mitbestimmtes Seminar zu gestalten, in dem sie aktiv teilhaben. Dies bedeutet aus Sicht der pädagogischen Fachkräfte zwar oft, geduldig zu sein, Misserfolge mitzutragen, Feedback zu geben und Prozesse zu reflektieren sowie Impulse zu erleben, die hin und wieder an die Grenze des pädagogischen Erduldens gehen. Jedoch kann durch solch einfache Methoden ein Lernprozess der Freiwilligen und der Seminargruppe entstehen. Es wird so das Wachsen einer Kultur des offenen und konstruktiven Feedbacks ermöglicht, in der herausgefunden wird, was den Freiwilligen als Gruppe guttut und über welche Themen gestritten werden kann, welche sie aber auch als Gruppe bewegen und wie sie den Start und das Ende eines Tages gestalten möchten.

Erlebnis trifft Partizipation

In dem Herausarbeiten partizipatorischer Methoden fällt auf, dass beliebte Seminarmethoden im Stufensystem der Partizipation weit unten angesiedelt werden. Dies kann zu Irritation führen. Bei genauerer Betrachtung fällt jedoch auf, dass der Grad an Partizipation und die Einordnung in die Stufen die Intensität des Erlebnisses missachtet. So kann eine Methode, die völlig von pädagogischen Fachkräften konstruiert und durchgeführt wird, dazu führen, dass von Fremdbestimmung die Rede ist. Jedoch werden sie so gestaltet, um das Lernen durch das Selbsterleben hervorzuheben und zu ermöglichen. Sozusagen ein „Aha"-Erlebnis, das dadurch entsteht, dass keine Kenntnis über die Vorbereitung, die Durchführung und die Intention besteht. Dies wird zum Beispiel in Planspielen aus der Entwicklungspolitik deutlich. Ebenfalls zeigen Fantasiereisen eine große Wirkung in der Selbstreflexion und auch viele Methoden der Erlebnispädagogik setzen erst einmal auf den Überraschungseffekt und binden lediglich hohe Partizipation in den Reflexionen mit ein, welche durch die Seminarleitung wenig gesteuert wird, häufig nur methodisch. Auch das Angebot kultureller Erlebnisse kann partizipatorisch die Freiwilligen leicht, nach der Definition der Partizipationsstufen, zur Dekoration werden lassen, wenn ein bestimmtes Thema abgedeckt werden soll und die Kulturstätte vorgegeben, womöglich noch eine Führung gebucht wird. Jedoch muss dafür sensibilisiert werden, dass auch solche Methoden eine große Wirkung auf die Freiwilligen haben können. Ihnen kann Kultur, Geschichte und Reflexion ihrer eigenen Biografie auf eine andere Art nahegebracht werden, z.B. durch bewegende Zeitzeugen-Berichte. Dadurch wird deutlich, dass es stetig abzuwägen gilt, inwieweit auch zeitweise das Lernen aus dem Erlebnischarakter mehr als die Partizipation per se entscheidend sein kann. Genau diese reflektierten und positiven Erlebnisse können dann nämlich die Grundlage zum Self-Empowerment und zur Ermutigung „von außen" für Freiwillige bilden, welche wiederum zum Mut führt, in anderen Methoden zu partizipieren.

Lohnt sich Partizipation?

Partizipation hat Grenzen

Die Forderung nach Partizipation in der Seminararbeit ist, aus verschiedenen Perspektiven betrachtet, sinnvoll und nachvollziehbar. Jedoch stößt sie auch an diverse Grenzen. Wie bereits deutlich gemacht wurde, ist gelingende Partizipation stark abhängig von der Haltung und Professionalität der pädagogischen Fachkräfte.

Zum einen setzt Partizipation das Abgeben von Entscheidungsmacht voraus. Damit die Freiwilligen sich einbringen mit ihren Ansichten und Erfahrungen, braucht es eine gewisse Vertrauensbasis, die dadurch zustande kommt, dass sich die Seminarleitung auf Augenhöhe mit den Freiwilligen begibt. Ein komplett vororganisiertes Programm und Beharren auf die Rollenunterschiede zwischen Freiwilligen und Seminarleitung kann dem entgegenstehen und Partizipation verhindern. Das andere Extrem, sich als Seminarleitung als Teil der Gruppe zu fühlen, ist jedoch auch nicht zielführend, da eine Rollendifferenz in der Seminararbeit strukturell gegeben ist. Das Austarieren und Reflektieren der eigenen Rolle ist somit eine notwendige Voraussetzung für die Seminarleitung. Hier gilt es, sich flexibel an die jeweiligen Gegebenheiten anzupassen und situationsspezifisch mal moderierend oder begleitend, mal intervenierend aufzutreten, also rollenflexibel zu agieren (vgl. Bonus/Vogt 2017: 32f.).

Die Flexibilität, nicht nur in Bezug auf die eigene Rolle als Seminarleitung, sondern auch in Bezug auf die Rahmenbedingungen wie z.B. Zeit oder die inhaltliche und methodische Ausgestaltung der Seminare, stellt eine weitere Herausforderung für die pädagogischen Fachkräfte dar. Damit geht die Bereitschaft einher, auf Sicherheit zu verzichten: Ein von Anfang bis Ende durchgeplantes Seminar birgt zwar wenig Gefahren, „schief"zugehen. Ein von Freiwilligen mitgestaltetes Programm führt hingegen zur Herausforderung, den eigenen Ansprüchen und Erwartungen als Seminarleitung nicht gerecht zu werden.

In Bezug auf die Freiwilligen gibt es ebenfalls Aspekte, die der Partizipation entgegenstehen. So setzt Partizipation, je nach Grad, ein gewisses Maß an Eigeninitiative und Bereitschaft der Freiwilligen voraus, partizipieren zu wollen. Die Heterogenität einer Seminargruppe kann auch daran deutlich werden, dass Freiwillige entweder eine reine Konsumhaltung einnehmen und sich demnach nur von den vorbereiteten Bildungsinhalten „berieseln" lassen wollen. Dagegen trauen sich andere nicht, sich zu beteiligen, da sie ihr Potenzial nicht als „besonders" genug erachten oder schlichtweg noch nicht kennen. Hier gilt es, die Freiwilligen zu ermutigen, zu befähigen und niedrigschwellige Partizipationsmöglichkeiten einzurichten, um stufenweise die Beteiligung und den Mut zu steigern.

Partizipation öffnet Türen

Partizipation geht mit einer Fülle positiver Effekte einher. So führt die Beteiligung von Freiwilligen dazu, dass sich diese viel stärker mit dem Seminar identifizieren und es „zu ihrem" machen. Die Freiwilligen erleben sich als wichtigen Teil der Gruppe und machen die Erfahrung, dass sie gehört werden, was ebenfalls mit einer Steigerung der persönlichen Motivation einhergeht. Die Inhalte bekommen dadurch für die Freiwilligen mehr Relevanz. Durch die Partizipation im Seminargeschehen lernen die Freiwilligen außerdem, Verantwortung für sich selbst und für das Gemeinwohl zu übernehmen. Gestalten Freiwillige Lehreinheiten für andere Freiwillige selbst, profitieren beide Seiten enorm davon. Dieses Konzept wird bei der „Peer Education" angeführt, wo sich die Einbeziehung der Freiwilligen in das pädagogische Geschehen wechselwirkend vollzieht: Da es oft einfacher ist, von Gleichaltrigen etwas anzunehmen, profitieren die Freiwilligen als Adressatinnen und Adressaten von dem/der durchführenden Freiwilligen.[67] Gleichzeitig erfahren und erweitern die durchführenden Freiwilligen durch das Präsentieren und Lehren ihre Kompetenzen, was für diese wiederum eine wichtige Lehrerfahrung und damit profitabel ist.

Partizipation ist zudem Ausdruck von Inklusion. Alle Freiwilligen können sich auf ihre individuelle Art und Weise einbringen. Insbesondere die Personen, die sonst oft ungesehen bleiben, erleben, dass sie ein genauso wichtiger Teil der Gruppe sind. Heterogenität kann dadurch als Bereicherung erlebt werden.

Darüber hinaus können die Freiwilligen in partizipatorischen Prozessen Selbstwirksamkeitserfahrungen machen, die für die persönliche Entwick-

---

[67] Vgl. Brustkern, Florian (2018): Gruppe/Peergrup. In: Wirelex – Das Wissenschaftliche-Religionspädagogische Lexikon im Internet. Online unter: www.bibelwissenschaft.de/stichwort/100195/ (Abruf 24.05.2020).

lung sehr wichtig sind. Die Erfahrung, dass das eigene Handeln etwas bewirkt und Einfluss auf Dinge nehmen kann, stellt eine wichtige personale Ressource dar, auf die die Freiwilligen in späteren Situationen zurückgreifen können.

Zuletzt können Freiwillige durch ihre Beteiligung persönliche Fähigkeiten und Kompetenzen in einem geschützten Rahmen entdecken bzw. weiterentwickeln. Wie bereits ausgeführt, können so z.b. Kommunikations- und Konfliktfähigkeiten sowie die Sprachfähigkeit gestärkt werden.

All diese Chancen können besonders zur Geltung kommen, wenn eine partizipationsermutigende Haltung eingenommen wird. „Partizipation ist [dabei] kein zeitlich begrenztes Projekt, sondern ein dauerhafter Anspruch, im Sinne eines Grundverständnisses und Prinzips, auf das [Freiwillige] verlässlich vertrauen können müssen" (Arbeitsgemeinschaft für Kinder- und Jugendhilfe 2018: 4).

Literaturverzeichnis

Arbeitsgemeinschaft für Kinder- und Jugendhilfe (2018): Partizipation im Kontext von Kinder- und Jugendarbeit – Voraussetzungen, Ebenen, Spannungsfelder. Positionspapier der Arbeitsgemeinschaft für Kinder- und Jugendhilfe – AGJ. Berlin.

Bonus, Stefanie/Vogt, Stefanie (2017): Non-formale Bildung in den Inlandsfreiwilligendiensten. Köln: Technology Arts Sciences TH Köln.

Dettmann, Marlene-Anne (2017): Partizipation und Ressourcenorientierung in der Sozialen Arbeit. Online unter: https://ediss.sub.uni-hamburg.de/volltexte/2017/8290/pdf/Dissertation.pdf (Abruf 24.05.2020).

Knauer, Raingard/Sturzenhecker, Benedikt (2005): Partizipation im Jugendalter. In: Hafeneger, Benno/Jansen, Mechthild. M./Niebling, Torsten (Hg.): Kinder- und Jugendpartizipation im Spannungsfeld von Akteuren und Interessen. Opladen: Verlag Barbara Budrich, S. 63–94.

Kohlmeyer, Theresa/Reis, Oliver (2018): Liturgie und Schule in der Partizipationsfalle – Warum das Versprechen von Partizipation an Liturgie und Bildung ein Trugbild bleibt. In: Theo-Web. Zeitschrift für Religionspädagogik. Jg. 17 (2). S. 248–262.

Mayrberger, Kerstin (2017): Miteinander lernen auf Augenhöhe. In: Weiterbildung. (4). S. 32–35.

Urban, Ulrike (2005): Demokratiebaustein: Partizipation. Berlin: BLK.

BILDUNG FÜR NACHHALTIGE ENTWICKLUNG: VON UMWELTSCHUTZ ZU GLOBALER GERECHTIGKEIT

Dana Sommerfeld

„I want you to panic." Als Greta Thunberg auf dem Weltwirtschaftsforum 2020 in Davos diesen berühmten Satz spricht, stehen bereits Tausende junge Menschen auf der ganzen Welt hinter ihr. Die Lage ist ernst. Die Klimaziele der Vereinten Nationen gehen noch lange nicht weit genug und liegen trotzdem in so weiter Ferne, dass sie mit den gegenwärtigen Maßnahmen bei Weitem nicht erreicht werden können.

Die „*Fridays for Future*"-Bewegung setzt sich mit Demonstrationen und Aufklärungsarbeit für den Kampf um Klimagerechtigkeit und eine nachhaltige Wirtschaft ein. Sie organisieren sich selbst und vernetzen sich, erheben ihre Stimme und fordern Gehör. Nicht zuletzt durch die mediale Aufmerksamkeit, die durch das wöchentliche Schuleschwänzen ausgelöst wurde, ist das Thema Klimawandel ins Zentrum der Öffentlichkeit gerückt.

Das geht auch nicht an der Arbeit mit Freiwilligendienstleistenden vorbei. Die jungen Erwachsenen gehören derselben Altersgruppe an, haben vielleicht selbst demonstriert oder fühlen sich durch die Berichterstattung angesprochen. Sie haben Visionen und Fragen und bringen Diskussionsbedarf zum Klimawandel und seinen Folgen mit in den Freiwilligendienst und damit in die Seminararbeit.

Die Themen Umweltschutz und Klimawandel sind dabei ein Teilbereich der übergeordneten Bildungsdimension „Bildung für nachhaltige Entwicklung" (BNE). Der vorliegende Beitrag stellt die Frage, was Bildung für nachhaltige Entwicklung bedeutet und wie dieses Thema in der Seminararbeit mit Freiwilligen bearbeitet werden kann.

Im Folgenden soll zunächst die Bandbreite des Themas Bildung für nachhaltige Entwicklung in der Seminararbeit anhand der Messgröße des ökologischen Fußabdrucks dargestellt werden. Im nächsten Abschnitt steht die Gestaltung von Seminaren zu diesem Thema im Fokus. Dazu werden Ideen zum Seminaraufbau, Best-Practice-Methoden und verschiedene Informationsmöglichkeiten vorgestellt. Im darauffolgenden Teil werden Beispiele angeführt, wie ein umsichtiger Umgang mit Ressourcen in die Seminarkultur aufgenommen und so zur Routine werden kann. Schließlich wird Bildung für nachhaltige Entwicklung in den Organisationsstrukturen des Trägers und der Seminararbeit verortet.

Das Ziel: Eine die Schöpfung bewahrende Lebensgestaltung

In der evangelischen Trägergruppe liegt die Relevanz schon allein aufgrund der christlichen Haltung, mit der die Arbeit gestaltet wird, auf der Hand: „Bei der Schonung von Tieren, Pflanzen und natürlichen Lebensbedingungen geht es immer zugleich auch um die Wahrnehmung unserer Verantwortung vor Gott dem Schöpfer."[68] Nachdem Dietrich Bonhoeffer bereits 1934 die Bildung eines gesamtchristlichen Friedenskonzils forderte, verpflichtete sich die Vollversammlung des Ökumenischen Rates der Kirchen 1983 in Vancouver auf den Konziliaren Prozess für Gerechtigkeit, Frieden und Bewahrung der Schöpfung, da diese drei Elemente untrennbar miteinander verwoben sind:

> „[Der Klimawandel schränkt] die Lebenschancen vieler Menschen in den Entwicklungsländern massiv ein, verschärft deshalb die globalen sozialen und ökonomischen Ungerechtigkeiten und gefährdet den ohnehin fragilen Frieden. Wenn allen Menschen vor Gott die gleiche Würde zukommt, dann ist diese sich verschärfende globale Ungerechtigkeit von Christen nicht hinnehmbar und ein Anlass, sich für mehr Gerechtigkeit sowie für die Lebensrechte der Schwachen einzusetzen."
>
> *(EKD 2009: 109)*

In dieser Tradition wird Bildungsarbeit gestaltet.[69] In der Bundeskonzeption für Freiwilligendienste der evangelischen Trägergruppe findet die Bildungsdimension „Bildung für nachhaltige Entwicklung" daher ihren Platz. Die Freiwilligen sollen verstehen, dass ihr Handeln globale Folgen vor allem für die nachfolgenden Generationen hat. Diese Folgen beziehen sich auf soziale, ökologische und ökonomische Zusammenhänge, die die Freiwilligen zunächst erkennen und verstehen sollen. Dieses Wissen kann schließlich genutzt werden, um das eigene Handeln, z.B. den Umgang mit Ressourcen, zu reflektieren und die Erkenntnisse in zukünftige Entscheidungen einfließen zu lassen. Auch das gemeinschaftliche Erarbeiten von Lösungsstrategien in partizipativen Prozessen ist hiermit inbegriffen. Das übergeordnete Ziel ist eine die Schöpfung bewahrende Lebensgestaltung und darin inbegriffen die Herstellung von globaler Gerechtigkeit (vgl. Evangelische Freiwilligendienste 2018: 14).

---

[68] Evangelische Kirche in Deutschland (1985): Verantwortung wahrnehmen für die Schöpfung. Online unter www.ekd.de/23006.htm (Abruf 28.04.2020).

[69] Da der Schwerpunkt dieses Beitrags auf der Seminararbeit mit Freiwilligen liegt, kann auf die kirchenpolitischen Entwicklungen sowie die theologischen Herleitungen an dieser Stelle leider nicht weiter eingegangen werden. Zum Weiterlesen bieten sich unter anderem die Texte der EKD (1985): Verantwortung wahrnehmen für die Schöpfung (vgl. Anm. 1); Umkehr zum Leben (EKD 2009) sowie: „Geliehen ist der Stern, auf dem wir leben" (EKD 2018) an.

„Was zum Thema Umwelt": Die Spannweite von Bildung für nachhaltige Entwicklung

Vermutlich wird es auf ausdrücklichen Wunsch der Freiwilligen selbst kein Seminar zum wortgleichen Thema „Bildung für nachhaltige Entwicklung" geben, da den meisten dieser Begriff unbekannt sein dürfte. Die Gruppen möchten meiner Erfahrung nach vielmehr „was zum Thema Umwelt" machen, weshalb die Bildungsdimension von vielen Trägern wahrscheinlich vor allem im Hinblick auf den ökologischen Teilbereich bearbeitet wird.

Die ökologische Dimension bietet einen sehr guten Ausgangspunkt, der an die Lebensrealität der Freiwilligen anknüpft und deren eigene Betroffenheit sowie Handlungsfähigkeit hervorhebt. Von diesem Standpunkt aus kann weiterführend auf soziale und ökonomische Zusammenhänge auf globaler Ebene eingegangen werden. Fächert man den ökologischen Teilbereich thematisch auf, ergeben sich zahlreiche Momente, an die Themen und Diskussionen zu globaler Gerechtigkeit anschließen können.

Aber wo anfangen, bei einem so umfangreichen, komplexen Themengebiet? Der ökologische Fußabdruck bietet sich als Ausgangspunkt an. Alles, was auf diesem Planeten angebaut, verzehrt und produziert wird, verbraucht Ressourcen, also Rohstoffe und Energie des Planeten, dessen Kapazitäten der Regeneration jedoch begrenzt sind. Der ökologische Fußabdruck berechnet das Verhältnis zwischen der Biokapazität der Erde und dem Verbrauch natürlicher Ressourcen durch den Menschen (vgl. Beyers et al. 2011: 14ff.).[70] Die Fußabdruck-Errechnung bietet die Herangehensweise an die ökologische Dimension an, weitet aber zugleich den Blick auf andere Aspekte nachhaltiger Entwicklung. So wird deutlich, dass die Menschheit trotz der Größe der Erde auf begrenztem Raum lebt und ihr Handeln vor allem in kapitalistischen Zusammenhängen nicht nur in Bezug auf den Verbrauch von Ressourcen globale Folgen hat. Das können Klimaveränderungen durch Treibhausgase sein, die Fluchtbewegungen nach sich ziehen, da bestimmte Regionen der Erde aufgrund andauernder Trockenheit kaum mehr landwirtschaftlich nutzbar sind. Das kann aber auch der Tod Hunderter Beschäftigter in der Modeindustrie bedeuten, die in eingestürzten Fabriken ums Leben kommen, weil die Menschen in Europa mit Billigpreisen von 5-Euro-Shirts in die Läden gelockt werden, um nur zwei kleine Beispiele zu nennen.

---

[70] Für die Details zum Messverfahren vgl. z.B. die kurze und verständliche Darstellung von endlich-wachstum.de (Endlich Wachstum 2020) oder des Global Footprint Network www. footprintnetwork.org/ (Abruf 16.04.2020).

Abbildung 6: Dimensionen des ökologischen Fußabdrucks

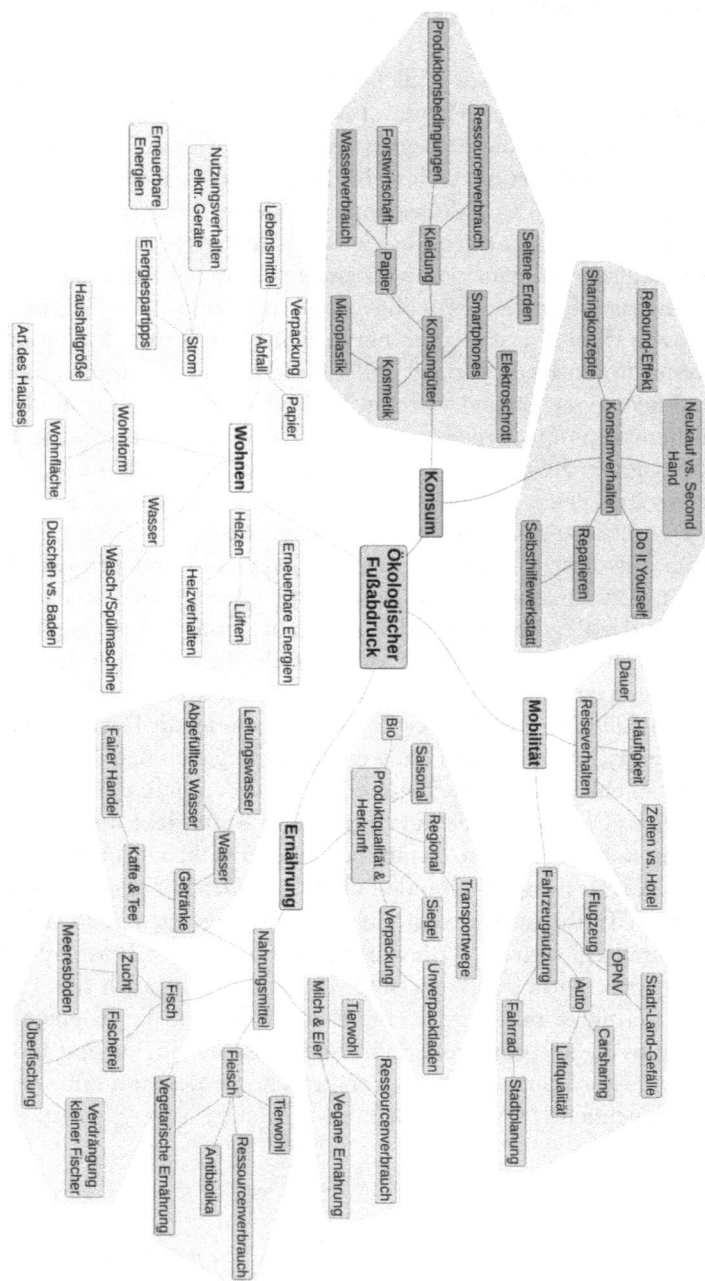

Quelle: Eigene Darstellung

Abbildung 6 stellt die Dimensionen des ökologischen Fußabdrucks für die wichtigsten Konsumbereiche dar: Wohnen, Ernährung, Mobilität und der Verbrauch von Konsumgütern. Ausgehend davon werden weitere Unterbereiche dargestellt sowie ein Angebot möglicher anschließender Themen unterbreitet. Die Darstellung erhebt keinerlei Anspruch auf Vollständigkeit und kann erweitert oder umsortiert werden. Viele Themenbereiche überschneiden sich und manches wird gar nicht abgebildet. Es soll gezeigt werden, wie der ökologische Bereich aufgefächert werden kann und wie sich soziale und ökonomische Zusammenhänge anschließen. Dies kann als Grundlage für die Gestaltung von Seminaren genutzt werden.

Das Seminar konzipieren

Die folgenden Überlegungen, Ideen und Empfehlungen zum Thema Bildung für nachhaltige Entwicklung in Seminaren für Freiwillige ziehe ich aus meiner Tätigkeit als pädagogische Mitarbeiterin der Diakonie Mitteldeutschland. Je Zyklus begleiten wir etwa 300 junge Erwachsene aus Sachsen-Anhalt und Thüringen, darunter viele junge Menschen aus strukturschwachen Regionen. Der Migrationsanteil unter den jungen Erwachsenen beträgt etwa acht Prozent.

Die Bildungstage werden in derzeit fünf fünftägigen Seminaren pro Zyklus in je einem Bildungshaus organisiert. Die Freiwilligen übernachten dort und werden voll verpflegt. Selbstversorgung wird gelegentlich, aber doch eher als Ausnahme umgesetzt. Unter den fünf Seminarwochen ist ein Wahlpflichtseminar, das sich die Freiwilligen aus einem Angebot von Seminaren auswählen können. Die Themenwahl für die Regelseminare liegt mit Ausnahme des Einführungsseminares in der Hand der Freiwilligen. Sie können sich am Ende jedes Seminares als Gruppe für ein Thema und damit verbundene inhaltliche Schwerpunkte entscheiden, die im nächsten Seminar behandelt werden sollen. Das kann zu Folge haben, dass sich eine Gruppe das ganze Jahr über beispielsweise ausschließlich mit der Thematik „Leben mit Behinderung" beschäftigt oder vom Klimawandel über die deutschdeutsche Geschichte hin zu Kultur im Film arbeitet.

Im Folgenden sollen Ideen für den Aufbau eines Seminars im Rahmen der Bildungsdimension Bildung für nachhaltige Entwicklung beschrieben und Informationsmöglichkeiten zum Thema dargelegt werden.

Die Mischung macht's

Da das Feld so umfangreich und verwoben ist, ist es für die Gestaltung eines umweltbezogenen Seminares wichtig, vorher abzufragen, für welchen Schwerpunkt sich die Gruppe interessiert. Liegt dieser eher auf Umweltverschmutzung, könnte man sich auf die Teilbereiche Mobilität, Energiegewinnung und Plastik konzentrieren. Liegt das Interesse eher beim Tierwohl, werden neben ethischen Fragen z.B. die Unterpunkte Ernährung, aber auch der Papierherstellung im Sinne der Einschränkung von Lebensraum relevant. Soll es um den Klimawandel gehen, ist die Kombination aus Energiegewinnung, Mobilität und Lebensmittelproduktion möglich. Abbildung 6 zeigt, wie weit verzweigt sich die einzelnen Themen auffächern und wie komplex und zugleich zusammenhängend die Themen im Einzelnen sind und was sie nach sich ziehen. Das Seminar lebt von der Verschränkung der verschiedenen Teilbereiche, sodass die globalen Zusammenhänge deutlich werden können.

Methoden, Broschüren, Videos

Seminarleitungen sind vor die Aufgabe gestellt – wenn sie keine externe Fachkraft für einen Vortrag oder Workshop dazu einladen –, sich mit Wissen und Methodik auszustatten und die Inhalte fundiert und anschaulich zu vermitteln. Wo kann man sich also informieren? Im Folgenden werden Ideen als beispielhafte Möglichkeiten präsentiert.

 Bildung für nachhaltige Entwicklung: Information und Material für Seminargestaltung

- Als Ausgangspunkt im Internet ist *www.endlich-wachstum.de* sehr empfehlenswert. Es handelt sich dabei um eine Webseite mit Bildungsmaterialien für eine „sozial-ökologische Transformation", die zahlreiche Methoden und Materialien übersichtlich bereitstellt.[71] Die Materialien sind verschiedenen Kategorien zugeordnet, unter anderem der sozialen, der ökologischen und der ökonomischen Dimension von wirtschaftlichem Wachstum. Jede Methode stellt Verbindungen zwischen den verschiedenen Dimensionen her.

---

[71] Konzeptwerk Neue Ökonomie e.V./Fairbindung e.V.: Endlich Wachstum (2020). Bildungsmaterialen für eine sozial-ökologische Transformation. Online unter: www.endlich-wachstum.de (Abruf 28.04.2020).

- Für die inhaltliche Vorbereitung eignen sich z.B. die Webseiten von *BUND und BUND-Jugend* und ihrer Landes- und Regionalverbände. Die Informationen beziehen sich vor allem auf die ökologische Dimension, sind stets fachlich fundiert und aktuell. Da die jeweiligen Verbände ihre Informationen unterschiedlich aufbereiten, ist es lohnend, sich durch verschiedene Webseiten zu klicken. Der BUND Sachsen-Anhalt hat beispielsweise eine vielseitige Übersicht mit Tipps und Tricks zu nachhaltigerem Konsum zusammengestellt.[72]
- Auch die Materialien der *Bundeszentrale für politische Bildung*, insbesondere das Jugendmagazin *Fluter*, sind bei der Materialbeschaffung sehr zu empfehlen, vor allem weil sie kostengünstig sind und für alle Teilnehmenden als Material zum Mitnehmen einen Mehrwert darstellen.
- Für die mediale und anschauliche Aufbereitung von Themen sei auf die *PULS-Reportagen* des Bayrischen Rundfunks verwiesen. Gut recherchiert und der Zielgruppe gemäß aufgearbeitet, werden hier neben vielen anderen Inhalten auch Umweltthemen besprochen. Bei PULS liegt der Schwerpunkt oft auf dem deutschen Raum, soll es auf die internationale Ebene gehen, sind *Y-Kollektiv*-Reportagen empfehlenswert, die beispielsweise zu Wasserknappheit in Südafrika gearbeitet haben.
- Die Freiwilligen selbst können auch von Anfang an partizipativ eingebunden (vgl. Pohlmann/Schmitt in diesem Band) und eigeninitiativ auf die Recherche nach Informationen geschickt werden, indem sie sich bei Ortsverbänden oder -gruppen informieren oder ggf. aus ihrem Engagement dort berichten.

Best Practice: Eine kleine Auswahl an Methoden

Die folgenden Methoden sind eine kleine Auswahl aus einem großen Pool an Methoden, die sich im Internet, aber auch in der Fachliteratur finden, und mit denen im Rahmen der Seminararbeit mit Freiwilligen gute Erfahrungen gemacht wurden.

---

[72] Vgl. BUND Landesverband Sachsen-Anhalt e.V.: Konsum im Alltag: Politik an der Ladentheke. Magdeburg. Online unter: www.bund-sachsen-anhalt.com/themen/gesellschaft-gestalten/ nachhaltiger-konsum/ (Abruf 28.04.2020).

Großer Fuß auf kleiner Erde

Wie bereits oben beschrieben, bietet sich in der Seminargestaltung der ökologische Fußabdruck als Einstieg ins Seminar an. Hierfür kann die Methodenvorlage *Endlich Wachstum* (2020) genutzt werden. Sie bietet eine sehr zugängliche und gut verständliche Grundlage, mit der das Konzept in einem Impulsvortrag erläutert wird. Mit einem Fragebogen kann schließlich der individuelle Fußabdruck errechnet werden. Um Papier zu sparen und der Gamification nachzukommen, kann auch eine digitale Variante angeboten werden. Dafür gibt es zahlreiche Webseiten, erwähnt sei hier zum Beispiel www.fussabdruck.de[73] von „Brot für die Welt".

Mülltrennungs-1-2-oder-3

Als Warming-up kann das „Mülltrennungs-1-2-oder-3" gespielt werden. Dafür müssen sich die Gruppenmitglieder zum entsprechenden Müllbehältnis (Biomüll, Verpackung, Papiertonne etc.) bewegen, je nachdem, was für ein Müllstück genannt wird. Die Übung vermittelt Handlungskompetenz zum Mülltrennen, bringt Bewegung, macht Spaß und ist viel schwieriger als gedacht: denn vermeintliches Alltagswissen stellt sich anhand von Herausforderungen wie Backpapier, Korken, Elektrokabel etc. als sehr komplex dar und ist meist nur mit Gruppenkooperation zu lösen.

Streichholzspiel

Endlich Wachstum bietet eine anschauliche Methode zu nachhaltiger Forstwirtschaft: das Streichholzspiel[74]. Als Erbengemeinschaft von etwa vier Personen besitzen die Freiwilligen einen Wald, symbolisiert durch Streichhölzer, aus dem sie Bäume „ernten" und deren Restbestände sich in gewisser Weise regenerieren können. Teilnehmende lernen so, verantwortungs- und vor allem maßvoll mit den ihnen zur Verfügung stehenden Ressourcen umzugehen und Regenerationszyklen zu beachten.

Virtuelles-Wasser-Puzzle

Das Konzept vom virtuellen Wasser „beschreibt, welche Menge Wasser in einem Produkt oder einer Dienstleistung enthalten ist oder zur Herstellung

---

[73] Brot für die Welt (2019): Teste deinen ökologischen Fußabdruck! Brot für die Welt – Evangelischer Entwicklungsdienst. Online unter: www.fussabdruck.de/ (Abruf 28.04.2020).

[74] Konzeptwerk Neue Ökonomie e.V./Fairbindung e.V.: Das Streichholzspiel. Eine Übung zum Umgang mit nachwachsenden Rohstoffen. Online unter: www.endlich-wachstum.de/kapitel/die-oeko-logische-dimension/methode/das-streichholzspiel/ (Abruf 28.04.2020).

verwendet wird. Mit der Berechnung des virtuellen Wasserfußabdrucks, den ein Produkt oder eine Dienstleistung hat, lässt sich die ökologische Situation der Produktionsbedingungen bewerten."[75] Da diese Größe essenziell für das Verstehen von Produktionsbedingungen und wichtiges Wissen für zukünftige Kaufentscheidungen ist, sollte eine Seminareinheit dazu nicht fehlen. Als Einstieg kann ein Impulsvortrag mit Informationen der Webseite www.virtuelles-wasser.de vom BUND Heidelberg dienen. Weiterführend empfehle ich das Virtuelle-Wasser-Puzzle[76]: Hierbei erhält die Gruppe 30 Produkte vom Ei bis zum Pkw, 30 Wassermengen und die Aufgabe, die Produkte gemäß den Wassermengen zuzuordnen, die für ihre Produktion benötigt werden.

Lernort Supermarkt

Um die Freiwilligen für ihre Kaufentscheidungen zu sensibilisieren, ist es besonders eindrücklich und lebensnah, eine Exkursion in den Supermarkt durchzuführen. Das kann mit vielen verschiedenen Schwerpunkten angeregt werden. Hier nur zwei: zum einen die kooperative Rallye vom *Endlich Wachstum*,[77] bei der die Gruppe Produkte mit verschiedenen Eigenschaften finden soll, die auf einem Laufzettel vermerkt sind. Als zweite Idee die von mir entwickelte Rallye „Mit offenen Augen im Supermarkt": Die Gruppe hat die Aufgabe, Produkte einer bestimmten Produktkategorie wie Kosmetik, Nahrungsmittel, Kleidung, Elektrogeräte usw. auf Siegel und Produktkennzeichnung hin zu überprüfen, diese zu erfassen und ihre Bedeutung zu recherchieren. Schließlich sollen die Freiwilligen reflektieren, ob diese Siegel ihnen bei ihren Kaufentscheidungen helfen können oder ob sie nicht glaubwürdig sind.

Der Gang durch den Supermarkt kann auch Impuls für die Auseinandersetzung mit dem Thema Lebensmittelverschwendung sein. Material zu Mindesthaltbarkeitsdatum, dem sogenannten Containern und Foodsharing bieten Organisationen wie die Tafel oder die Kampagne „Zu gut für die Tonne" auf ihren Websites.

---

[75] BUND Heidelberg: Durstige Güter. Bund für Umwelt und Naturschutz Deutschland (BUND) Landesverband Baden-Württemberg e.V. Radolfzell. Online unter: www.virtuelleswasser.de/ (Abruf 28.04.2020).

[76] Carpus e.V.: Puzzle zum virtuellen Wasser. Online unter: www.carpus.org/default. aspx?ID=59&DetailID=106 (Abruf 28.04.2020).

[77] Konzeptwerk Neue Ökonomie e.V./Fairbindung e.V. (Hg.) (2016): Da steckt doch mehr dahinter. Die kooperative Rallye im Supermarkt. Online unter: www.endlich-wachstum.de/ kapitel/lebensmittel-zum-zweck/methode/da-steckt-noch-mehr-dahinter/ (Abruf 28.04.2020).

Upcycling

Ist in den Seminaren eine Einheit zum kreativen Gestalten geplant, kann diese für Upcycling genutzt werden. Im Netz finden sich zahlreiche Ideen dafür, aus nicht mehr benötigten Gegenständen Neues zu machen, beispielsweise die zur Schüssel geformte Schallplatte. Dabei ist wichtig, dass nicht nur z.b. eine Toilettenpapierrolle beklebt wird und schließlich wieder im Müll landet, sondern dass tatsächlich Dinge hergestellt werden, die auch nützlich und weiterverwendbar sind. Manches ist vielleicht nicht im Seminarraum umsetzbar oder der Materialaufwand ist zu groß (ein Bett aus Paletten wird man nicht bauen können), aber vielleicht reicht der Anstoß für Größeres und im Seminar tut es schließlich auch eine Schale oder ein Korb, hergestellt aus alten Zeitungen.

Upcycling ist mit der Zielgruppe Freiwillige auch deswegen hervorragend, weil den Teilnehmenden jeden Monat nur ein schmales Taschengeld zu Verfügung steht und die finanzielle Situation für Konsumentscheidungen daher relevant ist. Upcycling führt ihnen vor Augen: Umweltbewusstes Leben muss nicht teuer sein und wer sich z.B. bei der Einrichtung der ersten WG oder Wohnung zunächst bei Gebrauchtwaren umschaut, anstatt im Möbelhaus, spart eine Menge Geld.

Ist eine Kreativeinheit regelmäßiger Bestandteil der Seminare, bietet sich so auch regelmäßig die Möglichkeit, bereits Benutztes oder als Müll Kategorisiertes mit einzubeziehen. Kreativeinheiten so zu planen, dass auch die Möglichkeit der Wiederverwendung von Gegenständen bedacht wird und so die Anschaffung neuer Dinge vermieden werden kann, kann eine sinnvolle Art sein, Bildung für nachhaltige Entwicklung stetig im Seminarprogramm zu verankern.

Orte der Nachhaltigkeit außerhalb des Stuhlkreises

Wenn es darum geht, den Seminarraum zu verlassen, hier ein paar Ideen für Ausflüge: In manchen Städten gibt es sogenannte konsumkritische Stadtrundgänge, die den Teilnehmenden Momente im Stadtgeschehen aufzeigen, die vom üblichen Konsumverhalten abweichen und ihm etwas entgegensetzen. Eine-Welt- und Unverpackt-Läden, Selbsthilfewerkstätten oder Foodsharingplätze sind Orte, die in den Rundgängen angelaufen werden, die aber auch direkt für einen Besuch angefragt werden können. Teilweise werden dort auch Workshops angeboten. Der Besuch auf Wertstoffhöfen und in Müllverbrennungsanlagen kann geplant werden, genauso wie in Tierauffangstationen etc.

„Der oder die Letzte macht das Licht aus!"

Auch wenn sich die Seminargruppen ein anderes Seminarthema gewählt haben, lässt sich Bildung für nachhaltige Entwicklung in jeden Seminaralltag einflechten und auf diese Weise das eigene Bewusstsein für das Thema Nachhaltigkeit und Klimaschutz schärfen. Dazu im Folgenden ein paar Beispiele.

Fahrgemeinschaften bilden

Vor Beginn eines jeden Seminares kann durch die jeweilige Seminarleitung mit Blick auf die Teilnehmendenliste die Bildung von Fahrgemeinschaften unterstützt werden. Dazu kann in die jeweilige Einladung eine Bemerkung hinzugefügt werden: „Aus deiner Region reisen noch weitere Freiwillige zum Seminar an. Dürfen wir deine Kontaktdaten weitergeben, damit ihr euch für eine Fahrgemeinschaft in Verbindung setzen könnt?"

Der Veggie-Day

Bei der Verpflegung kann im Vorfeld des Seminares mit dem Tagungshaus ein vegetarischer Tag abgesprochen werden. Das kann die tägliche warme Mahlzeit oder das ganze Essensangebot des Tages umfassen, vielleicht sogar die ganze Woche. Dazu sollten Hintergrundinformationen zur Fleischproduktion besprochen werden, um diese Entscheidung zu rechtfertigen und Verständnis herzustellen. Es kann natürlich trotzdem sein, dass man hier einen empfindlichen Punkt trifft, der nicht von der ganzen Gruppe getragen und folglich lebhaft diskutiert wird, aber der Versuch ist es wert – und immerhin entstehen somit engagierte Auseinandersetzungen mit dem Thema.

Trinkwasser plastikfrei

Um den Verbrauch von abgefülltem Mineralwasser und damit den Gebrauch von Plastikflaschen zu reduzieren, können im Seminarraum Leitungswasser in Karaffen sowie Trinkbecher bereitstehen. Diese Trinkbecher können dann mit dem Namen der jeweiligen Teilnehmenden beschriftet werden. Eine sehr schöne Idee ist auch, den Freiwilligen im Einführungsseminar das Angebot zu machen, sich eine eigene Tasse mit Keramikfarben zu gestalten, die dann in jedem Seminar genutzt werden kann. Um die Versorgung mit frischem Wasser zu gewährleisten, könnte abwechselnd je eine Person an jeweils einem Tag der Woche für das Nachfüllen verantwortlich sein.

Abfall und Energie

Auch für richtiges Heizen und Lüften im Seminarraum sowie das berühmte „der oder die Letzte macht das Licht aus" können Verantwortlichkeiten in der Seminargruppe verteilt und so das Bewusstsein auf den Ressourcenverbrauch gelenkt werden, was zum nächsten Aspekt führt: Manche – wahrscheinlich sogar die meisten – Seminarhäuser legen selbst großen Wert auf Mülltrennung. Teilweise stehen schon im Seminarraum getrennte Behälter bereit und rufen so permanent die Relevanz des Themas ins Gedächtnis der Seminargruppe. Ist dies nicht gegeben, kann im Tagungshaus nach weiteren Behältern gefragt werden. Um zu gewährleisten, dass die Mülltrennung auch klappt, kann das oben beschriebene „Mülltrennungs-1-2-oder-3" als Warming-up mit im Seminar anfallenden Materialien eingebaut werden.

Papiernutzung oder Digitalisierung

Flipchartpapier, Moderationskarten, Arbeitsblätter und Handouts gehören vermeintlich untrennbar zur Seminararbeit dazu. Es ist verständlich, dass die meisten pädagogischen Fachkräfte trotz zahlreicher Alternativen nicht gänzlich darauf verzichten können. Die doppelseitige Nutzung aller Papiersorten bildet hier eine Lösungsmöglichkeit. Es klingt banal, aber so kann der Papierverbrauch halbiert werden und dem steht meist nur die eigene Gewohnheit und vielleicht der Kampf mit dem Drucker im Weg. Es gehört unter Umständen ein bewusstes Umgewöhnen dazu, beim Herstellen von Handouts genau zu überlegen, ob auch nur A5-Format ausreicht, oder ob ein zweites Handout auf die Rückseite gedruckt werden kann. Man kann sich bewusst angewöhnen, jede Moderationskarte und jedes Flipchart auf seine Wiederverwendbarkeit hin zu überprüfen und für das nächste Seminar aufzuheben. Wenn Flipchartpapiere vorder- und rückseitig verwendet wurden, dienen sie immer noch als exzellente Tischunterlage für Kreativeinheiten.

Bei manchen Themen lohnt es sich, papierlose Varianten zu durchdenken. Z.B. für die Seminarauswertung hatte ich bislang entweder standardisierte Fragebögen an die Teilnehmenden ausgegeben oder die Auswertung auf Flipchart mit Klebepunkten durchgeführt. An sich sind das wirkungsvolle Methoden, um die Meinung der Freiwilligen zu erfahren und so die eigene Arbeit zu überprüfen. Seit Kurzem nutze ich aber das Online-Tool Findmind.[78] Hier können Befragungen kostenlos angelegt und ausgewertet werden, die Teilnehmenden müssen sich nicht anmelden. Das Tool spart zunächst sehr viel Zeit, da die Auswertung entspannt im Büro vorbereitet werden und für folgende Seminare dupliziert und entsprechend angepasst werden kann. Außerdem spart es auch eine große Menge Papier. Zu guter

---

[78] Keller, Fabian: Findmind. Online unter: www.findmind.ch (Abruf 24.08.2020).

Letzt mache ich die Erfahrung – und das ist für mich mittlerweile ebenso ausschlaggebend –, dass die Freiwilligen ihr Feedback viel detaillierter und ausführlicher abgeben als über die Papierform.

Weitere Möglichkeiten der Nutzung digitaler Tools insbesondere im Rahmen der Bildung für nachhaltige Entwicklung bieten die zahlreichen Online-Selbsttests- und-Quize. Ob zum eigenen ökologischen Fußabdruck oder zum Wissen über die weltweite Lebensmittelverschwendung: Zu jedem Thema findet sich das entsprechende Tool. Und sollte es einmal nicht das perfekt passende Angebot geben, kann über Plattformen wie kahoot! ein eigenes Angebot gestaltet werden.[79] Neben der Papiereinsparung bieten digitale Angebote den Freiwilligen einen niedrigschwelligen Zugang zum Thema sowie Freude an der Bearbeitung durch die Gamification. Ergebnisse können spielerisch verglichen und ausgewertet werden.

Strukturelle Einbindung

Wie kann Bildung für nachhaltige Entwicklung fest in Seminar- und Organisationsstrukturen eingebaut werden? Dafür gibt es verschiedene Möglichkeiten: Auf der Organisationsebene kann dies durch die Einbindung in Leitbilder, das Qualitätsmanagement und Konzeptionen erfolgen. Auf diese Weise wird dieses wichtige Thema über die Arbeitsgrundlagen sowie die Kontrollmechanismen einer Organisation immer wieder ins Gedächtnis gerufen. Wie genau das aussehen kann, muss jede Organisation für sich entscheiden.[80] Beim Erarbeiten dieser Grundlagen muss jedoch überhaupt daran gedacht werden, so wie es mit vielen kleinen Kniffen in diesem Bereich ist. Bei der Umsetzung helfen konkrete Handlungsempfehlungen zu Mülltrennung, Heizverhalten im Büro oder zum Konsumverhalten der Organisation, beispielsweise die Nutzung von Recyclingpapier, wiederbefüllbare Flipchartmarker, Umstellung auf digitale Kommunikation und so weiter.

---

[79] Mehr Informationen unter https://kahoot.com/ (Abruf 15.09.2020).

[80] Als Beispiel hier ein Auszug aus dem Leitbild der Diakonie Mitteldeutschland: „Gemeinsam mit den Einrichtungen und Diensten in der Diakonie Mitteldeutschland engagieren wir uns für eine gerechte Gesellschaft, in der alle Menschen in ihrer jeweiligen Einzigartigkeit an- und wahrgenommen werden. Wir stehen für diese Werte aktiv ein. Wir arbeiten für die Erfüllung unseres Auftrags zur Bewahrung der Schöpfung und gehen verantwortungsvoll mit den uns anvertrauten Ressourcen um." Zitat aus: Diakonie Mitteldeutschland (2019): Leitbild. Online unter: www.diakonie-mitteldeutschland.de/ueber_uns_leitbild_de.html (Abruf 24.08.2020).

Konkret auf die Seminararbeit bezogen möchte ich die Arbeitsweise des Teams Freiwilligendienste bei der Diakonie Mitteldeutschland als ein mögliches Beispiel nehmen. Als Mitglied der Evangelischen Freiwilligendienste arbeiten wir auf der Grundlage der Bundeskonzeption, in der die Bildungsdimension klar beschrieben ist. Zum Zeitpunkt des Verfassens dieses Beitrages wird an einer auf die eigenen Strukturen und Bedürfnisse des Trägers zugeschnittenen Konzeption gearbeitet, in der die Bildungsdimension ebenfalls eingebunden werden soll. Im Qualitätshandbuch ist bereits hinterlegt, dass jede Bildungsdimension „im Rahmen des Freiwilligendienstes in mindestens einem Seminar behandelt" werden soll (Ev. Freiwilligendienste 2019: 12). Gewährleistet wird dies vor allem durch ein Wahlseminarangebot, in dem jährlich von durchschnittlich fünfzehn angebotenen Seminaren zwei bis drei Seminare mit dem Schwerpunkt Bildung für nachhaltige Entwicklung enthalten sind.

Denkbar wäre auch, die üblichen fünf Seminarwochen vorher schon thematisch orientiert an den verschiedenen Bildungsdimensionen vorzustrukturieren und die Freiwilligen dann Themen aus den jeweiligen Komplexen auswählen zu lassen.[81] Ebenso könnten, wie oben schon beschrieben, „Nachhaltigkeits-Jobs" im Sinne von Verantwortlichkeiten für verschiedene Handlungsfelder der Nachhaltigkeit an die Freiwilligen vergeben werden. In den Seminar- bzw. Gruppenregeln entsprechende „Paragrafen" einzubauen, um eine nachhaltige Seminargestaltung zu gewährleisten, wäre ebenso möglich. Der Fantasie sind keine Grenzen gesetzt. Schließlich hilft es immer, sich bei der Planung von Seminaren stets die Frage zu stellen – und eben diese Frage zu einem der vielen Planungsschritte werden zu lassen –, inwieweit das vorliegende Thema Überschneidungspunkte mit der Bildung für nachhaltige Entwicklung hat, sei es auf der sozialen, ökologischen oder ökonomischen Ebene.

Der Blick nach vorn

Das ist wohl der Kern der ganzen Sache: Es geht um ein Umdenken im eigenen Handeln und Arbeiten. Es geht darum, im Sinne der nachhaltigen Entwicklung auf die verschiedensten Dinge zu schauen, politische Entwicklungen zu verfolgen, Seminarthemen aufzubereiten, die privaten und dienstlichen Kaufentscheidungen zu bewerten. Es ist ein allumfassendes Thema und endet nicht an der Schwelle des Seminarraumes.

---

[81] Zum Beispiel: Einführungsseminar: persönlichkeitsbezogene und religiöse Bildung; 1. Zwischenseminar: Arbeitsweltbezogene und soziale Bildung; 2. Zwischenseminar: Politische und diversitätsbewusste Bildung; 3. Zwischenseminar: Bildung für nachhaltige Entwicklung; Abschlussseminar: persönlichkeitsbezogene Bildung.

Der Wissensstand über soziale, ökologische und ökonomische Zusammenhänge verändert sich stetig und vor jedem Seminar müssen wir uns die Arbeit machen, uns neu zu informieren. Die genannten Seiten und Informationen können jetzt dabei helfen, werden sich aber weiterentwickeln, wissenschaftlich widerlegt oder durch neue Erkenntnisse ergänzt werden. Hier kann nur diese Momentaufnahme und dieser außerdem sehr kleine Ausschnitt einer unglaublichen Vielfalt an Informationen und Methoden gezeigt werden.

Ich möchte ermutigen, mit kleinen Schritten das Umdenken zu beginnen, neue Methoden und digitale Tools auszuprobieren, sich auszutauschen und zu vernetzen. Hat man sich einmal daran gewöhnt, wendet man ganz selbstverständlich jede Moderationskarte noch einmal, bevor man sie in den Müll oder die Kiste mit den „Rückseite noch mal verwenden"-Karten gibt.

Literaturverzeichnis

Beyers, Bert/Kus, Barbara/Amend, Thora/Fleischhauer, Andrea (2011): Großer Fuß auf kleiner Erde? Bilanzieren mit dem Ecological Footprint. Anregungen für eine Welt mit begrenzten Ressourcen. [2., veränd. Aufl.]. Heidelberg: Kasparek (Nachhaltigkeit hat viele Gesichter, 10).

EKD = Evangelische Kirche in Deutschland (Hg.) (2009): Umkehr zum Leben. Nachhaltige Entwicklung im Zeichen des Klimawandels; eine Denkschrift des Rates der Evangelischen Kirche in Deutschland. Evangelische Kirche in Deutschland. Hannover/Gütersloh: EKD; Gütersloher Verl.-Haus. Online unter: www.ekd.de/ekd_de/ds_doc/klimawandel.pdf (Abruf 24.08.2020).

EKD = Evangelische Kirche in Deutschland (Hg.) (2018): „Geliehen ist der Stern, auf dem wir leben". Die Agenda 2030 als Herausforderung für die Kirchen. Ein Impulspapier der Kammer der EKD für nachhaltige Entwicklung. Hannover. Online unter: www.ekd.de/ekd_de/ds_doc/ekd_texte_130_2018.pdf (Abruf 24.08.2020).

Evangelische Freiwilligendienste gGmbH (Hg.) (2018): Bundeskonzeption für Freiwilligendienste der Evangelischen Trägergruppe. Hannover.

Evangelische Freiwilligendienste gGmbH (Hg.) (2019): Handbuch Qualitätsentwicklung für FSJ und BFD u27 der Ev. Freiwilligendienste. Hannover.

Endlich Wachstum = Konzeptwerk Neue Ökonomie e.V./Fairbindung e.V. (Hg.) (2020): Hintergrundinformationen zum ökologischen Fußabdruck. Online unter: www.endlichwachstum.de/wp-content/uploads/2015/09/Kapitel-2_Grosser-Fuss-auf-kleiner-Erde_Hintergrundinformationen.pdf (Abruf 24.08.2020).

V KONZEPTE ZUM EINSATZ VON FREIWILLIGEN

FREIWILLIGE IN DER GEMEINDE-, KINDER- UND JUGENDARBEIT IM KIRCHENKREIS HAGEN

Kai Haßelberg

So vielfältig wie die Gemeindelandschaft ist, sind auch die Einsatzmöglichkeiten für Freiwillige in den unterschiedlichen Gemeindearbeitsbereichen. Deshalb soll es hier weniger darum gehen, detailliert zu beschreiben, in welchen Tätigkeitsfeldern Freiwillige in der Ev. Kirchengemeinde Herdecke konkret eingesetzt werden. Vielmehr werden im Folgenden Chancen, Herausforderungen und Risiken für die Einsatzstelle „Gemeinde" und auch für die Freiwilligen anhand von einigen konkreten Erfahrungen und Beispielen aus der Praxis der Gemeindearbeit und speziell im Bereich der Kinder-/Jugendfreizeitarbeit aufgezeigt.

Chancen des Einsatzes von Freiwilligen

Der Einsatz von Freiwilligen bietet sowohl für die Gemeindearbeit wie auch für die Freiwilligen zahlreiche Chancen. Freiwilligendienste in der Gemeinde werden meist von jungen Menschen kurz nach ihrem Schulabschluss oder in der Berufsfindungsphase absolviert. Aufgrund ihres Alters können die Freiwilligen hier ein optimales Bindeglied zwischen jungen ehrenamtlich Mitarbeitenden und den meist schon älteren Hauptamtlichen der unterschiedlichen Professionen sein. Hier kann bereits ein Altersunterschied von zehn Jahren einen großen lebensweltlichen Unterschied darstellen, in dem Freiwillige eine Mittlerfunktion zwischen diesen Lebenswelten einnehmen.

Für die Freiwilligen bieten sich vielfältige Möglichkeiten der Entfaltung und Persönlichkeitsentwicklung. Die Gemeindearbeitet bietet ihnen einen Lernraum, in dem sie im geschützten Rahmen Angebote planen, durchführen und Verantwortung übernehmen können – immer mit der Sicherheit der hauptamtlichen Mitarbeitenden im Rücken. Zudem lernen sie viele verschiedene Bereiche der gemeindlichen Arbeit kennen, um sich ein umfassendes Bild über diese machen zu können.

Gleichzeitig sind die Freiwilligen auch eine wichtige Stütze in der Gruppenarbeit. Nicht wenige Hauptamtliche arbeiten in der heutigen Zeit noch an nur einem Gemeindestandort, oft sind sie mit einer Vollzeitstelle an zwei oder sogar mehr Tätigkeitsschwerpunkten eingesetzt. Hier ist in Zusammenarbeit mit Ehrenamtlichen und Freiwilligen eine deutliche Unterstützung für die Arbeit möglich. Durch umfassende Einbindung in das Gemeindeleben und die Gruppenarbeit werden die Freiwilligen schnell ein Teil der Gemeinschaft, die eine Gemeinde maßgeblich prägt. Sie erleben sich als vollwertigen Teil eines Systems, der zu dessen Fortbestehen und Weiterentwicklung beiträgt. Und auch die Gemeinde erlebt den Einsatz von Freiwilligen meist als gewinnbringend. Gerade die älteren Gemeindeglieder freuen sich oft über neue, junge Gesichter. Für sie sind sie ein Symbol des Nachwuchses, der so dringend für den Fortbestand einer stabilen christlichen Gemeinschaft benötigt wird.

Die Integration in das Gemeindeleben bedeutet eine Chance auf Weiterentwicklung im eigenen Glauben für die Freiwilligen. Sie bekommen neue Einblicke und Impulse, die für ihre weitere christliche Sozialisation prägend sein können. Gleichzeitig bringen sie aber auch eigene, neue Ansichten und Meinungen in die Gemeinschaft ein. Dies kann zu Synergien, aber auch zu Herausforderungen oder Spannungen auf der Ebene des persönlichen Glaubens führen, welche aber sicherlich beide auf ihre Art bereichernd wirken können.

Die Chancenvielfalt eines Einsatzes von Freiwilligen in der Gemeinde ist mannigfaltig und so individuell wie die Gemeinden selbst. Deshalb erhebt diese Aufzählung keinen Anspruch auf Vollständigkeit, sondern soll lediglich einen Eindruck dessen vermitteln, was möglich ist:

 ## Einsatzmöglichkeiten für Freiwillige in der Gemeinde

- Freiwillige bereiten das Kirchencafé vor (von der Dekoration bis zum Plätzchenbacken)
- Freiwillige helfen bei der Vorbereitung und Durchführung von Kinder- und Jugendgruppen
- Freiwillige machen Fahrdienste (Kurierdienste, Einkaufsfahrten etc.)
- Freiwillige unterstützen bei kreativen Formen der Verkündigung
- Freiwillige sind an der Vorbereitung und Gestaltung von Projekten und Aktionen beteiligt, z.B.: Krippenspiel, Stand auf dem Weihnachtsmarkt (oder bei Stadtteilfesten), Gemeindefeste, Kinderbibelwoche, Ferienprogramm, Kindermusical
- Freiwillige lernen das Berufsfeld des Pfarramts und der Kinder- und Jugendarbeit kennen und probieren sich darin aus.
- Freiwillige arbeiten in der Redaktion des Gemeindebriefs mit
- Freiwillige gestalten Gemeindegruppentreffen mit (Seniorenkreis, Frauenhilfe, Kreativkreis)
- Freiwillige überlegen sich ein eigenes (kleines) Projekt, welches sie in Absprache mit der Anleitung weitestgehend selbstständig vorbereiten und durchführen.

277

Herausforderungen für die Einsatzstelle

Der Einsatz von Freiwilligen in der Gemeindearbeit stellt alle Beteiligten mitunter vor organisatorische und persönliche Herausforderungen. Diese sollen aber keinesfalls abschreckend wirken, sondern vielmehr eine Aufforderung zur gegenseitigen Achtsamkeit und guten Vorbereitung an die Einsatzstellen sein. Bevor es überhaupt zu einem Einsatz von Freiwilligen in einer oder mehreren Gemeinden kommt, ist eine sorgfältige Planung unter Einbeziehung aller verantwortlichen Personen erforderlich. Dies vermeidet böse Überraschungen im Laufe des Freiwilligendienstes und Frust auf beiden Seiten.

Eine erste und grundlegende Herausforderung ist die Finanzierung einer Freiwilligendienst-Stelle. Die Gemeinde muss sich mit den entstehenden Kosten auseinandersetzen und mögliche Finanzierungsmodelle durchdenken. Gibt es Rücklagen, die eventuell für eine solche Stelle zur Verfügung gestellt werden können? Dies bietet sich vor allem dann an, wenn z.B. die Jugendarbeit neu gestaltet und aufgebaut werden soll und man für einige Jahre für diesen Zweck investiert. Zudem gibt es in einigen Gemeinden Stiftungen, die durch eine Voll- oder Teilfinanzierung die Einrichtung einer solchen Stelle unterstützen.

Modell der Stellenteilung und geeignete Kooperationspartner

Es ist möglich, sich mit mehreren Gemeinden oder einem Kooperationspartner zusammenzuschließen, um den Einsatz von Freiwilligen zu realisieren. Das beinhaltet aber auch einen weiteren Punkt, der vor Einrichtung einer Stelle für Freiwillige sorgfältig bedacht werden sollte: Teil des Prozesses sollte eine genaue Aufstellung der Aufgaben, nebst den für diese Aufgaben veranschlagten Arbeitsstunden sein. So kann festgestellt werden, ob es in der Gemeinde genug sinnvolle Aufgaben gibt und ob für deren Ausführung eine volle oder vielleicht nur eine halbe Stelle gebraucht wird. Nicht zu vergessen sind bei der Berechnung des Stellenanteils die Seminar- und Urlaubstage der Freiwilligen. Zudem sollten Zeitkontingente für die Anleitung und Reflexionsgespräche, auch auf hauptamtlicher Seite, eingeplant werden.

Sollte es der Fall sein, dass lediglich eine halbe Stelle benötigt wird, ist es wichtig, sich für den anderen halben Stellenanteil einen Kooperationspartner zu suchen, dessen Arbeitsalltag sich zeitlich nicht übermäßig mit dem der eigenen Gemeinde überschneidet. Kompromisse sind hier sicher unumgänglich, jedoch sollten diese so getroffen werden, dass der Wechsel zwischen den Einsatzstellen für die Freiwilligen leistbar ist.

Die Ev. Kirchengemeinde Herdecke hat z.B. eine Kooperation mit dem Jugendring Hagen e.V. Die beiden Organisationen teilen sich eine Freiwilligendienst-Stelle. Die Freiwilligen sind örtlich und inhaltlich in völlig unterschiedlichen Bezügen tätig: Sie befinden sich mit einer Hälfte ihrer Stelle in einem christlich geprägten Arbeitsfeld, in dem sie viel Kontakt zur Gemeinde und vor allem zu den Kindern und Jugendlichen haben. Die Arbeit in der Gemeinde ist sehr praxisorientiert mit Einsatz in den Kinder- und Jugendgruppen, aber auch in der Arbeit mit Konfirmandinnen und Konfirmanden.

Beim Jugendring haben die Freiwilligen hauptsächlich administrative und organisatorische Tätigkeiten, was daher rührt, dass sie mit einem Großteil ihrer Arbeitszeit ein interkulturelles Festival und eine Gedenkveranstaltung zur Reichspogromnacht planen. Natürlich sind die Freiwilligen auch an der späteren Durchführung beteiligt, jedoch machen Planung, Organisation und Kommunikation mit den einzelnen Verbänden und Projektkooperationen den größten Teil der Arbeit aus. Da der Jugendring ein Verein zur Organisation der Jugendverbandsarbeit ist, ist die Arbeit hier grundsätzlich eher gesellschaftlich, kulturell und politisch als religiös geprägt. Zielgruppe der Maßnahmen sind sowohl Kinder und Jugendliche, aber auch Erwachsene, Familien und die Verantwortlichen in den Vereinen.

Eine weitere unerlässliche Institution sind in einem solchen Fall regelmäßige Reflexionsrunden mit allen Beteiligten. Hier können eventuelle Probleme besprochen und meist schnell und unkompliziert aus der Welt geschafft werden. Zudem geben solche Gespräche den Freiwilligen eine zusätzliche Sicherheit in ihrer Arbeit, da sie tranzparenzfördernd in einer komplexen Arbeits- und Absprachenstruktur zwischen den Kooperationspartnern sind.

Die Rolle der Freiwilligen in der Gemeindearbeit

Sollte eine Gemeinde sich für einen vollen Stellenanteil entscheiden, ist die Frage zu klären, wie damit umzugehen ist, wenn die hauptamtlichen Anleitenden weniger Stunden vor Ort haben als die Freiwilligen (z.B. 19,5 h hauptamtliche Anstellung zu 39,5 h Freiwilligendienst). Hier ist im Vorfeld mit besonderer Sorgfalt zu bedenken, in welchen Bereichen der Gemeindearbeit die Freiwilligen eingesetzt werden und wer dort die Anleitung übernimmt, da es Tätigkeiten gibt, bei denen sie in keinem Fall unbegleitet sein sollen (z.B. bei der Arbeit mit Konfirmandinnen und Konfirmanden). Dieser Herausforderung hat sich die Gemeinde zu stellen und auch dies kann zu einem erhöhten Arbeitsaufwand der hauptamtlichen Kräfte führen.

Eine klare Rollenverteilung bezüglich Begleitung in einzelnen Bereichen und der generellen Anleitung der Freiwilligen muss geklärt sein. Das Team der haupt- und ehrenamtlichen Mitarbeitenden muss wissen, dass es eine zuständige Person für die Anleitung und Einteilung der Aufgaben für die Freiwilligen gibt, die auch in letzter Konsequenz weisungsberechtigt ist. Konflikte auf dieser Ebene dürfen keinesfalls auf dem Rücken der Freiwilligen ausgetragen werden oder zu deren Lasten gehen. Die Freiwilligen brauchen eine klare Bezugsperson, auf deren Weisungen sie sich im Extremfall berufen und verlassen können.

Auch sollte unter den ehrenamtlichen Mitarbeitenden die Rolle der Freiwilligen gut kommuniziert werden. Es kann leicht zu Schieflagen kommen, wenn erfahrene Ehrenamtliche dazu neigen, Aufgaben an Freiwillige zu delegieren, die sonst niemand erledigen möchte. Ebenfalls darf es nicht dazu kommen, dass Ehrenamtliche sich den Freiwilligen gegenüber als Leitung aufführen: Die Anleitenden sollten wachsam sein, damit solche Situationen nicht entstehen. Die Integration in ein bestehendes, manchmal fast familiäres Gruppengefüge stellt sowohl für die Anleitenden als auch für die Freiwilligen eine weitere Herausforderung dar. Die Erfahrungen zeigen aber, dass bei jahrelanger Begleitung der Gemeindearbeit durch Freiwillige eine gewisse Vorfreude und Neugier in den Gruppen entsteht und die Freiwilligen hierdurch meist sehr schnell und gut integriert werden. Trotzdem kann gerade aufseiten der Freiwilligen eine gewisse Anspannung diesbezüglich bestehen, welche es durch die Anleitenden so weit wie möglich auszuräumen gilt.

Passende Aufgaben finden

In die Überlegungen, welche Aufgaben die Freiwilligen in der Gemeinde übernehmen können, sollte auch die Frage einfließen, wie man es schafft, den Freiwilligen verantwortungsvolle Aufgaben zu übertragen, ohne sie zu überfordern. Es ist unerlässlich, die Aufgabenverteilung und die Übertragung von Verantwortung an die jeweiligen Freiwilligen individuell anzupassen: Einige Freiwillige brauchen Verantwortung, um nicht unterfordert zu sein, andere können sich unter zu viel Verantwortung nicht gut entwickeln. Eine Möglichkeit hierfür ist, die Verantwortung langsam zu steigern (vgl. Wilhelm in diesem Band).

Eine weitere Dimension bei der Übertragung von Aufgaben im gemeindlichen Kontext ist die Theologie. Gerade bei Aufgaben mit theologischem Hintergrund, wie der Mitwirkung in der Arbeit mit Konfirmandinnen und Konfirmanden, der Mitgestaltung von Gottesdiensten oder Kinderbibelwochen, sind Fingerspitzengefühl und Sprachfähigkeit gefragt (vgl. Juschka in diesem Band). Hier spielen der persönliche Glaube und die religiöse Sozialisation der Freiwilligen eine große Rolle. Es ist wichtig, in der Vorbereitung von solchen Aufgaben die Freiwilligen bereits gut zu unterstützen, um mögliche unangemessene Situationen im Vorfeld zu erkennen und dafür zu sensibilisieren. Auch auf theologischer Ebene ist eine eigenständige, gut angeleitete Entfaltung der Freiwilligen äußerst wichtig. Für einige Freiwillige ist es sogar der wichtigste Teil ihres Freiwilligendienstes und ein Grund dafür, warum sie sich für die Arbeit in einer Kirchengemeinde entschieden haben.

Für die Freiwilligen ist dies auch abseits der theologischen Herausforderungen ein ständiger Lernprozess, bei dem zwischenzeitlich die Kraft oder auch die Motivation nachlassen kann. Dies ist ganz normal und hat nichts mit plötzlichem Desinteresse an der gemeindlichen Arbeit zu tun. Durch persönliche Gespräche und das Setzen neuer (An-)Reize gibt sich dies meist schnell wieder.

Eine weitere große Herausforderung, die sich für die meist jungen Freiwilligen stellt, ist das Nähe-Distanz-Verhältnis zu Teilnehmenden und Ehrenamtlichen, da der Altersunterschied mitunter nur wenige Jahre beträgt. Zum Beispiel gibt es gerade in der gemeindlichen Jugendarbeit meist einen großen Anteil an weiblichen ehrenamtlichen Mitarbeiterinnen, aber auch Teilnehmerinnen. In der Kombination mit männlichen Freiwilligen kann dies zu kritischen Konstellationen führen. Die Anleitenden sind deshalb zu besonderer Achtsamkeit aufgefordert, um angespannte Situationen zu erkennen und anzusprechen: Nicht selten haben Beziehungen oder „Anbandelungen" zwischen Ehrenamtlichen und Freiwilligen bei negativem Ausgang schon zu Gruppenspaltungen und dem Fernbleiben verschiedenster Personen(gruppen) geführt. Dies ist weder für das Klima in der Jugendarbeit, noch für das Wohlbefinden der Freiwilligen in ihrem Arbeitsalltag zuträglich. In diesem Punkt verbergen sich bereits sowohl Herausforderungen, aber auch Risiken für Einsatzstelle und Freiwillige, weshalb diese nun näher beleuchtet werden sollen.

Risiken für die Einsatzstelle

Wie im vorangehenden Abschnitt schon angedeutet, birgt der Einsatz von Freiwilligen in der Gemeinde auch gewisse Risiken, zumal oft unbekannte Personen in eine enge Gemeinschaft integriert werden. Die Einstellung einer neuen, ggf. gemeindefernen Person im Freiwilligendienst ist insofern riskant, als dass diese Person am Anfang noch nicht mit all ihren Facetten bekannt ist und sie trotzdem in einen hochsensiblen Bereich, z.B. der Arbeit mit Kindern und Jugendlichen, integriert werden soll. Auch wenn es auf dieser Ebene bereits unzählige gute Erfahrungen gibt, sollte die Situation jedes Mal neu bewertet werden. Denn selbst langjährige ehrenamtliche Mitarbeitende können sich in der Rolle als Freiwillige vollkommen anders verhalten, als man es von ihnen kennt.

Eventuell gilt es, sich vorab eine Checkliste zu erstellen, in der folgende Fragen betrachtet werden:

Leitfragen zur Einschätzung von Risiken beim Einsatz von Freiwilligen
- Wie kann eine verantwortungsvolle Integration in die verschiedenen Gruppen erfolgen?
- Wie verhalten sich die Freiwilligen?
- Wird das Nähe-Distanz-Verhältnis gewahrt?

Ein Risiko ist der Umgang mit sensiblen Daten oder vertraulichen Informationen. So sollten beispielsweise Freiwillige, die neu in die Gemeindearbeit kommen, nicht unbedingt direkt in alle Messenger-Gruppen oder Mailverteiler zur gemeindeinternen Kommunikation integriert werden. Dies dient zum einen dem Schutz der Freiwilligen, die ggf. im Umgang mit vertraulichen Informationen nicht geübt sind, und zum anderen dem Schutz der Jugendlichen/Ehrenamtlichen vor z.b. unerwünschten privaten Nachrichten. Eine Kommunikation der Gruppeninhalte kann zunächst auch über die Anleitenden erfolgen. Dies ist zwar zusätzlicher Aufwand, der sich der Erfahrung nach aber auszahlt, da er das Vertrauen auf beiden Seiten stärkt. Nicht in allen Fällen sind die Freiwilligen neu in der Gemeindearbeit vor Ort, sondern schon vorher langjährige Mitarbeitende der Gemeinde, wobei ggf. von diesen Vorsichtsmaßnahmen abgesehen werden kann. Jedoch ist auch dann darauf zu achten, wie der Rollenwechsel zwischen der Ehrenamtlichkeit und dem Freiwilligendienst mit seinen neuen Aufgaben, Befugnissen und Insider-Wissen funktioniert.

Bei Schwierigkeiten jeglicher Art muss davon ausgegangen werden, dass deutlich mehr Arbeitszeit der Hauptamtlichen investiert wird, als zunächst angenommen, denn die Freiwilligen haben das Recht auf eine angemessene Begleitung und Anleitung, speziell wenn es zu Komplikationen kommt, die dann sorgfältig betrachtet und bearbeitet werden sollten.

Einsatz von Freiwilligen in der Freizeitarbeit

Grundsätzlich kann der Einsatz von Freiwilligen in der Freizeitarbeit, genau wie im gemeindlichen Kontext, ein großer Gewinn sein. Er bietet die Chance auf neue Perspektiven, kreative künstlerische, musikalische und auch theologische Ideen. Dies ist der Optimalfall, der allen Gemeinden, Freiwilligen und Freizeitteams gewünscht werden kann. Jedoch gibt es auch Konstellationen, in denen der Sachverhalt ein anderer ist. Denn selbst wenn es in der Gruppen- und Projektarbeit reibungslos läuft, kann sich dies auf Freizeiten ganz anders darstellen.

Oftmals sind es gerade auf Jugendfreizeiten eingespielte, langjährige Teams, die eine starke Einheit bilden. Diese braucht es auch, um auf einer mehrwöchigen Freizeit gut zusammenarbeiten zu können. Um Freiwillige in das Team zu integrieren, braucht es Offenheit und eine gewisse Neugier. Hier haben die Hauptamtlichen die Aufgabe, diesen Schritt gut vorzubereiten und dafür zu sorgen, dass er gelingt.

Freiwillige jedoch um jeden Preis mit auf eine Freizeit nehmen zu wollen, ist sicherlich nicht der richtige Weg. In einem Gefüge aus verschiedensten Charakteren, das mehrere Tage oder auch Wochen auf engem Raum miteinander verbringen wird, sind besonderes Fingerspitzengefühl und Achtsamkeit gefragt. Sollten sich im Vorfeld schon Konflikte oder Spannungen zwischen Freiwilligen und Teammitgliedern andeuten, muss reagiert werden. Hier liegt die Entscheidung bei der Freizeitleitung, ob der Einsatz von Freiwilligen auf der Freizeit sinnvoll erscheint oder ob im Team der Ehrenamtlichen ein Personalwechsel stattfinden muss. Persönliche Differenzen, zumal diese vielleicht sogar vom Team angezeigt worden sind, zu ignorieren, kann die Atmosphäre der ganzen Freizeitmaßnahme gefährden.

Ein weiterer, sehr wichtiger Punkt ist die persönliche Befindlichkeit der Freiwilligen zum Thema Freizeiten. Hierfür soll das klassische Beispiel einer Sommerfreizeit dienen: Die Gemeinde veranstaltet in jedem Jahr eine Sommerfreizeit in den Süden ans Meer. In der Gemeinde arbeitete seit 10 Monaten eine Freiwillige. Sie ist gut integriert, versteht sich mit allen bestens und der nahende Abschied drückt jetzt schon aufs Gemüt. Das Team überlegt sich, die Freiwillige als Belohnung und krönenden Abschluss für das tolle Jahr mit auf die Sommerfreizeit zu nehmen. Als sie der Freiwilligen die Idee präsentieren, ist diese wider Erwarten leider wenig enthusiastisch. Sie ist keine Freundin von Campingplätzen: Das Schlafen im Zelt, der staubige Platz und die gemeinsamen Waschräume sind überhaupt nichts für sie; durch einen sehr hellen Hauttyp reagiert sie empfindlich auf Sonneneinstrahlung und kann auch sonst mit Hitze nicht gut umgehen. An solch einem Punkt ist es besser, Einsicht zu zeigen, als Freiwillige zu etwas zu überreden, was ihnen von vornherein Unbehagen bereitet. Wenn sich eine Person nicht mit der speziellen Atmosphäre auf Freizeiten anfreunden kann, sollte man auch nicht darauf beharren, sie trotzdem mitzunehmen.

Einsatzmöglichkeien auf Freizeiten

Vor einem Einsatz von Freiwilligen bei Freizeiten sollte auf deren Arbeitsweise und Selbstständigkeit geachtet werden. Im gemeindlichen Alltag gelingt es gut, Menschen „an die Hand zu nehmen", ihnen Dinge kleinschrittig zu erklären oder auch auf noch ausstehende Arbeiten hinzuweisen. Dies alles ist auf einer Freizeit, die personell meist eng geplant ist, nicht unbedingt möglich oder kostet Zeit und vor allem Nerven. Eigenständiges Arbeiten und auch das Erkennen von Aufgaben und Herausforderungen ist in der Freizeitarbeit unerlässlich, andernfalls kann es schnell zu schlechter

Stimmung im Team und auch zu Frustration bei den Freiwilligen kommen. Das impliziert, dass Freiwillige keinesfalls die Aufgaben von Hauptamtlichen übertragen bekommen: Für die Freizeitleitung sind stets die Mitarbeitenden verantwortlich.

Um eine gute Einschätzung dafür zu bekommen, welche Aufgaben Freiwillige auf einer Freizeit problemlos und gewinnbringend übernehmen können, folgt eine kurze Aufzählung.

Einsatzmöglichkeiten für Freiwillige bei Freizeiten für Konfirmandinnen und Konfirmanden

- Bei der Zimmerverteilung unterstützen und Teilnehmenden die Wege zu den Zimmern zeigen
- Morgen- und Abendimpulse gestalten und durchführen
- Das musikalische Angebot gestalten
- Den Tischrap (kurzer Gesang, Tischlied) übernehmen und vorab verschiedene Lieder auswählen
- Eine spezielle Abendaktion vorbereiten und mit Hilfe des Teams durchführen
- Eine eigene Einheit vorbereiten und mithilfe des Teams durchführen
- Nächtliche Zimmerrunde übernehmen (hierbei auf Parität der Geschlechter achten, jeweils eine weibliche oder männliche Betreuungsperson mitschicken).

Einsatzmöglichkeiten für Freiwillige bei Jugendfreizeiten

- Abendimpulse vorbereiten und durchführen (nicht jeden Abend, aber zwei bis drei)
- Kreativprogramm gestalten
- Mitgestaltung der Küchenleitung (bei Interesse an diesem Bereich) und damit verbunden auch die Planung der Mahlzeiten sowie des Einkaufs vorab und am Freizeitort
- Planung und Durchführung einer Abendaktion mithilfe des Teams
- Rolle des Camp-DJs, oder Übernehmen der Ansagen
- Verwaltung der Taschengeldkasse
- Gestaltung des Sportprogramms

Dies sind Beispiele von Aufgaben, die übernommen werden *können*, was aber vorher immer gut abgesprochen und bei der Durchführung begleitet werden sollte. Von Freiwilligen kann nicht erwartet werden, dass sie alles auf Anhieb durchschauen oder verstehen. Ebenso sollte den Freiwilligen nicht gleich die ganze Palette an Aufgaben anvertraut, sondern mit ihnen zusammen eine leistbare Auswahl getroffen werden. Nur so wird es für alle Seiten ein gelungener und gewinnbringender Einsatz.

Rückblick und Ausblick

Die Ev. Kirchengemeinde Herdecke ist mittlerweile seit sieben Jahren Einsatzstelle für Freiwillige. In dieser Zeit haben wir fast nur positive Erfahrungen gesammelt. Wir durften tolle junge Menschen kennenlernen, die ihre eigenen Ideen von Jugendarbeit in unseren Alltag eingebracht haben. Gleichzeitig sind hierdurch auch neue Formate von Jugendgruppen und ein professionell gestaltetes Programmheft für das Jahr 2020 entstanden. Die Freiwilligen haben mit Begeisterung an der Kinderbibelwoche und dem Krippenspiel mitgewirkt. Und ganz wichtig: Wir haben es geschafft, junge Menschen nachhaltig für ein Engagement in der Kirche zu begeistern. Die meisten Freiwilligen sind heute noch Teil unseres Teams von Ehrenamtlichen und in diesem Jahr ist eine ehemalige Freiwillige sogar in den Dienst als hauptamtliche Jugendreferentin eingestiegen.

Die Anleitung von Freiwilligen ist nicht immer einfach und durchaus zeitintensiv, aber es lohnt sich, auch etwas schwierigeren Charakteren eine Chance zu geben, kleine Schritte in der persönlichen Entwicklung im Blick zu haben und anzuerkennen.

In den letzten Jahren hatten wir viele Freiwillige, die aus dem unmittelbaren Umfeld der Gemeinde kamen: Teilweise waren sie schon als Ehrenamtliche tätig oder aus kreiskirchlichen Aktivitäten bekannt. Es lohnt sich in jedem Fall, im Kreis der Mitarbeitenden für einen Freiwilligendienst in der eigenen Gemeinde zu werben. Zu denjenigen, die diesen Dienst absolviert haben, besteht weiterhin ein sehr gutes persönliches Verhältnis und uns verbinden viele schöne, gemeinsame Momente. Ich bin froh, dass es in der Ev. Kirchengemeinde Herdecke die Chance gibt, jedes Jahr eine oder einen Freiwillige(n) mit einer halben Stelle zu beschäftigen, und hoffe, dass dies auch noch viele Jahre möglich sein wird.

FREIWILLIGE IM EINSATZ FÜR SPORT UND GLAUBE: JUMP

Larissa Mehrwald/Denis Werth

Sport spielt bei vielen Jugendlichen und jungen Erwachsenen eine große Rolle. Gemeinsamer Sport verbindet die unterschiedlichsten Menschen miteinander und überwindet Grenzen. Außerdem bietet der Sport viele Anknüpfungsmöglichkeiten, um vom Glauben an Jesus zu erzählen: Sportmission bringt zum einen die persönliche Leidenschaft für den Sport zum Ausdruck und zum anderen geht es darum, über den Sport den christlichen Glauben ins Gespräch zu bringen.

Das JUMP-Projekt in Gießen und seine Partner

JUMP Gießen ist das zweite JUMP-Projekt in Deutschland.[82] JUMP Karlsruhe gilt als sportmissionarisches Pilotprojekt mit Freiwilligen in Deutschland. In Anlehnung und auf Basis der dort gesammelten Erfahrungen ist das JUMP-Team in Gießen im Sommer 2018 entstanden. Der Name JUMP steht hierbei für die Bewegung und die Dynamik, die von diesem Team ausgeht. Das JUMP-Projekt in Gießen ist eine Kooperation von drei Partnern. Gemeinsam fördern und begleiten sie jährlich ein Team von vier bis acht Freiwilligen.

SRS e.V. (früher: Sportler ruft Sportler) ist eine christliche Non-Profit-Sportorganisation mit Sitz in Altenkirchen/Westerwald. Ihr Ziel ist es, sportbegeisterte Menschen aller Alters- und Leistungsklassen sowie Menschen in deren Umfeld im Sport und im Glauben zu fördern und zu begleiten. SRS ist bei JUMP für Öffentlichkeitsarbeit und Schulungen zuständig, die sich z.B. mit dem Themenbereich christlicher Glaube im Sportverein befassen.

Der *CVJM Gießen* ist ein Ortsverein, der sich (vor allem) im Jugendzentrum „Holzwurm" und in der Jugendverbandsarbeit in den Vereinsräumen in der Gießener Innenstadt engagiert. Er arbeitet sowohl mit Kirchengemeinden als auch der Stadt zusammen. Das Jugendzentrum „Holzwurm" liegt in der Gießener Nordstadt und steht allen Kindern und Jugendlichen zwischen 6 und 18 Jahren aus dem Stadtteil offen. Die Jugendverbandsarbeit richtet sich mit verschiedenen Gruppenangeboten für Kinder, Jugend-

---

[82] Vgl. für weitere Informationen: www.cvjm-westbund.de/jump.

liche und Erwachsene an Menschen aller Altersgruppen. Der CVJM Gießen stellt die Wohnung für die Freiwilligen und ist zuständig für die damit zusammenhängenden Fragen des alltäglichen Lebens. Außerdem begleitet die Hauptamtliche des Vereins die Freiwilligen, führt regelmäßige Gespräche mit dem Team und koordiniert die wöchentlichen Aufgaben im Verein.

Der *CVJM-Westbund e. V.* fördert und begleitet CVJM-Kreisverbände und CVJM-Ortsvereine in fünf Bundesländern auf der Grundlage ganzheitlicher christlicher Arbeit für Kinder und Jugendliche. Der CVJM-Westbund ist bei JUMP überwiegend für die Sportschulungen verantwortlich und die Koordination von regionalen und überregionalen CVJM-Veranstaltungen wie Freizeiten, Sportturniere u.a. Ein Hauptamtlicher des Westbundes trifft sich wöchentlich mit dem Team, bereitet mit ihnen Veranstaltungen vor und gibt Schulungen für die Bereiche Sport und Glauben.

Das Konzept

Gemeinsames Leben und Arbeiten

Vier bis acht Freiwillige im Alter von 18 bis 25 Jahren bilden für ein Jahr eine JUMP-Lebensgemeinschaft in Gießen. In dieser WG lernen sie, gemeinsam ihr Leben zu organisieren. Die Grundlagen und erste Orientierung für das gemeinsame Leben werden in der Einführungswoche gelegt. Absprachen wie Putz- und Kochpläne, erste gemeinsame Aktionen und die Vorstellung der Wochenstruktur stehen hier unter anderem auf dem Programm.

Ziel der WG ist auch, dass sie im Verlauf des Jahres ein Anziehungspunkt für Menschen aus dem Umfeld des CVJM und den Sportvereinen wird. Über die Lebensgemeinschaft als Basis hinaus hat das JUMP-Team weitere Aufgabenbereiche:

1. JUMP im CVJM Gießen. Das JUMP-Team bringt sich im CVJM Gießen in die bestehende Arbeit mit ein. Die Freiwilligen werden immer als Ergänzung zu einem bestehenden Mitarbeitendenteam eingesetzt, damit nach dem Jahr nicht ein Arbeitszweig wieder neu aufgebaut werden muss. Je nach Begabung sind sie in unterschiedlichen Arbeitsfeldern wie Jungschar, Hausaufgabenbetreuung, sozialdiakonische Stadtteilarbeit oder bei Angeboten mit Geflüchteten aktiv. Das Team hat in ihrem Jahr auch die Freiheit, eigene Angebote oder Projekte zu entwickeln und selbst durchzuführen.

2. JUMP im Sportverein. Alle Teilnehmenden des JUMP-Teams praktizieren ihre Lieblingssportart in einem Sportverein. Sie trainieren und spielen dort mit und bauen Beziehungen zu ihrem Mitspielenden auf. Dabei werden sie geschult und begleitet, wie sie auch ihrem christlichen Glauben im Sportverein Ausdruck geben können. Wichtig ist hierbei, dass alle Freiwillige ihren persönlichen, individuellen Stil finden dürfen, um den Glauben weiterzugeben. Die Begleitung wird hierbei durch kollegiale Beratung innerhalb des Teams mit den Hauptamtlichen von SRS oder CVJM-Westbund gewährleistet.

3. *JUMP im CVJM-Westbund und bei SRS.* Das JUMP-Team bietet sportmissionarische Angebote wie zum Beispiel den Sportpark CVJM-Ortsvereinen und -Kreisverbänden an. Beim Sportpark werden an einem Nachmittag unterschiedliche Sportarten und Bewegungstrends vom JUMP-Team vorgestellt und durchgeführt. Während des Nachmittags gibt es an unterschiedlichen Stellen Impulse, die die Bewegung und den Sport miteinander verbinden. Das Team kann für solche Angebote angefragt und gebucht werden. Ziel hierbei ist es, die sportmissionarische Arbeit vor Ort zu fördern und Vereine einzuladen, selbst aktiv zu werden. Auch bei größeren Veranstaltungen wie Sport-Turnieren, Jugendevangelisationen oder Freizeiten bringt sich das Team mit ein.

JUMP – das bringt es

Das JUMP-Jahr bietet den Freiwilligen eine Menge Chancen. So ist der Umzug vom Elternhaus in die JUMP-WG ein verhältnismäßig sanfter Übergang in die Selbstständigkeit. Die jungen Erwachsenen werden begleitet und erhalten auch zu Beginn Hilfestellung für Alltagsaufgaben wie Putzen, Kochen, Einkaufen oder das Waschen der Wäsche. Insgesamt liegt bei JUMP ein großer Schwerpunkt auf der Begleitung der Einzelnen und des gesamten Teams. Feedbackrunden nach Gruppenstunden und Einsätzen gehören ganz selbstverständlich dazu und helfen dabei, sich selbst und das eigene Verhalten zu reflektieren. Im Team lernen die Freiwilligen viel voneinander und profitieren von der engen Gemeinschaft. Gerade der Aspekt des gemeinsamen Lebens erhöht die Attraktivität dieses Freiwilligendienstes. Die Gemeinschaft bietet einen geschützten Rahmen, um neue Erfahrungen zu sammeln und sich gemeinsam auf neue Herausforderungen einzulassen, die alleine eher gescheut worden wären. Das Jahr bei Jump eröffnet viele Möglichkeiten, um sich auszuprobieren und dabei über sich hinauszuwachsen.

Neben den Seminaren, die vom Träger des Freiwilligendienstes angeboten werden, erhalten die Freiwilligen wöchentliche Schulungen, die sich intensiv mit den Themen Sport und Glaube auseinandersetzen. Diese werden überwiegend vom Hauptamtlichen des CVJM-Westbundes durchgeführt. Durch die Sportschulungen erhalten die Teilnehmenden am Ende des Jahres die Übungsleiterlizenz C des Deutschen Olympischen Sportbundes (DOSB) für Breitensport. Somit sind sie über das Jahr hinaus qualifiziert, um in Sportvereinen als Trainerinnen oder Trainer aktiv zu werden und dabei aktiv das Vereinsleben mitzugestalten.

Die Kooperationspartner profitieren direkt vom Engagement des Teams. Der CVJM Gießen gewinnt neue Mitarbeitende, die die bestehenden Gruppen bereichern und mitgestalten. Darüber hinaus sind auch neue Projekte z.b. an Schulen für die Umsetzung ermöglicht worden. Die Angebote von SRS und dem CVJM-Westbund werden ebenfalls bereichert. Das Team entwickelt neue Ideen für einzelne Veranstaltungen und Events und setzt diese um. Die Chancen der sportmissionarischen Arbeit werden durch das Auftreten des Teams neu wahrgenommen und erhalten mehr Beachtung.

Nach dem Jahr lässt sich feststellen, dass die Freiwilligen dem Projekt und den jeweiligen Partnern stark verbunden bleiben und sich gerne weiterhin in den unterschiedlichen Organisationen einbringen. Sie fungieren nach ihrem Jahr auch als Multiplikatorinnen und Multiplikatoren für das JUMP-Team und für die Idee der sportmissionarischen Arbeit.

JUMP – das fordert es

Herausfordernd ist der hohe Betreuungsaufwand für das (Freiwilligen-) Team. Nicht immer verläuft das gemeinsame Leben reibungslos. Hier ist es wichtig, Gespräche zu führen und zu moderieren. Auch die Einzelnen im Team im Blick zu behalten, ist nur möglich durch eine enge Begleitung.

Der Mitarbeit im Ortsverein, bei überregionalen Einsätzen und der regelmäßigen Teilnahme im Sportverein gerecht zu werden, stellt besonders das JUMP-Team vor Herausforderungen. Gerade die Einsätze im Landesverband an Wochenenden und die aktive regelmäßige und intensive Teilnahme im Sportverein überschneiden sich gelegentlich. Hier ist es wichtig, im Gespräch zu sein und gute Organisationsstrukturen für transparente Absprachen zu bieten, damit möglichst beide Engagementmöglichkeiten wahrgenommen werden können und kein Frust entsteht.

Kompromissbereitschaft fordert auch die Kooperation von drei gleichberechtigten Projekt-Partnern. Regelmäßige Telefonkonferenzen und Treffen sind unerlässlich. Wenn zum Beispiel alle drei Partner zur gleichen Zeit mit dem Team auf eine Sommerfreizeit möchten, ist es wichtig, gerechte Lösungen zu finden. Heikle Themen werden bei Projektleitungstreffen vor Ort geklärt. Insgesamt hilft bei allen Absprachen, dass als Grundlage der Kooperation festgelegt wurde, dass JUMP ein Angebot für die Freiwilligen ist und diese im Mittelpunkt aller Bemühungen stehen und nicht die Interessen von einzelnen Kooperationspartnern.

JUMP – das benötigt es

Trotz dieser Herausforderungen sind wir mehr als zufrieden mit dem JUMP-Projekt. Um es auch an anderen Orten zu verwirklichen, sind einige Voraussetzungen wichtig. Der Ort muss eine gute Infrastruktur bieten, groß genug sein und ein vielfältiges Sportangebot für die Freiwilligen bieten. Für die Freiwilligen-WG ist eine große Wohnung nötig. Auch ist die Mobilität für das Team zu organisieren, damit sie zu Sportveranstaltungen oder Einsätzen gelangen können. Um das Konzept zur Umsetzung zu bringen, ist die Begleitung der Freiwilligen sicherzustellen. Unserer Erfahrung nach ist das nur mit personellem hauptamtlichem Einsatz möglich, der finanziert werden muss. Jeder Kooperationspartner stellt für das JUMP-Projekt eine hauptamtliche Kraft zu einem gewissen Prozentsatz zur Verfügung, um die Begleitung, Schulung und Koordination zu bewerkstelligen. Gerade der Ortsverein braucht zudem eine hohe Identifikation mit dem Projekt, sodass dort Freude und Engagement entsteht, die jungen Erwachsenen zu fördern. Hierbei helfen in Gießen ehrenamtliche Personen für Mentoring mit und tragen entscheidend dazu bei, dass der Anschluss in die örtliche CVJM-Gemeinschaft gelingt.

Die Finanzierung des Projektes ist ebenfalls ein spannendes Thema. Bei JUMP Gießen wird es so gehandhabt, dass alle Freiwilligen sich einen Unterstützungskreis für die Arbeit aufbauen. Dieser finanziert zum einen den Freiwilligendienst und begleitet die Freiwilligen durch Anrufe, Mails und Gebet. Für ihren Unterstützungskreis schreiben die Freiwilligen regelmäßig Rundmails, um ihnen zu berichten, wie es ihnen geht. Die finanzielle Unterstützung garantiert, dass das Projekt finanziell gesichert ist.

Dass wir JUMP in Gießen durchführen können, ist für uns ein Wunder. Dass wir eine Wohnung in einer Universitätsstadt mit angespannter Wohnraumsituation nach nur einem Gespräch gefunden oder einen Bus geschenkt bekommen haben, sind dafür nur zwei Beispiele. Die gemeinsame Zeit mit dem Freiwilligen-Team ist für uns als Projektpartner ein Geschenk und wir staunen, wie sehr dieses Jahr die JUMP-Freiwilligen prägt und sie in ihrer Persönlichkeit reifen lässt.

EINSATZ VON FREIWILLIGEN IM KONTEXT MUSIK: M3

Viola Klause

Das Projekt M3 (Musik, Mission, Mannheim) ist ein musikmissionarisches Kooperationsprojekt zwischen dem CVJM Mannheim e.V. und dem CVJM Landesverband Baden e.V.[83] Fünf bis sieben junge Erwachsene leben im Rahmen eines Freiwilligendienstes gemeinsam in einer Wohngemeinschaft im Haus des CVJM Mannheim und bilden die Band M3. Die Freiwilligen werden in ganz Baden und darüber hinaus ausgesandt, um bei unterschiedlichen Veranstaltungen mitzuwirken. Das Ziel des Projektes ist, durch Musik die gute Nachricht auch außerhalb der Gemeinde zu verbreiten und verschiedene Gruppen zu vernetzen. Die Freiwilligen erhalten die Möglichkeit, ihren eigenen Glauben zu vertiefen und ihre musikalischen und sozialen Fähigkeiten zu erweitern. Die konkrete Gestaltung und Umsetzung dieser gemeinsamen Vision von M3 liegt in der Hand jedes einzelnen Jahrgangs an Freiwilligen und steht in engem Zusammenhang mit den individuellen Begabungen, Engagements und Interessen der einzelnen Teammitglieder.

Was ist „M3"?

Die musikalisch begabten und missionarisch motivierten Freiwilligen wohnen in der Innenstadt Mannheims, als eine Art „Learning Community", in einer Wohngemeinschaft. Sie arbeiten musikorientiert und lernen, ihren christlichen Glauben authentisch zu leben. Mit ihrer Arbeit stärken sie vor allem den CVJM in Mannheim und die Jugendarbeit vor Ort.

Durch die Sprache der Musik werden junge Menschen mit der guten Botschaft in Kontakt gebracht. Die Freiwilligen knüpfen in der Musikbranche, aber auch darüber hinaus, ein regionales und überregionales Netzwerk. Da die jungen Erwachsenen aus ganz Deutschland und aus unterschiedlich geprägten Gemeinden kommen, entsteht eine Vielfalt, durch die die Freiwilligen selbst persönlich und geistlich wachsen und ihren Horizont erweitern können.

---

[83] Vgl. www.cvjm-mannheim.de/website/de/v/mannheim/m3 für eine ausführliche Vorstellung des Konzepts.

Zusätzlich zu den Bildungstagen des Freiwilligendienstträgers finden im Rahmen von M3 persönliche, geistliche und musikalische Förderung durch Schulungen, Bandcoaching, Instrumental- und Gesangsunterricht sowie Grundlagenseminaren statt, was den Freiwilligen ein ganzheitliches und vielseitiges Wachstum ermöglicht.

Chancen des M3-Konzepts

Die jungen Freiwilligen arbeiten in einem festen Team, wohnen, proben und treten gemeinsam auf. Sie verbringen sowohl ihre Freizeit als auch ihre Arbeit als Band zusammen. Das führt zu einem starken Teamgeist und guter Zusammenarbeit. Durch die Anbindung an den CVJM Mannheim und den CVJM Baden hat das Team viele Auftritte vor jungen Menschen und kann auch über die Musik hinaus vielseitige Aufgaben übernehmen. Dazu gehört z.B. die Mitarbeit im offenen Jugendtreff, die Gestaltung von gruppenbezogenen (Sport-)Angeboten, die Mitarbeit auf Freizeiten und Sommercamps oder ganz praktische Unterstützung bei besonderen Aktionen. Dadurch haben die Freiwilligen die Möglichkeit, Menschen zu erreichen, sie zu ermutigen und zu inspirieren.

So entsteht ein großer Gewinn für den CVJM, für die Jugendlichen in Mannheim und Umgebung und natürlich für die Freiwilligen selbst, denn sie können somit viele Erfahrungen sammeln, in ihrer Persönlichkeit und musikalisch wachsen und ihre Lebensgrundlage im Glauben festigen.

Die Einbindung von M3

Innerhalb des CVJM übernimmt M3 oft die musikalische Begleitung von Gottesdiensten, Festen, Konzerten und Feiern. Sie organisieren unterschiedliche musikalische Projekte wie Workshops, Bandprojekte und Lobpreisabende und gestalten ebenfalls die offene Jugendarbeit und die Angebote der Schulsozialarbeit mit.

Der Freiwilligendienst ermöglicht den Musikmissionarinnen und Musikmissionaren, so werden die Freiwilligen bei M3 unter anderem auch genannt, eigenverantwortliches und interessenorientiertes Arbeiten. Die Freiwilligen dürfen ihre eigenen Ideen und Visionen in das Projekt mit einfließen lassen und umsetzen.

In Mannheim gibt es verschiedene Projekte, mit denen die Freiwilligen den Glauben nach außen tragen können. Zum Beispiel gibt es im CVJM-Haus einen offenen Jugendtreff, den größtenteils Kinder und Jugendliche mit Migrationshintergrund besuchen, um miteinander zu spielen, Sport zu treiben, an kreativen und künstlerischen Projekten teilzunehmen oder um sich einfach zu treffen und miteinander „abzuhängen". Die Kinder und

Jugendlichen kommen oft aus einem sozialen Brennpunkt und leben in Familien, in denen sie Gewalt und Aggressivität erfahren. In diesem offenen Jugendtreff arbeitet ein Teil des M3-Teams einmal in der Woche. Die Freiwilligen und alle anderen Mitarbeitenden können dort einen Unterschied im sozialen Umgang miteinander machen und schon durch ihr Verhalten von Gott erzählen, indem sie den Kindern und Jugendlichen in Liebe begegnen.

Ein anderer Teil der Freiwilligen leitet einmal in der Woche eine Schul-AG. Die Grundschulkinder kommen spielerisch durch Sport und Musik in Form von Werten und einem gegenseitigen Umgang in Nächstenliebe mit dem christlichen Glauben in Berührung.

Um Menschen auch auf der Straße zu erreichen, machen die Musikmissionarinnen und Musikmissionare regelmäßig Straßenmusik in Mannheim und kommen darüber ins Gespräch mit Vorbeigehenden. Zusätzlich hat das Team jedes Jahr die Möglichkeit, in der Stadt Konzerte zu geben und vor einem größeren Publikum die gute Nachricht zu verbreiten, wie es beispielsweise auf dem Mannheimer Weihnachtsmarkt der Fall ist. Außerdem sind die Musikmissionarinnen und Musikmissionare an großen Veranstaltungen aktiv beteiligt, wie dem Badentreff, einem Zeltlager mit über 1000 Jugendlichen, und werden darüber hinaus als Mitarbeitende auf verschiedenen Camps und anderen Veranstaltungen eingesetzt.

Ein Beispiel für diese Veranstaltungen ist die Blutspende-Aktion, die regelmäßig im CVJM-Haus in Mannheim in Kooperation mit dem Roten Kreuz stattfindet.[84] Die Freiwilligen helfen hier beim Auf- und Abbau und in der Küche, machen zwischendurch Musik, unterstützen das medizinische Team und begleiten die Spenderinnen und Spender auf dem Weg von der Blutentnahme zum Bistro. Jedes Jahr bekommt der CVJM die Rückmeldung, dass die Gäste und Mitarbeitenden sich wohlfühlen, die Atmosphäre sehr schön und die Hilfsbereitschaft positiv aufgefallen ist.

---

[84] Vgl. das Kurzvideo „Mit Blutspenden Leben retten" von RON TV auf YouTube, das Einblick in diese Kooperation gibt: https://youtu.be/VWDuIMFmpOs (Stand: 09.09.2020).

Freiwilligendienst bei M3

Das Projekt M3 richtet sich in erster Linie an junge Erwachsene zwischen 18 und 25 Jahren, die in einer ehrlichen und überzeugten Beziehung zu Jesus Christus leben und bereit sind, ihren eigenen Glauben sowohl immer wieder selbstkritisch zu reflektieren und als auch mit anderen zu teilen. Außerdem sollten diejenigen, die einen Freiwilligendienst bei M3 machen, Interesse für musikalischen Verkündigungsdienst und Anbetungsmusik mitbringen.

Die Voraussetzung für eine Teilnahme bei M3 ist eine musikalische Grundbegabung sowie die sichere Beherrschung seines Instruments oder seiner Stimme, im besten Fall auch Banderfahrung, aber vor allem eine Begeisterung für die Musik. Außerdem sollten die Bewerberinnen und Bewerber bereit sein, ein Jahr an ihrem Instrument zu lernen und dafür Ausdauer und Durchhaltevermögen haben.

Zu den weiteren Voraussetzungen gehört ebenfalls eine gewisse Offenheit und Kontaktfreudigkeit zu anderen Menschen als auch die Bereitschaft dafür, etwas Neues zu wagen und den eigenen Horizont zu erweitern.

An M3 teilzunehmen bedeutet, in einer „Learning Community", einer verbindlichen Gemeinschaft, die gleichzeitig eine eigene Band ist, zu leben. Die Freiwilligen sollten die Herausforderung annehmen wollen, ihren Alltag und den Glauben mit anderen zu teilen.

Wo stößt das Konzept auf Herausforderungen?

Sicherlich bringt das Projekt auch einige Herausforderungen mit sich, wie zum Beispiel die Distanz zu den Eltern, freundschaftlichen und ggf. partnerschaftlichen Beziehungen aus der Heimat. Während des Freiwilligendienstes gibt es einige Möglichkeiten, nach Hause zu fahren, wie z.B. an Heimfahrwochenenden. Dies ist jedoch aufgrund der unterschiedlichen Projekte und Veranstaltungen, die meistens am Wochenende stattfinden, nur begrenzt möglich.

Eine weitere Herausforderung könnte für manche bedeuten, dass man mit zunächst fremden Menschen ähnlichen Alters zusammenwohnt, arbeitet und den Alltag gestaltet, ohne im Voraus die Möglichkeit zu haben, sich gegenseitig kennenzulernen und aufeinander einzustellen. Nicht zuletzt ist durch das enge Zusammenarbeiten und den zudem beschränkten Platz in der Wohnung der eigene Rückzugsort oft nicht ganz leicht umsetzbar. Hier bietet das große CVJM-Haus aber genug Räumlichkeiten und Ausweichmöglichkeiten.

Eine Herausforderung, die sich in diesem speziellen Kontext ergibt, ist das jeweilig unterschiedliche musikalische Niveau der Freiwilligen und die teilweise sehr unterschiedlichen Banderfahrungen, die die Einzelnen mitbringen. Um als Band auftreten zu können, muss sich die Band auf ein gemeinsames musikalisches Niveau einigen, an welches sich alle individuell anpassen müssen, was leider auch immer wieder zu Über- oder Unterforderung für einzelne Bandmitglieder führen kann.

Nicht zuletzt ist der besondere Ruf der Stadt Mannheim als „Musikstadt" zu erwähnen. Diesen Namen hat die Stadt zum einen der großen Popakademie zu verdanken, aber auch vielen bekannten und erfolgreichen Musikerinnen und Musikern, die aus Mannheim stammen. Dieser Ruf bedeutet für das Projekt M3 Fluch und Segen zugleich, weil sich dadurch zum einen viele Möglichkeiten für Auftritte, Unterstützungsmöglichkeiten und Netzwerke eröffnen. Zum anderen ist die Konkurrenz um säkulare Auftrittsmöglichkeiten jedoch sehr groß. Bands mit langjähriger Erfahrung und einem renommierten Namen bekommen so oft den Vortritt gegenüber einer jährlich wechselnden und vergleichsweise jungen Band wie es bei M3 der Fall ist.

Rahmenbedingungen

Bewerbung

Die Zusammenstellung des Teams geschieht durch das Leitungsteam des Projekts M3, welche unter den Bewerbungen die Freiwilligen so auswählen, dass sie musikalisch und persönlich zusammenpassen und ähnliche Ziele verfolgen. Diese Auswahl geschieht über ein Bewerbungsverfahren bestehend aus einer schriftlichen Bewerbung, einem Vorstellungsgespräch und einer musikalischen Darbietung der eigenen Fähigkeiten in Form einer digitalen Aufnahme und einem Vorspiel. Die Teamleitung von M3 besteht aus mehreren Personen, die in sozialen, musikalischen und theologischen Bereichen geschult sind.

Unterkunft und Verpflegung

Für die Musikmissionarinnen und Musikmissionare wird eine gemeinsame, zentral gelegene und voll ausgestattete Wohnung im Haus des CVJM Mannheim e. V. bereitgestellt. Je nach Personenanzahl und -konstellation wohnen die Freiwilligen meist in Doppelzimmern. Im Haus befinden sich neben einigen anderen Wohnungen auch weitere Räumlichkeiten, die den Freiwilligen nach Absprache zur Verfügung stehen. Dazu gehören unter anderem eine Sporthalle, ein Fitnessraum, unterschiedliche Aufenthaltsräume mit Sofas und Musikinstrumenten, eine Kapelle und ein extra für M3 schallisolierter Proberaum. Diese Räumlichkeiten sowie diverse Verbrauchsmittel und technische Geräte wie Drucker, Telefon etc. werden dem M3 Team zur Verfügung gestellt.

Damit sie mit ihren Instrumenten zu den verschiedenen Auftritten kommen können, wird den Freiwilligen von M3 ein eigener Bandbus zur Verfügung gestellt. Ebenso wird die benötigte Technik wie ein Mischpult, Mikrofone, Musikboxen, Kabel und vieles mehr für die Freiwilligen gestellt. Lediglich die Instrumente müssen selbst mitgebracht werden.

Während des Freiwilligendienstes lernen die Musikmissionarinnen und Musikmissionare selbstständig zu leben. Anfangs bekommen sie Tipps und Empfehlungen vom Leitungsteam, wie sie ihren Haushalt führen können, doch später organisieren die Freiwilligen eigenverantwortlich ihren Alltag. Dazu gehören das Einkaufen und Kochen in Zweier-Teams, das Aufräumen und Putzen, das Verwalten der Kassen und des Kalenders, die Wartung des Bandbusses und die Planung der Auftritte.

Finanzierung und Taschengeld

M3 ist angewiesen auf Spenden. Um die Miete für die Wohnung, entstehende Projektkosten und Weiteres finanzieren zu können, ist M3 als ein auf Spenden basierter Freiwilligendienst konzipiert. Die Gesamtkosten betragen ca. 500 Euro pro Monat. In diesem Beitrag sind bereits alle für die Freiwilligen entstehenden Kosten wie monatliches Taschengeld, Verpflegung, Sozialabgaben, die Teilnahmegebühren an Seminaren und Schulungen, Fahrtkosten, Beiträge als Umlage an den Träger etc. enthalten. Dieser Betrag wird durch Spenderkreise der Freiwilligen mitfinanziert.

Die Spenderinnen und Spender können beispielsweise Verwandte, Freundinnen und Freunde, ein Jugendkreis oder auch Gemeindemitglieder aus der Heimatgemeinde sein. Um sowohl die Spenderinnen und Spender als auch andere Interessierte über die aktuellen Ereignisse während des Freiwilligendienstes zu informieren, verfassen die Freiwilligen in regelmäßigen, selbstgewählten Abständen Rundbriefe, in denen sie von ihren Erlebnissen und Erfahrungen berichten.

Begleitung

Während des Freiwilligendienstes bekommen die Musikmissionarinnen und Musikmissionare als kontinuierliche Begleitung eine Mentorin oder einen Mentor an die Seite gestellt, mit denen sie sich je nach Bedarf über Persönliches und Geistliches austauschen können (vgl. Kürten in diesem Band). Am Anfang des Freiwilligendienstes gibt es ein Treffen, bei dem die

Freiwilligen auf die möglichen, geschulten Personen treffen, die Mentoring anbieten, um sie kennenzulernen und mit ihnen ins Gespräch zu kommen. Danach dürfen sie frei entscheiden, mit wem sie weiter in Kontakt bleiben möchten.

Für die inhaltliche und organisatorische Begleitung ist in erster Linie das Leitungsteam von M3 zuständig, das sich regelmäßig mit dem M3-Team trifft, Planungen und Aktionen bespricht, aber auch persönliche Fragen beantwortet, mit den Freiwilligen über theologische Themen diskutiert und sich mit ihnen und ihrem Glauben beschäftigt. Dies geschieht vor allem durch regelmäßige, wöchentliche Teamtreffen, aber auch durch unregelmäßige und einmalige Schulungen, die über das Jahr verteilt werden. Ebenfalls bei musikalischen und persönlichen Fragen können sich die Freiwilligen an das Leitungsteam wenden. Neben dem Leitungsteam stehen auch haupt- und ehrenamtliche Mitarbeitende als Ansprechpersonen für diverse Themen und Fragen zur Verfügung und arbeiten mit dem M3-Team eng zusammen. Außerdem treffen die jungen Erwachsenen bei den verschiedenen Seminaren auf weitere kompetente Fachkräfte, die immer zu Gesprächen bereit sind.

Spiritualität, geistliches Leben und zusätzliche Seminartage

Das geistliche Leben der Freiwilligen wird von verschiedenen Seiten gefördert und unterstützt. Bei den wöchentlichen Gottesdiensten für die Mitarbeitenden des CVJM Mannheim, die musikalisch meistens von M3 begleitet werden, gibt es immer eine Andacht, durch die die Freiwilligen gestärkt werden. Außerdem gibt es währenddessen immer eine Zeit, in der von Erlebnissen mit Gott berichtet werden kann. Diese „Zeugnisse" ermutigen sehr in der Arbeit der Musikmissionarinnen und Musikmissionare. Andachten werden auch auf vielen anderen Veranstaltungen gehalten, wie bei den Seminaren, bei Gottesdiensten und anderen Events. Durch Lobpreismusik, die die Freiwilligen hören oder selbst machen, können sie ermutigt werden und ihren Glauben zum Ausdruck bringen. Außerdem besteht sonntags in der Regel die Möglichkeit, einen Gottesdienst der umliegenden Gemeinden in Mannheim zu besuchen.

Zusätzlich zu den Seminaren, die durch den Träger organisiert werden, gibt es am Anfang des Freiwilligendienstes eine interne Einführungswoche, in der die Freiwilligen viel über den Glauben, die Stadt Mannheim, das Projekt M3, den CVJM Mannheim lernen und sich mit dem neuen M3-Team, in das sie gestellt sind, auseinandersetzen. Hierbei wird der Teamgeist gefördert und eine (geistliche) Gemeinschaft entsteht. Jeden Tag dieser Woche starten die Freiwilligen mit einer Andacht und tauschen sich über den gelesenen Bibeltext aus. Dies wird das ganze Jahr weitergeführt. Durch den täglichen gemeinsamen Abendabschluss, welcher ebenfalls in der Einführungswoche eingeführt wird, bleiben die jungen Erwachsenen auch in ihrem Alltag in regelmäßigem Austausch darüber, wie es jedem Teammitglied geht.

Des Weiteren treffen sich die Musikmissionarinnen und Musikmissionare regelmäßig mit ihren Anleitenden, um über geistliche und persönliche Themen zu reden. So wird auch eine DISG-Schulung vom Leitungsteam durchgeführt, in der die Musikmissionarinnen und Musikmissionare unterschiedliche Persönlichkeitstypen kennenlernen und deren Auswirkungen auf das eigene Team beschreiben (vgl. Reimer in diesem Band).

Persönliche Entwicklungsmöglichkeiten und Lernkompetenzen

Durch M3 lernen die Freiwilligen, aus sich selbst herauszugehen und über sich hinauszugehen. Sie lernen viele Selbstkompetenzen, wie z.b. mit Stress besser umzugehen und flexibel zu agieren, und haben außerdem die Möglichkeit, durch ihre Selbstständigkeit in der Wohngemeinschaft, aber auch im Projekt, Verantwortung für sich und andere zu übernehmen. Durch die verschiedenen Auftritte und Bühnenveranstaltungen innerhalb und außerhalb des CVJM erhalten sie Einblick in unterschiedliche Glaubenstraditionen und lernen, ihren persönlichen Glauben authentisch zu leben. Durch das Verlassen der vertrauten Heimat und das Aufeinandertreffen unterschiedlicher Ansichten erweitern die Freiwilligen ihren Horizont. In dem Einsatzjahr haben sie die Möglichkeit, sich intensiver mit ihrem Glauben, der Musik und ihrer Persönlichkeit auseinanderzusetzen und Teamerfahrungen zu machen. Durch M3 bekommen sie die Chance, innerhalb der gegebenen Möglichkeiten ihre eigenen Ideen einzubringen und sich zu entfalten. Solange ein Projekt der Vision und den Rahmenbedingungen von M3 entspricht, dürfen die Freiwilligen im Rahmen der Möglichkeiten ihrer Kreativität freien Lauf lassen und eigene Projekte planen, organisieren und durchführen. So planen die Musikmissionarinnen und Musikmissionare beispielsweise eigene Lobpreiskonzerte, Straßenmusik und weitere Events.

Außenwirkung

Durch die unterschiedlichen Projekte von M3 kommen die Freiwilligen mit vielen Menschen in Kontakt, die nie etwas mit dem Glauben zu tun hatten und noch nicht von Gott gehört haben. Durch M3 kann die frohe Botschaft verbreitet werden, indem die jungen Erwachsenen mit anderen ins Gespräch kommen, diskutieren und ihnen Gedankenanstöße geben. Dadurch erleben die Freiwilligen oft, wie Menschen Gott näherkommen: Sie werden auf der Straße, auf den Konzerten und Camps von Gott durch die Musik angesprochen und fangen an, sich dafür zu interessieren, was Glauben bedeutet und wer Jesus ist. Andere Glaubende werden durch die Musik ermutigt, aufgebaut und bestärkt.

Missionarische Aspekte von M3

Bei der missionarischen Arbeit von M3 liegt der Schwerpunkt auf der Musik. Bei den meisten Veranstaltungen spielen die Freiwilligen christliche Musik, wodurch sie die gute Nachricht verbreiten. Je nach Veranstaltung und Musikrichtung werden unterschiedliche Menschen angesprochen. Bei etlichen Veranstaltungen des CVJM Baden gibt es sowohl junge als auch ältere Menschen, die von der Musik angesprochen werden. M3 bietet Menschen die Möglichkeit, in der Musik Gott zu begegnen, ihn anzubeten oder sich durch die Musik stärken und ermutigen zu lassen. In den letzten Jahren durften die Freiwilligen selbst Freiheit und Führung durch Gott erleben.

Durch die sozialen Netzwerke haben die Freiwilligen die Möglichkeit, auch Menschen zu erreichen, die nicht in ihrer direkten Umgebung sind. M3 hat einen Channel „M3-Mannheim" auf YouTube, einen Instagram- und Facebook-Account[85] und nimmt eigene Lieder auf, die über die Online-Medien der Öffentlichkeit zu Verfügung gestellt werden und somit von einer großen Anzahl an Menschen über die örtlichen Veranstaltungen hinausgehend gehört werden können.

---

[85] Vgl. www.instagram.com/m3mannheim/ und www.facebook.com/m3mannheim/.

PROGRAMME FÜR KINDER VON FREIWILLIGEN: TEAM-EC

Ingo Müller

„Team-EC" besteht aus vier bis fünf jungen Menschen, die im Rahmen eines Freiwilligen für Kinder im Alter von 6 bis 12 Jahren unterwegs sind. Sie werden vom Deutschen EC-Verband professionell geschult und touren durch ganz Deutschland. Das Hauptanliegen ist, Kindern auf kreative Weise von Jesus zu erzählen, ihnen den christlichen Glauben nahezubringen und sie damit stark zu machen für ihr Leben. Mit einer Mischung aus Spiel, Aktion, Theater, Musik und Geschichten aus der Bibel bieten sie ein vielfältiges und ganzheitliches Programm. Jedes neue Team eines Jahrgangs arbeitet ab dem 1. September ein neues Programm aus. Damit gestaltet sich von Jahrgang zu Jahrgang der Inhalt unterschiedlich.[86] Das Konzept von Team-EC steht für „Kreativ. Flexibel. Nachhaltig.": Kindern auf aktive Weise christliche Werte vermitteln und Glauben vorleben.

Anliegen und Arbeit des Deutschen EC-Verbands

Der Deutsche Jugendverband „Entschieden für Christus" (EC) e.V. ist ein Jugendverband innerhalb der Evangelischen Kirche in Deutschland und Mitglied im Evangelischen Gnadauer Gemeinschaftsverband. Gegliedert in 16 EC-Landesverbände werden in ca. 3.000 Kinder- und Jugendgruppen regelmäßig über 40.000 junge Menschen erreicht. Der Deutsche EC-Verband ist Mitglied der „Arbeitsgemeinschaft der Evangelischen Jugend in der Bundesrepublik Deutschland e.V." (aej) und gehört als Fachverband zum „Diakonischen Werk".

Jugendarbeit in 4D
Mit der Initiative „Jugendarbeit in 4D" will der Deutsche EC-Verband die Veränderungen in der Gesellschaft aufgreifen und neue Formen für die EC-Arbeit entwickeln, die die Relevanz missionarischer Arbeit in der Postmoderne erhöhen.[87] Der EC in Deutschland nimmt die Perspektive von jungen

---

[86] Die aktuellen Themenschwerpunkte werden jedes Jahr unter www.team-ec.de veröffentlicht.

[87] Mehr zum Konzept, den einzelnen Schwerpunkten und Praxismaterial unter www.ja4d.de.

Menschen in den Blick: Er nimmt sie in ihrer Lebenswirklichkeit wahr und begegnet ihnen dort in zeitgemäßer Art und Weise. Dabei wird jedem jungen Menschen in einem gleichberechtigten Miteinander der größtmögliche Freiraum zur Ausgestaltung der Angebote gegeben. Diese ermöglichen es, einen persönlichen Glauben an Jesus Christus zu erleben und eine prägende Persönlichkeit zu entwickeln, durch die Menschen zu Jesusnachfolgenden werden.

Das Konzept und Rahmenbedingungen für „Team-EC"

Der Ablauf des Jahres im Kurzüberblick gibt Einblick in die Tätigkeiten und das Arbeitsfeld von Team-EC:
* September: Start am 1. September, Beginn der einmonatigen Schulungszeit mit Entwicklungsphase für die Programminhalte
* Oktober: erste Einsätze
* November: Einsätze und Erarbeitung des Adventsprogramms
* Dezember: Einsätze mit dem Adventsprogramm
* Januar: Entwicklung der Schulstunden und Einsätze
* Februar bis Juli: Einsätze
* August: letzter Einsatz, Aufräum- und Abschiedsphase

Lebensgemeinschaft
Die Freiwilligen leben in einer Lebensgemeinschaft in Kassel. Es ist ein Privileg und gleichzeitig die größte Herausforderung, miteinander zu leben, zu arbeiten und zu wohnen. Das intensive Miteinander formt und prägt. Ebenso fällt es vielen Freiwilligen nicht leicht, sich persönliche Rückzugszeiten zu nehmen, wenn man ein Bedürfnis danach hat. Die Freiwilligen wohnen in einer WG zusammen mit noch weiteren jungen Menschen. Die Wohngemeinschaft ist ausgestattet mit einer Küche, einem Wohnzimmer, zwei Doppelzimmern und einem Einzelzimmer, außerdem gibt es eine Waschküche im Keller. Für das gemeinsame Einkaufen bekommen die Freiwilligen eine Haushaltskasse. Darüber hinaus erhalten sie ein Taschengeld zur freien persönlichen Verfügung. In ihrer Arbeitszeit sind die Freiwilligen meistens unterwegs. Dort übernachten sie in Privatunterkünften, Ferienwohnungen, Gemeindehäusern etc., die ihnen an den Veranstaltungsorten zur Verfügung gestellt werden und wo sie auch verpflegt werden. In den Schulungs- und Zwischenzeiten haben sie ein Büro in der Zentrale des EC-Verbands.

Bewerbungstage

Da die Teamkonstellation für ein gelingendes Miteinander in der Arbeits- und Lebensgemeinschaft enorm wichtig ist, werden die jungen Erwachsenen zu einem oder zwei Terminen eingeladen, um sich untereinander und das Konzept kennenzulernen. Darüber hinaus findet mit jeder Person ein Bewerbungsgespräch statt. Die Herausforderung ist, ein gut funktionierendes Team zusammenzustellen, obwohl die Anzahl an Bewerbungen meist nicht übermäßig ist. Gaben und Fähigkeiten der Personen, die sich bewerben, müssen mit den erforderlichen Fähigkeiten und Voraussetzungen übereinstimmen, sich ergänzen. Hierbei ist es wichtig, dass dieses nicht den individuellen Persönlichkeiten widerspricht.

Aufgaben und Rollen im Team-EC

Das Team der Freiwilligen entwickelt nach einer expliziten Kennenlernphase folgende Elemente für das Programm:

• gabenorientierte Workshops
• ein Live-Programm mit Puppentheater, kreativer Verkündigung, Mitmachspielen und -liedern für insgesamt 5 Tage
• abwechslungsreiche Kleingruppen zur Vertiefung der Inhalte für insgesamt 5 Tage
• drei Schulstunden
• ein eintägiges Weihnachtsprogramm

Diese Angebote entwickeln die Freiwilligen selbstständig und werden dabei von der Projektleitung angeleitet und begleitet. Die Freiwilligen sind stets für die Durchführung und Gestaltung eigenverantwortlich, die Projektleitung ermöglicht und unterstützt dabei. Die Nacharbeit wird in den Anfangsmonaten von der Projektleitung eigenständig entwickelt, da diese die Zeitkapazitäten der Freiwilligen übersteigt. Beim ersten Einsatz wird Team-EC durch die anwesende Projektleitung unterstützt. Ab dem zweiten Einsatz ist das Team-EC bei den Einsätzen selbstständig unterwegs. Die Projektleitung unterstützt nur im Hintergrund, fährt aber selbst nicht mehr mit auf die Einsätze. Durch die Aufgabengestaltung haben wir hohe Erwartungen an die Teilnehmenden, dennoch sehen wir auch Entwicklungspotenzial und wollen ihnen Weiterentwicklung ermöglichen. Den Freiwilligen wird viel Zutrauen entgegengebracht, wodurch sie Eigenständigkeit, Verantwortungsgefühl und Selbstmanagement gewinnen.

Projektleitung, Sachbearbeitung und finanzielle Ressourcen

Für die pädagogische Begleitung des Team-EC gibt es den Umfang einer 50-%-Stelle, die zugleich Projektleitung ist. Hauptaufgaben sind Teambegleitung, Konzeptentwicklung, Öffentlichkeitsarbeit, Finanzen, Einsatzkoordination, Gespräche mit den Verantwortlichen an den Einsatzorten.

Darüber hinaus gibt es eine Assistenzstelle mit 10% für die Sachbearbeitung. Diese übernimmt die aufkommenden Anfragen, die finanziellen Abwicklungen mit den Einsatzorten und weitere Aufgaben. Ergänzende und unterstützende Tätigkeiten in der Schulungs- und Entwicklungszeit werden von internen Mitarbeitenden oder auf Honorarbasis tätigen Fachkräften durchgeführt.

Der Deutsche EC-Verband ist ein Spendenwerk und auf Spenden angewiesen. Die Kosten des Freiwilligendienstes werden nicht komplett durch die Einsätze gedeckt, denn dann könnte sich niemand mehr einen Team-EC-Einsatz leisten. Ein Spenderkreis ist keine Voraussetzung, dennoch ist es schön, wenn die Freiwilligen sich einen Unterstützungskreis aus Verwandten, Bekannten und Herkunftsgemeinden für das Jahr oder darüber hinaus aufbauen, der sie finanziell und mental unterstützen kann. Durch gezielte Zuschussanträge bei Stiftungen oder ähnlichen Angeboten werden zusätzliche Gelder für das Projekt oder Materialien generiert.

Die elementaren Programmpunkte

Die folgend vorgestellten Programmelemente werden überwiegend für die regelmäßigen Veranstaltungsformate genutzt, die Team-EC anbietet: Kinderwochen, Wochenendprogramm, Tagesveranstaltungen, Ferienspiele, Schulstunden zu drei verschiedenen Themen für 1. bis 6. Klasse und das Weihnachtsprogramm gehören zu unseren klassischen Angeboten für christliche Gemeinden, Kinder-, Jugend- und Familienveranstaltungen und Schulen. Die angebotenen Programme sind im inhaltlichen und zeitlichen Ablauf flexibel, sodass sie an die Bedürfnisse der Zielgruppe am Einsatzort abgestimmt werden können.

Das Team-EC bietet darüber hinaus im Dezember ein spezielles Advents- und Weihnachtsprogramme an. Mit unterschiedlichen Angeboten für Schulklassen, Jungscharstunden und Familiengottesdiensten lautet das Motto: „Happy Birthday Jesus, Miteinander feiern wir". Dieses Programm hat vom Aufbau her eine ähnliche Gestaltung wie Einsätze im restlichen Jahr: Workshops, Bühnenprogramm und Kleingruppen-Zeiten gehören als feste Bestandteile dazu.

Für die Nacharbeit nach einem Einsatz mit dem Team-EC bekommen die Einsatzorte Material mit Hintergrundinformationen und Tipps. Darüber hinaus sind drei Gruppenstunden zur Weiterarbeit in einer sich regelmäßig treffenden Gruppe enthalten. Diese Einheiten stehen in einem direkten methodischen und inhaltlichen Zusammenhang zu dem Einsatz vom Team-EC. Im Material finden sich alle nötigen Inhalte, um die Einheiten in der Jungschar oder in der Kindergruppe durchführen zu können. Dieses Material wird während des Einsatzes vor Ort vom Team-EC persönlich übergeben.

Workshops

Die Workshops setzen sich aus drei Bereichen zusammen:

* Menschen aus der Gemeinde gestalten Workshops mit ihren eigenen Möglichkeiten und Begabungen, z.b. Reiten, Gestaltung des Jungscharraumes, Geländespiel, Fotografieren, Müllsammelaktion, Klettern, Kochen, Backen, Nähen, Häkeln, Filzen, Upcycling etc.
* Die Freiwilligen bringen zusätzlich eigene Workshops ein, je nach ihren Fähigkeiten und Interessen: Beatboxen, Nähen, Chor, Tanzen, Zauberkunst, Cajon, Insektenhotel bauen oder ähnliche.
* Einige Workshops bringt Team-EC standardmäßig als Angebote mit, da auch die Ausrüstung nicht selbstverständlich in den Gemeinden vorhanden ist, z.B. Bumball, Hockey, KanJam, Fingerrocket, Minigolf, Schnitzen, Stick Storm, Crossboule, Live Escape Game etc. Diese Workshops können von den Freiwilligen oder Mitarbeitenden vor Ort geleitet werden.

Die Workshops dienen der Kontaktaufnahme, dem Aktivieren der Interessen und dem Kennenlernen anhand von gemeinsamen Themen der Kinder, um in lockerer Atmosphäre die Räumlichkeiten und die Mitarbeitenden kennenzulernen. Für ein Ganztagesprogramm können auch mehrere Zeiten mit Workshops angeboten werden. Somit kann das Konzept flexibel an Wünsche angepasst werden.

Bühnenprogramm

Das Bühnenprogramm von Team-EC ist ein abwechslungsreiches Programm bestehend aus Liedern, biblischer Geschichte, Puppentheater, kreativen und aktiven Elementen. Im Mittelpunkt steht ein Kerngedanke, der aus einer biblischen Geschichte abgeleitet ist.

Thematisch waren in vergangenen Jahren folgende Themen die Grundlage für das Bühnenprogramm:

- Ein Buch voller Rekorde (die Bibel)
- Jesus erzählt kreative Geschichten
- Gott & Ich – einfach abenteuerlich
- Tiere in der Bibel

Bei der Verkündigung entwickeln die Freiwilligen ganz individuelle Ideen, die durch ein paar Beispiele veranschaulicht werden sollen:

- Jakob erzählt die Geschichte „des verlorenen Schafs" mit einem Quietscheentchen nach.
- Benny ist verkleidet als Fischer und erzählt den „Fischzug des Petrus" mit einer Sandmalerei per Overhead-Projektor.
- Daniel stellt den Propheten Jona dar und spielt ein spektakuläres Theaterstück aus dem Bauch des Wals heraus.

Alle Freiwilligen entwickeln eigene Ideen, um den Inhalt für die Kinder kreativ zu verpacken, der Kreativität sind kaum Grenzen gesetzt. Ein Flugzeugabsturz ist ebenso kein Problem wie das Trinken von Schokomilch aus dem Euter einer Schokokuh. Gerade die inszenierte Spielweise mit theatralischem Drama durch Mimik, Gestik und Utensilien machen die Theaterstücke zu lustigen und spannenden Abenteuern – egal, ob auf einer einsamen Insel, auf dem Bauernhof oder auf einer Ferienfreizeit.

Die Freiwilligen bilden jedes Jahr eine neue Band und setzen ihre Fähigkeiten und Talente mit Gitarre, Klavier, Ukulele, Gesang, Cajon etc. ein. Die Bewegungen bei den Liedern geben dem Ganzen noch eine aktive Note. Gesungen werden Lieder von z.B. Mike Müllerbauer, Ilka Mix, Glaubenszentrum Family, Puzzles und anderen Künstlern. Es gibt sogar Teams, die Lieder selbst komponieren oder ein bekanntes Lied umschreiben.

Kleingruppen

Die Kinder werden in altersspezifische Kleingruppen eingeteilt, die auf verschiedene Arten auf das im Bühnenprogramm Erlebte eingehen und es vertiefen. In den Kleingruppen werden die inhaltlichen Kerngedanken des Bühnenprogramms vom Team-EC in die Alltagswelt der Kinder übertragen und gemeinsam mit den Kindern werden Anwendungsmöglichkeiten und Lebensbezüge erörtert. Dieser Programmpunkt wird zusammen mit den Mitarbeitenden des Einsatzortes durchgeführt. Er ist das Herzstück des Programms, da dort der Kerngedanke in die Lebenswelt der Kinder übertragen wird und die Mitarbeitenden in intensiven Kontakt zu den Kindern treten. Im Vorfeld stehen den Mitarbeitenden Unterlagen zur Vorbereitung der Kleingruppen-Aktivitäten zur Verfügung, die am Anfang des Freiwilligendienstes entwickelt und beschrieben werden. Das Kleingruppenmaterial beinhaltet: Hintergrundinfos zum Text, einen Bezug zur Zielgruppe und Ideen zur Gestaltung. Die Kleingruppen laufen nach einem Rotationsprinzip die Stationen ab: Jede Kleingruppe wird von Mitarbeitenden begleitet und geht von Station zu Station. Die Stationen werden durchgehend von Mitarbeitenden betreut, die dort das Programm gestalten. Durch ein Signal wird den Gruppen angekündigt, dass es Zeit ist, um zur nächsten Station aufzubrechen. Je nach Programmpunkt muss eventuell eine altersspezifische Anpassung oder Ergänzung stattfinden. Fünf Stationen à sieben Minuten sind der klassische Aufbau, bestehend aus:

- Gespräch
- Spiel
- Kreatives
- Bibellesen und Gebet
- Spezial (z.B. Quiz, Rätsel, Experiment …).

Schulstunden

Das Team-EC gestaltet Schulstunden zu verschiedenen Themen, z.B. Mobbing, Selbstwert, Gewalt stoppen, Freundschaft, Umgang mit Medien etc. für die Klassenstufen 1 bis 6. Mit diesen Themen wird den Bedürfnissen der Schule begegnet und Unterstützung angeboten. Gleichzeitig werden Kontakte und Beziehungen zu den Schulkindern aufgebaut und sie können auf die örtlichen Programme aufmerksam gemacht werden, z.B. in die Gemeinden eingeladen werden. Das 45-Minuten-Programm besteht aus mehreren altersspezifischen Methoden und Elementen, die miteinander verzahnt sind. Im Vorfeld des Schuleinsatzes wählt die Schule die Themen aus.

Pädagogische Begleitung der Freiwilligen

Schulungszeit

Das Team wird in den ersten drei Monaten intensiv geschult und hat Zeit, die Programme vorzubereiten (Bühnenprogramm, Workshops, Schulstunden, Weihnachtsprogramm). In diesem Zeitraum bekommen sie themenspezifische Schulungen zu Puppentheater, kreatives Verkündigen, Exegese und vieles mehr.

Nach ca. 1,5 Monaten findet die Generalprobe statt und erste Einsätze werden durchgeführt. Zusätzlich finden Maßnahmen zum Teambuilding wie z.B. eine Erlebnispädagogik-Übernachtungsaktion, Citybound, ein Live Escape Game statt. Während dieser ersten drei Monate wird das Team eng begleitet, die Betreuungszeiten und der Aufwand sind in diesen Zeiträumen extrem hoch.

Teamsitzungen und Teamaktionen

Regelmäßige Teamsitzungen geben einen Rahmen für Absprachen und Gemeinschaft. Inhalt der Teamsitzungen sind einerseits Rückblick, d.h. Feedback zum letzten Monat der Einsatzorte, untereinander und für die Projektleitung, andererseits gibt es einen Ausblick auf den nächsten Monat. Mögliche Elemente sind zudem: Geistliches Leben (Singen, Beten, Bibellesen etc.), gemeinsame Mahlzeiten, Teamentwicklung durch Übungen.

Drei- bis viermal im Jahr wird als Team eine Aktion durchgeführt, die Spaß und Gemeinschaft fördert. Das kann ein Kinoabend, ein Live Escape Game, ein Spieleabend oder eine Runde ArrowTag sein. Im Fokus steht ein gemeinsames Erlebnis ohne Arbeitsbezug und Aufgabenerledigung.

Einzelgespräche und Mentoring

Einzelgespräche zwischen der Projektleitung und den einzelnen Freiwilligen ermöglichen eine gesunde Feedbackkultur, um Wachstum in ihrer Persönlichkeit zu fördern (vgl. Konstantinidis/Tölgyesi in diesem Band). Es können so individuellere Themen in einer vertrauensvollen Atmosphäre besprochen werden:

- Startgespräch in den ersten zwei Wochen
- Gespräch am Ende der Schulungszeit
- Halbzeitgespräch
- Abschlussgespräch.

Darüber hinaus gibt es immer wieder gezielte Gesprächsangebote, um den Bedürfnissen der Freiwilligen Sorge tragen zu können. Dadurch, dass sie sehr viel unterwegs sind, ist das nicht einfach (Seminartage und Einsatzzeiten). Für die Freiwilligen gibt es zusätzlich ein freiwilliges Mentoring-Angebot, was ca. einmal im Monat stattfindet, um eine weitere Ansprechperson für die Herausforderungen zu haben, die während des Jahres aufkommen (vgl. Kürten in diesem Band). Diese Personen haben keinen direkten Bezug zur Einsatzstelle oder zum Träger, sodass die Geschehnisse des Jahres und die Persönlichkeitsentwicklung aus einem gewissen Abstand zu den Alltagspersonen in Gesprächen reflektiert werden können.

Chancen und Grenzen

Dieses intensive Jahr ist nicht für alle jungen Erwachsenen geeignet. Die Anleitung und Begleitung ist vorhanden, aber nicht wöchentlich möglich. Freiwillige mit erheblichen persönlichen Problemen können nicht angemessen und intensiv genug betreut werden. Die Freiwilligen müssen in hohem Maße Selbstständigkeit und Eigeninitiative mitbringen, daher ist es eine Herausforderung, ein solches Team Jahr für Jahr zusammenzustellen. Auch finanziell trägt sich das Projekt nicht ohne Spenden und Zuschüsse selbstständig. Ebenfalls gibt es eine Grenze, dass nicht auf alle individuellen Wünsche der Einsatzorte eingegangen werden kann.

Durch dieses Jahr wachsen junge Menschen zu einer selbstständigen Persönlichkeit heran, indem sie sich in hohem Maße einbringen und ausprobieren können. Etwa 25 Prozent der Freiwilligen gehen später in die hauptamtliche Jugendarbeit und es ist etwas Besonderes, junge Menschen durch dieses Jahr der Orientierung begleiten zu können.

Darüber hinaus ermöglicht das Projekt eine große Durchlässigkeit für Ideen, Inhalte und Methoden, die an die Basis der Gemeinden und Kinder-/Jugendeinrichtungen weitergegeben werden können. Es handelt sich um eine vielschichtige Aufgabe mit viel Abwechslung. Das Team-EC ist zu einem flexiblen Angebot für die Arbeit mit Kindern vor Ort geworden, um Gemeinden und Jugendverbände zu unterstützen. Als missionarisches Projekt erfahren das Team und die Mitarbeitenden viel Offenheit und Segen an zahlreichen Orten. Wir dürfen mit einer genialen Botschaft unterwegs sein, neue Methoden und Ideen mit einer breiten Wirkung entfalten. Wir haben Zeit, um etwas Besonderes und Aktuelles zu entwickeln, Impulse für Gemeinden zu setzen und Mitarbeitende vor Ort neu anzuregen und zu inspirieren. Es ist uns zu einer Herzensangelegenheit geworden, junge Menschen in einem ganz besonderen Jahr zu begleiten.

FREIWILLIGE ALS ZUKUNFTSPOTENZIAL: DAS TRAINEE-PROGRAMM IM CVJM THÜRINGEN

Tobias Nestler

„Trainee – Dein_Jahr_Deine_Chance!" Trainees sind im ursprünglichen Verständnis junge Menschen, die gezielt für spätere Leitungsaufgaben in Unternehmen geschult und gefördert werden. Sie durchlaufen alle Bereiche eines Unternehmens, damit sie später in ihrer Leitungsgabe, nicht nur aus theoretischem Wissen, sondern ergänzt mit den Erfahrungen in allen Arbeitsbereichen des Unternehmens, ihre zukünftige Verantwortung wahrnehmen. Die Vision vom CVJM Thüringen e. V. lautet: „Trainees werden zu zukünftigen Leiterinnen und Leitern". Junge Menschen sollen so begleitet werden, dass sie Möglichkeiten und einen Raum vorfinden, wo sie sich ein Jahr ausprobieren, tatkräftige Unterstützung bekommen und ihr Potenzial ausschöpfen. Der Begriff „Trainee" wurde im Kontext eines anerkannten Freiwilligendienstes bewusst gewählt, weil damit im Freiwilligendienst Elemente aufgegriffen werden sollen, die im klassischen Trainee-Begriff unverzichtbar sind.

Trainees durchlaufen ihren Prozess immer im Team. Das Team von 5–6 Personen lebt in einer großen Wohngemeinschaft (WG) und ist in drei Haupttätigkeitsbereiche eingeteilt.

Kontext und Umsetzung des Trainee-Jahres

Der CVJM Thüringen e.V. startete im August 2016 das erste Trainee-Team mit 6 Personen. Förderlich für den Entschluss der Gründung eines Freiwilligenteams waren die Gewinnung von geeignetem Personal und die Erfahrung von Menschen im Verband, die durch ein „missionarisches Jahr" in den 1970er- und 1980er-Jahren durch den damaligen Jugendwart Eberhard Laue geprägt wurden. Damals gab es bereits ein Team von jungen Menschen, die an verschiedenen Einsatzstellen in Thüringen tätig waren und als „Jahresteam" gemeinsame Aktionen umgesetzt haben. Viele dieser damaligen Jugendlichen sind in den hauptamtlichen Dienst der Kirche und Gesellschaft gegangen und haben wiederum junge Menschen prägen können. Dies zeigt, dass organisierte Formen eines Freiwilligendienstes langfristige Auswirkungen auf den beruflichen und sozialen Werdegang eines jungen Menschen haben und diesen positiv beeinflussen können. Im politischen Kontext der DDR gab es jedoch keinerlei Unterstützung, wie dies heute möglich ist.

Der CVJM Thüringen e.V. ist Träger der freien Jugendhilfe mit einer eigenen Bildungs- und Freizeitenarbeit sowie Dachverband für 15 eigenständige Ortsvereine. In DDR-Zeiten wurde die Arbeit als „Jungmännerwerk" innerhalb der evangelischen Kirche geführt. Geschäftssitz mit eigenem Haus ist in Erfurt, es gibt drei Selbstversorgungshäuser und ein Campgelände im Thüringer Wald.

Anliegen für das Trainee-Jahr ist, ein attraktives Angebot für junge Menschen im Alter von 18–26 Jahren zu entwickeln, damit sie in ihrer Entwicklung gefördert werden und sich wiederum für Kinder und Jugendliche einsetzen. Dies geschieht in den Jugendverbandsstrukturen des CVJM Thüringen und seinen Kooperationspartnern.

Das Prinzip eines freiwilligen Engagements für Mitmenschen und Gesellschaft, gerade im Raum der Kirche, birgt das Potenzial, dass auch die Engagierten in der eigenen Entwicklung und Förderung profitieren können. Dieses Prinzip ist nicht neu, sondern hat seinen Ursprung im biblischen sogenannten Doppelgebot der Liebe, wo es heißt: Gott zu lieben von ganzem Herzen, von ganzer Seele, von ganzem Gemüt und mit aller Kraft und die Nächsten wie sich selbst (vgl. Mt 22,37-39). Der ganzheitliche Ansatz, der sich hieraus für das Trainee-Programm ergibt, wird im Folgenden für die Schwerpunkte Leben, Arbeit und Bildung dargestellt.

Schwerpunkt: Leben

Die Trainees leben in einer Wohngemeinschaft (WG) und gestalten ihr gemeinsames Leben. Da es für die Freiwilligen oft die erste eigene Wohnerfahrung außerhalb des Elternhauses ist, nimmt dieses Lernerlebnis eine zentrale Aufgabe ein.

Die WG sollte ursprünglich in einem Stadtteil in Erfurt liegen, in dem wenige Angebote für Kinder und Jugendliche stattfinden und überwiegend sozial benachteiligte Menschen wohnen. Anfänglicher Wunsch des Projektes war es auch, eine eigene Arbeit in einem „Plattenbauviertel" anzustoßen. Dieser Wunsch konnte leider nicht schwerpunktmäßig, sondern nur mit punktuellen Aktionen in die Realität umgesetzt werden, denn bezahlbarer Wohnraum ist im Ballungszentrum knapp und teuer. Durch ein Angebot konnte eine Wohnung von 210 Quadratmetern bezahlbar angemietet werden, welche in Eigenleistung durch Personal und durch den ersten Jahrgang umgebaut wurde.

Entstanden sind 5 Doppelzimmer mit einem großen Wohn- und Essbereich, der mehr als die Hälfte der Wohnfläche einnimmt. Die Gestaltung der Räumlichkeiten beschreibt auch den Schwerpunkt der WG: Gemeinschaft.

Die Trainees sollen zu einer stabilen Gemeinschaft zusammenwachsen, in der sie gemeinsame Höhen und Tiefen eines Jahres durchleben und sich als verbindliche Gemeinschaft gegenseitig unterstützen. Wie wird das erreicht?

1. Teilen lernen. Die Freiwilligen leben im Doppelzimmer und müssen miteinander auf engem Raum Lösungen finden, dass jede Person gerne dort wohnt. Diese Erfahrung ist für viele sehr herausfordernd und auch ernüchternd, denn Wohlergehen hängt eben auch davon ab, wie ich mit den direkten Mitmenschen das Leben gestalte.

2. Eigene Organisation des Alltags. Wie wollen wir uns verpflegen? Wie putzt man „richtig"? Wann beginnt die Nachtruhe? Wie gehe ich mit Nähe und Distanz um? Das sind Fragen, die jede Gruppe miteinander verhandeln muss. Im Projekt wird größtmögliche eigene Gestaltung gestattet und auf Vorgaben verzichtet: Es sollen Lernerfahrungen miteinander erlebt werden und die Projektleitung hilft lediglich, diese mit der Gruppe zu reflektieren. Nicht vorgegebene Regeln sollen Lösungen generieren, sondern in größtmöglicher Freiheit soll jede Person den eigenen Platz finden und Erfahrungen machen dürfen.

3. Gemeinsames Leben und Arbeiten. Es sollen keine Parallelwelten aufgebaut, sondern Ressourcen zur Konfliktbewältigung entwickelt werden. Durch die Verknüpfung von Tätigkeit und Wohnmittelpunkt werden Beziehungen in verschiedenen Kontexten erfahrbar gemacht. So müssen die Freiwilligen z.B. Lösungen finden, wie sie den Streit am Frühstückstisch über die unordentliche Küche professionell einordnen, um die Aufgaben in der Einsatzstelle gut erledigen zu können. Die Fähigkeit, Nähe und Distanz gut zu gestalten, stärkt die individuelle Resilienz und die Gemeinschaft.

4. Schutzräume bieten. Die WG ist sich nicht selbst überlassen, sondern wird von einem Projektverantwortlichen begleitet. Manchmal fehlen Menschen Bewältigungsmechanismen und Ressourcen zur Lösungsfindung. Um diese zu bestärken, bedarf es bisweilen äußerer Regulation und Reflexionsimpulsen (vgl. Nester/Juschka in diesem Band). Deshalb braucht es regelmäßige Feedbackrunden, wöchentliche Gemeinschaftsabende und andere Ideen, die zum Wohle der Einzelnen und der Gemeinschaft umgesetzt werden.

5. Neue Wege ermöglichen. Das Konzept ist auf den Wechsel des Lebensmittelpunktes ausgelegt. Alle Trainees fangen im Normalfall in der neuen Stadt/Umgebung mit ggf. ersten Tätigkeitserfahrungen in einem neuen sozialen Umfeld etc. an: Eigenständigkeit wird nun wichtiger, um das eigene Leben zu gestalten. Der neue Lebensort unterstützt dabei, alte Rollenmuster zu hinterfragen, und verändert äußere Umstände. Für manche ist es eine große Chance, in neue Beziehungen zu starten und z.B. aus den Fußstapfen vom großen Bruder raustreten zu können. Mit so einem „Neustart" verändern sich die Freiwilligen nicht automatisch, aber alle Teammitglieder starten am gleichen Punkt. Für die ersten sechs Wochen empfiehlt es sich, die Trainees in Erfurt bleiben zu lassen und nur zu wirklich wichtigen Terminen nach Hause fahren zu lassen. Dies hilft sehr, dass sich das Team gut kennenlernt und sich genug Zeit nehmen kann, die neue Umgebung zu erkunden. Die Trainees verändern ihren Lebensmittelpunkt für ein Jahr und das hat Konsequenzen für bestehende Beziehungen. Schon im Bewerbungsprozess werden diese kommenden Veränderungen mit den Trainees besprochen.

Schwerpunkt: Arbeit

In Erfurt findet man eine deutschlandweit einmalige CVJM-Konstellation vor. Ein Landesverband, ein Ortsverein und eine CVJM-Gemeinde sind räumlich auf wenigen Hundert Metern vorhanden. Seit langer Zeit wird eng miteinander gearbeitet, aber mit den Trainees wurde erstmalig ein verbindendes strukturelles Element umgesetzt. Dies förderte die Vernetzung untereinander, aber Vernetzung kostet auch Zeit und Kraft, wenn sie für alle Beteiligten einen Mehrwert haben soll. Regelmäßige strukturelle Abstimmungstreffen wurden zwischen den Verantwortlichen der Trainees eingeführt. Jahresaktionen wurden bis ins Detail abgestimmt und natürlich auch die finanzielle Verpflichtung gemeinsam getragen. Tatsächlich ist das Traineeprojekt in der Vielfalt und Umsetzung nur durch alle drei beteiligten Arbeitsbereiche umsetzbar. Durch diese Vernetzung können die Trainees vielfältige Erfahrungen machen, finden verschiedene Tätigkeitsfelder vor und bereichern durch ihre Präsenz wiederum die verschiedenen Arbeitsbereiche, in denen sie mit ihren Gaben und Fähigkeiten Kinder und Jugendlichen fördern.

Die Trainees lernen während ihres Einsatzjahres unterschiedliche Arbeitsbereiche der Jugendverbandsarbeit kennen und haben die Möglichkeit, diese zu unterstützen. Gemäß persönlicher Fähigkeiten und Interessen sollten alle Trainees an den für sie individuell geeignetsten Arbeitsschwerpunkten eingesetzt werden. Dies wird im Vorfeld durch die Kennenlerntage vor Ort (2–3 Tage), in denen alle Arbeitsbereiche und Einsatzmöglichkeiten durchlaufen und persönliche Gespräche geführt werden. Die drei Hauptarbeitsbereiche werden im Folgenden dargestellt und erläutert:

Jugendverbandsarbeit in lokalen Strukturen (CVJM Erfurt e. V.). Die Jugendverbandsarbeit des CVJM Erfurt zeichnet sich aus durch eine Kooperation zwischen Ganztagsschule und Jugendverbandsarbeit im städtischen Kontext. Hauptbestandteil ist eine einstündige Mittagspause, die im Freien verbracht und für die Jahrgangsstufen der fünften bis siebten Klasse pädagogisch durch den CVJM Erfurt betreut wird. Ebenso koordiniert der CVJM Erfurt Nachmittagsangebote, wofür die Trainees das

Programm entwickeln und durchführen. Unweit von der Schule befinden sich die CVJM-Räumlichkeiten, wo gute Bedingungen vorherrschen, Angebote für Kinder und Jugendliche zu gestalten. In diesem Kontext sind die Trainees eingesetzt und gestalten Angebote für Kinder im Alter von 8–14 Jahren.

Jugendverbandsarbeit im überregionalen Bereich (CVJM Thüringen e. V.). Ein bis zwei Trainees sind schwerpunktmäßig bei Aufgaben eingesetzt, die beim überregional tätigen Landesverband anfallen. Vor allem schließt dies Planung, Durchführung und Nachbereitung von Maßnahmen des CVJM Thüringen ein. In der Projektdurchführung mit den verschiedenen Phasen lernen die Trainees im geschützten Rahmen Verantwortung zu übernehmen. In den Sommermonaten sind alle Trainees bei Freizeiten als Mitarbeitende eingesetzt. Bei min. einer Freizeit sind alle Trainees als komplettes Team dabei und bei weiteren Freizeiten sind sie in den jeweiligen Mitarbeitendenteams eingesetzt. Hier kann, gemäß ihren persönlichen und fachlichen Fähigkeiten, ihre Verantwortung von der Mithilfe bis hin zur Co-Leitung umgesetzt werden. Wichtig sind vor allem die persönlichen Lernerfahrungen in der jeweiligen Aufgabe, die durch die Projektleitung oder die jeweiligen Freizeitenleitenden begleitet und reflektiert werden.

Mitarbeit im gemeindlichen Bereich (Checkpoint Jesus). Checkpoint Jesus (CPJ) ist ein eigenorganisierter Arbeitsbereich innerhalb der Strukturen des CVJM Thüringen. Der CPJ organisiert und finanziert sich nahezu selbstständig. Eine Person der Trainees unterstützt die hauptamtliche Leitung in den anfallenden Aufgaben in der Gemeinde. Diese Aufgaben sind sehr vielseitig und haben einen hohen Anteil an organisatorischen und pädagogischen Aufgaben (z.B. Gruppenstunden für Kinder und Jugendliche). In den verschiedenen Bereichen (Technik, Arbeit mit Kindern und Jugendlichen, Programmteam, Dekoteam, Kochteam etc.) können sich die Trainees ausprobieren und in Teamstrukturen Erfahrungen sammeln.

Schwerpunkt: Bildung und persönliche Orientierung

Die Trainees werden in ihrem Freiwilligendienst begleitet, geschult und in ihrer fachlichen sowie persönlichen Weiterentwicklung unterstützt. Neben den Anleitenden der Arbeitsbereiche gibt es eine Projektleitung, die das Team und alle Trainees individuell in ihrer Entwicklung fördert.

1. Persönliche Entwicklung und Orientierung der Trainees. Wöchentlich stattfindende Trainee-Einheiten (ca. zwei Stunden) sind thematische Inputs und Austauschrunden zu Lebensthemen, Glaubensinhalten und fachlichen Themen im Bereich der Arbeit mit Kindern und Jugendlichen.

Auf das Jahr verteilt sind das ca. 40 Einheiten, welche durch möglichst viele unterschiedliche Personen gestaltet werden. In der Praxis werden die Einheiten zu etwa zwei Drittel von der Projektleitung und zu einem Drittel von Referentinnen und Referenten aus Thüringen durchgeführt. Hier eine Auswahl von Themen:

- Gabentest
- Sich selbst leiten
- Charakterbildung
- Woran glaube ich?
- Aus der Geschichte lernen: Jugendarbeit in der DDR
- Beziehungen gestalten
- CVJM als Jugendverband
- Umgang mit Geld
- Heiliger Geist
- Gebet
- Fresh X und vom Glauben reden
- Wie kann ich die Bibel verstehen?
- Berufsorientierung etc.

2. Gemeinschaft erleben und Glauben gestalten. Teamentwicklung ist ein Prozess, der mit der Bewerbungsphase beginnt und mit der Beendigung des Trainee-Jahres formal endet. Manche Erkenntnisse und Lernerfahrungen werden die Trainees erst in zukünftigen Lebenssituationen einordnen und erkennen. Wir verstehen das Trainee-Programm als Teil eines lebenslangen Lernens und sehen in dieser Lebensphase des Wechsels aus dem Elternhaus in ein teilweise eigenständig geführtes Leben eine enorme Entwicklungschance für die Trainees. Die Gruppe (Trainee-Team, Anleitende etc.) als Gegenüber wird zum wichtigen Spiegel der Selbstreflexion für jede einzelne Person. Wie wird das konkret umgesetzt? Während des Jahres gibt es gemeinsame Aktionen/Maßnahmen, an denen alle Trainees teilnehmen:

 Strukturelle Einbindung von Selbstreflexion im Jahreskonzept
- Einführungswoche (5 Tage mit Kennenlernen aller Arbeitsbereiche, Ansprechpersonen, Inhalte und Ziele des Jahres etc.).
- Wöchentlicher Rhythmus zum geistlichen Leben (geistlicher Morgenstart am Dienstag; gemeinsames Bibellesen am Mittwoch; gemeinsames Gebet am Donnerstag, je etwa 30 Minuten).
- „Erste gemeinsame Bewährungsprobe als Team": Das Trainee-Team plant und führt eine Legofreizeit für Kinder im Alter von 8–12 Jahren durch (5 Tage, ca. 6 Wochen nach Trainee-Start).

In diesem ersten gemeinsamen Arbeitsprojekt sind alle Trainees dabei und erleben, wie sie aufeinander angewiesen sind. Stärken werden sichtbar, aber in Herausforderungen (Schlafmangel, Verantwortung) erlebt sich das Team sehr intensiv und erfährt, wie individuell die Einzelnen sind. Da in den ersten Wochen meist alles noch spannend ist und kleine Macken übersehen werden, tritt nach ca. 6–8 Wochen erste „Ernüchterung" ein. Somit birgt diese Woche sehr viel Potenzial, an den Themen Charakter, Konflikte, Unterschiedlichkeiten und Stresssituationen zu arbeiten. Diese Woche wird durch die Projektleitung geleitet und die Prozesse begleitet.

- „Meine Lebensgeschichte" (3 Tage, ca. 10 Wochen nach Trainee-Start; alle Trainees erzählen dem Traineeteam ihre Lebensgeschichte. Diese Aufgabe wird im Vorfeld durch Impulse und Vorlagen eingeführt. Die Trainees benötigen min. 2–3 Wochen im Vorfeld Zeit, um sich mit ihrem Leben und ihrer Vergangenheit auseinanderzusetzen).
- Halbjahresreflexion (1 Tag).
- Abschlussfest mit allen Beteiligten (anleitende Mentorinnen und Mentoren, ehrenamtliche Mitarbeitende, Freundinnen und Freunde) des Trainee-Jahres, die in dem Jahr intensiver in Arbeits- und Freizeitbezügen eingebunden waren.

3. Jugendarbeit gestalten und unterstützen. Im Idealfall besitzen die Trainees Vorerfahrungen in der Arbeit mit Kindern und Jugendlichen und beginnen das Jahr mit Vorwissen und Erfahrungen. Ein ressourcenfördernder Einsatz der Trainees und gabenorientierte Mitarbeit sind sehr wichtig. Bekannte Stärken sollen ausgebaut und neue vielversprechende Fähigkeiten entdeckt werden. Durch die unterschiedlichen Einsatzmöglichkeiten entstehen Einblicke in verschiedene Arbeitsbereiche und diese ermöglichen, Klarheit bzw. Bestätigung für die berufliche Orientierung zu erhalten. In den Wintermonaten nehmen die Trainees am JuLeiCa-Kurs (Jugendleiter-/-innencard) teil, um fachlich für die Arbeit besser ausgestattet zu sein.

Erwähnenswert ist die Erfahrung, in einem Jugendverband tätig zu sein, der zu einem Großteil durch ehrenamtlich engagierte Menschen besteht. Menschen setzen sich in ihrer Freizeit für andere ein, ohne einen finanziellen Ausgleich zu bekommen. Hauptamtliche Mitarbeitende werden dafür bezahlt. Hier gibt es keine leichte Antwort, wie dieses Spannungsfeld gut gemeistert wird, aber die Trainees können dies wahrnehmen und Erfahrungen sammeln. Gerade für eine Berufswahl in theologischer oder sozialer Richtung kann dieses Thema wertvolle Erkenntnisse generieren.

4. Interkulturelle Erfahrungen. Dem CVJM ist die internationale Verbundenheit „in die Wiege gelegt", dass internationale und interkulturelle Erfahrungen sehr wichtig sind. Deshalb ist im Trainee-Team eine Person aus unserem Partnerverein, dem ACJ/CVJM Quindío in Kolumbien. Diese Person wird vom Partnerverein ausgewählt, vorbereitet und während des Jahres auch punktuell von Kolumbien aus begleitet. Durch das gemeinsame Wohnen und Arbeiten durchläuft das Team gemeinsam verschiedene Phasen der Kommunikation, entdeckt Kulturunterschiede, andere Essensgewohnheiten etc. Gemeinsame Lösungen müssen entwickelt und ausgehandelt werden. Begriffe wie Heimat, kulturelle Identität, Globalisierung, Gerechtigkeit, Vorurteile bekommen ein „menschliches Gesicht" und im Zusammenleben muss Verständigung und Unterstützung eingeübt werden.

Teil des Konzeptes ist ebenso eine dreiwöchige Jugendbegegnung zwischen deutschen und kolumbianischen Jugendlichen. Diese findet immer im jährlichen Wechsel in Deutschland oder in Kolumbien statt. Die Trainees sind Teil dieser Jugendbegegnung. Schwerpunkte sind zwischenmenschliche Begegnungen, Kennenlernen und Unterstützen der örtlichen CVJM-Arbeit und kultureller Austausch.

5. Mentoring. Alle Trainees erhalten die Möglichkeit, eine persönliche Begleitung im Rahmen einer Mentoring-Beziehung zu erhalten (vgl. Kürten in diesem Band). Der CVJM Thüringen sucht geeignete Mentorinnen und Mentoren und unterstützt diese bei der Vermittlung, Schulung und Begleitung. Wir empfehlen Treffen in etwa monatlichen Abständen und geschlechtergleiche Mentoring-Beziehungen. Die Mentorinnen und Mentoren sollten mindestens 5 Jahre älter als die Trainees sein, über die nötige Zeit verfügen, um in junge Menschen investieren zu können, über die nötigen sozialen Kompetenzen verfügen und nicht in alltäglichen Bezügen der Einsatzstelle vorkommen. Entscheidend für eine gewinnbringende Erfahrung für alle Beteiligten ist die Motivation und Initiative der Trainees. Wie intensiv diese Methode nun genutzt wird, steuern vor allem die Trainees. Aus unserer Erfahrung haben sich die Trainees, die eine sehr intensive Mentoring-Beziehung gestaltet haben, eine sehr wichtige Ressource für ihre persönliche Entwicklung erschlossen, welche sie durch das Jahr mit allen Höhen und Tiefen begleitet hat.

Das Potenzial des Trainee-Programms

In einer Multioptionsgesellschaft mit Tausenden Ausbildungs- und Studiumsmöglichkeiten sind Jugendliche teilweise überfordert, für sich die „Richtige" berufliche Entscheidung zu treffen. Es ist wichtig, jungen Menschen Praxiserfahrungen in einem gefälligen Arbeitsbereich zu ermöglichen, damit sie Sicherheit gewinnen, wenn sie sich ausprobieren, Fehler und Entdeckungen machen können. Ein geschützter Rahmen bietet in diesem Zusammenhang ein Freiwilligendienst. Was macht also den Unterschied zum Trainee-Jahr? Es ist vor allem der Fokus auf die persönliche Entwicklung im ganzheitlichen Ansatz. Das Schlusswort soll daher an eine Freiwillige im Trainee-Programm übergeben werden, die in ihrem Abschlussstatement das Anliegen und Potenzial des Jahres sehr gut auf den Punkt bringt:

„Ich habe viel erlebt und konnte bis an meine Grenzen und noch weiter gehen. Und wenn mich jetzt jemand fragen würde, wie denn mein Jahr so war, würde ich antworten: einfach krass. Krass voll und krass gut! Ich habe unglaublich vieles gelernt. Dabei habe ich erkannt, dass ich helfen kann, ich habe bemerkt, wie breit meine Fähigkeiten gefächert sind und dass ich mehr schaffe, als ich mir je zugetraut hätte. Ich bin über diese Zeit offener geworden und einfach persönlich gewachsen. Und auch wenn ich in dieser Zeit oft einfach ‚einfach' sage, so war es das doch überhaupt nicht. Es gab durchaus Momente, in denen ich das Gefühl hatte, dass mir alles zu viel wird, in denen ich nicht wusste, wie lange ich noch weitergehen kann, in welche Richtung es geht oder wie ich losgehen soll. Doch in all der Zeit habe ich einfach gespürt, dass ich getragen werde. Ich konnte richtig wertvolle Beziehungen aufbauen zu anderen Menschen und vor allem auch zu Gott. Für das Vertrauen, die Ermutigungen und all die Dinge, die für mich getan wurden, möchte ich all diesen Menschen noch einmal zurufen: Danke! Und ich weiß auch, wenn ich schon in wenigen Wochen zum Studieren in einer anderen Stadt wohne, dass Erfurt, die Menschen hier und das gesamte Trainee-Jahr für immer ein wichtiger Teil meines Lebens sein werden. Eure Natalie" (Trainee 2018/19).

EINSATZ VON FREIWILLIGEN IN DER HAUSGEMEINSCHAFT DES CVJM KARLSRUHE

Jan-Paul Herr

Mehr als nur ein Haus: Auf vier Stockwerken Glauben und Leben teilen

Der CVJM Karlsruhe gibt jungen Menschen Heimat, indem er Wohn- und Gestaltungsräume zur Verfügung stellt. Zwei Freiwillige werden innerhalb eines Jahres Teil einer Hausgemeinschaft und gestalten gleichzeitig aktiv die Kinder- und Jugendarbeit des Vereins mit.[88] Das alles geschieht innerhalb des vierstöckigen CVJM-Hauses, „N5" genannt. N5 steht dabei für Nowackanlage 5, die Abkürzung des Straßennamens.

Seit fast 15 Jahren existiert in diesem Haus die sogenannte „Jugendwohnung N5" in der ersten Etage, die als ein beziehungsorientiertes Projekt konzipiert wurde. Hier können Jugendliche aus Karlsruhe selbst mitgestalten, bekommen einen eigenen Haustürschlüssel und lernen begleitet von Mitarbeitenden Verantwortung für diese Gruppenräume zu übernehmen. Die Freiwilligen sind Teil des Leitungsteams, welches die Arbeit in dieser Etage gestaltet. Sie selbst wohnen jeweils in einem Zimmer in der zweiten Etage. Hier befindet sich noch separat die Wohnung für ein junges Ehepaar. In der dritten und vierten Etage des Hauses befinden sich zwei Wohngemeinschaften mit insgesamt sieben jungen Menschen, die in Karlsruhe studieren und arbeiten. Dieser Wohnraum wurde bewusst für Menschen geschaffen, die nicht nur anonymen Wohnraum suchen, sondern die gemeinsam mit anderen eng miteinander Leben und Glauben teilen möchten. Jugendräume, Freiwilligenzimmer und Wohngemeinschaft gelten zusammen als die „Hausgemeinschaft N5", welche durch das Ehepaar und einen Hauptamtlichen des Vereins inhaltlich begleitet wird.

Ausrichtung des Vereins
Der CVJM besitzt zusätzlich in Karlsruhe mit einem Waldheim am Stadtrand ein weiteres Haus. Dort finden Gottesdienste, erlebnispädagogische Arbeit, Kindergruppen, Freizeiten und Veranstaltungen statt. Eine enge Verbundenheit besteht zu JUMP (vgl. Mehrwald/Werth in diesem Band), einem

---

[88] Vgl. www.cvjm-ka.de/fsj/.

sportmissionarischen Projekt des CVJM Baden. Ein großes Standbein sind die vielfältige Freizeitarbeit und die darauf aufbauenden Kinder- und Jugendgruppen. Mehr als 150 ehrenamtliche Mitarbeitende bringen sich in die Arbeit des Vereins ein. Der CVJM Karlsruhe ist ähnlich einer Gemeinde aufgebaut: veranstaltet eigene Gottesdienste, organisiert eine eigene Hauskreisarbeit und bietet Menschen aller Altersgruppen geistliche Heimat. Die Freiwilligen wirken in den Kindergruppen, der Freizeitarbeit und den Veranstaltungen des Vereins mit und laden vor allem Jugendliche in die Gruppen und Angebote des CVJM Hauses „N5" ein.

Freiwillige als Teil des Haus- und Lebens-Konzepts

Glauben im Alltag leben und feste und verlässliche Beziehungen entstehen zu lassen, ist der große Wunsch hinter diesem Hauskonzept, der sich buchstäblich auf mehreren Ebenen abspielt. Besucherinnen und Besucher der Wohngemeinschaften erzählen nicht selten von einer besonderen Atmosphäre, die im Haus zu spüren ist. Jugendliche, die sich neu in die Jugendwohnung einladen lassen, sind ebenfalls immer wieder erstaunt, dass sie einen Ort vorfinden, der nicht nur zu bestimmten Zeiten geöffnet hat, sondern der eigentlich immer offen ist und wo Menschen (in diesem Fall die Freiwilligen) ihren Lebensmittelpunkt haben. Das Einbinden der Freiwilligen in einen solchen Kontext birgt Chancen sowie auch besondere Herausforderungen. Ebenfalls ist die Nähe zum Arbeitsumfeld für viele gewöhnungsbedürftig, da die Jugendwohnung quasi auch den Wohnbereich mit Küche, Esszimmer und Wohnzimmer der Freiwilligen darstellt.

Die Freiwilligen für ein Jahr in einen solchen Ort einziehen zu lassen, geschieht bewusst und gewollt. Sie übernehmen zum einen eine wichtige Aufgabe für die inhaltliche Arbeit des Vereins und bekommen zum anderen in dieser Zeit die Chance, in ihrer Persönlichkeit und in ihrem Glauben in besonderem Maße zu wachsen. Daher lohnt es sich, die Einbindung der Freiwilligen in dieses Hauskonzept aus verschiedenen Perspektiven zu betrachten.

Tätigkeitsprofil und Aufgaben der Freiwilligen

Viele Bewerberinnen und Bewerber bewerten es als attraktiv, in ein Haus zu ziehen, das konzeptionell auf ein enges Miteinander eingestellt ist. Die Bewohnenden des Hauses sind in den meisten Fällen nicht wesentlich älter als die Freiwilligen und es entsteht schnell auf natürliche Weise ein persönlicher Zugang, ohne dass es gezwungen wirkt. Die Freiwilligen werden in die regelmäßigen Hausabende der Hausgemeinschaft einbezogen, in denen ähnlich wie in einem Hauskreis viel Wert auf das Kennenlernen und das Teilen von persönlichen Anliegen gelegt wird. Da die meisten Freiwilligen in dieser Lebensphase zum ersten Mal das vertraute Umfeld des Elternhauses verlassen, hilft ihnen diese Gemeinschaft, sich bei Dingen wie Führen eines Haushalts, Verwaltung der eigenen Finanzen oder das Ankommen in einer fremden Stadt zurechtzufinden. Gleichzeitig sind sie durch ihr Wirken in der Jugendwohnung herausgefordert, selbst Vorbilder zu sein und den Teilnehmenden im Jugendalter Orientierung und Halt zu geben. An diesem Ort übernehmen sie gemeinsam mit einem Leitungsteam, bestehend aus Ehrenamtlichen und einem hauptamtlichen Jugendreferenten, Verantwortung in verschiedenen Bereichen. Sie organisieren die Ordnung auf dieser Etage, planen inhaltliche Angebote mit, laden selbst Jugendliche ein, geben Nachhilfe und übernehmen gestalterische Tätigkeiten. Durch ihre Doppelrolle fungieren sie auch für die oberen Wohngemeinschaften als Bindeglied zur inhaltlichen Arbeit des CVJM. Herausfordernd ist, dass es manchen Freiwilligen schwerfällt, ihren eigenen Rückzugs- und Ruheort zu finden, da durch die zahlreichen Aktivitäten im gesamten Haus ein Druck entstehen kann, überall dabei sein zu müssen. Außerdem fällt es weniger extrovertierten Freiwilligen schwer, sich auf die bestehenden Kontakte im Haus einzulassen sowie die Angebote der Jugendwohnung proaktiv zu gestalten. Dann wird versucht, sie durch verschiedene Personen (z.b. Hauptamtliche, Ehepaar im Haus, Externe) in diesen Fragen und Herausforderungen eng zu begleiten.

Die Perspektive der Hausgemeinschaft

Die Gemeinschaft der Menschen, die im CVJM-Haus wohnen, profitiert von den jährlich wechselnden Freiwilligen, weil ein neues Jahresteam auch Bewegung in die Gruppendynamik der Hausgemeinschaft bringt. Selbst wenn es natürlich gelegentlich auch zu Spannungen führen kann, da eine enge Gemeinschaft auch immer Reibungen aufgrund von unterschiedlichen Persönlichkeitsprofilen mit sich bringt, wirken sich die Wechsel äußerst positiv und fruchtbar auf das Gesamtgefüge aus. Auch kommen immer wieder neue Einflüsse und Ansichten aus unterschiedlichen Glaubensprägungen und Denominationen hinzu, die zu einer gelebten Weite in Glaubensfragen führt. Durch die Nähe zu den Freiwilligen erleben die Bewohnenden des Hauses einen einfachen Zugang zu der inhaltlichen Arbeit des CVJM, da sie direkt erleben, wie und wo die Freiwilligen eingesetzt werden und somit selbst eigene Zugänge zur Mitarbeit oder zu gemeinschaftlichen Angeboten des Vereins finden können. Da die Hausgemeinschaft durch das Ehepaar des Hauses auch geistlich und seelsorgerlich begleitet wird, können aufkommende Spannungen abgefangen und moderiert werden.

Ein Gewinn für die Jugendwohnung

Das inhaltliche Konzept der Jugendwohnung N5 beruht auf dem Einbringen von unterschiedlichen Gaben, das Hineinwachsen in Verantwortung, das Entdecken und Bewältigen von Glaubens- und Lebensfragen sowie der Weiterentwicklung der eigenen Persönlichkeit. In diesem Sinne profitiert die Arbeit sehr von den jährlich wechselnden Freiwilligen, da jeder Charakter neue und andere Zugänge für Jugendliche mit sich bringt. Insbesondere in den Anfangsmonaten ist eine hauptamtliche Begleitung verstärkt notwendig, damit die jungen Menschen ihre eigene Wirksamkeit erleben und ihre Gaben optimal einbringen und weiterentwickeln können. Das Resultat am Ende des Freiwilligendienstes könnte unterschiedlicher nicht sein: Wo sich die eine Freiwillige ganz in die musikalische Arbeit eingebracht hat, hat sich der andere ganz auf Technik und Design konzentriert. Wo ein anderer mit sportlicher Leidenschaft im angrenzenden Park Akzente setzen konnte, hat eine andere durch ihre Begeisterung für Theater und Sketche verschiedene Workshops verantwortet. Besonders in der zweiten Hälfte des freiwilligen Jahres wird diese Entwicklung besonders sichtbar, wenn die entstandenen Beziehungen gefestigt sind und das Vertrauen in die eigenen Gaben gewachsen ist.

Der Verein investiert und profitiert

Der CVJM stellt für dieses Konzept Wohnraum, finanzielle und personelle Ressourcen zur Verfügung. Inhaltlich profitiert der Verein enorm von den Freiwilligen und ihrem Einbringen in die Arbeit mit Kindern und Jugendlichen. Auch die Synergien, die durch das Zusammenwirken von Freiwilligen, Jugendwohnung und Hausgemeinschaft entstehen, lassen sich positiv und gewinnbringend bewerten. Da Wohnraum in Karlsruhe knapp und stark nachgefragt ist, verzichtet der Verein auf größere Mieteinnahmen zugunsten der inhaltlichen Arbeit. Die Etage der Jugendwohnung bringt keine Einnahmen, die Zimmer für die Freiwilligen werden bereitgestellt und die Mieten der Hausbewohnenden orientieren sich zwar am städtischen Wohnungsmarkt, könnten allerdings aus rein finanzieller Motivation heraus mehr Ertrag bringen. Personell werden die Freiwilligen jeweils durch eine hauptamtliche und eine ehrenamtliche Person betreut und begleitet. Die Formulierung des Arbeitsauftrags der Freiwilligen ist bewusst weit gefasst, da kein enges Korsett geschnürt werden soll, was die komplette Arbeitszeit bis ins Detail festlegt. Das Investieren in Freiräume, proaktive Kräfte und Ideen, die von der Persönlichkeit der Freiwilligen ausgehen, erfordern viel Zeit und Begleitung, erweisen sich aber für alle beteiligten Parteien als förderlich und prägend.

Natürlich ist nicht immer alles Gold, was glänzt: Wo Charakterköpfe und verschiedene Persönlichkeiten aufeinandertreffen, kommen auch Auseinandersetzungen auf. Besonders wichtig ist geworden, dass die Kommunikation zwischen Hausgemeinschaft und Vereinsleitung transparent und vertrauensvoll gestaltet werden muss. Gegenseitige Erwartungen müssen klar besprochen und immer wieder erneuert werden. Nur so kann es gelingen, dass die Freiwilligen in einen Kontext kommen, von dem sie bestmöglich profitieren.

DIE LEBENSSCHULE FÜR FREIWILLIGE IM GÄSTEZENTRUM WÖRNERSBERGER ANKER

Beate Klumpp

Der Wörnersberger Anker ist ein christliches Gäste- und Schulungszentrum, wo Seminare, Freizeiten und Dienste für Gemeinden angeboten werden. Diese werden von einem Team hauptamtlicher und ehrenamtlicher Mitarbeitenden durchgeführt. Der Wörnersberger Anker kann auch als Tagungsort für Gästegruppen, die hier ihre eigenen Veranstaltungen durchführen, gebucht werden.[89] Ziel ist, dass Menschen aller Generationen ihren Glauben vertiefen, ihre Persönlichkeit entwickeln und ihre Horizonte erweitern. Im Wörnersberger Anker leben rund 30 Personen als Lebensgemeinschaft „auf Zeit" zusammen mit einem Jahresteam von zwölf Freiwilligen, die eine Lebensschule absolvieren. Die Lebensgemeinschaft wohnt in fünf Häusern in Wörnersberg inmitten der Naturlandschaft des Nordschwarzwaldes im Landkreis Freudenstadt.

Die Lebensschule

Ursprünglich wurde der Wörnersberger Anker mit der Idee gegründet, eine einjährige Lebensschule für junge Menschen anzubieten. Seit 40 Jahren gibt es nun dieses Programm und das Jahresteam. Die Schwerpunkte bilden dabei folgende vier Bereiche, in denen die jungen Menschen gefördert werden sollen:

* der Arbeitsalltag (Methodenkompetenz)
* das Glaubensleben (Wertekompetenz)
* die Gemeinschaft (Sozialkompetenz)
* die Entwicklung der eigenen Persönlichkeit (Individualkompetenz).

Alle Elemente der Lebensschule können einem dieser vier Bereiche zugeordnet werden. Junge Menschen werden gefördert und herausgefordert, indem sie ihre Gaben einsetzen, neue Fähigkeiten entdecken, Fertigkeiten entwickeln und Verantwortung übernehmen. Dabei sind eine gute Anleitung und eine ermutigende Begleitung wichtig, wozu gehört, sich auszuprobieren und Fehler machen zu dürfen.

---

[89] Vgl. www.ankernetz.de für weitere Informationen.

Warum wir auf das Konzept „Lebensschule" Wert legen

Wir sind davon überzeugt, dass die Lebensanforderungen unserer Zeit hoch sind. Wichtige Kompetenzen sind: flexibel mit Veränderungen und Krisen umgehen, selbstständig und eigenverantwortlich Probleme lösen, individuelle und gemeinschaftliche Ideen entwickeln und umsetzen, Entscheidungen treffen, beziehungsfähig sein und Halt im Glauben finden. Um diese Kompetenzen und Fähigkeiten zu entwickeln, ist teilweise Unterstützung und Ermutigung durch Menschen mit Lebenserfahrung notwendig. Mit der Lebensschule geben wir ein Angebot für persönliche Entwicklung und Orientierung in einem geschützten Rahmen. Wir bieten Raum für geistliches Wachstum, Persönlichkeitsentfaltung, Horizonterweiterung und das Erlangen alltagsrelevanter praktischer Fähigkeiten. Dabei stehen die persönlichen Ziele der Freiwilligen und die Entwicklung ihrer Selbstständigkeit im Mittelpunkt. Eine besondere Stärke ergibt sich aus der Teamgröße von zwölf Personen. Jede Person einzeln ist ein wichtiger Teil der Gemeinschaft und findet Halt, Ermutigung und Korrektur durch die Gruppe. Eine weitere Stärke ist die Anbindung an die Lebensgemeinschaft des Wörnersberger Ankers. Sie bietet die Möglichkeit, allen Freiwilligen eine persönliche Bezugs-/Ansprechperson als Begleitung an die Seite zu stellen und prägende Beziehungen aufzubauen.

Die Einbindung der Lebensschule

Die Lebensschule ist in den Gästebetrieb eingebunden. Die Freiwilligen arbeiten in der Küche, in der Hauswirtschaft und in der Haustechnik. Dort werden sie von Anleitenden aus den jeweiligen Arbeitsbereichen fachkundig begleitet. Außerdem sind die Freiwilligen im inhaltlichen Bereich aktiv: Sie werden von den theologischen Mitarbeitenden des Wörnersberger Ankers in die Programme der Seminare und Freizeiten eingebunden. Ebenso sind die Teilnehmenden fester Bestandteil der Ankerlebensgemeinschaft. Unsere Lebensschule findet im Rahmen eines Freiwilligen Sozialen Jahres oder Bundesfreiwilligendienstes statt. Unser Träger ist netzwerk-m. Von netzwerk-m werden die verpflichtenden Seminartage verantwortet und durchgeführt, die pädagogischen Fachkräfte begleiten die Arbeit und helfen bei den unterschiedlichsten Fragestellungen weiter.

Die Zielgruppe

Unsere Zielgruppe sind junge Frauen und Männer aus dem In- und Ausland zwischen 18 und 26 Jahren. Voraussetzung für die Teilnahme an der Lebensschule sind Veränderungsbereitschaft und Offenheit für den christlichen Glauben.

Rahmenbedingungen

Aufwand und nötige Mittel

Die Lebensschule kostet den Wörnersberger Anker ca. 7.000 Euro pro Person und Jahr. Dieser Betrag ergibt sich hauptsächlich durch die Vollzeitstelle einer leitenden Person der Lebensschule, aus zusätzlichen Seminartagen und einer Rumänienreise. Die Mittel werden durch Spenden aufgebracht. Wir haben einen Spenderkreis, der zweckgebunden regelmäßig für die Lebensschule spendet. Dieser Spenderkreis besteht aus Personen, die Freiwillige aus dem aktuellen Jahresteam durch persönliche Ermutigung, Gebet und finanzielle Mittel unterstützen möchten. Der Kontakt wird durch die Freiwilligen hergestellt, indem sie einen Flyer an Personen aus ihrem familiären Umfeld oder ihrer Gemeinde weitergeben. Es liegt ein persönliches Anschreiben bei, in dem die Freiwilligen namentlich genannt werden. Auch ehemalige Freiwillige, Mitarbeitende oder Freundinnen und Freunde des Ankers gehören dem Spenderkreis an, um gezielt die Jahresteamarbeit zu unterstützen. Diejenigen, die die Lebensschule finanziell fördern, bekommen regelmäßig einen Infobrief über die aktuellen Entwicklungen der Jahresteamarbeit.

Unterkunft, Verpflegung und Taschengeld

Die Freiwilligen wohnen in zwei Wohngemeinschaften, meist im Doppelzimmer. Jeder Wohngemeinschaft ist eine begleitende Person zugeordnet, die Beratungsprozesse und Konflikte moderiert und Ideen zur Gestaltung des gemeinsamen Wohnens einbringt. Es gibt keine vorgegebenen Regeln: Die Freiwilligen sollen ihre eigenen Absprachen im Blick auf gemeinsame Kasse, gemeinsame Mahlzeiten, Regelung für Gäste, Putzplan, Freizeitgestaltung und Ruhezeiten finden. Die Mahlzeiten am Wochenende und das Frühstück sowie das Abendessen an Werktagen werden gemeinsam eingekauft, vorbereitet und eingenommen. Für diese Mahlzeiten wird den Freiwilligen ein Verpflegungssatz in Höhe der Sachbezugswerte der Region ausbezahlt. Wir wollen damit die Planungsfähigkeit, Vorratshaltung und den Umgang mit Geld fördern. Regelmäßiges Putzen und das Waschen der eigenen Wäsche werden ebenfalls von den Freiwilligen selbst organisiert. Zusätzlich zum Verpflegungsgeld wird den Freiwilligen ein Taschengeld ausbezahlt. Wenn die Freiwilligen im Gästebetrieb arbeiten, nehmen sie die Mahlzeiten mit den Gästen ein. Unter der Woche gibt es für die Freiwilligen ein gemeinsames Mittagessen.

Konkrete Umsetzung

Bewerbungsprozess

Der Bewerbungsprozess wird in Absprache mit dem Träger durch den Wörnersberger Anker eigenständig durchgeführt, um die (passenden) zukünftigen Freiwilligen direkt kennenzulernen und individuell von Anfang an begleiten zu können. Zum Bewerbungsprozess gehören die schriftliche Bewerbung und mindestens eine Referenz, eine Schnupperwoche von Montagabend bis Freitagmittag, um eine normale Arbeitswoche kennenzulernen sowie ein Vorstellungsgespräch. Die Bewerberinnen und Bewerber sind bereits in der Hospitationswoche in den Wohngemeinschaften untergebracht und lernen somit das gemeinsame Leben und die alltäglichen Herausforderungen kennen.

Wechselnde Arbeitsbereiche

Das Team der Freiwilligen ist in wechselnden Viererteams in den drei Arbeitsbereichen Küche, Hauswirtschaft und Haustechnik tätig. Das Jahr ist in drei etwa gleich lange Arbeitsbereichsabschnitte eingeteilt, sodass gewährleistet werden kann, dass die Freiwilligen in jedem Bereich eine Phase lang arbeiten. Nach jedem dieser Zeitabschnitte findet eine neue Einarbeitungsphase statt. Jeder Arbeitsbereich ist einer Arbeitsbereichsleitung unterstellt, die die Verantwortung für die Planung und Aufgabenverteilung und Einarbeitung trägt. Den Freiwilligen wird Verantwortung übertragen, sie sollen gefördert und herausgefordert, aber nicht überfordert werden. Dabei ist es wichtig, dass die Arbeitsbereichsleitung auf alle Freiwilligen individuell eingeht, Hilfestellungen gibt, Eigenständigkeit fördert, Grenzen setzt, für Fragen offen ist und eine gute Arbeitsatmosphäre schafft. Die Freiwilligen dürfen bei möglichst vielen Aufgaben und Arbeiten, die im Bereich anfallen, mitwirken und diese eigenständig übernehmen. Ziel in den Arbeitsbereichen ist das Erlernen und Aneignen praktischer Fähigkeiten für das spätere Leben. Der inhaltliche Bereich ist der vierte Arbeitsbereich, der allerdings nicht für eine bestimmte Zeitspanne läuft, sondern punktuell. Es gibt über das Jahr verteilt immer wieder Möglichkeiten, im inhaltlichen Programm für Kinder, Teens oder junge Erwachsene mitzuarbeiten. Alle Freiwilligen sollen mindestens einmal beim Kinderprogramm dabei sein. Die einzelnen Einsätze werden von theologisch-inhaltlich arbeitenden Mitarbeitenden vorbereitet und begleitet und im Anschluss mit einem Feedbackbogen ausgewertet.

Begleitung und Logbuch

Die Freiwilligen bekommen zu Beginn des Jahres jeweils eine Person für die persönliche Begleitung zugeteilt. Die Begleitenden sind persönliche Ansprechpersonen für alle Themen, Fragen, Gedanken, Prozesse und Probleme aus Vergangenheit, gegenwärtigem Alltag und Zukunft. Sie hören zu, geben Tipps, erarbeiten gemeinsam Ziele oder Lösungswege und unterstützen und beraten. Wenn sich im Jahresteam eine Paarbeziehung bildet, bieten wir den beiden eine Begleitung als Paar durch ein Ehepaar aus dem Kreis der Mitarbeitenden an. Das ist ein zusätzliches Angebot, die Einzelbegleitung geht parallel weiter.

Ein Logbuch als Reflexions-Tool

Einmal in der Woche schreiben die Freiwilligen das sogenannte Logbuch. Es handelt sich dabei nicht um ein privates Tagebuch, sondern um eine Reflexionshilfe mit einer allgemeinen Anleitung, wie man Gedanken, Gefühle und Prozesse schriftlich festhalten und reflektieren kann, sowie mit konkreten Fragenstellungen zu unterschiedlichen Themen wie z.B. Gaben, Kommunikation und Beziehung. Es soll den Freiwilligen eine Hilfe sein, sich persönlich weiterzuentwickeln. Eigene Ziele und konkrete Schritte werden aufgeschrieben und reflektiert. Es können auch Erfahrungen, Fragen und Herausforderungen notiert werden.

Von Anfang an ist transparent, dass das Logbuch von den Begleitenden gelesen wird. Das Logbuch soll unterstützen, die Zeit im Anker bewusst zu erleben und zu gestalten. Für viele Ehemalige ist das Logbuch eine wertvolle Erinnerung an ihre Ankerzeit.

Geistliches Leben

Der Wörnersberger Anker versteht sich als Brückenbau zwischen den unterschiedlichen christlichen Denominationen. Sowohl die Mitarbeitenden als auch die Freiwilligen kommen aus ganz verschiedenen Glaubenstraditionen, Kirchen und Gemeinden. Dadurch wird das geistliche Leben im Anker von ganz unterschiedlichen Menschen geprägt, die hier zusammenleben. Auch die Freiwilligen sind aufgefordert, sich mit ihrem Glaubensstil, ihrer Spiritualität und ihren Gaben in diesem Bereich einzubringen. Im Wochenablauf gibt es ganz unterschiedliche gemeinschaftliche Angebote:

- „Together is better" Andacht: Lobpreis, Austausch und Gebet
- Abendmahl
- Andacht von Freiwilligen für Freiwillige und Mitarbeitende
- Bibelgespräch in Kleingruppen

- Mittwochabendgottesdienst mit Lobpreis und Lehre.

Hier besteht für alle die Möglichkeit, sich mit der eigenen Prägung und mit dem einzubringen, was ihnen auf dem Herzen liegt. Weitere Angebote wie Schweigetag, Gebetsgruppen, Bibellesegruppen, Hören auf Gott oder Fastentage sind Möglichkeiten, das eigene und gemeinschaftliche geistliche Leben zu vertiefen.

Zusätzliche Seminartage

Unsere sogenannten Blocktage finden zusätzlich zu den gesetzlich im Freiwilligendienst vorgeschriebenen Seminartagen statt. Wir verbringen sie außerhalb des Ankers in einem Freizeitheim. Bei den Blocktagen wird schwerpunktmäßig das Thema Berufung bearbeitet, aber es werden auch andere biblische und aktuelle Themen besprochen. Die Freiwilligen haben die Möglichkeit, eigene Themenwünsche einzubringen. Neben dem Inhaltlichen liegt bei den Blocktagen der Schwerpunkt auf Gemeinschaft, Austausch, Feedback und persönlicher Reflexion. Die Freiwilligen übernehmen bei den Blocktagen verschiedene Aufgaben wie z.B. Start in den Tag, Tagesleitung, die Organisation und Durchführung von Küchen- und Spüldienst oder die Vorbereitung der Mahlzeiten.

Rumänienreise

Die zwölftägige Begegnungsreise nach Rumänien ist ein fester Bestandteil der Lebensschule. Die Freiwilligen sollen eine Horizonterweiterung erleben, gemeinsam unterwegs sein und selbst Verantwortung übernehmen. Es geht darum, Einblicke in eine fremde Kultur mit ihren Schätzen und Herausforderungen zu erlangen: Werke, Gemeinden und Organisationen zu besuchen, diese persönlich und nontouristisch kennenzulernen sowie ihnen zu dienen, Armut zu begegnen und eigene Erfahrungen mit Gott zu machen. Wir legen dabei Wert auf einen regelmäßigen Austausch und Gebet. Die Reise wird an zwei Tagen gemeinsam vorbereitet. Zwei bis drei Mitarbeitende aus dem Anker begleiten das Team. Vor Ort wird mit Partnerorganisationen und Ansprechpersonen zusammengearbeitet, die seit vielen Jahren in Rumänien leben und Projekte leiten. Mit der Reise werden unterschiedliche Projekte finanziell und ganz praktisch durch Arbeitseinsätze unterstützt, z.B. durch das Betonieren eines Fundamentes für ein Haus im Armenviertel oder durch das Verteilen von Lebensmitteln.

Feedback-Kultur

Wir sind davon überzeugt, dass persönliches Wachstum durch konstruktives und liebevolles Feedback gefördert wird. Deshalb geben wir uns in der Lebensschule regelmäßig gegenseitiges Feedback. Dazu gehört z.b. das Feedback nach jeder Andacht, die von den Freiwilligen gehalten wurde. Ebenfalls nach jedem Arbeitsbereichsabschnitt gibt es einen Reflexionsbogen mit Eigen- und Fremdwahrnehmung (vgl. Konstantinidis/Tölgyesi in diesem Band).

Ungefähr nach der Hälfte des Freiwilligendienstes wird eine ausführliche Zeit für Feedback eingeplant (vgl. Brinkmann in diesem Band): Die Freiwilligen und die Mitarbeitenden geben sich in einem schriftlichen Feedback jeweils in ausgeglichener Anzahl Beobachtungen und Rückmeldungen über das, was positiv auffällt und ermutigend ist sowie, Punkte, in denen noch Wachstumspotenzial entdeckt bzw. für die ein konstruktives Feedback weitergegeben wird. Für viele Freiwillige ist sowohl das Schreiben als auch das Lesen ein aufregender und anstrengender Prozess. Im Anschluss werden meist Gespräche geführt, um die aufgeschriebenen Punkte zu vertiefen oder offene Fragen zu klären. Diese Form von Feedback trägt allgemein zu einer offenen und bewussten Kommunikation im Team bei.

Missionarischer Aspekt der Lebensschule

Was ist nun der missionarische Aspekt einer Lebensschule, an der hauptsächlich christlich sozialisierte junge Erwachsene teilnehmen? Im eigentlichen Sinne ist die Lebensschule nicht missionarisch, sie ist auf dem geistlichen Prinzip des Evangeliums aufgebaut. Es geht darum, jungen Menschen zu vermitteln, dass sie als Kinder Gottes von Gott vollkommen angenommen und geliebt sind, völlig unabhängig von dem, was in ihrem Inneren vor sich geht, und völlig unabhängig von dem, was sie tun. Die meisten Christinnen und Christen haben vermutlich dieses Evangelium gehört und verstanden, aber es fällt schwer, es auch innerlich zu beherzigen und im Alltag umzusetzen.

Viele Freiwillige bringen sich hier im Anker hervorragend ein: Sie machen eine sehr gute Arbeit und sind freundlich und hilfsbereit. Oft spüre ich als Anleitende jedoch die Angst bei ihnen, „durchschaut" zu werden. Es ist für viele eine neue Erfahrung und auch Herausforderung, über sich selbst intensiv nachzudenken, sich zu hinterfragen und ehrlich zu reflektieren, was hinter den eigenen Kulissen ist. Darüber offen zu sprechen, fällt oft schwer und muss erst eingeübt und gelernt werden. Hier geht es also darum, unter Gottes liebevollem Blick die Wahrheit über sich selbst zu erkennen. Innere Wunden und alte Verletzungen müssen nicht länger versteckt werden. Dinge, die falsch gemacht werden, müssen nicht beschönigt oder ignoriert werden. Dieser Prozess kann einerseits schmerzhaft und andererseits befreiend sein. Es ist also wichtig, in Liebe und Wahrheit zu spiegeln, was nicht gut läuft oder nicht gut ist. Manchmal führt das zu einer Veränderung, weil Licht auf einen blinden Fleck fällt. Aber manchmal gibt es Blockaden und eine Veränderung ist dann ein schwerer und langer Weg. Diese Situation kann dann auch für andere zur Belastung werden. Es gibt ganz unterschiedliche Gründe, warum eine Veränderung nicht möglich ist, oft spielen Verletzungen, psychische Belastungen oder schmerzhafte Prägungen eine Rolle. Andere in das eigene Leben der Gefühls- und Gedankenwelt hineinschauen zu lassen, braucht viel Vertrauen und Schutz. Genau dazu wollen wir ermutigen und einen vertraulichen und geschützten Rahmen in der Begleitung bieten. Wenn das gelingt, geschehen entscheidende Dinge: Ungesunde Lebensweisen werden durch Gottes Liebe und Wahrheit neu beleuchtet, Schuld wird bekannt und vergeben, Scham wird mit Annahme und Trost begegnet, negative Bindungen werden gelöst, Freiheit wird erfahrbar. Egal, was jede Person von sich preisgebt, was sie mitbringt, wie groß Schuld ist, wie tief Scham prägt, wie negativ Gedanken sind, ob geforderte Leistung erbracht werden kann oder nicht: Jede Person darf sich öffnen und wird nicht abgelehnt oder verurteilt, sondern angenommen und geliebt. Das ist die Schlüsselerfahrung in diesem Prozess.

Viele haben in der Vergangenheit andere und nicht selten negative Erfahrungen gemacht und sind deshalb vorsichtig und verschlossen. Es braucht Zeit und wachsendes Vertrauen, Beziehungen müssen zuerst vertieft werden. Die starke Botschaft des Evangeliums lässt sich besser beherzigen, wenn sie nicht nur gehört, sondern auch ganz konkret erfahren wird. Es kann eine heilsame Erfahrung werden, zu spüren, dass die anderen sich nicht distanzieren, obwohl sie die negativen Seiten einer Persönlichkeit kennenlernen. Es tut gut, eine Umarmung zu spüren, nachdem eine schlimme Schuld bekannt wurde. Es ermutigt, zu hören, dass jemand nicht verurteilt wird, obwohl Scheitern und Versagen stattfanden. Es motiviert persönlich, wenn nicht nur Leistung zählt, sondern die Person als wichtig und wertvoll hervorgehoben wird.

Immer wieder sagen Freiwillige zu mir als Anleiterin: „Da draußen in der Welt ist es aber ganz anders, da gerät man nun mal unter Druck und erfährt Ablehnung." Es ist nachvollziehbar, wenn jemand so empfindet, aber ist es dann nicht umso wichtiger, dass wir tief in unseren Herzen das Evangelium tragen und erfahren haben, dass wir bei Gott vollkommen geliebt und angenommen sind? Und zwar nicht nur theoretisch, sondern tief beherzigt, weil wir eine ganz konkrete positive und prägende Erfahrung gemacht haben. Diese Erfahrung ist göttlich, weitreichend und lebensverändernd.

ERLEBNISPÄDAGOGISCHE ARBEIT MIT FREIWILLIGEN IM ABENTEUERDORF WITTGENSTEIN

Claudia Althaus/Silke Grübener

Die ausgedehnten Wälder des Rothaargebirges, weite Wiesen und Felder, Berg und Tal, immer wieder kleine Ortschaften, Wanderwege – im Winter sogar ein Skigebiet ... und mittendrin das Abenteuerdorf Wittgenstein: Mehrere Häuser im norwegischen Blockhaus-Stil zum Übernachten mit insgesamt etwa 120 Betten, großem Speise- und Festsaal und unterschiedlichen Seminarräumen, dazu eine Außenanlage mit Spielgeräten und einem Teich mit Holzflößen. Eine Fläche von mehr als 30.000 Quadratmetern bietet Kindern, Jugendlichen und Erwachsenen die Möglichkeit, den Alltag hinter sich zu lassen und sich auf neue, überraschende Erfahrungen einzulassen gemäß dem Leitspruch: „Du stellst meine Füße auf weiten Raum" (Ps 31,9).

Das Abenteuerdorf Wittgenstein befindet sich in Trägerschaft des Ev. Kirchenkreises Wittgenstein und wurde 1975 als Jugendfreizeitzentrum Wemlighausen eingeweiht. Zu den Gästegruppen gehören insbesondere Schulklassen, Kindertagesstätten, Kinder-, Jugend- und Familienfreizeiten, Gruppen von Konfirmandinnen und Konfirmanden, Seminare und Fortbildungen, aber auch Musik- und Sportgruppen, Familien und Einzelreisende. Auch Tagesgäste sind im Abenteuerdorf herzlich willkommen. Und natürlich 1 bis 2 Freiwillige für einen Freiwilligendienst jedes Jahr.

Programmangebote im Abenteuerdorf Wittgenstein

Neben Übernachtung, Verpflegung und Geländenutzung können die Gäste entweder ihr eigenes Programm gestalten oder unterschiedliche Programmbausteine im Abenteuerdorf Wittgenstein buchen.[90] Beliebter Bestandteil dieses Programm-Angebotes sind die Rothaar-Lamas: Eine Herde aus aktuell 11 Tieren wartet im Rahmen unseres tiergestützten pädagogischen Angebotes auf das Kennenlernen der verschiedenen Besucherinnen und Besucher.

Außerdem bietet das Abenteuerdorf Wittgenstein erlebnispädagogische Programme in Kooperation mit „MBS Erlebnisräume" an. Das Programm ist ein Zweig des Marburger Bibelseminars (MBS), einer privaten Fach-

---

[90] Für weiterführende Informationen vgl. die Website www.abenteuerdorf.info.

331

schule für Pädagogik und Theologie. Die erlebnispädagogischen Programme werden von erfahrenen und zertifizierten Trainern und Trainerinnen durchgeführt und insbesondere für Gruppen mit Kindern, Jugendlichen und jungen Erwachsenen mit unterschiedlichen Schwerpunkten angeboten. Aktuelle Programme aus dem Angebot lauten u.a.:

- *Abenteuer Glaube:*
  Das Programm beinhaltet vier Schwerpunkte: Gemeinschaft erleben, über Glauben sprechen, Begegnung mit Gott, biblische Geschichten erleben.

- *Abenteuer unterwegs:*
  Sich orientieren, den richtigen Weg finden, in die richtige Richtung laufen, Entscheidungen treffen – all das sind Themen bei einer Orientierungswanderung. Die Gruppe bekommt Karte und Kompass mit dem Ziel, gemeinsam den richtigen Weg zu finden und unterschiedliche (Team-)Aufgaben zu erfüllen. Anschließend wird das Erlebte reflektiert und in den Alltag übertragen.

- *Abenteuer Team:*
  Zum Programm gehören Kennenlernen und vertrauensbildende Maßnahmen, Selbst- und Fremdwahrnehmung stärken, Kommunikation von Erwartungen und Bedürfnissen einüben, Rollen, Stärken, Schwächen im Team erkennen und zielführend einsetzen, Kritikfähigkeit trainieren und konstruktive Feedback-Kultur einüben.

- *Abenteuer Wald und Natur:*
  Das Programm beginnt mit einer kurzen Einführung zum Verhalten in Wald und Natur. Anschließend wird die Umgebung (Lebensraum Wasser, Wald und/oder Wiese) mit unterschiedlichen Aktionen erkundet. Dies beinhaltet Wahrnehmung mit allen Sinnen und kreatives Arbeiten mit Natur-Materialien.

Die Programme werden individuell an die Bedürfnisse der Gruppen, an die jeweilige Altersgruppe, an eventuellen Förderbedarf und auch beispielsweise an die Wetterbedingungen angepasst. Die erlebnispädagogischen Angebote im Abenteuerdorf Wittgenstein sind zertifiziert durch den Bundesverband Individual- und Erlebnispädagogik, der Erlebnispädagogik wie folgt definiert (vgl. Bundesverband Individual- und Erlebnispädagogik 2019: 7):

- Die erlebnispädagogischen Situationen sind inszeniert, nicht alltäglich und dennoch real (greifbar, wirklich – im Gegensatz zu z.B. Computerspielen).
- Für die gestellten Aufgaben gibt es keine fertigen Lösungen oder klaren Lösungswege.
- Die Teilnehmenden müssen aktiv werden: Lernen findet durch das eigene Handeln statt.

- Erlebnispädagogische Programme werden durchweg pädagogisch begleitet und betreut.
- Es gibt Herausforderungen und Grenzerfahrungen als Gruppenerlebnisse und für Einzelne immer in einem geschützten Rahmen.
- Die Programme werden an den Bedürfnissen und Zielen der Teilnehmenden und Gruppe ausgerichtet und individuell zusammengestellt.
- Die Bewusstmachung des Erlebten (Reflexion) und Übertragung in den Alltag (Transfer) bilden die wichtigste Grundlage, um die Erlebnisse zu verarbeiten und in Erfahrungen umzuwandeln.

Im Abenteuerdorf sollen mit unterschiedlichen Aktionen und Methoden Räume für Erfahrungen und damit Chancen für Veränderungsprozesse ermöglicht werden. Durch die Begleitung von Gruppen und Einzelpersonen in ihren jeweiligen Prozessen wird aufgegriffen, was sie bewegt.

Aufbauend auf dem christlichen Menschenbild betonen wir die Einzigartigkeit von Einzelnen und Werte wie Nächstenliebe, Gewaltlosigkeit und Vergebung. Wichtig ist uns auch die Achtung vor und die Bewahrung der Schöpfung. Im Rahmen erlebnispädagogischer Maßnahmen können die Teilnehmenden einüben, sich für die Natur zu begeistern, Wahrnehmung und ein Verständnis für das sensible Gleichgewicht der Natur entwickeln und einen achtsamen Umgang mit der Schöpfung trainieren.

Freiwilligendienst und Erlebnispädagogik

Freiwillige im Abenteuerdorf Wittgenstein erhalten einen Einblick in die unterschiedlichen Arbeitsbereiche. Sie übernehmen Aufgaben in Hauswirtschaft und Haustechnik, Büro und Gästebetreuung. Um vielfältige Eindrücke zu bekommen, erhalten die Freiwilligen darüber hinaus die Möglichkeit zur Mitarbeit bei den tiergestützten pädagogischen Angeboten mit den Rothaar-Lamas und den erlebnispädagogischen Programmen, um vielfältige Eindrücke und Erfahrungen im Umgang mit Mensch und Tier zu bekommen.

Im erlebnispädagogischen Bereich und auch in allen anderen Arbeitsfeldern im Abenteuerdorf erleben die Freiwilligen eine Art „Treibhaus" – einen Raum zum geschützten Wachsen, in dem sie sich selbst besser kennenlernen, neue Fähigkeiten entdecken und erlernen, personale und soziale Kompetenzen trainieren und sich von einem starken Team getragen fühlen können.

Die Mitarbeit in der Erlebnispädagogik bringt den Freiwilligen zunächst einen Einblick in den beruflichen Alltag dieses pädagogischen Tätigkeitsfeldes (welche Ausbildung bzw. Qualifikation benötigt wird, wie sich Arbeitszeiten gestalten usw.). Hierdurch ergeben sich viele praktische Hilfestellungen bei der Perspektivfindung zur möglichen beruflichen Tätigkeit.

Da die erlebnispädagogischen Programme im Abenteuerdorf von unterschiedlichen Trainerinnen und Trainern durchgeführt werden, können die Freiwilligen verschiedene Arbeitsstile und auch den unterschiedlichen Umgang mit Gruppen beobachten und im Bereich der Teamarbeit neue Erfahrungen machen.

Unserem Verständnis von Erlebnispädagogik nach gibt es keine fertigen Standard-Programme. Vielmehr werden diese jeweils individuell an die einzelnen Gruppen und deren Bedürfnisse angepasst. Hierfür werden zunächst mit der Gruppenleitung (bspw. Klassenlehrerinnen und Klassenlehrer) und den Gruppen Ziele für das Programm festgelegt. Auf dieser Basis sowie anhand von Reflexionsgesprächen und Beobachtungen gestalten die Trainerinnen und Trainer das auf die Gruppe individuell passende Programm. Folgende Schritte werden hierbei gemeinsam mit dem Freiwilligen beschritten:

 ### Schritte der Anleitung von Freiwilligen in erlebnispädagogischer Praxis

- *Vor dem ersten erlebnispädagogischen Angebot:*
  Einführung in die Erlebnispädagogik, Vorstellung der Programmangebote, Formulierung von Erwartungen und Zielen, Klärung von Fragen. Wichtig ist es, dass die Erlebnispädagogin bzw. der Erlebnispädagoge die Stärken und Schwächen der Freiwilligen kennt bzw. kennenlernt, um die Freiwillige bzw. den Freiwilligen dementsprechend einsetzen und fördern zu können.
- *Während der erlebnispädagogischen Angebote:*
  In einem ersten Schritt beobachten die Freiwilligen zunächst die Prozesse der gemeinsamen Festlegung der Ziele für das Programm mit den Gruppen. Sie bekommen die Planungen, mögliche spontane Änderungen, Zwischenreflexionen der Gruppe mit und können schon bald eigene Beobachtungen und Programmideen einbringen. So üben sie sich ganz nebenbei in der Planung und individuellen Anpassung (Intervention) von Programmen und Angeboten. Durch das Beobachten der Gruppen in Aktionen und Reflexionen, durch den Austausch im Trainerteam und über abschließende Reflexions-/Feedbackgespräche trainieren die Freiwilligen ihre Beobachtungs- und Reflexionskompetenz.

- Nach den ersten Erfahrungen können die Freiwilligen auch selbst die Anleitung von einzelnen Aktionen übernehmen, immer mit Begleitung einer Erlebnispädagogin oder eines Erlebnispädagogen, die für das Programm verantwortlich sind. Diese Programmpunkte werden im Vorfeld gemeinsam besprochen und erarbeitet. Nach der erlebnispädagogischen Grundlagenausbildung können sie auch selbstständig erlebnispädagogische Programme gestalten. Die Freiwilligen trainieren dabei viele weitere Fähigkeiten und Kompetenzen: Vorbereitung und Erstellung von Materialien, Spiele und Aktionen anleiten, auf Krisen und Konflikte angemessen reagieren, Gruppen beobachten und ggf. intervenieren, unterstützende Reflexionsfragen stellen, sich neue Methoden aneignen etc.
- Nach jedem erlebnispädagogischen (Tages-)Angebot gibt es ein gemeinsames Reflexionsgespräch mit der bzw. dem Freiwilligen.

Chancen und Herausforderungen

Im Bereich der Erlebnispädagogik sehen wir viele Chancen für die Freiwilligen. Beispielhaft sind dies folgende Aspekte:

- Im Team arbeiten und hierdurch einen geschützten Raum zum Experimentieren erfahren mit starkem Fehlertoleranzpotenzial
- Stärkung der kommunikativen Fähigkeiten und Weiterentwicklung der personalen und sozialen Kompetenzen
- Ressourcenorientiertes Arbeiten erleben
- Entwicklung von Berufsperspektiven in diesem Arbeitsfeld
- Eine Kultur der Individualität und Offenheit gegenüber anderen entwickeln
- Einblicke in inklusive Ansätze und die Arbeit mit Menschen mit Handicap
- Wertvolle Brückenfunktion, da die Freiwilligen im Regelfall altersmäßig näher an den Zielgruppen sind als das Trainerteam.

Folgende Herausforderungen sollten im Vorfeld von Einsatzstellen bedacht werden, die erlebnispädagogische Gruppenarbeit für ihre eigenen Kontexte anbieten und Freiwillige integrieren möchten:

Lessons Learned

- Die für die Freiwilligen zuständigen Personen müssen über die notwendigen Qualifikationen und Ausbildungen im erlebnispädagogischen Bereich verfügen, ggf. sind hier Kooperationen mit qualifizierten Anbietern im Bereich der Erlebnispädagogik sinnvoll, wie es z.b. im Abenteuerdorf zusammen mit dem MBS geschieht.
- Ein ausreichender Materialpool ist vorzuhalten und zu pflegen.
- Ein Kundenstamm mit interessierten Gruppen sollte vorhanden sein bzw. ist aufzubauen.
- Für die Anleitung, Betreuung und Reflexion sind ausreichende Zeiten vorzusehen.
- Wahrnehmen der persönlichen Grenzen der Freiwilligen und das Einüben von Nähe und Distanz.
- Die Freiwilligen sollen nicht nur im Programm „mitlaufen", sondern werden als Teammitglied wahrgenommen und übernehmen im Verlauf ihres Freiwilligendienstes Verantwortung z.B. für eigene Programmpunkte.

Unter diesen Voraussetzungen ist es unseres Erachtens möglich, den Freiwilligen einen Einblick in ein spannendes Arbeitsfeld mit Menschen zu geben und ihnen die Chance des Wachstums, der eigenen Entfaltung und beruflichen Orientierung zu bieten.

Literaturverzeichnis

Bundesverband Individual- und Erlebnispädagogik e.V. (2019): Informationsbroschüre Erlebnispädagogik mit Qualität. 4. Auflage. Dortmund.

EINSATZ VON FREIWILLIGEN IN WOHNGRUPPEN: DAS BETHELJAHR

Britta Pohl/Corinna Riemeier

Die von Bodelschwinghschen Stiftungen Bethel sind einer der größten diakonischen Träger in Europa mit Hauptsitz in Bielefeld. Rund 20.000 Mitarbeitende setzen sich in stationären und ambulanten Diensten für jährlich etwa 230.000 Menschen ein, die Hilfe benötigen. Menschen, die sozial benachteiligt sind, soll ein weitestgehend selbstbestimmtes und würdiges Leben ermöglicht werden.

Die 1867 gegründete Ursprungseinrichtung kümmerte sich um die Betreuung von jungen Männern mit Epilepsie, die gesellschaftlich in ihrer Not alleine gelassen wurden. Daraus entwickelte sich in über 150 Jahren eine Stiftung mit sehr differenzierten Hilfefeldern wie Behinderten-, Alten-, Jugendhilfe, Arbeit und berufliche Rehabilitation, Psychiatrie sowie Versorgung in Akutkrankenhäusern. Im Laufe der Zeit hat sich die Ortschaft Bethel zu einem lebendigen Stadtteil entwickelt, in dem heute viele verschiedene Einrichtungen der von Bodelschwingschen Stiftungen ihren Standort haben. Bethel ist jedoch nicht auf die Ortschaft in Bielefeld begrenzt: Es gibt Einrichtungen in ganz Nordrhein-Westfalen sowie sieben weiteren Bundesländern.

Die Betheljahr-Teilnehmenden (er)leben die Diakonie Bethels, dies beinhaltet das selbstverständliche Zusammenleben und das gemeinsame Lernen und Arbeiten aller Menschen in ihrer Verschiedenheit. Und so ist auch das Betheljahr offen für alle Menschen, die sich für einen Freiwilligendienst entscheiden.

Das Betheljahr

Seit 1958 leisten in Bethel junge Menschen ein Diakonisches Jahr und somit einen wichtigen Beitrag in der Gesellschaft. Im Jahr 2002 wurde zusätzlich zum Diakonischen Jahr ein eigenes Format für den Freiwilligendienst in den von Bodelschwinghschen Stiftungen Bethel gegründet: das Betheljahr. Es gibt mittlerweile über 500 Freiwillige in etwa 200 verschiedenen Einsatzstellen, die in jedem Jahr ihr Betheljahr ableisten.

Wenn Freiwillige sich für das Betheljahr bewerben, haben sie häufig keine bestimmte Einsatzstelle vor Augen. Sie kennen Bethel und das Betheljahr aus Erzählungen von Bekannten, aus dem Internet oder zum Teil auch aus einem Schulpraktikum. Durch die Größe und Vielzahl der Einsatzbereiche ist es wichtig, das Bewerbungsverfahren zentral zu steuern. Alle Bewerbungen gehen zunächst in der Freiwilligenagentur Bethel ein und werden den Regionen (Ostwestfalen, Südwestfalen, Bethel im Norden, Berlin) und Programmen (Betheljahr International, Betheljahr neo, Betheljahr 27+)[91] zugeordnet. Die Freiwilligenagentur ist der Träger des Freiwilligendienstes und beschäftigt im Jahr 2020 rund 40 Mitarbeitende.

Freiwilligendienst in Wohnbereichen

Etwa die Hälfte aller Freiwilligen im Betheljahr sind im Stiftungsbereich *Bethel.regional* eingesetzt. Die Unterstützungsleistungen beinhalten die Bereiche Behindertenhilfe, Jugendhilfe, Psychiatrie, Sucht, Wohnungslosenhilfe sowie Arbeit und Rehabilitation. Verschiedene Wohnformen und die Begleitung der Menschen in ihrem Lebensalltag bilden den gemeinsamen Schwerpunkt. Den weitaus größten Anteil der verschiedenen Unterstützungsleistungen bilden die Wohnangebote für Menschen mit Behinderungen. Etwa ein Drittel aller Freiwilligen im Betheljahr ist in diesem Bereich eingesetzt.

Die Wohnform richtet sich nach dem individuellen Unterstützungsbedarf. Dazu gehören auch das Wohnen in unterschiedlichen besonderen Wohnformen (ehemals stationäres Wohnheim) und das Ambulant/Intensiv Betreute Wohnen in der eigenen Wohnung – alleine, als Paar oder in einer Wohngemeinschaft.

Zusätzlich gibt es tagesgestaltende Förder-, Beschäftigungs- und Freizeitangebote ebenso wie schulische Ausbildung und berufliche Rehabilitation, um die Menschen bei der Wahrnehmung ihres Rechts auf Teilhabe am politischen und kulturellen Leben, bei der Integration in den gesellschaftlichen Alltag mit Beruf, Familie, Sport, Freizeit u.a. zu fördern.

Die meisten Freiwilligen arbeiten im Schichtdienst zwischen 06:00 Uhr und 22:00 Uhr in einer 5-Tage-Woche inkl. 14-tägigem Wochenenddienst. In der Regel beginnt der Frühdienst mit einer Übergabe durch den Nacht-

---

[91] In den verschiedenen Programmen werden den unterschiedlichen Zielgruppen entsprechend bedarfsgerechte Angebote gemacht. Das *Betheljahr International* richtet sich an Teilnehmende, die aus dem Ausland kommen, um einen Freiwilligendienst in Bethel zu absolvieren. Im *Betheljahr neo* bekommen junge Menschen bis 27 Jahre, die aufgrund ihrer individuellen, sozialen, schulischen und/oder biografischen Voraussetzungen im Freiwilligendienst einen besonderen Unterstützungs- und Förderbedarf haben, die Möglichkeit, einen Freiwilligendienst in Voll- oder Teilzeit zu absolvieren. Das *Betheljahr 27+* richtet sich an Menschen, die älter als 27 sind und z.B. in ihrer beruflichen Orientierung an einem Punkt der Neuausrichtung sind.

dienst, anschließend werden die Aufgaben im Wohnbereich unter den Mitarbeitenden verteilt. Zur morgendlichen Routine gehört das Wecken der Bewohnenden und die Assistenz bei der Körperpflege und ggf. Nahrungszubereitung bzw. -aufnahme. Da viele tagsüber in Werkstätten oder Tagesförderbereichen betreut werden, ist der Ablauf von den festgelegten Transferzeiten dorthin strukturiert. Wenn alle abgeholt sind, werden hauswirtschaftliche Tätigkeiten, Begleitung zu ärztlichen Terminen und Botengänge erledigt. In der Mittagszeit gibt es eine weitere Übergabe mit dem Spätdienst und meist wöchentlich eine große Teamsitzung. Am Nachmittag kommen die Bewohnenden wieder und erhalten je nach individuellem Bedarf Angebote zur Freizeitgestaltung, sozialer Interaktion oder auch Ruhephasen. Die abendliche Routine umfasst alles von Abendessen über die Unterstützung bei der Körperhygiene bis zum Zu-Bett-Bringen. Nach den hauswirtschaftlichen Tätigkeiten gibt es eine letzte Übergabe an den Nachtdienst. Die Freiwilligen sind in alle Aufgaben eingebunden, die in einem Wohnbereich anfallen. Sie betreuen nach gründlicher Einarbeitung durch eine Praxisanleitung einige Bewohnenden soweit wie möglich unter fachlicher Aufsicht selbstständig und können auch kleinere Projekte zur Freizeitgestaltung eigenständig durchführen. Hier reflektieren Anleitende und Freiwillige zusammen, welche Projekte möglich und realisierbar sind.

Um die Bandbreite der verschiedenen Wohnformen deutlich zu machen, werden im Folgenden zwei Einrichtungen näher vorgestellt. Im Haus Hawila stehen Strukturen und Abläufe besonders im Fokus, während in der Wohngruppe Babenquartier die Förderung von Selbstbestimmung und Beziehungsarbeit eine große Bedeutung haben.

Hawila

Das Haus Hawila ist ein 2010 erbautes Haus in der Ortschaft Bethel, in unmittelbarer Nähe zur Bielefelder Innenstadt: Fußläufig zu erreichen sind z.B. ein Begegnungs- und Kulturzentrum sowie mehrere Lebensmittelläden. Das Haus ist eine spezialisierte Einrichtung für Menschen mit Störungen aus dem Autismusspektrum und einer schweren Intelligenzminderung. Das professionelle Handeln der Einrichtung ist an den Prinzipien Personenorientierung, Lebensweltorientierung, Unterstützungsleistungen aus einer Hand und sozialräumlicher Orientierung ausgerichtet. Das differenzierte, stationäre Angebot der Eingliederungshilfe im Umfang von 24 Plätzen ist auf zwei Etagen in vier kleinere Wohneinheiten unterteilt. Neben den privaten Zimmern gibt es Räume, die gemeinsam genutzt werden können, wie Fernsehräume, Pflegebad, Küche und Esszimmer. Des Weiteren gibt es eine umfriedete Gartenanlage zur Freizeitgestaltung. Im Haus Hawila leben erwachsene Menschen im Alter von 23 bis 58 Jahren. Die Menschen werden sehr individuell nach dem TEACCH-Ansatz[92] betreut, um ein Höchstmaß an Lebensqualität und Selbstständigkeit zu ermöglichen.

Die Aufgaben der Freiwilligen sind sehr vielfältig: Neben Mithilfe bei der Grundpflege, medizinischen Betreuung, Freizeitgestaltung und Durchführung soziotherapeutischer Maßnahmen gehören auch hauswirtschaftliche Tätigkeiten zu den Aufgaben. Die Freiwilligen unterstützen bei der Gestaltung der Wohnräume, erleben Kontakt zu Angehörigen und übernehmen Anteile der Dokumentation der individuellen Betreuungsverläufe. Zu Beginn erfolgt eine Einarbeitung in die Grundlagen des TEACCH-Ansatzes sowie in die Themen Autismus, Störungen aus dem autistischen Spektrum, Epilepsie und Intelligenzminderung. Darüber hinaus gibt es die Möglichkeit der Teilnahme an In-House-Fortbildungen zu Themen wie TEACCH/Autismus, Hygiene, freiheitsentziehende Maßnahmen etc.

Besonders hervorzuheben im Haus Hawila ist die hohe Zufriedenheit der Freiwilligen. Das durchaus sehr junge Team (die meisten Mitarbeitenden sind zwischen 20 und 30 Jahren) integriert die Freiwilligen schnell und es entstehen sehr positive Beziehungen untereinander.

Die Praxis-Anleitenden heben hervor, dass sie jedes Jahr überdurchschnittlich motivierte neue Freiwillige bekommen, die sie 12 bis 18 Monate begleiten dürfen. Sie loben das Engagement der jungen Menschen, die nach dem Schulabschluss einen Freiwilligendienst absolvieren und sich oft danach für einen sozialen oder pflegerischen Beruf entscheiden. Viele der Freiwilligen haben im Haus Hawila eine Anschlussperspektive gefunden: als Hilfskräfte im Wochenenddienst neben Ausbildung oder Studium, Einzelbegleiterinnen und Einzelbegleiter oder als Auszubildende, häufig in den praxisintegrierten Ausbildungen zur Heilerziehungspflegerin oder zum Heilerziehungspfleger.

Für die Praxisanleitungen ist es bereichernd, dass die Freiwilligen neue Perspektiven in den Alltag bringen und auch die Mitarbeitenden zur Reflexion ihres eigenen Handelns anregen. Die jungen Freiwilligen haben mit der pflegerischen, medizinischen und pädagogischen Arbeit mit den besonderen Klientinnen und Klienten keine Vorerfahrung und machen in diesen Bereichen ihre ersten Schritte. Schwierig gestaltet sich der Umgang mit den Klientinnen und Klienten, die durch ihren Autismus die Strukturierung vor-

---

[92] Der TEACCH-Ansatz orientiert sich an den spezifischen Merkmalen der jeweiligen Person. Unter Einbeziehung ihrer Stärken und Interessen (Förderfaktoren) wird ihr Lebensumfeld so gestaltet, dass es für sie verständlicher, vorhersehbarer und weniger stressauslösend wird. Dadurch können unangemessene Verhaltensweisen reduziert und Lernprozesse angestoßen werden. Da autistische Menschen besondere Stärken in der visuellen Wahrnehmung haben, werden vorrangig visuelle Hilfen bei der Hervorhebung relevanter Strukturen des Umfeldes und bei der Vermittlung wichtiger Informationen eingesetzt. Dies findet besondere Rücksichtnahme in der Gestaltung des unmittelbaren Umfeldes und in der Alltagsgestaltung.

geben und auf Flexibilität und Veränderungen eher problematisch reagieren. Die Strukturierung des Alltages ist für die Fachkräfte daher ein Hauptaspekt der Arbeit. In der Anleitung neuer Freiwilliger, gerade zu Beginn, müssen die Fachkräfte viel komplexer denken und für die Freiwilligen mitplanen. Im Laufe der Zeit findet aber eine Entwicklung von Verantwortung statt und die Freiwilligen planen mit. Dabei ist eine gründliche, kontinuierliche Einarbeitung von mindestens acht Wochen notwendig.

Die Praxis-Anleitenden beschreiben aber auch, dass die besonderen Klientinnen und Klienten mit ihren sehr herausfordernden Verhaltensweisen und teilweise ausgeprägten Selbst- und Fremdverletzungen die Freiwilligen psychisch beschäftigen und sie schwierige Situationen mehrfach besprechen und reflektieren, um sie besser zu verstehen und zu verarbeiten. Diese Situationen bieteten Lernerfahrungen für die Freiwilligen: Sie können eine Haltung im Umgang mit besonderen Verhaltensweisen finden. Weitere Erfahrungsräume sind: der Umgang mit medizinischem und pflegerischem Wissen sowie pädagogischen Handlungen, das Thema Epilepsie, die Rollenfindung in einem großen, multiprofessionellen Team sowie die unterschiedlichen professionellen Haltungen der verschiedenen Berufsfelder.

Die klare Strukturierung im Umgang, die kaum Spielraum bietet, ist zu Anfang für die Freiwilligen schwer umzusetzen. Jedoch mit voranschreitender Einarbeitung und Verstehen des Arbeitsfeldes findet eine Übernahme von Verantwortung statt. Die Absprachen sind komplex und erinnern die Freiwilligen ein wenig an das „Vokabelnlernen" in der Schule, denn die Absprachen müssen verinnerlicht werden. Grenzen benennen können für sich und auch gegenüber den zu Betreuenden ist eine Grundvoraussetzung, um im Haus Hawila einen guten Kontakt zu den Klientinnen und Klienten führen zu können. Auch dies müssen die Freiwilligen lernen. Eine Praxisanleiterin sagte, dass es grundlegend wichtig ist, zu verinnerlichen: „Nett bleiben – Mein Gegenüber kann nichts dafür!"

Wohngruppe Babenquartier

Die Wohngruppe Babenquartier hat ein spezielles Konzept, da die Planungen gemeinsam mit den Bewohnenden und deren Familien stattgefunden haben. Im Rahmen einer Elterninitiative entstand der Wunsch nach einer individuellen Wohnmöglichkeit, die den jungen Menschen – unabhängig von Art und Schwere der Behinderung – Möglichkeiten zu einer möglichst selbstbestimmten Lebensführung eröffnet. So haben alle ein eigenes Apartment, das nach individuellen Wünschen geplant und eingerichtet wurde. Zusätzlich gibt es einen großen Gemeinschaftsraum, in dem z.B. die gemeinsamen Mahlzeiten, verschiedene Freizeitangebote sowie eine wöchentliche WG-Besprechung stattfinden.[93] Das Wohnprojekt liegt in einem Neubaugebiet im Bielefelder Westen mit guter Anbindung an Einkaufsmöglichkeiten und öffentlichen Personennahverkehr. Im Dezember 2014 konnten acht junge Erwachsene mit unterschiedlichen körperlichen und geistigen Behinderungen einziehen und einen aufregenden neuen Lebensabschnitt beginnen.

Ein großer Wunsch der Eltern war es, dass die Unterstützung von nur einem Team an Mitarbeitenden durchgeführt wird, das sowohl die Pflege übernimmt als auch Betreuung und Unterstützung im Rahmen der Eingliederungshilfe anbietet. Das multiprofessionelle Team der Wohngruppe besteht aus neun Mitarbeitenden (überwiegend in Teilzeit) und je einer Person in Ausbildung und im Betheljahr. Nachts ist eine Schlafbereitschaft vor Ort.

Ein wichtiges Ziel ist es, die individuelle Persönlichkeit zu berücksichtigen, zur Selbsthilfe anzuregen und die einzelnen Personen zu befähigen. Dazu gehört auch, dass die Klientinnen und Klienten in einem möglichst hohen Maß selbstbestimmt entscheiden können, wie Inhalt, Form und Organisation der Hilfe aussehen sollen.

Die Unterstützung orientiert sich an den Kompetenzen und Fähigkeiten der Klientinnen und Klienten, bezieht sich auf den individuellen Hilfebedarf im sozialen, kognitiven sowie lebenspraktischen Bereich und berücksichtigt vorhandene Wünsche und Lebenspläne. Alle Bewohnenden haben eine geistige Behinderung, benötigen Unterstützung in der Alltagsgestaltung und überwiegend auch in der Pflege. Zwei Menschen benötigen einen Rollstuhl, von denen einer eine komplexe Behinderung hat und weder sprechen noch sich selbst bewegen kann. Eine Bewohnerin ist inzwischen verheiratet und wird nun mit ihrem Ehemann in der eigenen Wohnung vom Team ambulant unterstützt.

Die Aufgaben für Betheljahrteilnehmende in der Wohngruppe sind sehr vielfältig. Dazu gehören Pflegetätigkeiten im Rahmen einer angeleiteten Grundpflege sowie die lebenspraktische Begleitung des Alltages der Klientinnen und Klienten, z.B. bei der Haushaltsführung im eigenen Apartment sowie beim Einkauf. Darüber hinaus werden Freizeitaktivitäten begleitet, individuell sowie als Gruppenangebot.

Die Freiwilligen im Betheljahr berichten, dass ein besonders enges und persönliches Verhältnis zu den Bewohnenden besteht. Die individuelle Betreuung der Bewohnenden ist sehr unterschiedlich und macht den Freiwilligendienst spannend und abwechslungsreich: Die Wohngruppenzusammensetzung besteht aus recht selbstständigen Menschen sowie Menschen mit hohem Pflegebedarf. Es ist ausdrücklich gewünscht, dass Freiwillige eigene Interessen und Fähigkeiten einbringen, was die Freiwilligen als Wertschät-

---

[93] Einen guten Einblick in den Alltag der Wohngruppe gibt das Video „Zusammen leben im Babenquartier" auf YouTube: https://youtu.be/febTehZoqv0 (Stand: 10.06.2020).

zung erleben und folglich sind sie motiviert, eigene Angebote zu gestalten. So wurde im ersten Jahr der Wohngruppe viel Kniffel gespielt, in einem anderen Jahr hat sich das gemeinsame Backen und Basteln etabliert.

Während zu Beginn des Betheljahres eine enge Einarbeitung und Begleitung stattfindet, ist es der Praxisanleitung wichtig, den Freiwilligen zunehmend Freiräume zu lassen und dabei weiterhin unterstützend tätig zu sein. Dabei wird besonders darauf geachtet, das Lesen von Körpersprache und Mimik der Freiwilligen zu trainieren, um Stimmungen zu erkennen und Gespräche anbieten zu können. Wenn es zu Kritik an der Arbeit der Freiwilligen kommt, beschreibt die Praxisanleitung ihre Rolle aufgrund der Verantwortung für die Einarbeitung als „Blitzableiter". Die Praxisanleitung vergleicht das Betheljahr in der Wohngruppe mit einem „Markt der Möglichkeiten", den die Freiwilligen nutzen können, um möglichst vielfältige Erfahrungen zu machen und sich auszuprobieren. Es kann bei den verschiedenen Betheljahrteilnehmenden die individuelle Entwicklung beobachtet werden, so haben z.B. eher zurückhaltende Freiwillige im Laufe des Jahres zunehmend an Selbstbewusstsein gewonnen.

Auch die derzeitige Betheljahrteilnehmerin berichtet, dass sie in diesem Jahr viel über sich selbst gelernt hat: Durch eigene Erfahrungen und Rückmeldungen des Teams kennt sie ihre Stärken besser und ist sich sicher, dass sie weiterhin mit Menschen arbeiten möchte und ihr der Umgang mit Menschen liegt. Ihr gefällt besonders an der Einsatzstelle, dass die Aufgaben so vielseitig sind und sie mitgestalten kann, wie ihr Betheljahr aussieht. Durch die Teilnahme an den Teamgesprächen erhält sie zudem einen Einblick in die besonderen Herausforderungen, die aus der Struktur der Wohngruppe resultieren, wie etwa die Schwierigkeiten der Abrechnung verschiedener Leistungsarten, dazu nötige unterschiedliche Dokumentationssysteme und die enge Zusammenarbeit mit den Angehörigen. Auch aus Situationen, in denen es zuerst schwierig war, hat sie gelernt, Grenzen zu setzen, und ist daran persönlich gewachsen.

Für die Bewohnenden der Wohngruppe ist das Betheljahr eine Bereicherung, da die Freiwilligen viel Zeit haben und immer wieder neue Ideen mitbringen. So erzählt eine Bewohnerin, dass sie nun das Backen für sich als Hobby entdeckt hat. Sie findet es auch schön, dass die jungen Freiwilligen Interesse an Menschen mit Behinderungen zeigen und immer viel zu erzählen haben. Auch wenn sie es immer etwas traurig findet, wenn die Betheljahrteilnehmenden die Einrichtung nach einem Jahr wieder verlassen, ist sie gespannt auf die neuen Freiwilligen und freut sich auf sie.

Für die Freiwilligen ist es leicht, in der Wohngruppe anzukommen und mit den Bewohnenden in Kontakt zu treten. Wichtig ist, dass die Freiwilligen sich auf die Menschen in der Wohngruppe einlassen und gut zuhören können. Durch gegenseitiges Interesse und Wertschätzung wird der Einsatz von Freiwilligen in der Wohngruppe zu einer Bereicherung für alle Beteiligten, in denen umfangreiche Lernerfahrungen möglich sind und viele schöne Erlebnisse entstehen und in Erinnerungen bleiben können.

Pädagogische Begleitung

Rolle der Praxisanleitung

In den Einsatzstellen ist die Praxisanleitung ständig für die Begleitung und als erste Ansprechperson präsent. Im Idealfall lernen sich Betheljahrteilnehmende und Anleitung schon bei der Hospitation kennen. Die Praxis-Anleitenden nehmen sich gerade in der Anfangszeit viel Zeit für die Freiwilligen, die in einem völlig neuen Arbeitsfeld sind und die vielfältigen Eindrücke manchmal als Überforderung empfinden. Mit der kontinuierlichen und geduldigen Anleitung können die Freiwilligen sich aber in den allermeisten Fällen schnell an die Einsatzstellen und die neue Form des Miteinanders gewöhnen. Die Praxisanleitungen stehen dabei in einem Spannungsfeld von Anforderungen, die an sie gerichtet werden von Anzuleitenden, Kolleginnen und Kollegen, Leitung und zu Betreuenden.

Im Verlauf des Jahres fördert die Praxisanleitung gezielt die Selbstständigkeit der Freiwilligen, ermöglicht Freiräume, initiiert und begleitet die Planung von Angeboten und Projekten. Der positive Verlauf eines Betheljahres hängt von unterschiedlichen Faktoren ab: Vertrauensvolle, kompetente und fachlich qualitative Begleitung ist hierbei von zentraler Bedeutung. Die intensive Unterstützung der Freiwilligen insbesondere in Konfliktsituationen und bei Problemstellungen unter Einbeziehung der Mitarbeitenden der Freiwilligenagentur stellt einen wichtigen Aspekt dar. Viele Konflikte können schon vor dem Ausreifen von den Praxis-Anleitenden beruhigt werden, ohne dass sich Probleme manifestieren, die zu einem Wechsel der Einsatzstelle oder gar zum Abbruch führen.

In einem Anforderungsprofil wurden die Aufgaben der Praxisanleitungen im Betheljahr beschrieben, um Orientierung und Hilfe in der Gestaltung der Prozesse, Abläufe und Rollen zu geben, die im Rahmen der Anleitung erwartet werden. Grundlegende Voraussetzung ist eine mindestens dreijährige Ausbildung oder ein Studium in einem pädagogischen, pflegerischen oder therapeutischen Bereich. Die Praxisanleitungen im Betheljahr sollen Neugier und Lust an der Arbeit mit den jungen Menschen und deren Entwicklung mitbringen. Erwartet wird eine eigene grundlegende pädagogische Haltung, dazu gehören die Fähigkeiten zur Kommunikation und Teamarbeit sowie Basiskompetenzen wie Offenheit und Toleranz. Im Verlauf des Betheljahres gibt es fortlaufende, verbindliche Reflexionsgespräche, davon drei dokumentierte Gespräche (Erst-, Zwischen- und

Abschlussgespräch). Die kontinuierliche Zusammenarbeit mit der Freiwilligenagentur wird vorausgesetzt und eine geregelte und verbindliche Kommunikation mit dem Fokus auf der Förderung und der Entwicklung der Freiwilligen im Betheljahr ist Grundlage der Zusammenarbeit. Die Freiwilligenagentur unterstützt die Praxisanleitungen, indem sie regelmäßige Betheljahrtagungen und Fortbildungen zur Praxisanleitung anbietet.

Lernen im Betheljahr

Schnupperpraktikum in einem anderen Bethel-Arbeitsbereich

Eine Besonderheit des Betheljahres ist die Möglichkeit für die Freiwilligen, während ihres Einsatzes ein zweiwöchiges Schnupperpraktikum in einer anderen als der eigenen Einrichtung Bethels zu absolvieren. Auch die Aufteilung auf zwei einzelne Wochen in verschiedenen Einrichtungen ist möglich. Die Freiwilligen organisieren diese Praktika in Absprache mit ihren Einsatzstellen selbstständig. Maßgaben für die individuelle Auswahl sind die persönlichen Wünsche der Freiwilligen und die größtmögliche Vielfalt der Erfahrungsbereiche insgesamt. Auf Wunsch erhalten sie Unterstützung durch die pädagogischen Fachkräfte.

Für Freiwillige, die in einem Wohnbereich eingesetzt sind, ist es oft interessant zu erleben, wie die Arbeit in der Werkstatt für Menschen mit Behinderungen oder einer anderen Form der Tagesgestaltung abläuft. Oft besteht auch ein Interesse daran, die Pflege und/oder Betreuung von Menschen in anderen Arbeitsfeldern kennenzulernen, zum Beispiel im Krankenhaus, der Alten- oder Jugendhilfe. Manche Freiwillige möchten ein ganz bestimmtes Berufsfeld kennenlernen, wie zum Beispiel die Ergo- oder Physiotherapie oder die Arbeit in der Radiologie, um zu entscheiden, ob sie in genau diesem Beruf eine Ausbildung oder ein Studium beginnen möchten. Generell ist das Schnupperpraktikum in jedem Arbeitsfeld der von Bodelschwinghschen Stiftungen Bethel möglich. Für die Freiwilligen ist dieses zusätzliche Angebot hilfreich, um die berufliche Perspektive zu schärfen, ihren Erfahrungshorizont zu erweitern und möglichst vielfältige Lernerfahrungen machen zu können.

Lernerfahrungen in Wohnbereichen

Die Lern- und Erfahrungsbereiche für Persönlichkeitsentwicklung und Berufsorientierung bilden die inhaltlichen Schwerpunkte des Betheljahres. Je nach Einsatzbereich werden im Betheljahr verschiedene Fachkenntnisse erworben: In Wohnbereichen erlernen die Freiwilligen vor allem pflegerische und pädagogische Grundkenntnisse sowie Kenntnisse über verschiedene Krankheitsbilder, technische Hilfsmittel und Dokumentationssysteme. Sie lernen, die erworbenen Kenntnisse einzusetzen, und entwickeln eine eigene berufliche Perspektive.

Die Freiwilligen übernehmen Verantwortung und lernen, ihr Handeln zu strukturieren und zu organisieren. Im Laufe des Freiwilligendienstes erweitert sich der Handlungsspielraum der Freiwilligen und sie gewinnen zunehmend an Selbstständigkeit und können Einzelkontakte übernehmen sowie eigene Angebote durchführen. Die Freiwilligen lernen, innerhalb des geschützten Rahmens des Freiwilligendienstes eigene Entscheidungen zu treffen und auch in schwierigen Situationen Lösungen zu entwickeln und flexibel zu reagieren. In Wohnbereichen ist es unerlässlich, die unterschiedlichen Bedürfnisse der Bewohnenden zu erkennen und angemessen darauf einzugehen.

Durch die enge Zusammenarbeit mit den Mitarbeitenden in einem multiprofessionellen Team erweitern sie ihre Teamfähigkeit und lernen Kommunikation gelingend zu gestalten, unterschiedliche Standpunkte deutlich zu machen, Kompromisse auszuhandeln und gemeinsame Ziele zu erreichen.

Den Freiwilligen wird deutlich, dass sie einen wichtigen Beitrag zu einem positiven gesellschaftlichen Zusammenleben leisten, und sie lernen die Aufgaben sowie die Rolle der Diakonie kennen. Oft identifizieren sie sich mit der Arbeit in ihrem Bereich und der Vision Bethels von „Gemeinschaft verwirklichen", womit das selbstverständliche Zusammenleben, gemeinsame Lernen und Arbeiten aller Menschen in ihrer Verschiedenheit verstanden wird. Dabei hinterfragen die Freiwilligen kritisch gesellschaftliche und strukturelle Zusammenhänge und entwickeln ein eigenes Wertesystem.

Erfahrungsmöglichkeiten gelebter Diakonie im Betheljahr

Die Bereitschaft, sich existenziellen Fragen zu stellen und gemeinsam nach Antworten zu suchen, ist fester Bestandteil der Begleitung von Menschen in Wohnbereichen, auch wenn explizit christliche Themen im Arbeitsalltag eher selten vorkommen. An Angeboten wie Gottesdiensten, Andachten, Freizeiten und seelsorgerlicher Begleitung können Klientinnen und Klienten wie auch Freiwillige nach Wunsch teilnehmen.

Im Rahmen der Seminare im Betheljahr ist das Thema „Diakonie" ein fester Bestandteil, genauso wie ein gemeinsamer Begrüßungsgottesdienst mit allen ca. 500 Freiwilligen in der Zionskirche in Bethel. Eine Seminargruppe mit dem Namen *Betheljahr*[D] legt den Fokus besonders auf christliche Inhalte, darüber hinaus gibt es in jedem Jahr ein freiwilliges Zusatzangebot mit christlichem Schwerpunkt, wie z.B. eine Fahrt zum Kirchentag oder nach Taizé.

Im Arbeitsalltag erfahren die Freiwilligen gelebte Nächstenliebe auf Grundlage eines christlichen Menschenbildes. Sie lernen, menschliche Verschiedenheit als großen Reichtum kennen und erleben im Miteinander, dass Menschen in all ihrer Unterschiedlichkeit einzigartig und wertvoll sind. Der Einsatz für Menschen mit Behinderungen und Menschen, die aufgrund anderer Schwierigkeiten die Unterstützung im Lebensalltag benötigen, ist ein unverzichtbares Wesenselement der Diakonie und daher ein wichtiges Einsatzfeld für den Freiwilligendienst.

EINSATZ VON FREIWILLIGEN IM KONTEXT SCHULE: DIE PAUL-GERHARDT-SCHULE HANAU

Daniel Kroeker/Tobias Ströhmann

Die Paul-Gerhardt-Schule Hanau ist eine evangelische Bekenntnisschule in freier Trägerschaft mit ca. 650 Schülerinnen und Schülern von der 1. Klasse bis zum Abitur.[94] Sie besteht aus einer zweizügigen Grundschule, einer einzügigen Realschule und einem zweizügigen Gymnasium.

Beschreibung des Arbeitsfeldes

Im pädagogischen Bereich beschäftigt die Paul-Gerhardt-Schule jedes Jahr zwei Freiwillige, die in der Grundschule und der Grundschulkinderbetreuung „Paulina" eingesetzt werden. Die Freiwilligen sind je einer ersten Klasse zugeordnet und begleiten „ihre" erste Klasse ab dem Schulbeginn. Sie unterstützen und begleiten die Lehrkräfte im Unterricht. Die Anbindung an die erste Klasse begünstigt das Ankommen für die Freiwilligen: Sie werden von den Schulkindern der ersten Klassen vom ersten Schultag an als kontinuierliche Begleitpersonen im Unterricht und der Betreuung erlebt. Für die Kinder ist dieser Lebensabschnitt mit vielen Unsicherheiten und Fragen verbunden, in denen sie die Freiwilligen als zentrale Ansprechpersonen erfahren.

Durch die enge Zusammenarbeit mit der Lehrkraft erhalten die Freiwilligen einen guten Überblick über die Abläufe am Vormittag. Analog zu der strukturellen Übersicht lernen die Freiwilligen die Schulkinder im pädagogischen Feld kennen. Dies führt dazu, dass die Freiwilligen schnell ihre eigene Selbstwirksamkeit erfahren und für die neue Klasse als stabile Personen agieren können.

Auf Wunsch bietet sich auch die Möglichkeit, an der weiterführenden Schule zu hospitieren.

Aufgrund der Rolle der Freiwilligen entstehen Synergieeffekte zwischen Schulbetrieb und Betreuung. Die Freiwilligen kennen den aktuellen Lernstand der Klasse und begleiten beispielsweise die Hausaufgabenbetreuung. Sollte es am Vormittag zu Konflikten innerhalb des Klassenkontextes gekommen sein, können die Freiwilligen entsprechende Informationen an das Hausaufgabenbetreuungsteam zurückmelden. Gleichermaßen erhalten

---

[94] Für weitere Informationen vgl. www.pgs-hanau.de.

auch die Lehrkräfte relevante Informationen, etwa über die Durchführung der Hausaufgabenbetreuung oder auch über Konflikte aus dem Betreuungsalltag. Die Freiwilligen haben so eine mittelnde Position zwischen Schulbetrieb und Betreuung.

Ein typischer Tagesablauf im Schulalltag mit den zwei Haupteinsatzfeldern Schulunterricht (vormittags) und Betreuung (nachmittags) stellt sich für Freiwillige wie folgt dar:

	08:00 bis 09:30 Uhr	1. und 2. Stunde
	09:30 bis 09:50 Uhr	Pause
	09:50 bis 11:20 Uhr	3. und 4. Stunde
ggf.	11:20 bis 11:35 Uhr	Pause
ggf.	11:35 bis 12:20 Uhr	5. Stunde
	ab 11:20 bzw. 12:20 Uhr	Betreuung: Mittagessen, Hausaufgaben, freies Spiel
	ab 14:00 Uhr	freiwillige AG von der Schule/ Angebote der Betreuung
	16:00 Uhr	Ende der Betreuung

Arbeitsfeld Schule

Die Freiwilligen begleiten „ihre" erste Klasse während des kompletten Schultages. Der Morgen beginnt mit der Unterstützung und Begleitung der Lehrkräfte. In den Pausen unterstützen und begleiten die Freiwilligen die Pausenaufsicht.

Darüber hinaus bietet der Freiwilligendienst die Möglichkeit, in Absprache mit der Lehrkraft, Aufgaben im Schulbetrieb zu übernehmen. Im gegenseitigen Austausch sollten die Freiwilligen in einer Balance zwischen Fördern und Fordern begleitet werden. Jeder nächste Schritt sollte mit Vorbereitung und Nachbereitung in wertschätzender Atmosphäre mit Rückmeldung stattfinden. Dies zeigt sich unter anderem an ihrer Einbindung im Unterricht.

Die Freiwilligen werden schrittweise an Verantwortungsübernahme im Unterrichtsgeschehen herangeführt (vgl. Wilhelm in diesem Band): Zunächst probieren sie sich im Anleiten kleiner Gruppen aus, später führen sie die Planung und Gestaltung einer Unterrichtsphase mit anwesender Lehrkraft durch. Wenn sie sich sicher mit dem bisher Erlebten fühlen, können sie schließlich eine größere Unterrichtseinheit mit anwesender Lehrkraft planen und durchführen. Dabei können die beiden Freiwilligen von gegenseitigem Hospitieren oder Co-Teaching profitieren.

Dieses Modell entlastet die Lehrkraft und gibt den Freiwilligen einen umfassenden Einblick in das Berufsfeld von Lehrberufen. Es bietet Entwicklungspotenzial sowie vielfältige Reflexionsmöglichkeiten.

Arbeitsfeld Betreuung

Nach dem Unterricht begleiten die Freiwilligen „ihre" Klasse in die Betreuung. Für alle 180 Grundschulkinder wird eine pädagogische Mittags- und Nachmittagsbetreuung angeboten. Die Kinder werden täglich altersgemischt bis 16:00 Uhr betreut.

Die neue erste Klasse erfährt im ersten Schulquartal (zwischen Sommerferien bis Herbstferien) eine enge Betreuung: Sie wird von den Freiwilligen in die Nachmittagsbetreuung begleitet und jedes Kind wird in der Anwesenheitsliste angemeldet. Im gesamten Klassenverband gehen die Kinder mit den Freiwilligen und erfahrenen Mitarbeitenden zum Essen. Anschließend erledigen alle Kinder gemeinsam ihre Hausaufgaben, auch hier sind die Freiwilligen Ansprechpersonen, die auch in der Betreuung für weitere Fragen und Anliegen zur Verfügung stehen. Zwischen den Herbstferien und den Winterferien (zweites Schulquartal) kommt die Klasse ohne Begleitung der Freiwilligen in die Betreuung. Das gemeinsame Essen wird nun von den Freiwilligen eigenständig begleitet. Das Erledigen der Hausaufgaben erfolgt freiwillig. Im dritten und vierten Quartal wird die Klasse auch von den anderen Mitarbeitenden begleitet. Die Freiwilligen übernehmen nun auch andere Aufgaben bzw. die Betreuung von anderen Klassen. Der Vorteil der Quartalsaufteilung besteht darin, dass sowohl die Kinder als auch die Freiwilligen sich an die Strukturen und Abläufe gewöhnen und zunehmend selbstständiger agieren können.

Um den Freiwilligen das Ankommen in der Einrichtung sowie die Gewöhnung an alltägliche Strukturen zu erleichtern, bekommen diese eine Arbeitshilfe in Form von ausformulierten Regeln und Strukturabläufen. Das Gespräch mit den Anleitenden ist das zentrale Instrument, um Fragen und Anmerkungen zu vertiefen sowie die persönliche Weiterentwicklung zu fördern.

Der reguläre Alltag in der Betreuung lebt von dem Engagement der einzelnen Mitarbeitenden. Diese haben die Möglichkeit, den jeweils zu betreuenden Bereich mit eigenen kreativen oder sportlichen Ideen zu gestalten. Die Einsatzorte in der Betreuung können auf dem Hof, im Kreativraum, in der Turnhalle, im „Toberaum", dem Hausaufgabenraum oder auch an der Anmeldung sein.

Ein weiterer Baustein des Einsatzjahres stellt die Ferienbetreuung dar. Gemeinsame Planung und Gestaltung des Ferienangebotes mit dem Team führen zu Partizipation und Stärkung des Wir-Gefühls.

Chancen

Vorbereitung Berufsfeld

Der Freiwilligendienst bietet vielfältige Möglichkeiten zur beruflichen Orientierung, z.B. im pädagogisch-erzieherischen oder im lehrenden Bereich. Innerhalb kürzester Zeit spielen die Freiwilligen eine wichtige Rolle im Leben der neuen Grundschulkinder. Die bewusst enge Bindung an die Klasse bietet entsprechende Spielräume. Das Ausprobieren der Vermittlung von Unterrichtsinhalten schafft weitere Möglichkeiten, sich beruflich zu orientieren. Der Freiwilligendienst kann zudem eine Möglichkeit darstellen, Übergänge zu gestalten (zwischen Schule/Uni, Schule/Ausbildung). In wöchentlichen Teamtreffen können die Freiwilligen lernen, im Team zu arbeiten, und sie haben zudem eine Anbindung an das reguläre Teamtreffen der Mitarbeitenden.

Der Freiwilligendienst bietet eine mögliche Grundlage für die Ausbildung zur Erzieherin oder zum Erzieher oder im Bereich des Lehramtsstudiums (Schwerpunkt Grundschule, Einblicke in die weiterführende Schule möglich). Das praktische Erleben des Schulalltags bietet realistische Einblicke in das Berufsfeld Lehramt und wirkt sich vorbereitend und orientierend auf die praktischen Phasen des Lehramtsstudiums aus.

Persönlichkeitsentwicklung

Auf die persönliche Entwicklung der Freiwilligen wird viel Wert gelegt. Hierfür stehen den Freiwilligen regelmäßige Gespräche mit ihren Anleitenden zur Verfügung. Zuhören, Vorbereiten und Reflektieren sowie offene und ehrliche Rückmeldungen sind wichtige Bestandteile der Gespräche. Neben einer festen Person zur Anleitung stehen weitere Mitarbeitende und die Lehrkraft für Fragen und Rückmeldungen zur Verfügung. Dies wirkt sich nach unseren Erfahrungen positiv auf das Wohlbefinden der Freiwilligen aus, da Fragen schnell vor Ort geklärt werden können. Sie haben für jeden Bereich Fachkräfte, die unterstützen und Fragen beantworten.

Durch das Arbeiten im Team lernen die Freiwilligen ihre Meinung zu vertreten, sich hinterfragen zu lassen und Ideen einzubringen. Eine Teilnahme an Teamsitzungen der Mitarbeitenden ist aus diesem Grund unerlässlich. Darüber hinaus bietet eine Team-Supervision die Möglichkeit, thematisch zu arbeiten und als Team zusammenzuwachsen.

Von den Freiwilligen wird Eigeninitiative erwartet – sie werden herausgefordert, ihre Komfortzone zu verlassen und sich auszuprobieren. Grundsätzlich wird es den Freiwilligen zugetraut, Verantwortung zu übernehmen. Das Tempo und die Richtung der jeweiligen Entwicklungsschritte werden überwiegend von den Freiwilligen selbst bestimmt.

Stolpersteine

Anhand eines Fragebogens wird die Arbeit mit den Freiwilligen überprüft und mithilfe der Ergebnisse die Arbeitsweise effizienter gestaltet. Dies hilft Stolpersteine frühzeitiger zu erkennen und Probleme zu verhindern. In den folgenden Bereichen wurden daraufhin Änderungen vorgenommen:

 Jahresüberblick für Freiwillige erstellen
Es ist sinnvoll, das Jahr wie folgt zu planen 1. Seminartermine klären, 2. Gespräche mit Anleitenden terminieren (vor und nach den Seminaren), 3. Einarbeitungszeitraum festlegen, 4. Weitere Termine besprechen, z.b. Schulfeste, Supervision, private Treffen im Team, 5. Urlaubszeiten festlegen, 6. Besprechung der Schulquartale (vgl. Abschnitt zum Arbeitsfeld Betreuung), 7. Verabschiedung besprechen. Es ist hilfreich, für alle Mitarbeitenden einen Jahresüberblick sichtbar bereitzustellen.

Zuweisung der direkten Ansprechpersonen und deren Rollen
Die Freiwilligen reagierten im Schul- und Betreuungsalltag anfangs rasch mit Überforderung. Durch Zielformulierungen konnte eine Überprüfbarkeit hergestellt werden, die den Freiwilligen über Unsicherheiten hinweghalf. Dies wurde von ihnen als großer Gewinn empfunden. Es ist wichtig, das Gefühl der Überforderung ernst zu nehmen, eine klare Überforderungsformulierung einzufordern und anschließend diese als Ziele zu formulieren. Um eine Zielformulierung mit Überprüfbarkeit, ohne Überforderungsgefühl, herzustellen, ist es wichtig, mit den Freiwilligen zusammen das Ziel zu operationalisieren.

Hospitation in der Einarbeitungsphase
Die frühzeitige Zuweisung der direkten Ansprechpersonen ist wichtig, da zu Beginn die Fragen und das Gefühl der Überforderung vermehrt auftreten. Das hospitierende Einarbeiten geschieht im engen Kontakt mit den zuständigen Mitarbeitenden. Für weitere „Probleme" sollten die Kommunikationswege geklärt und leicht umsetzbar sein. Für akute Situationen, vor allem bei Überforderung, ist es wichtig, dass die zuständige Person schnell erreichbar ist. Bevor die Freiwilligen Aufgaben eigenverantwortlich übernehmen, haben sie diese mehrfach mit den Mitarbeitenden gemeinsam durchgeführt. Die Geschwindigkeit der selbstständigen Übernahme von Aufgaben bestimmen die Freiwilligen maßgeblich.

Verschriftlichung der Regeln und Abläufe für die Freiwilligen

Es hat sich als vorteilhaft erwiesen, die wichtigsten Regeln und Abläufe zu verschriftlichen. So können die Freiwilligen sich im Vorfeld gedanklich einarbeiten und haben im Alltag schnell die wichtigsten Informationen zur Hand. Besonders hervorzuheben ist dies im Umgang mit Konflikten, da den Freiwilligen dadurch ein Fahrplan in diesen Stresssituationen geboten wird.

Treffen außerhalb des Arbeitskontextes

Sowohl für die Freiwilligen als auch für das gesamte Team, welches aus Hauptamtlichen, Ehrenamtlichen und geringfügig Beschäftigten besteht, stellen die privaten Treffen eine Bereicherung dar. Sie finden einmal pro Quartal statt. Der gemeinsame Grillabend nach den Herbstferien dient dem persönlichen Kennenlernen. Kurz vor den Weihnachtsferien hat eine Weihnachtsfeier mit Raclette und „Schrottwichteln" Tradition, bei der es sich in der Regel zeigt, dass sich die Freiwilligen eingelebt haben. Nach den Osterferien gibt es erneut ein Treffen zu einem Grillabend, bei dem ehemalige Mitarbeitende und Freiwillige zusammentreffen. Kurz vor den Sommerferien werden die Freiwilligen zum Ende ihres Einsatzes verabschiedet. Diese gemeinsamen Abende finden meist an Freitagen mit offenem Ende statt. Die Möglichkeiten zum persönlichen Kennenlernen wirken sich positiv auf die Arbeitsatmosphäre und den Zusammenhalt im Team aus.

 Möglichkeiten entwickeln, die Freiwilligen herauszufordern

Eine gute Beziehung der Freiwilligen untereinander ist wichtig, da sie füreinander Bezugspersonen sind und sich gegenseitig helfen und unterstützen können. Es hat sich jedoch auch gezeigt, dass es vorteilhaft ist, den Freiwilligen neben gemeinsamen Aufgaben auch getrennte Aufträge zu erteilen. Damit bleiben die Freiwilligen offen gegenüber dem Team und „kapseln" sich nicht ab. Eine regelmäßige Intervention der Leitung ist notwendig.

Richtlinien

Im Folgenden ein Auszug aus den verschriftlichten Regeln, die die Basis im pädagogischen Alltag bilden und allgemein nutzbar sind:

Nähe/Distanz

- Innige Umarmungen, Kinder eincremen und ähnliche Situationen sind zu vermeiden.
- Trösten und auf dem Schoß sitzen ist unter Einhaltung des Verhaltenskodex geduldet.
- Die Weitergabe von privaten Kontaktdaten an Eltern und Schülerinnen oder Schülern ist verboten.

Umgang mit Konflikten der Kinder in der Betreuung

- Wir trauen den Kindern grundsätzlich zu, dass sie Konflikte unter sich klären können.
- Sobald körperliche Gewalt eingesetzt wird, greifen Mitarbeitende ein und verhindern weiteren körperlichen Einsatz. Sie prüfen, ob sie die Situation alleine kontrollieren können. Wenn nötig, holen sie die Leitung hinzu. Mitarbeitende bieten den Kindern an, den Konflikt alleine zu lösen, und fragen beide, ob sie dafür bereit sind. Sind beide bereit, entfernen sich Mitarbeitende aus der Situation und gehen in eine beobachtende Rolle.
- Gelingt die Konfliktlösung nicht, ermutigen Mitarbeitende die Kinder weiterhin, den Konflikt alleine zu lösen, und geben Hilfestellung, z.B. mit Formulierungsideen (bei vorangegangenem körperlichem Einsatz beobachten Mitarbeitende die Situation und greifen bei Bedarf ein).
- Wenn dies weiterhin nicht gelingt, prüfen Mitarbeitende, ob sie den Konflikt alleine lösen können, oder ob die Leitung einbezogen wird.
- Mitarbeitende ermöglichen allen Beteiligten, ihren eigenen Standpunkt zu erläutern. Hierbei gelten diese Regeln:
  - Nur die Beteiligten nehmen an dem Gespräch teil.
  - Die Kinder entscheiden, wer zuerst berichtet.
  - Es wird nicht unterbrochen oder hineingeredet.
  - Es werden Verständnisfragen gestellt (meist von Mitarbeitenden).
  - Es geht nicht darum, Schuldige auszumachen.
  - Es geht darum, die andere Person zu verstehen.
  - Es wird auf eine angemessene Sprache geachtet.
  - Anschließend berichtet das andere Kind.
  - Mitarbeitende entscheiden, ob „Zeugen" hinzugezogen werden.

- Nachdem die Standpunkte benannt wurden, wird nach gemeinsamen Lösungsvorschlägen gefragt. Es geht nicht darum, die „Schuldfrage" zu klären, sondern einen guten gemeinsamen Umgang zu finden und angemesseneres Verhalten zu benennen und einzufordern.
- Wenn von den Kindern keine Lösungsvorschläge genannt werden, stellen Mitarbeitende Fragen zu den Bedürfnissen der Kinder und erarbeiten einen Lösungsvorschlag.
- Es wird mit den Kindern gemeinsam eine Lösung vereinbart.
- Beide Parteien werden gefragt, ob die Lösung für sie ausreichend ist.
- In der Regel geben sich die Beteiligten die Hand.
- Mitarbeitende dokumentieren das Gespräch, sofern sie dies als notwendig erachten.

Fazit

Die Freiwilligen werden durch eine an ihre Persönlichkeit angepasste Herausforderung motiviert, ihre Komfortzone zu verlassen und ihre Kompetenzen auszubauen. Hierbei wirkt eine Fehlerkultur unterstützend, in der Fehler erwünscht sind und nicht verurteilt werden. Dies schafft Sicherheit, ermutigt, Herausforderungen anzunehmen, und bietet hohes Reflexionspotenzial. Durch wertschätzende Begleitung und dem Erlebnis, gefühlte Überforderungen gemeistert zu haben, wird die Persönlichkeitsreifung der Freiwilligen gefördert und bereitet sie auf ihren beruflichen Werdegang vor.

EINSATZ VON FREIWILLIGEN UND INTERNATIONALEN FREIWILLIGEN AN EINER SCHULE DES GEMEINSAMEN LERNENS: EVANGELISCHE GESAMTSCHULE GELSENKIRCHEN-BISMARCK

Sven Pörsch

Die Evangelische Gesamtschule Gelsenkirchen-Bismarck (EGG) wurde im Sommer 1998 in Trägerschaft der Ev. Kirche von Westfalen gegründet. 1.250 Schülerinnen und Schüler besuchten im Jahr 2020 die Schule. Mit der wachsenden Zahl von anfänglich 150 Schülerinnen und Schülern und ihren differenzierten Bedürfnissen ist auch das Kollegium von zwölf auf etwa 120 Kolleginnen und Kollegen gewachsen. Teil dieses Kollegiums ist das Team der *Sozialstation*. Dieses multiprofessionelle Team besteht aus einer Schulpfarrerin, drei Sozialpädagogen und bis zu drei Freiwilligen, davon reist eine Person regulär aus dem Ausland für einen Freiwilligendienst in Deutschland ein.

Im Schulkonzept ist die Vision für Schülerinnen und Schüler verankert, Barrieren in Lernen und Denken zu entfernen und durch die Schaffung eines angepassten Lernklimas ihren Persönlichkeiten sowie Bedürfnissen gerecht zu werden, kurz: Teilhabe für jede und jeden zu ermöglichen. Neben der Wissensvermittlung werden gezielt auch die sozialen Kompetenzen der Schülerinnen und Schüler gefördert, um ihnen Ressourcen für das Leben mit auf den Weg zu geben. Als Stadtteilschule wird zusätzlich mit Partnern aus religiösen, kulturellen, pädagogischen oder politischen Feldern kooperiert.

Die Schule in evangelischer Trägerschaft nimmt ca. 40 % evangelische, 20 % katholische und 40 % muslimische oder andersgläubige Schülerinnen und Schüler auf; ein Drittel verfügt über einen Migrationshintergrund. Dabei wird darauf geachtet, dass die Familien aus dem Umfeld der Schule bzw. aus Gelsenkirchen stammen. Auch ist die evangelische Gesamtschule zu einer Schule des gemeinsamen Lernens geworden: Jährlich werden Schülerinnen und Schüler mit verschiedenen Förderschwerpunkten, wie geistige, emotionale-soziale oder körperliche Entwicklung, Lern-, Hör- oder Sehschwäche aufgenommen. Im gemeinsamen Lernen werden alle Schülerinnen und Schüler gemeinsam unterrichtet.

Aufgaben der Freiwilligen in der Schule

Freiwillige begleiten an der EGG über die Dauer ihres Einsatzes zwei Klassen in der Sekundarstufe 1. Den Klassen werden sie nach Bedarf zugeteilt, nach Absprache mit dem Klassenlehrer- bzw. der Klassenlehrerin-Tandem (jede Klassenleitung besteht aus zwei Lehrpersonen) und der Abteilungsleitung. Ein Bedarf entsteht, wenn die Schülerinnen und Schüler im sozialen Miteinander und ihrer Kommunikationsfähigkeit innerhalb der Klassengemeinschaft Unterstützung bedürfen. Im Klassenverband begleiten die Freiwilligen Unterrichtsstunden, Fördermaßnahmen und Pausensituationen.

In den Unterrichtsstunden wie in den Fördermaßnahmen stehen die Freiwilligen im engen Austausch mit den Lehrenden: über die Klassensituation, persönliche Bedürfnisse, Entwicklungen der einzelnen Schülerinnen und Schüler und aktuelle Ereignisse. Hier arbeiten die Freiwilligen dem Lehrpersonal zu, unterstützen, leisten Hilfestellung und beobachten das systemische Verhalten der Schülerinnen und Schüler. In den Pausen bieten die Freiwilligen einen verlässlichen, vertrauten und niederschwelligen Anlaufpunkt für Schülerinnen und Schüler und helfen Konflikte und Krisen aufzufangen, beziehungsweise unterstützen die Schülerinnen und Schüler bei der Schlichtung dieser.

Neben dem Einsatz in den Klassen sind die Freiwilligen in die Angebote der Sozialstation involviert. Sie unterstützen das Angebot der Sozialtrainings durch Präsenz und Feedback. Zum Ende des Einsatzes erarbeiten sie, unter Anleitung, eigene Abschnitte einer Trainingseinheit und leiten die Übungen im Training selbstständig an.

Für die Freiwilligen besteht die Möglichkeit, eine Arbeitsgemeinschaft anzubieten. Das Angebot orientiert sich an den Interessen, Gaben und Talenten der Freiwilligen, welche sie für eine interessierte Kleingruppe aus Schülerinnen und Schülern zielgruppengerecht aufarbeiten und über den Zeitraum eines Jahres weitergeben.

Die Freiwilligen sind zusätzlich eingeladen, das digitale und religiöse Profil der Sozialstation mitzugestalten: Hier können sie zum Beispiel Impulse aus Glauben und Alltag einbringen. Auf diese Art erleben die Freiwilligen eine konkrete Auseinandersetzung mit ihrem persönlichen Glauben, ihren Werten und werden in ihrer Sprachfähigkeit zu diesen Themen gestärkt (vgl. Bußmann/Gütlich/Faix 2013: 95). Als Medium nutzen die Freiwilligen Bild- und Videogestaltung, aber auch Audiobeiträge, um ihre Impulse im digitalen Raum zu veröffentlichen. In den Gottesdiensten für die Schulgemeinschaft haben die Freiwilligen die Möglichkeit, sich sowohl in liturgischen Abläufen, wie Gebet, Lesungen oder Fürbitte, als auch in kreative Elemente, wie Musik oder Theater, einzubringen. Gelegentlich werden die Freiwilligen auch außerhalb der pädagogischen Arbeit tätig, zum Beispiel bei besonderen hausmeisterlichen Tätigkeiten.

Chancen und Herausforderungen

Im Folgenden wird ein Blick auf den Einsatz der Freiwilligen im Klassenverband geworfen: Die Freiwilligen fest in Klassen einzubinden, bietet ein chancenreiches Potenzial für die Entwicklung der Schülerinnen und Schüler. Durch die enge Anbindung an den Klassenverband werden die Freiwilligen schnell ein Teil des Schulsystems. In diesem System können sie nun agieren und Unterstützung auf Mikro-, Meso- und Makroebene anbieten.

Auf der Mikroebene übernehmen sie niederschwellige Beratungtätigkeiten, da sie für die Klassenglieder eine bekannte und nahe Vertrauensperson darstellen können. Auf der Mesoebene treten die Freiwilligen als Aufsichtsperson für den gesamten Klassenverband auf. Durch die flächendeckende Anwesenheit können die Mitarbeitenden positives Verhalten verstärken und herausfordernde Verhaltensweisen schnell regulieren. Auf der Makroebene arbeiten die Freiwilligen mit den Klassenlehrenden, der Sozialstation und der Abteilungsleitung zusammen, um präventive oder intervenierende Maßnahmen gezielt zu planen und durchzuführen.

Dieses Konzept bietet neben den reichhaltigen Chancen auch Herausforderungen. Der Erfolg über die Einbindung in das Klassensystem setzt Offenheit der Freiwilligen voraus. Diese Offenheit ist besonders bei Klassen mit einem hohen Potenzial für dynamische Impulse (vgl. Weidner 2013: 36) eine Herausforderung. Voraussetzungen aufseiten der Freiwilligen sind Wertschätzung der Schülerinnen und Schüler, Klarheit im Handeln und Authentizität.

Begleitung der Freiwilligen

Die Einarbeitung der Freiwilligen in ihre Dienststelle wird durch die Freiwilligen des Vorjahres mitgestaltet, sie schreiben für ihre Nachfolgerinnen und Nachfolger Briefe mit gemachten Erfahrungen, wichtigen Tipps, nützlichen Hinweisen und guten Wünschen. Die sich in ihrer Dienstzeit überschneidenden Freiwilligen führen die Neuankömmlinge über das Gelände und erklären die einzelnen Funktionen der Schulgebäude und Räumlichkeiten.

Freiwillige aus dem *Incoming*- oder *weltwärts*-Programm (vgl. Praß/Gerdom in diesem Band) werden von lokalen Freiwilligen über Angebote (wie Gemeinden, kulturelle Veranstaltungen, Sportmöglichkeiten) und Strukturen (wie Geschäfte, öffentliche Verkehrsmittel, Banken, ärztliche Versorgung) informiert.

Um die Qualität der Arbeit zu sichern, sind über die Woche verteilt drei bis vier Teamstunden für die Anleitung unserer Freiwilligen eingeplant. In diesen Teamstunden, welche zum Teil einzeln oder mit dem gesamten Team der Sozialstation stattfinden, gibt es Zeit für die Freiwilligen, ihre Arbeit, aber auch persönliche Belange zu besprechen.

Tools für Zielsetzung und Reflexion mit Freiwilligen im Schulalltag

Am Wochenanfang plant jeder und jede Freiwillige ein kurz formuliertes, individuelles Wochenziel für sich. Dieses wird in den Räumlichkeiten der Sozialstation gut sichtbar aufgehängt und am Ende der Woche kurz besprochen. Des Weiteren ist der Wochenstart davon geprägt, die emotionale Verfassung der Freiwilligen mithilfe einer „Gefühlskonferenz"[95] aufzuarbeiten und sie gestärkt in die Woche zu schicken.

Regelmäßig werden prägnante Situationen aus dem Schulalltag reflektiert. Hierzu bekommen die Freiwilligen den Reflexionszirkel nach Korthagen sowie begleitende Fragen an die Hand (vgl. die Darstellung nach Lüken/Wellensiek/Rottmann 2020: 304ff.). Dieser Zirkel besteht aus fünf Reflexionsmomenten, welche eine geordnete Rekapitulation der vorangegangenen Handlung erlauben. In einer abschließenden Besprechung werden Handlungsoptionen für die Zukunft geplant. Außerdem werden Krisen oder verhärtete Situationen mit Schülerinnen und Schülern durch systemische Aufstellungen reflektiert.

Diese beiden Prozesse der Reflexion dienen dazu, die Freiwilligen aus sich heraus handlungsfähig zu machen und sie selbstverantwortlich Lösungen für pädagogische Dilemmata erarbeiten zu lassen. Themen, die immer wieder auftreten, sind der Umgang mit Nähe und Distanz, angemessenes Maßregeln von Grenzüberschreitungen und Regelbrüchen, adäquate Ansprache von „Sorgenkindern" und Aushalten von Situationen. Neben den festen Teamstunden gibt es für die Freiwilligen immer Möglichkeiten, sich an das Team der Sozialstation oder eine Vertrauensperson zu wenden, um Unterstützung zu bekommen.

---

[95] Beispielsweise eignen sich die Karten der Gefühlsmonster, vgl. Gefühlsmonster GmbH: Gefühlsmonster in der Supervision. Online unter: www.gefuehlsmonster.de/erfahrungsberichte/gefuehlsmonster-in-der-supervision/ (Abruf 31.08.2020). Es ist aber auch möglich, eine Gefühlskonferenz mit Karten anderer Anbieter oder mit Postkarten durchzuführen.

In den Teamstunden tauchen die Freiwilligen tiefer in fachspezifische Themen ein und eignen sich durch den Austausch und die individuelle Vertiefung pädagogische Kompetenzen an. Dabei werden die Inhalte durch die Anleitenden für die Freiwilligen aufgearbeitet.

Bei der fachlichen Weiterbildung der Freiwilligen rücken besonders drei Themenbereiche in den Vordergrund: Erkennen und Räsonieren von und mit mimischen Signalen, Methoden, um neuronalen Stress mit Schülerinnen und Schülern abzubauen, sowie der Umgang mit Mobbingstrukturen innerhalb der Klassengemeinschaft.

Mit der letzten Stunde vor dem Wochenende wird die Woche gemeinsam beschlossen. Hier gibt es einen ritualisierten Ablauf: Die erste Hälfte der Stunde wird genutzt, um „Liegengebliebenes" aus der Woche gemeinsam zu erledigen. Auch können hier Fragen aus der Woche angesprochen werden und es gibt einen Ausblick auf die kommende Woche, gegebenenfalls mit Veränderungen im Arbeitsplan. In der zweiten Stundenhälfte findet eine gezielte Ressourcenarbeit für die Freiwilligen statt. Hier setzen sich die Freiwilligen, angeleitet durch variierende methodische Ansätze, mit den Bereichen Selbstwirksamkeit, Sicherheitsgefühl, Dankbarkeit und Ehrfurcht auseinander.

Übergeordnet in der Anleitung unserer Freiwilligen steht an unserer Schule das christliche Menschenbild und Wertesystem. So nehmen die Freiwilligen nicht nur an Schulgottesdiensten und Kollegiumsandachten teil, sondern erleben auch die christlich-ethische Haltung, die von Mitarbeitenden vorgelebt wird und zu der die Freiwilligen ebenfalls ermutigt werden.

Hinter den Kulissen

Um den Einsatz der Freiwilligen an der evangelischen Gesamtschule gelingen zu lassen, bedarf es der Unterstützung aus dem Hintergrund. Für einen reibungslosen Einsatz ist es wichtig, wie oben erwähnt, Absprachen mit den Tandems der Klassenlehrenden sowie den Abteilungsleitenden zu treffen und mit ihnen den Einsatzort und die Einsatzzeiten der Freiwilligen abzustimmen.

Der Bedarf über den Einsatz von Freiwilligen wird gezielt über Angebote und Nachfragen bei Gesamtkonferenzen, Beratungskonferenzen und Sitzungen der einzelnen Jahrgangsteams ermittelt.

In der Gestaltung der Einsatzpläne für die Freiwilligen ist es ein Muss, die Kolleginnen und Kollegen, in deren Unterricht die Freiwilligen eingesetzt sind, zu informieren und sie über deren Aufgaben und Einsatzmöglichkeiten aufzuklären. Gerade diese Zusammenarbeitsbereitschaft zwischen den Freiwilligen und den Lehrenden ist ein wichtiger Dreh- und Angelpunkt.

Dem Lehrpersonal sollten die Chancen dargestellt werden, die durch die Mitarbeit der Freiwilligen entstehen. Erfahrungen zeigen, dass der Einsatz von Freiwilligen im Unterricht das Lehr- und Lernklima verbessert, sie deeskalierend auf Konfliktsituationen im Unterricht wirken, den Lehrenden mehr Raum für individuelle Hilfestellungen bei Fachfragen entsteht und die Freiwilligen in den Pausen bei kleineren Konflikten und Sorgen der Schülerinnen und Schüler einspringen können.

Auch werden in der Kommunikation mit den Lehrenden Ideen aufgezeigt, wie die Freiwilligen gewinnbringend in den Unterricht integriert werden können. Eine besondere Herausforderung für Lehrkräfte besteht darin, die Freiwilligen an ihren Stärken zu messen und nicht an ihren Fehlern, die oft aus Unerfahrenheit oder Unwissen resultieren.

Einsatz von Freiwilligen aus dem Ausland

Als besondere Bereicherung hat sich der Einsatz von Freiwilligen aus dem Ausland erwiesen (in unserem Beispiel über das *Incoming* und über das Programmformat *„weltwärts"*). Die Freiwilligen, welche ihren Freiwilligendienst in Deutschland leisten, bringen neue Perspektiven in die gewohnten Arbeitsabläufe (vgl. Krebs in diesem Band).

Eine hervorzuhebende Chance ist die Tatsache, dass diese Freiwilligen ebenso Lernende in der deutschen Sprache sind. Auf den ersten Blick scheint dies eine besondere Herausforderung zu sein, gerade in der Schule. Auf den zweiten Blick ist zu beobachten, dass diese Freiwilligen oft ein ganz besonderes Gespür dafür haben, welchen Herausforderungen Schülerinnen und Schüler mit einer anderen Muttersprache gegenüberstehen. Deshalb können sie hier gezielt und verständnisvoll unterstützen.

Auch die Kommunikation innerhalb des Teams der Sozialstation wird gefordert: Durch die gezielte Rücksichtnahme steigert sich die empathische Wahrnehmung für die Bedürfnisse der anderen. Zum Beispiel müssen Aufgaben nun verständlich für die Freiwilligen formuliert werden, was nicht etwa ein Herunterbrechen des Sprachniveaus bedeutet, sondern vielmehr eine Präzisierung dessen erfordert.

In der Begleitung der Freiwilligen aus dem Ausland gilt es besonders, sie in ihrem Sicherheitsgefühl und in der Arbeit zu stärken, gerade da sie täglich in Konfliktsituationen geraten können, bei denen sie sprachlich unterlegen sind. Diese Stärkung geschieht vor allem dadurch, dass die Freiwilligen einen sicheren Ort, an den sie sich in Pausen zurückziehen können, und eine verlässliche Ansprechperson haben.

Bei internationalen Freiwilligen ist es zusätzlich notwendig, die Freizeit der Freiwilligen im Blick zu behalten. Dies kann aktiv geschehen, aber auch passiv, indem die Anleitenden mit den Freiwilligen nach Angeboten schauen und gezielt Nachfragen über die Alltagsgestaltung stellen. Dieser erweiterte Blick auf die internationalen Freiwilligen ist erforderlich, um ihnen trotz geringer Ortskenntnis und fehlenden sozialen Kontakten einen ausgleichenden Alltag neben der Arbeit zu ermöglichen. Die intensive Bindung von Freiwilligen und Anleitenden hat eine stärkende Wirkung auf die Teamstruktur und verbessert nachhaltig die Arbeitshaltung.

Abschluss-Fazit

Die Freiwilligen werden schon nach kurzer Zeit Expertinnen und Experten für ihre Bezugsklassen. Mit ihrem Wissen um tagesaktuelle Geschehnisse und Bedürfnisse im Klassenverband unterstützen sie das professionelle Handeln der hauptamtlich Mitarbeitenden. Alleine durch ihre dauerhafte Präsenz und Ansprechbarkeit stärken sie das Sozialverhalten der Schülerinnen und Schüler untereinander, wodurch sie Konflikten vorbeugen.

Der Einsatz von Freiwilligen, ob aus dem In- oder Ausland, bereichert die sozialpädagogische Arbeit an der evangelischen Gesamtschule Gelsenkirchen-Bismarck enorm.

Literaturverzeichnis

Bußmann, Udo/Gütlich, Silke/Faix, Tobias (2013): Wenn Jugendliche über Glauben reden. Gemeinsame Erfahrungsräume gestalten. Neukirchen-Vluyn: Neukirchener Verlagsgesellschaft mbH.

Lüken, Miriam/Rottmann, Thomas/Wellensiek, Nicole (2020): Die Reflexionsprüfung zur Theorie-Praxis-Verknüpfung in der Lehrer_innenausbildung. Mathemathikdidaktische Reflexionsanlässe im Praxissemester. In: Herausforderung Lehrer_innenbildung. Jg. 3 (2). S. 300–324. Online unter: https://doi.org/10.4119/hlz-2493 (Abruf 27.08.2020).

Weidner, Jens (2013): Konfrontative Pädagogik in der Schule. Anti-Aggressivitäts- und Coolnesstraining. Weinheim und Basel: Beltz Juventa.

VI AUSBLICK

WAS CHRISTLICHE EHRENAMTS- UND VEREINSKULTUR VON INSTITUTIONELLEN FREIWILLIGENDIENSTEN LERNEN KÖNNEN

Anja Schneider/Vassili Konstantinidis

Wenn Freiwillige von ihrem Dienst berichten, hören sie oft: „Ach so, du machst also so ein Ehrenamt." Die Freiwilligendienste sind eine besondere Form des bürgerschaftlichen Engagements und grenzen sich mit ihren Spezifika bewusst von anderen Formen wie dem Ehrenamt ab. Dennoch sind sich das Ehrenamt und die Freiwilligendienste in der Grundannahme sehr nah, dass es einen Sinn hat, sich gesellschaftlich zu engagieren. In der verfassten Kirche sind laut der Broschüre „Gezählt 2019" etwa 1,1 Millionen Ehrenamtliche tätig (vgl. EKD 2019: 21), die die Hauptamtlichen in ihrer Arbeit unterstützen, ähnlich wie es Freiwillige in ihrem Dienst tun. Daher lohnt es sich, einen Blick darauf zu werfen, ob die institutionellen Freiwilligendienste Anregungen bieten, die die ehrenamtlichen Strukturen in Kirchen und christlichen Vereinen und Organisationen für ihre eigene Arbeit nutzen könnten. Dies soll im Folgenden geschehen, auch mit der Offenheit, gewisse Spezifika der Freiwilligendienste auf die Ehrenamtskultur übertragen zu können, um diese in Zukunft besser aufstellen zu können.

Die Freiwilligen im Mittelpunkt

In den Freiwilligendiensten sind verschiedenste Akteure beteiligt und alle haben ihre eigenen Interessen, die sie bei der Gestaltung der Dienste einbeziehen, so z.B. die Einsatzstellen und Träger. Doch bei allen Entscheidungen, die getroffen werden, und bei allen Konzepten und Standards, die für die Arbeit entwickelt werden, stehen immer die Freiwilligen im Mittelpunkt. Die oberste Priorität ist stets, die Freiwilligendienste so zu gestalten, dass die Freiwilligen die Möglichkeit haben, sich ihren Interessen und Fähigkeiten entsprechend einzubringen und gleichzeitig den Freiwilligendienst für sich als Bildungs- und Orientierungsjahr nutzen zu können. Das bedeutet nicht, dass die Freiwilligen, umgangssprachlich formuliert, „machen können, was sie wollen". Es ist eine wichtige Haltungsfrage für die Träger evangelischer Freiwilligendienste, dass keine Konzepte entwickelt werden, die zwar z.B. den Einsatzstellen mehr Verfügbarkeit über die Freiwilligen ermöglichen, aber den Interessen der Freiwilligen entgegenstehen oder als Entscheidungen über ihre Köpfe hinweg getroffen werden. Die vielen Partizipationsmöglichkeiten für Freiwillige, z.B. bei der Gestaltung der Seminare oder durch Sprecherinnen- und Sprechersysteme, sind ein Ausdruck davon. Denn Freiwillige engagieren sich nur dann gerne, wenn sie sich in ihren Anliegen ernst genommen fühlen und ihre Fähigkeiten einbringen können. Daher werden alle Akteure in Entscheidungen eingebunden, aber jede Maßnahme wird vor allem im Hinblick auf die Perspektive der Freiwilligen durchdacht und geplant.

Fähigkeiten, Interessen und Begabungen als Grundlage

Bereits beim Bewerbungsverfahren für den Freiwilligendienst beginnt die Haltung, das Interesse der Freiwilligen von Beginn an einzubeziehen. Es geht in erster Linie darum, einen Einsatzplatz zu finden, der zu den Fähigkeiten, Stärken und Interessen der Freiwilligen passt (vgl. Ev. Freiwilligendienste 2018: 8ff.) und ihnen so schon mit der Auswahl des Einsatzplatzes die Möglichkeit zu geben, den Freiwilligendienst für die eigene Entwicklung zu nutzen.

Auch im Bereich der christlichen Ehrenamts- und Vereinskultur möchten sich Ehrenamtliche mit ihren Fähigkeiten einbringen. Allerdings zeigt die Praxis, z.B. in Gemeinden, dass eher benannt wird, welche Aufgaben es gibt, und dafür Ehrenamtliche gesucht werden, als dass die Interessen und Fähigkeiten der Ehrenamtlichen im Zentrum stehen. Dabei hat die Berücksichtigung dieser Interessen und Fähigkeiten, auf deren Grundlage dann Aufgaben gesucht oder vielleicht auch neu geschaffen werden, insbesondere Auswirkungen auf die Zufriedenheit aller Beteiligten. Das häufige Argument, dass es aber bestimmte Aufgaben gibt, die gemacht werden müssen, könnten Einsatzstellen von Freiwilligendiensten genauso vorbringen. Doch ist mit dem Verweis auf die Arbeitsmarktneutralität in den rechtlichen Rahmenbedingungen bereits geklärt, dass Freiwillige für zusätzliche Aufgaben verantwortlich sein sollen. Arbeitsmarktneutralität bedeutet in den Freiwilligendiensten also, dass durch den Einsatz der Freiwilligen keine Arbeitsplätze von ausgebildeten Fachkräften im jeweiligen Einsatzbereich ersetzt werden dürfen. Solch eine klare Regelung könnte auch bei den Ehrenamtsstrukturen dabei helfen, dass es weniger Frustrationen für Ehrenamtliche gibt, da sie sich mit ihren Fähigkeiten wahrgenommen fühlen. Für die Hauptamtlichen könnte es eine Entlastung bedeuten, genug Zeit für die tatsächlich zu leistenden Aufgaben zu haben und Ehrenamtliche dort einsetzen zu können, wo diese mit ihren Fähigkeiten und Interessen einen wirklichen Mehrwert bringen.

Wertschätzung führt zu Zufriedenheit im Engagement

Wenn Entscheidungen zum Ehrenamt in Kirche und Vereinen nicht nur aus der Perspektive von Hauptamtlichen, sondern mit dem Fokus auf die Perspektive der Ehrenamtlichen getroffen werden, liegt die Vermutung nahe, dass es einfacher werden wird, Engagierte zu finden und im Miteinander in den Gemeinden, Vereinen und Einrichtungen weniger Konflikte zu erleben. Dies wird an vielen Orten bereits praktiziert, doch ist diese Haltung durchaus noch stärker ausbaubar.

Neben dem Einnehmen der Perspektive der Freiwilligen und Ehrenamtlichen gehört zu diesem Bereich die Wertschätzung und Anerkennungskultur als zentrales Element. In den verschiedenen Trägerkonzeptionen der Freiwilligendienste ist dies fest verankert, um Anerkennungskultur, als Wertschätzung, für die Freiwilligen erlebbar zu machen. Sie sollen spüren, dass ihr Engagement nicht als selbstverständlich angesehen wird und dass, egal wie klein ihr Beitrag in einer Einsatzstelle auch sein mag, er gesehen und geachtet wird.

Freiwillige, die viel Wertschätzung während ihres Dienstes erleben, sind meist auch nach dem Freiwilligendienst bereit, sich weiterhin zu engagieren. Ebenfalls die christliche Ehrenamts- und Vereinskultur lebt davon, dass sich die Ehrenamtlichen wertgeschätzt fühlen. Vielen Verantwortlichen fällt es schwer, Möglichkeiten des Ausdrucks für Anerkennung zu finden. Auch in den Freiwilligendiensten ist es eine fortwährende Aufgabe, geeignete Formen zu finden. An dieser Stelle können die ehrenamtlichen Strukturen sicherlich auf die Konzepte aus den Freiwilligendiensten zurückgreifen, genauso wie auch die Freiwilligendienste dankbar Möglichkeiten der Wertschätzung, wie sie im Ehrenamt gelebt werden, in ihren Bezügen nutzen. Als ein Beispiel kann hier die feierliche Überreichung von Bescheinigungen über den Dienst, evtl. sogar verbunden mit einem lokalen Pressetermin, wie man es von der Würdigung Ehrenamtlicher in den Kommunen kennt, genannt werden.

Zu einem wertschätzenden Umgang mit den Freiwilligen gehören regelmäßig stattfindende Reflexionsgespräche. Alle Freiwilligen haben innerhalb ihrer Dienstzeit drei bis fünf Reflexionsgespräche mit den für sie zuständigen Anleitenden, in denen über den bisherigen und den weiteren Verlauf, die Zufriedenheit und persönliche Entwicklung gesprochen wird und Schwierigkeiten geklärt werden können. Diese Gespräche zeichnen sich durch eine wertschätzende Kommunikation aus, die Wert darauf legt, dass den Freiwilligen offen und direkt eine Rückmeldung zu ihrem Dienst gegeben wird, sie aber ebenso Rückmeldungen geben und Ideen einbringen können. Das heißt, die Gespräche finden auf Augenhöhe statt und werden von allen als wichtiger Impulsgeber für die weitere Gestaltung der Zusammenarbeit wahrgenommen. In diesem Sinne könnten auch regelmäßige Reflexionsgespräche der Hauptamtlichen mit Ehrenamtlichen, die ebenfalls besonderen Wert auf die wertschätzende Kommunikation legen, einen wichtigen Beitrag für mehr Zufriedenheit bei allen Beteiligten leisten.

Bildung als wichtiges Element des Engagements

Freiwilligendienste sind, wie in den vorhergehenden Kapiteln deutlich wurde, als Bildungs- und Orientierungszeit konzipiert. Der Freiwilligendienst besteht also nicht nur aus dem Engagement der Freiwilligen in den Einsatzstellen, sondern beinhaltet viele verschiedene Bildungsmöglichkeiten für die Freiwilligen. Es ist ein Geben und Nehmen, die Verbindung von praktischer Tätigkeit und begleitendem Bildungsangebot. Die Freiwilligen bekommen so die Möglichkeit, sich im Freiwilligendienst weiterzuentwickeln und für sich wichtige Impulse für das weitere Leben mitzunehmen. Die Bildungsangebote beziehen sich zum Teil auf die Tätigkeit in der Einsatzstelle (z.B. Fachtage), gehen aber weit darüber hinaus, indem verschiedenste Bildungsdimensionen in Seminaren, Gesprächen und weiteren Angeboten der Einsatzstellen angesprochen werden. Dabei wechseln sich individuelle Angebote, die z.B. der Persönlichkeitsentwicklung oder der beruflichen Orientierung dienen, mit Angeboten in der Gruppe ab, die z.B. die soziale, religiöse oder diversitätsbewusste Bildung abdecken. Dass viele der Angebote in einer festen, kontinuierlichen Gruppe stattfinden, trägt verstärkt dazu bei, dass die Freiwilligen bereit sind, sich auf die Themen einzulassen. Der Austausch in der Gruppe ermöglicht die Reflexion der eigenen Erlebnisse im Dienst sowie eine intensivere Auseinandersetzung mit den verschiedensten Themen, auf die Einzelne von sich aus nie gestoßen wären oder deren Relevanz ihnen bislang nicht bewusst war. Freiwilligendienste verstehen sich an dieser Stelle unter anderem auch als wichtiger Akteur der gesellschaftlichen und politischen Bildung.

Die Verbindung des Engagements mit der Möglichkeit, an Bildungsangeboten teilnehmen zu können, ist eine interessante Perspektive für die Ehrenamts- und Vereinskultur. Ehrenamtliche möchten etwas einbringen, ziehen aber, ebenso wie Freiwillige, für sich auch einen Gewinn aus dem Engagement. In der Regel ist das die Freude darüber, gebraucht zu werden und Dankbarkeit zu spüren. Aber auch Ehrenamtliche lernen durch ihre Tätigkeit sehr viel und nehmen Impulse für ihr Leben mit. Diese Impulse in Bildungsangeboten zu reflektieren und noch zu erweitern, könnte auch für Ehrenamtliche sehr lohnenswert sein. In einigen Bereichen der kirchlichen Ehrenamtskultur geschieht dies bereits, z.B. bei den Juleica-Fortbildungen (Jugendleiterinnen-, Jugendleitercard) für Ehrenamtliche in der evangelischen Kinder- und Jugendarbeit. Ebenso können auch Ehrenamtliche sehr davon profitieren, nicht nur Fortbildungen in dem Bereich, in dem sie tätig sind, zu erhalten, sondern Angebote für unterschiedliche Bildungsdimensionen, da auch sie nicht nur *ein* Interesse haben und es dem weiteren Engagement nützlich sein kann, sich mit verschiedensten Themen auseinanderzusetzen. Die Ehrenamts- und Vereinsstrukturen tragen an dieser Stelle die Verantwortung, Ehrenamtliche, die bei ihnen tätig sind, gesellschaftlich zu bilden, denn die Ehrenamtlichen bilden ebenfalls ein wichtiges Bindeglied zwischen Einrichtungen und den Menschen vor Ort.

Natürlich lassen sich die Konzepte aus den Freiwilligendiensten bei den Bildungsangeboten nicht alle einfach auf die Arbeit mit Ehrenamtlichen übertragen. Die Struktur ist nicht unbedingt so angelegt, dass es feste Gruppen gibt, in denen man sich mehrmals jährlich zu Seminaren treffen kann. Dennoch kann auch für Ehrenamtliche der Austausch in einer Gruppe sinnvoll sein, um die eigene Tätigkeit zu reflektieren und sich neue Anregungen für die Weiterarbeit, für Horizonterweiterungen, aber auch für das Zusammenleben in der Gemeinschaft allgemein zu holen. Dies ist für die Ehrenamtskultur ebenfalls sehr zentral. Hier käme es also auf die Entwicklung passender Bildungsangebote für Ehrenamtliche an, z.B. in Gruppen auf Kirchenkreisebene oder mit Gruppen aus verschiedenen Bereichen eines Vereins. Es könnte ebenfalls auf die Konzepte aus den Freiwilligendiensten für Tagesseminare zurückgegriffen werden, die anders strukturiert sind als die üblichen Wochenseminare in einer gleichbleibenden Gruppe. Das Grundkonzept der Verbindung einer praktischen Tätigkeit mit Bildungsangeboten für die Engagierten lässt sich für den Bereich des Ehrenamts adaptieren und könnte für alle einen Mehrwert bringen.

Klare Verantwortlichkeiten für Organisation, Begleitung und Qualität

Aufteilung der Organisation und Begleitung

Die institutionellen Freiwilligendienste sind im evangelischen Bereich nach dem Trägerprinzip organisiert (vgl. Ev. Freiwilligendienste 2018: 8). Das bedeutet, sie werden von einem Träger zentral organisiert, der für die Vermittlung der Freiwilligen, die pädagogische Begleitung der Freiwilligen, unter anderem in Seminaren, die Unterstützung der Einsatzstellen bei ihren Aufgaben mit den Freiwilligen, als Vermittlungsinstanz in Konfliktsituationen in den Einsatzstellen, für die bürokratische Abwicklung und weitere Maßnahmen rund um die Durchführung der Dienste zuständig ist. Die Mitarbeitenden bei den Trägern sind qualifiziert durch in der Regel einen akademischen Abschluss im pädagogischen Bereich und bieten damit eine fundierte Betreuung der Freiwilligen. Daneben gibt es für die fachliche Begleitung eine klare Verantwortlichkeit in der Einsatzstelle. Für die Freiwilligen bedeutet dies, dass sie genau wissen, an wen sie sich mit Fragen oder in schwierigen Situationen wenden können. Neben der Einsatzstelle haben sie damit eine außenstehende Person mit besonders viel Zeit für Reflexionsgespräche und alle Anliegen, die nicht direkt mit der Tätigkeit verbunden sind, und die zum anderen als vermittelnde Instanz dienen kann bei Problemen und Krisen mit der Einsatzstelle. Für die Einsatzstellen bedeutet es eine Entlastung, da sie nicht die gesamte Betreuung und Begleitung der Freiwilligen selbst und nebenher in ihrem normalen Arbeitsalltag leisten müssen.

Eine solche deutliche Aufteilung der Verantwortlichkeiten und eine zentrale Stelle, die den Einsatz gut koordiniert und begleitet, gibt es in der Regel bei Ehrenamtlichen nicht. Dort regelt jede Stelle das Engagement ihrer Ehrenamtlichen selbst, überlegt sich selbst, welchen Rahmen der Einsatz haben soll, und entscheidet, wie intensiv eine Begleitung der Ehrenamtlichen gewährleistet wird. Aufgrund verdichteter Arbeitszusammenhänge führt das häufig dazu, dass Ehrenamtliche sehr selbstständig agieren dürfen, es aber auch müssen, wodurch es nicht selten zu Konflikten kommt. Klare Rahmenbedingungen, bei denen alle Beteiligten ihre Rechte und Pflichten kennen, könnten einen Weiterentwicklungsansatz darstellen. Vor allem aber würde durch eine außenstehende Stelle, die die Einsätze der Ehrenamtlichen koordiniert und in einem gewissen Maß ihre Begleitung übernimmt, eine bessere Betreuung gewährleistet werden, u.a. durch dafür qualifiziertes Personal. An dieser Stelle sehen wir ein hohes Potenzial, das die Ehrenamts- und Vereinskultur von den institutionellen Freiwilligendiensten lernen kann. Besonders im Bereich des Konflikt- und Krisenmanagements wären solche Strukturen im Bereich der ehrenamtlichen Tätigkeiten wünschenswert. In einigen Landeskirchen und Kirchenkreisen oder auch christlichen Vereinen gibt es bereits benannte Personen für Ehrenamtskoordination oder Ehrenamtsmanagement, die diese Aufgabe auf übergeordneter Ebene erfüllen, doch sind diese eher noch spärlich vorhanden und häufig nicht mit den ausreichenden Ressourcen versehen, sodass sie wenig Möglichkeiten haben, gute Konzepte zu entwickeln. Eine Alternative könnte auch ein Ehrenamtsausschuss sein, der sich regelmäßig trifft und die Belange der Ehrenamtlichen bearbeitet. Ebenso gibt es in einigen wenigen Landeskirchen Ehrenamtsgesetze, die einen für alle bindenden Rahmen für den Einsatz von Ehrenamtlichen festlegen. Allerdings sind diese ebenfalls noch rar, obwohl häufig gerade auch von Hauptamtlichen bemängelt wird, dass die Rechte und Pflichten nicht eindeutig sind. Fehlende aussagekräftige Rahmenbedingungen können zu Schwierigkeiten beim Einsatz von Ehrenamtlichen führen.

Solche Rahmenbedingungen könnten mindestens ein Gespräch pro Jahr sein, das Ehrenamtliche mit einer dafür verantwortlichen Person führen, wie es bereits oben beschrieben wurde. Zusätzlich bekommen alle Freiwilligen mindestens einmal Besuch in ihrer Einsatzstelle von der zuständigen pädagogischen Kraft des Trägers. Die Möglichkeit, zumindest einmal im Jahr in einer strukturierten Form über den Einsatz miteinander zu sprechen, wäre eine empfehlenswerte Rahmenbedingung für einen gelingenden Einsatz der Ehrenamtlichen.

Zuständigkeit für Qualität

Neben der Verantwortlichkeit für die Begleitung der Freiwilligen und der Einsatzstellen haben sich die Träger im evangelischen Bereich auf einheitliche Qualitätsstandards für die Durchführung der Freiwilligendienste geeinigt. Die Qualitätsentwicklung ist in den Freiwilligendiensten bereits seit einigen Jahrzehnten handlungsleitendes Konzept und hat sich stetig weiterentwickelt. Die Qualitätsstandards ermöglichen den Trägern und Einsatzstellen, sich an einem Rahmen zu orientieren, der sich als wichtig und gut für einen gelingenden Dienst für alle Beteiligten erwiesen hat. Sie müssen also nicht ständig „das Rad neu erfinden", sondern können auf bewährte Konzepte und Methoden zurückgreifen, wie sie u.a. in diesem Praxishandbuch vorgestellt wurden. Gleichzeitig wird der Rahmen durch die Qualitätsstandards so weit und offen gehalten, dass individuelle Gestaltungsmöglichkeiten vorhanden sind, sodass jeder Träger sein eigenes Profil erhalten und auch die Einsatzstellen ihre Spezifika in die Durchführung der Freiwilligendienste einbringen können. Die Qualitätsstandards bringen damit eine Transparenz für alle Beteiligten in den Freiwilligendiensten, die es ermöglicht, gleichzeitig in allen Bereichen ein hohes Niveau halten und eigene Gestaltungsoptionen umsetzen zu können.

Im Bereich der Tätigkeiten im Ehrenamt ist es ähnlich wie bei den Organisationsstrukturen. Es gibt Bereiche in der christlichen Ehrenamts- und Vereinskultur, die ebenfalls mit Qualitätsstandards arbeiten. Doch dies passiert längst noch nicht überall. An dieser Stelle lohnt sich sicherlich ein Nachdenken darüber, wie sich die Standards in den Freiwilligendiensten entwickelt haben und ob es sinnvoll erscheint, einen ähnlichen Prozess für den Einsatz von Ehrenamtlichen einzugehen. Dabei können sicherlich nicht einfach Standards aus den Freiwilligendiensten übernommen werden. Die Entwicklung der Standards für verschiedene Aspekte des Dienstes und der Prozess, einen für alle Beteiligten gut umsetzbaren Rahmen zu schaffen, kann aber sicherlich gute Anstöße für die qualitative Weiterentwicklung der Arbeit mit Ehrenamtlichen sein.

Inklusive Gestaltung der Dienste

Ein in diesem Buch nicht explizit geschildertes Leitmotiv der Freiwilligendienste im evangelischen Bereich ist die Gestaltung der Dienste als offenes Angebot für alle Interessierten, „unabhängig von Weltanschauung, Geschlecht, Herkunft, individueller Beeinträchtigung, Alter, monetärem Status, sexueller Identität" (Ev. Freiwilligendienste 2018: 8), sowie als inklusives Angebot. Dazu gehört, dass die Träger in ihren Konzepten stets berücksichtigen, dass unterschiedlichste Freiwillige an ihren Programmen teilnehmen und sie ihre Angebote entsprechend diversitätsbewusst ausrichten.

Für die Inklusion von Menschen mit Einschränkungen in die Freiwilligendienste werden stetig neue Konzepte entwickelt, sodass sie verstärkt nicht nur als Zielgruppe des Einsatzes von Freiwilligen, sondern selbst als Akteure in den Diensten wahrgenommen werden. In der allgemeinen Entwicklung hin zu einer inklusiven Gesellschaft ist dies auch Anspruch der Ehrenamts- und Vereinskultur. Sie kann dabei die Konzepte der Freiwilligendienste nutzen und aus deren Praxiserfahrung wichtige Impulse für die eigene Weiterentwicklung in diesem Bereich ziehen. Dies kann sehr einfach damit beginnen, den Zugang zum ehrenamtlichen Engagement für Menschen mit Einschränkungen zu erleichtern. So könnten Altarräume für Rollstühle befahrbar gemacht werden, sodass eine Mitwirkung im Kirchenvorstand nicht bereits daran scheitert, dass jemand die Sonntagslesungen nicht wie alle anderen Kirchenvorstände vom Altarraum aus halten oder nicht bei der Austeilung des Abendmahls helfen kann. Dies ist nur ein Beispiel für viele Stellen, an denen es noch Weiterentwicklungsbedarf für mehr gesellschaftliche Diversität bei den ehrenamtlich Engagierten gäbe. Weitere Beispiele wären die Altersgruppe der Engagierten, wo die Freiwilligendienste den Vereinen oder Kirchgemeinden ganz konkret junge Engagierte als Zielgruppe vermitteln könnten, als auch die gesellschaftliche Herkunft der Engagierten. In den Freiwilligendiensten bringen internationale Freiwillige durch ihre Perspektiven, Weltsicht und Welterfahrung per se die Vielfalt dieser Welt in die Arbeitsbereiche von Einsatzstellen mit und bereichern die Arbeit vor Ort damit nachhaltig. Ein Einbinden von ehrenamtlich Engagierten mit einer anderen Herkunft könnte dieses Potenzial auch für Kirchengemeinden und christliche Vereine öffnen.

Fazit

Die in diesem Kapitel behandelten Aspekte der Freiwilligendienste bieten Denkimpulse zur Weiterentwicklung christlicher Ehrenamts- und Vereinskultur. Viele der grundlegenden Ideen und Konzepte aus den Freiwilligendiensten scheinen dabei durchaus übertragbar für den Einsatz von Ehrenamtlichen im christlichen Bereich zu sein. Übergeordnete Vereinsstrukturen bzw. Ebenen wie Kirchenkreise und Landeskirchen bieten die Möglichkeit, das Ehrenamt, welches vor allem in den Gemeinden und kleinen Einrichtungen direkt vor Ort stattfindet, so zu unterstützen, dass dieses für alle Beteiligten eine sinnvolle Ergänzung zu durch Hauptamtliche geleistete Tätigkeiten bildet. Kleine Vereine, die nur mit Ehrenamtlichen arbeiten, könnten zumindest einige Aspekte wie z.B. einen besonderen Fokus auf eine gegenseitige Wertschätzungskultur übernehmen. Ähnlich wie in den Freiwilligendiensten können gut durchdachte Konzepte und der Fokus auf die wichtigste Ressource, nämlich die Ehrenamtlichen selbst, einen wichtigen Beitrag dazu leisten, dass die Ehrenamtlichen zufrieden mit ihrer Tätigkeit sind und diese daher gern auch über einen längeren Zeitraum ausführen. Damit können Gemeinden, christliche Organisationen und Vereine vielfältigste Angebote für Menschen bieten und so einem Grundauftrag nachkommen, nämlich für andere Menschen da zu sein. Die Freiwilligendienste zeigen, dass eine Mischung aus klaren Rahmenbedingungen und individuellen Konzepten für spezifische Situationen vor Ort gute Engagementmöglichkeiten hervorbringt, die von allen Beteiligten als gewinnbringend erlebt werden.

Literaturverzeichnis

Ev. Freiwilligendienste = Evangelische Freiwilligendienste gGmbH (Hg.) (2018): Bundeskonzeption für Freiwilligendienste der Evangelischen Trägergruppe. Hannover.
EKD = Evangelische Kirche in Deutschland (Hg.) (2019): Gezählt 2019 – Zahlen und Fakten zum kirchlichen Leben. Hannover.

VII VERZEICHNIS DER AUTORINNEN UND AUTOREN

Claudia Althaus, Jg. 1979, Erlebnispädagogin, Gemeindepädagogin und Erzieherin, tätig als Dozentin für Erlebnispädagogik und Tiergestützte Pädagogik am Marburger Bibelseminar (MBS) sowie Leitung der MBS Erlebnisräume. Kontakt: claudia.althaus@m-b-s.org.

Ursula Braun, Jg. 1968, Löwenstein, Landesreferentin beim Evangelischen Jugendwerk in Württemberg. Kontakt: ursula.braun@ejwue.de.

Johanne Brinkmann, Diplom-Erziehungswissenschaftlerin, seit 1987 als Bildungsreferentin für FSJ und BFD tätig. Aufbau des Projektes „Freiwilligendienst aller Generationen" in der Ev. Kirche im Rheinland sowie im Diakonischen Werk Rheinland-Westfalen e.V., Mitglied des Beirates der Ev. Trägergruppe von 1992 bis 2004. Kontakt: j.brinkmann@diakonie-rwl.de.

Leonie Burghoff, Teammitglied des fünften Jahrgangs von M3.

Ute Gerdom, Jg. 1964, verheiratet, Dipl.-Sozial- und Religionspädagogin, tätig im Amt für Jugendarbeit der Ev. Kirche von Westfalen und Leiterin des Freiwilligendienstes „Diakonisches Jahr" und „Diakonisches Jahr International". Von 2009 bis 2016 berufenes Mitglied der Qualitätsentwicklungskommission, seit 2010 gewähltes Mitglied und seit 2016 Vorsitzende der Leitungskonferenz der Ev. Freiwilligendienste. Kontakt: ute.gerdom@afj-ekvw.de.

Silke Grübener, Jg. 1973, verheiratet, tätig als Geschäftsführerin des Abenteuerdorfes Wittgenstein in Bad Berleburg-Wemlighausen. Kontakt: silke.gruebener@abenteuerdorf.info.

Kai Haßelberg, Hagen, BA Gemeindepädagogik und Diakonie sowie Soziale Arbeit, tätig als Jugendreferent in zwei Ev. Kirchengemeinden und Geschäftsführer des Referats Kinder- und Jugendarbeit der Ev. Jugend im Kirchenkreis Hagen.
Kontakt: kai-hasselberg@ev-jugend-hagen.de.

Jan-Paul Herr, Jg. 1986, Karlsruhe, leitet den CVJM Karlsruhe und ist verantwortlich für die Arbeit mit jungen Erwachsenen und Familien, Gottesdienste und Angebote der CVJM-Gemeinschaft. Kontakt: jan-paul.herr@cvjm-karlsruhe.de.

Dr. Katrin Juschka, Jg. 1982, Pädagogin und promovierte ev. Theologin mit Schwerpunkt „Neues Testament", Bildungsreferentin bei netzwerk-m, nebenberuflich als Dozentin an der Universität Kassel und in der Ev. Kirche von Kurhessen-Waldeck tätig. Seit 2020 als Mitglied in den Beirat für den Bundesfreiwilligendienst berufen. Online führt sie mit der Facebook-Seite „Praxis Dr. Katrin" eine theologische Praxis im Internet.
Kontakt: juschka@netzwerk-m.de.

Holger Kalippke, Jg. 1962, Windsbach, Dipl.-Pädagoge, Leitung der Jugendfreiwilligendienste (FSJ und BFD) beim Diakonischen Werk Bayern. Kontakt: kalippke@diakonie-bayern.de.

Viola Kristina Klause, Jg. 1999, Herford, Teammitglied des fünften Jahrgangs von M3. Kontakt: klause.viola@gmail.com.

Beate Klumpp, Jg. 1976, Wörnersberg, tätig als Leiterin der Lebensschule im Wörnersberger Anker und beratendes Mitglied im Leitungsteam. Kontakt: b.klumpp@ankernetz.de.

Vassili Konstantinidis, Jg. 1983, Kaufungen, verheiratet, zwei Kinder, Religions- und Sozialpädagoge, tätig als Leiter der Freiwilligendienste in Deutschland im CVJM Deutschland. Nebenberuflich doziert er an der CVJM-Hochschule im Bereich Projektmanagement und Freizeit- und Jugendpädagogik. Er ist Kuratoriumsmitglied der Matthias-Kaufmann-Stiftung und 1. Vorsitzender von visiomedia e.V. (Das Bibelprojekt).
Kontakt: konstantinidis@cvjm.de.

Annelie Krebs, Jg. 1985, Kassel, Studium Französisch, Ev. Theologie, Pädagogik, tätig als Bildungsreferentin für Freiwilligendienste bei netzwerk-m, u. a. verantwortlich für das Incoming-Programm. Kontakt: krebs@netzwerk-m.de.

Daniel Kroeker, Jg. 1976, verheiratet, vier Kinder, Leitung der sozialen Dienste an der Paul-Gerhardt-Schule Hanau. Kontakt: dkroeker@pgs-hanau.de.

Carola Kühling, Jg. 1974, Kommunikationsexpertin und freiberufliche Dozentin in der Erwachsenenbildung, seit 2001 verantwortlich tätig in Kommunikation und Marketing für Wirtschaftsunternehmen und Verbände im Non-Profit-Bereich. Kontakt: c.kuehling@evfreiwilligendienste.de.

Marika Kürten, Jg. 1968, Koblenz, Studium der Erziehungswissenschaften (M.A.), Systemische Beraterin, tätig als Bundessekretärin für Bildung, Begleitung und Beratung im CVJM-Westbund e. V. Kontakt: m.kuerten@cvjm-westbund.de.

Larissa Mehrwald, Jg. 1993, Hamburg, Erzieherin, Bereichsleitung der Jugendverbandsarbeit im CVJM Gießen e.V. Kontakt: lmehrwald@cvjm-giessen.de.

Ingo Müller, Jg.1983, arbeitet als Jugendreferent für Teenagerarbeit und Team-EC beim Deutschen EC-Verband in Kassel und lebt mit seiner Familie in Schauenburg. Er arbeitet bei den Initiativen „Liest du mich?" und „Jugendarbeit in 4D" mit. Kontakt: ingo.mueller@ec-jugend.de.

Alexandra Nester, Jg. 1971, Mutter von 5 Kindern, Krankenschwester, Bibliodramaleiterin, systemische Beraterin, Leiterin des Jahresteams im Geistlichen Rüstzentrum Krelingen. Kontakt: awnester@gmx.de.

Tobias Nestler, Jg. 1983, Erfurt, verheiratet, zwei Kinder, CVJM-Sekretär und Erzieher, tätig als Jugendbildungsreferent und Referent CVJM Weltweit beim CVJM Thüringen e.V. Kontakt: nestler@cvjm-thueringen.de.

Christian Petersen, Jg. 1981, verheiratet, drei Kinder, Dipl.-Pädagoge und Jugendreferent, leitet den Arbeitsbereich Freiwilligendienste beim Deutscher Jugendverband „Entschieden für Christus" (EC) e.V. in Kassel. Kontakt: christian.petersen@ec.de.

Britta Pohl, Jg. 1977, Bad Salzuflen, verheiratet, zwei Kinder, Diakonin und Diplom- Sozialpädagogin, tätig als Referentin in der Freiwilligenagentur Bethel.

Julia Pohlmann, Kassel, Jg. 1992, Sozialarbeiterin, tätig als Referentin für Freiwilligendienste im CVJM Deutschland. Kontakt: pohlmann@cvjm.de.

Sven Pörsch, Jg. 1990, Herne, Sozialpädagoge (BA). Tätig als Sozialpädagoge an der evangelischen Gesamtschule Gelsenkirchen-Bismarck, besonders in der Anleitung Freiwilliger. Coach und Trainer für Mitarbeitende in sozialen Berufen. Kontakt: office@sven-poersch.de.

Lisa Praß, Jg. 1985, verheiratet, staatlich anerkannte Sozialpädagogin/Sozialarbeiterin, systemische Therapeutin (FH), tätig als Referentin im Diakonischen Jahr International im Amt für Jugendarbeit der EKvW.

Dr. Julia Reimer, Jg. 1983, Berlin, Dipl.-Sozialpädagogin und Master of Arts in Advanced Professional Studies – Kinder- und Jugendhilfe im europäischen Kontext, tätig als Referentin für Freiwilligendienste im Ev. Diakonissenhaus Berlin Teltow Lehnin. Kontakt: julia.reimer@gmx.net.

Vera Reupert, Jg. 1990, verheiratet, Master Sozialpädagogin und zertifizierte systemische Mediatorin, tätig als Bildungsreferentin beim Träger netzwerk-m e.V. Kontakt: reupert@netzwerk-m.de.

Corinna Riemeier, Jg. 1980, Gütersloh, verheiratet, zwei Kinder, Dipl.-Pädagogin, tätig als Referentin in der Freiwilligenagentur Bethel.

Saskia Schmitt, Jg. 1990, Kassel, Sozialarbeiterin, tätig als Referentin für Freiwilligendienste bei netzwerk-m. Kontakt: schmitt@netzwerk-m.de.

Mathias Schmitten, Jg. 1982, Mönchengladbach, verheiratet, drei Kinder, Studium Sozialmanagement und Staatsexamen Lehramt, ausgebildeter Schauspieler mit Qualifikation audiovisuelle Medien, tätig als Leiter des Zentrums Freiwilligendienste des Diakonischen Werkes Rheinland-Westfalen-Lippe e.V. und freiberuflich als Dozent und Berater. Kontakt: m.schmitten@diakonie-rwl.de.

Anja Schneider, Jg. 1981, Lüneburg, verheiratet, Dipl.-Pädagogin, langjährige Referentin der Ev. Freiwilligendienste gGmbh, im Bundestutorat der ev. Trägergruppe; ehrenamtliches Mitglied der 25. Landessynode der Ev.-luth. Landeskirche Hannover. Kontakt: aj-schneider@web.de.

Sebastian D. Schirmer, Jg. 1984, Bockendorf, Theologe und Seelsorger (DGfP), ist Pfarrer in Mittelsachsen und Doktorand der Praktischen Theologie an der Universität Leipzig. Kontakt: sebastian.schirmer@evlks.de.

Dana Sommerfeld, Jg. 1992, Weimar, B. A. Erziehungswissenschaft und staatl. anerkannte Sozialpädagogin, seit 2015 tätig als pädagogische Mitarbeiterin bei der Diakonie Mitteldeutschland in Halle (Saale) im Bereich Freiwilligendienste. Kontakt: sommerfeld@diakonie-ekm.de.

Tobias Ströhmann, Jg. 1985, verheiratet, ein Kind. Leitung der Schulkindbetreuung an der Paul-Gerhardt-Schule Hanau. Kontakt: tstroehmann@pgs-hanau.de.

Miriam Tölgyesi, Jg. 1984, Mannheim, verheiratet, systemische Therapeutin und Jugendreferentin, tätig als Dozentin an der CVJM-Hochschule/Kolleg-Ausbildung. Kontakt: info@oikos-beratung.de.

Denis Werth, Jg. 1982, Dornholzhausen, verheiratet, drei Kinder, Bundessekretär im CVJM-Westbund für Sport und Jugendevangelisation. Kontakt: d.werth@cvjm-westbund.de.

Claudia Wetzel, Jg. 1980, Diplom-Pädagogin, NLP-Practitioner, Professional Trainer (xpand), Bildungsreferentin für internationale Freiwilligendienste bei netzwerk-m e.V. Kontakt: wetzel@netzwerk-m.de.

Ursula Wilhelm, Hannover, Dipl.-Sozialpädagogin und Mediatorin, seit 12 Jahren als Referentin für Freiwilligendienste bei netzwerk-m e.V. in Kassel tätig. Kontakt: wilhelm@netzwerk-m.de.

Christliche Jugendarbeit innovativ gedacht

Jugendarbeit kommt heute immer mehr an ihre Grenzen.
Was lange funktionierte, muss neu gedacht werden.
Die Fresh X-Bewegung versteht den aktuellen Umbruch
als Chance und versucht, mit neuen Formen von Kirche
wieder mehr Menschen zu begeistern. Ein wertvolles
Praxishandbuch für hauptamtliche Jugendmitarbeiterinnen
und -mitarbeiter, für Verantwortliche in Werken und
Kirchen, Studierende der Gemeindepädagogik und Theologie
sowie alle, die sich Veränderung und Aufbruch in der
Jugendarbeit wünschen.

Katharina Haubold,
Florian Karcher und
Lena Niekler (Hg.)
**Jugendarbeit zwischen
Tradition und Innovation**
Fresh X mit Jugendlichen
gestalten

kartoniert, 217 Seiten
ISBN 978-3-7615-6655-8

neukirchener

Aktuelle Fragestellungen, fundierte Impulse

Der Sammelband ‚Christliche Jugendarbeit in der Migrationsgesellschaft' diskutiert die Frage, wie interkulturelle Öffnung in der christlichen Jugendarbeit gestaltet werden kann. Dazu werden zentrale theoretische Grundlagen dargestellt, wichtige Impulse und Diskurse präsentiert und konkrete Beispiele gelungener Praxis der christlichen Jugendarbeit in der Migrationsgesellschaft aufgezeigt.

Bianca Dümling,
Kerstin Löchelt und
Germo Zimmermann (Hg.)
Christliche Jugendarbeit in der Migrationsgesellschaft
Begegnungen mit kultureller und religiöser Vielfalt gestalten

kartoniert, 279 Seiten
ISBN 978-3-7615-6513-1

 **neukirchener**

Was für ein Bild von Kirche haben gläubige Jugendliche?

Durch die gesellschaftlichen Veränderungen der letzten Jahre ist eine neue global und digital geprägte Generation herangewachsen, die ein ganz eigenes Profil entwickelt hat. In bisherigen empirischen Untersuchungen spielte die Frage des Glaubens hier immer eine eher untergeordnete Rolle. Dem gingen daher nun die beiden Kasseler Professoren Faix und Künkler vier Jahre lang nach. Herausgekommen ist ein faszinierendes Portrait von Jugendlichen, ein unentbehrliches Grundlagenwerk für alle, die mit der ‚Generation Lobpreis' arbeiten und die Kirche von morgen mitgestalten möchten.

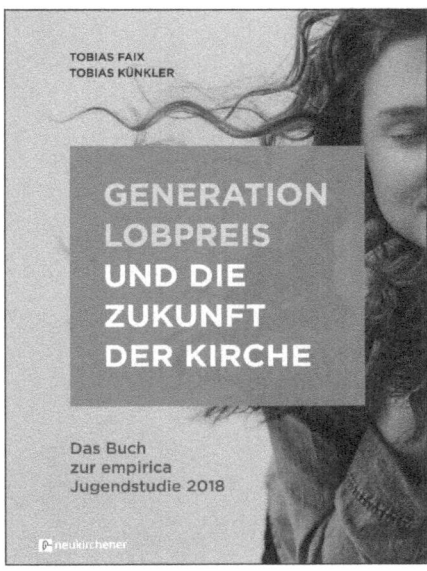

Tobias Faix und
Tobias Künkler
**Generation Lobpreis und
die Zukunft der Kirche**
Das Buch zur empirica
Jugendstudie 2018

gebunden, 288 Seiten
ISBN 978-3-7615-6542-1

neukirchener